Das Baustoffunternehmen Kemmler

Wolfgang Fischer studierte Geschichte, Rhetorik, Politik- und Wirtschaftswissenschaften unter anderem in Tübingen und Gent. Er wurde an der Universität Tübingen in Neuerer Geschichte promoviert und untersuchte in einem mehrjährigen Forschungsprojekt die Unternehmensgeschichte des Familienunternehmens Kemmler. Wolfgang Fischer lebt mit seiner Familie in Tübingen.

Wolfgang Fischer

Das Baustoffunternehmen Kemmler

Die Geschichte eines schwäbischen
Familienunternehmens über fünf Generationen

Campus Verlag
Frankfurt/New York

Bibliografische Information der Deutschen Nationalbibliothek:
Die Deutsche Nationalbibliothek verzeichnet diese Publikation in der
Deutschen Nationalbibliografie. Detaillierte bibliografische Daten
sind im Internet unter http://dnb.d-nb.de abrufbar.
ISBN 978-3-593-39143-4

Das Werk einschließlich aller seiner Teile ist urheberrechtlich geschützt.
Jede Verwertung ist ohne Zustimmung des Verlags unzulässig. Das gilt
insbesondere für Vervielfältigungen, Übersetzungen, Mikroverfilmungen
und die Einspeicherung und Verarbeitung in elektronischen Systemen.
Copyright © 2010 Campus Verlag GmbH, Frankfurt/Main.
Umschlaggestaltung: Guido Klütsch, Köln
Satz: Fotosatz L. Huhn, Linsengericht
Druck und Bindung: Beltz Druckpartner, Hemsbach
Gedruckt auf Papier aus zertifizierten Rohstoffen (FSC/PEFC).
Printed in Germany

Besuchen Sie uns im Internet: www.campus.de

Inhalt

Von Generation zu Generation
Die Geschichte eines Familienunternehmens zwischen
Bismarck-Reich und Berliner Republik
Von Eckart Conze 7

Einleitung 19

I. Wo alles begann 25
   1. Das Oberamt Tübingen im 19. Jahrhundert 25
   2. Die Dußlinger Pulvermühle 30

II. Gründungsphase: »Michael Pflumm Mahlmühle und
    Zementfabrik« 1884–1908 *(Erste Generation)* 35
   1. Vom Landwirt zum Zementfabrikanten 35
   2. Der Schwiegersohn als Nachfolger 48
   3. Die Arbeitsordnung von 1902 52
   4. Der Umzug nach Tübingen 56

III. Aufbauphase: Johannes Kemmler 1908–1939
    (Zweite Generation) 61
   1. Pflumm & Kemmler 61
   2. Neustart in Tübingen 70
   3. Die 1920er Jahre 77
   4. Weltwirtschaftskrise und Drittes Reich 87
   5. Entscheidung über die Nachfolge 96

IV. Zweiter Weltkrieg und Wiederaufbau: Hans Kemmler 1939–1956
(Dritte Generation) 104
1. Kriegswirtschaft und Zwangsarbeit 104
2. Ausgebombt 116
3. Entnazifizierung 127
4. Währungsreform und Wirtschaftswunder 134

V. Wachstum und Spezialisierung: Die Ära Peter Kemmler
(Vierte Generation) 139
1. Der Schicksalsschlag: Hans Kemmlers Unfall 139
2. Bestandsaufnahme und neue Strategie 141
3. Vertrauen, Delegation und Kommunikation 151
4. Zellteilung 154

VI. Vier Säulen: Die Entwicklung der Geschäftsbereiche von 1956 bis heute 162
1. Die Keimzelle wächst: Beton Kemmler GmbH 162
2. »Sanitäreinrichtungen für höchste Ansprüche«: Kemmlit Bauelemente GmbH 174
3. »Dächer und Wände für Hallen«: Kemmler Industriebau GmbH 182
4. »Ihr Spezialist für alle Baustoffe«: Kemmler Baustoffe GmbH .. 188

VII. Erfolgsfaktoren: Das Familienunternehmen Kemmler heute
(Fünfte Generation) 205
1. Baukrise 1995 – Marc Kemmler startet 205
2. Das Kemmler-Managementsystem wird weiterentwickelt ... 211
3. Erfahrene Mitarbeiter gewinnen Stammkunden 226
4. Eigenkapital ist Trumpf 233

VIII. Zukunftschancen 239

Anhang 243
Anmerkungen 245
Zeittafel 270
Karte: Die Standorte des Baustoffunternehmens Kemmler .. 280
Dokumente 281
Quellen- und Literaturverzeichnis 320

Von Generation zu Generation

Die Geschichte eines Familienunternehmens
zwischen Bismarck-Reich und Berliner Republik

*Von Eckart Conze**

Was ist eine Erfolgsgeschichte?

Das Buch von Wolfgang Fischer über die Geschichte der Firma Kemmler, die im Jahr 2010 auf ihr 125-jähriges Bestehen zurückblicken kann, erzählt ohne Zweifel eine Erfolgsgeschichte. Aus der Retrospektive – und anders lässt sich Geschichte nicht schreiben – bietet sich die Entwicklung der 1885 in Dußlingen bei Tübingen von Michael Pflumm gegründeten Zementfabrik zu einer Baustoff-Unternehmensgruppe mit vier Teilfirmen, 23 Standorten in Baden-Württemberg und Bayern, über 1300 Mitarbeitern und einem Umsatz von 360 Millionen Euro (2008) als Musterbeispiel mittelständischer Industriegeschichte und erfolgreichen Unternehmertums dar – und das erst recht angesichts der tiefen Strukturkrise der Bauwirtschaft seit Mitte der 1990er Jahre und der globalen Wirtschafts- und Finanzkrise seit 2008. Doch das Buch – keine Festschrift – verharrt nicht in der Schilderung des Erfolgs, sondern es fragt nach seinen Bedingungen. Vor allem aber macht es deutlich, dass der Weg des Unternehmens, der sich in der Rückschau als geradlinig und zielstrebig ausnimmt, in Wirklichkeit alles andere als geradlinig und zielstrebig war.

In der Gründung der kleinen Zementmühle vor 125 Jahren war die Entstehung einer großen Unternehmensgruppe gerade nicht angelegt. Wer sich die Geschichte der 125 Jahre seit 1885 vor Augen führt, den wird es

---

* *Eckart Conze* ist Professor für Neuere Geschichte an der Philipps-Universität Marburg. Seine Arbeitsgebiete umfassen die deutsche und internationale Geschichte des 19. und 20. Jahrhunderts mit einem Schwerpunkt auf der Zeit nach dem Zweiten Weltkrieg. Er ist Autor und Herausgeber zahlreicher Bücher. 2009 hat er unter dem Titel *Die Suche nach Sicherheit* eine große Geschichte der Bundesrepublik Deutschland vorgelegt.

nicht wundern, dass sich die Firma mehrfach in schweren Krisen befand, von denen jede auch den Ruin des Unternehmens und damit das jähe Ende der Erfolgsgeschichte hätte bedeuten können. Zu den Herausforderungen zweier Weltkriege, mehrfacher politischer Systembrüche und tiefer Wirtschaftskrisen gesellten sich die Unwägbarkeiten des Generationswechsels in der Unternehmensführung eines Familienunternehmens, bei dem sich bis heute alle Anteile in Familienbesitz befinden und dessen Geschäftsführung bis heute – und damit in fünfter Generation – bei einem Familienangehörigen liegt. Die Krisen wurden überwunden, die Herausforderungen gemeistert. Selbstverständlich war das nicht.

Das Buch erzählt daher viel von Wegscheiden und Weichenstellungen, doch es bedient sich dieser Metaphern nicht, um ein Loblied unternehmerischen Handelns zu singen und eine großartige Erfolgserzählung zu inszenieren, sondern vielmehr um der »success story« ihre Zielgerichtetheit zu nehmen, um dem Zufall und dem Unvorhersehbaren ihren Platz einzuräumen und um auch Faktoren wie Glück oder Fortune zu ihrem Recht kommen zu lassen. Von der Geschichte der Bundesrepublik Deutschland, nicht einmal halb so alt wie das Unternehmen Kemmler, hat man einmal gesagt, sie sei, gerade angesichts der Katastrophen-Geschichte des 20. Jahrhunderts, auch zu schreiben als die Geschichte ausgebliebener Katastrophen. Gilt das cum grano salis nicht auch für die Geschichte eines Unternehmens? Vielleicht ist unternehmerisches Handeln in dieser Perspektive jenseits aller betriebswirtschaftlichen Maximen auch als permanenter Versuch zu begreifen, den Absturz in die Katastrophe, den Untergang des Unternehmens, zu verhindern. In dieser Sichtweise lässt sich »Erfolg« dann auch als historische Kategorie verwenden und einer Unternehmensgeschichte zuschreiben: nicht als Mittel gegenwartsbezogener Selbstbestätigung, sondern als Begriff einer Geschichtsdarstellung, die die Frage nach dem »Erfolg« zum Ausgangspunkt einer kritischen Analyse macht und die insbesondere der prinzipiellen Offenheit der historischen Entwicklung gerecht zu werden vermag.

Die Welt des Michael Pflumm

1850 wurde der spätere Unternehmensgründer Michael Pflumm in Hinterweiler bei Gomaringen in Württemberg geboren. 35 Jahre später, 1885, erwarb der Landwirt eine Pulvermühle bei Dußlingen und machte sich als Fabrikant und Unternehmer selbstständig. Warum sollte er sich nicht verändern, wenn sich um ihn herum die ganze Welt unaufhaltsam zu verändern schien? Dass alles im Wandel begriffen war, dürfte, obwohl wir kaum etwas über sein Leben vor dem Kauf der Pulvermühle wissen, zu den prägenden Wahrnehmungen des Firmengründers gehört haben. Vergegenwärtigen wir uns also noch einmal ganz besonders die Erfahrungshorizonte von Michael Pflumm und seiner Generation und gewinnen wir damit ein Gespür für jene Geschichte des kleinen Beginns, der sich die Unternehmensgruppe Kemmler bis heute verpflichtet fühlt, und für jene Tradition des Unternehmertums in einer sich ständig wandelnden Welt, in der sie sich bis heute sieht.

In den dreieinhalb Jahrzehnten zwischen Pflumms Geburt und der Unternehmensgründung war aus Deutschland nach drei Kriegen ein Nationalstaat geworden. Insbesondere der Krieg gegen Frankreich 1870/71 hatte aus Sachsen, Badenern oder Württembergern Deutsche werden lassen. Und die Nationalstaatsbildung, gipfelnd in der Kaiserproklamation in Versailles am 18. Januar 1871, setzte den Prozessen einer fundamentalen Nationalisierung kein Ende. Gerade die Erinnerung an den deutschfranzösischen Krieg schlang in den Jahren nach der Reichsgründung ein einigendes Band um die Deutschen. So wurde in weiten Teilen der deutschen Gesellschaft die Idee der Nation mit Krieg und, stärker noch, mit dem Sieg über den französischen »Erbfeind« assoziiert. Und eine national orientierte Geschichtswissenschaft leitete nicht nur den Topos der deutsch-französischen »Erbfeindschaft« aus der Historie ab, sah in der Begründung des Kaiserreichs durch Bismarck und Wilhelm I. den Abschluss einer bis ins Mittelalter zurückreichenden Entwicklung, in welcher sie vor allem Preußen einen »deutschen Beruf« zusprach. Preußen war der dominierende Bundesstaat des Reiches. Aus der preußischen Hauptstadt Berlin wurde die preußisch-deutsche, selbst wenn in Stuttgart weiterhin ein König regierte.

Die Einheit der geschlossen gegen Frankreich stehenden und dadurch das Reich schaffenden Nation wurde freilich nicht zuletzt deshalb beschworen, weil die Gesellschaft des Kaiserreichs in sich tief gespalten und von scharfen Rissen durchzogen war. Das Reich von 1871 war nicht nur eine Klassengesellschaft, sondern es standen auch Protestanten gegen Katholiken, Agrarier gegen Industrielle, die städtische gegen die ländliche Bevölkerung. Diese Zerklüftungen und Fragmentierungen waren zum einen das Ergebnis einer Politik, für die maßgeblich der Reichsgründer

Otto von Bismarck stand, im Zeichen von Kulturkampf und Sozialistengesetz. Sie waren aber zum anderen auch Ergebnis einer langfristigen ökonomischen und sozialen Veränderungsdynamik, welche die deutsche Gesellschaft in den letzten Jahrzehnten des 19. Jahrhunderts tiefgreifend veränderte, einer Entwicklung, die indes in der Klassenbildung keineswegs aufgeht. Zu den Prozessen sozialer Transformation gehörte auch die zunehmende Urbanisierung, die in den Jahren nach 1870 rein quantitativ ihre stärkste Dynamik erreichte. Zu ihr gehörte ferner das schiere Wachstum der Bevölkerung, Resultat ganz unterschiedlicher Entwicklungen: von der steigenden Geburtenzahl bis hin zur Zunahme der durchschnittlichen Lebenserwartung. Und weil die Veränderung der Lebens- und Alltagswelten so rasend schnell verlief, entwickelten sich zwischen den Generationen Unterschiede in der Wahrnehmung und Bewertung der Zeitläufte, die zu Konflikten in einer so bislang nicht gekannten Schärfe führten.

Gemessen an objektiven Indikatoren war Deutschland bereits in den Jahren um 1890 von einem Agrarstaat zu einem Industriestaat geworden, als erstmals der Anteil des sekundären Sektors, also von Gewerbe und Industrie, am Bruttosozialprodukt den Anteil des primären Sektors, der Landwirtschaft, überstieg. Zwischen 1882 und 1907 sank der Prozentsatz der in der Landwirtschaft Beschäftigten an der erwerbstätigen Bevölkerung von 41,6 auf 28,4 Prozent, während er in Industrie und Dienstleistungssektor von 44,2 auf 55,1 Prozent wuchs. Das Nettoinlandsprodukt stieg (in Preisen von 1913) zwischen 1867 und 1913 von 15,1 auf 52,4 Milliarden Mark; das entspricht einer jährlichen Wachstumsrate von 2,7 Prozent. Diese Zahlen lassen manche Historiker von einem ersten deutschen »Wirtschaftswunder« sprechen. Doch die Wachstumsdynamik und ihre sozialen Folgen führten zu erbitterten Auseinandersetzungen über die Perspektiven der gesellschaftlichen Entwicklung und über die Ziele politischen Handelns. Gerade weil Deutschland gegen Ende des 19. Jahrhunderts kein Agrarstaat mehr war, beschworen Agrarromantiker vor allem auf der politischen Rechten das Idealbild einer ländlich-agrarischen Gesellschaft. Dabei ging es weniger um ein Leben im Einklang mit der Natur als vielmehr darum, eine autoritäre soziale Ordnung, beherrscht von einer adeligen Führungsschicht, zu stabilisieren und Prozesse politischer Liberalisierung, Parlamentarisierung, Egalisierung und Demokratisierung, kurz: Prozesse politischer und sozialer Modernisierung, zu stoppen oder zumindest zu verlangsamen.

Zukunftsversprechen – Zukunftsgefahren

Aber wohnten nicht auch dem Industriestaat große Zukunftsversprechen inne? Konnte nicht die boomende konjunkturelle Entwicklung ein bislang ungekanntes Maß an Wohlstand hervorbringen, das durch bessere Lebensbedingungen, aber auch durch wachsende Konsummöglichkeiten das Dasein der Menschen verbesserte? Die Löhne stiegen. Und die ökonomische Entwicklung schuf die Grundlagen für eine neuartige Sozialpolitik, die just in jenen Jahren, als Michael Pflumm sich für den Kauf der Dußlinger Pulvermühle zu interessieren begann, Gestalt annahm: mit dem Gesetz über die Krankenversicherung von 1883, dem Gesetz über die Unfallversicherung von 1884 und schließlich, einige Jahre später, mit dem Gesetz über die Alters- und Invalidenversicherung von 1889. Sicher, Bismarcks Sozialpolitik war nicht geleitet vom Ziel, die industrielle Arbeitswelt zu humanisieren. Auch war sie kein Instrument progressiver Sozialreform. Sie war vielmehr Ausdruck und Mittel einer konservativen Stabilisierungspolitik, die mit der Dynamik des wirtschaftlichen und sozialen Wandels fertigzuwerden suchte, ohne das semi-autoritäre politische System des Kaiserreichs verändern zu müssen.

Und welche Versprechungen lagen in der technisch-industriellen Entwicklung selbst? Ein immer dichter werdendes Eisenbahnnetz überzog ganz Deutschland und verband es mit seinen europäischen Nachbarländern. Noch lange Zeit bestimmte die Bahn die neuen Vorstellungen von Mobilität. Das erste Automobil wurde zwar schon 1885 gebaut, aber die Straßen der Städte begann es erst nach dem Ersten Weltkrieg zu beherrschen. Dennoch stand gerade das Automobil für eine wachsende Technikbegeisterung der Öffentlichkeit, die angesichts immer neuer Erfindungen kaum nachlassen wollte. Viele Erfindungen wurden auch deswegen so breit wahrgenommen, weil sie vergleichsweise rasch das Leben der Menschen veränderten, am spürbarsten wohl durch die Elektrisierung. Alles schien machbar, der Wissenschaft waren, so sah man es, keine Grenzen gesetzt. Und würde nicht, so hoffte man, die gesamte Menschheit vom naturwissenschaftlichen Fortschritt und seinen Auswirkungen insbesondere in der Medizin profitieren? So schienen sich gegen Ende des 19. Jahrhunderts nicht nur die Möglichkeiten individueller Fortbewegung rasant zu beschleunigen. War man nicht, so sahen das viele, Zeuge einer unglaublichen Beschleunigung eines gerade auch wissenschaftlich-technisch induzierten Fortschritts insgesamt?

Welche Chancen bot dieser rasante Fortschritt? Welche Gefahren gingen von ihm aus? Die Beschleunigung des Fortschritts, sie weckte unterschiedliche Reaktionen, Faszination genauso wie Erschrecken, und gerade die Gleichzeitigkeit dieser Wahrnehmungen gehört zum Signum des ausgehenden 19. und des beginnenden 20. Jahrhunderts. Würde der Fortschritt sich selbst stabilisieren? Auf welchen politischen, sozialen und kulturellen Grundlagen ruhte er? Konnte die Politik des Kaiserreichs mit der Dynamik des Fortschritts noch Schritt halten? Wie lange noch? Die Jahre um 1900 waren janusgesichtig und von einer tiefen Ambivalenz. Die Zukunftsgewissheit und der Optimismus, die das offizielle Deutschland in der Zeit um die Jahrhundertwende verbreiteten, dienten sie nicht auch dem Zweck, den Zweifeln und den Ängsten entgegenzuwirken, die der rasende Fortschritt geweckt hatte?

Wagnis Unternehmensgründung

Den Unternehmensgründer Michael Pflumm und auch seinen Schwiegersohn und Nachfolger Johannes Kemmler, der 1901 in das Unternehmen eintrat und es 1910 übernahm, plagten solche Zukunftsängste nicht. Beide, der Landwirt aus Hinterweiler und der ebenfalls aus einer bäuerlichen Familie stammende Kaufmann aus Wankheim, verband, soweit die spärlichen Quellen Aussagen darüber zulassen, eine hohe individuelle Motivation, der Wille zu sozialem Aufstieg und das Ziel des wirtschaftlichen Erfolgs. Eher intuitiv erkannten beide die Wachstums- und Gewinnchancen der Bauindustrie. Zwar lockten in der Baubranche gegen Ende des 19. Jahrhunderts im Vergleich zum Gesamtwachstum keine überdurchschnittlichen Wachstumsraten, aber die Dynamik des demografisch angetriebenen Wohnbaus, des Industriebaus und des Verkehrswegebaus versprach doch nicht nur kurzfristig profitable Geschäfte. Vor allem die fabrikmäßige Zementproduktion stieg seit den 1880er Jahren, also genau im Zeitraum der Unternehmensgründung, gewaltig an. Und wenngleich Michael Pflumm die Idee eigener Zementherstellung schon in den 1890er Jahren wieder aufgab, verriet die Konzentration auf die Produktion von Zementwaren das Gespür für die Chancen einer immer stärker von Zement und Zementprodukten geprägten Baustoffbranche. Die Mahlmühle, die Pflumm 1885 mit übernommen und zunächst auch betrieben hatte, wurde 1902 wohl auch unter dem Einfluss Johannes Kemmlers eingestellt. Spätestens mit dem Umzug nach Tübingen sechs Jahre später wurde aus einem Gewerbebetrieb ein Industrieunternehmen.

Unternehmern und insbesondere Unternehmensgründern wird gerne Risikobereitschaft, ja Risikofreude als Voraussetzung und Triebkraft ihres Handelns zugeschrieben. Solche Urteile verraten viel über gegenwärtige Vorstellungen – und zum Teil auch Realitäten – von Unternehmertum und Kapitalwirtschaft, aber nur wenig Kenntnis unternehmerischer Aktivität in den Jahren um 1900. Sicher, eine Unternehmensgründung bedeutete ein Wagnis, und selbstverständlich war ökonomisches Erfolgsstreben, also Gewinnorientierung, ein zentrales Motiv. Aber es ging nicht um die astronomischen Gewinnmargen eines »Casino-Kapitalismus« (Hans-Werner Sinn), sondern oftmals und gerade bei kleineren Familienunternehmen um Existenzsicherung, die Möglichkeit sozialen Aufstiegs oder das Streben nach Selbstständigkeit. Religiöse Motive traten hinzu. Max Weber hat daraus eine wirkmächtige Theorie des okzidentalen Kapitalismus entwickelt. Dem protestantisch-pietistischen Umfeld jedenfalls, dem Michael Pflumm und Johannes Kemmler entstammten, waren Arbeitsethos und Leistungsorientierung nicht fremd und ebenso wenig die Idee von Unternehmertum als Dienst an der Familie. Das freilich erforderte ein Denken, das über den Tag und kurzfristige Gewinnchancen hinausreichte und die Familie auch als generationenübergreifende Einheit im Blick hatte.

Das Wagnis, ein Unternehmen zu gründen, hätte Michael Pflumm nicht auf sich genommen ohne einen grundlegenden Optimismus und ohne die Überzeugung, einer – im überschaubaren Rahmen – sicheren Zukunft entgegenzusehen. Sichere Zukunft, noch einmal sei es gesagt, meinte dabei nicht enorme Gewinnerwartungen, sondern vielmehr verlässliche und zumindest halbwegs berechenbare Bedingungen für unternehmerische Aktivität: ökonomisch, sozial, aber auch politisch. Zeitgeist und Zeitstimmung der Jahre nach 1900, die erst in der Rückschau zu den Jahren vor dem Ersten Weltkrieg geworden sind, schienen, stärker als die Jahre vor der Jahrhundertwende, diesen Optimismus und dieses Sicherheitsgefühl widerzuspiegeln. Von einer »Welt der Sicherheit« sprach der Schriftsteller Stefan Zweig in seinen 1944 erschienenen Erinnerungen, von einem »goldenen Zeitalter der Sicherheit«. Ein »Gefühl der Sicherheit« sei der »erstrebenswerteste Besitz von Millionen« gewesen, das »gemeinsame Lebensideal«, und redlich habe man geglaubt, schon bald würden »Frieden und Sicherheit, diese höchsten Güter, der ganzen Menschheit zugeteilt sein«. Erst der

Krieg habe diesem »optimistischen Wahn« ein Ende gemacht. Man habe sich seither daran gewöhnen müssen, »ohne Boden unter den Füßen zu leben, ohne Recht, ohne Freiheit, ohne Sicherheit«. Und man habe das Wort »›Sicherheit‹ ... als ein Phantom aus dem Vokabular gestrichen«. Gewiss, Zweigs Wahrnehmung entsprach seiner bürgerlichen Perspektive, aber seine Einschätzung verhilft uns zu einem besseren Verständnis der Gegenwartswahrnehmung und Zukunftserwartung eines Unternehmensgründers in den Jahren um 1900.

Anpassungsleistungen und Erfolgsbedingungen

In der Geschichte der Firma Pflumm & Kemmler, wie sie sich noch bis weit nach dem Zweiten Weltkrieg nannte, und später der Kemmler-Unternehmensgruppe spiegelt sich die deutsche Geschichte des 20. Jahrhunderts. Die Untersuchung von Wolfgang Fischer macht das immer wieder deutlich, und sie schreibt auch vor diesem Hintergrund keine reine Erfolgsgeschichte. Sie spricht nicht nur von den Problemen der Kriegswirtschaft, sondern auch von Gewinnsteigerungen in den Jahren des Ersten und des Zweiten Weltkriegs. Als Hersteller von Betonfertigteilen für den Luftschutzbau profitierte das Unternehmen sogar vom Bombenkrieg. Das Buch thematisiert den Einsatz von Zwangsarbeitern, versäumt aber auch nicht den Hinweis auf die Beteiligung der Firma Kemmler an der im Jahr 2000 errichteten Stiftung »Erinnerung, Verantwortung und Zukunft« zur finanziellen Entschädigung ehemaliger Zwangsarbeiter sowie anderer Opfer des nationalsozialistischen Deutschlands.

Angesichts der Wechsellagen und Herausforderungen der Wirtschaft, aber auch angesichts tiefer politischer Einschnitte und Veränderungen, für die die Jahreszahlen 1918, 1933 und 1945/49 als Chiffren stehen können, habe sich, so heißt es heute im Rückblick, das Unternehmen immer wieder neu erfinden, habe es sich immer wieder neu gründen müssen. Das ist nicht falsch, und das Selbstbewusstsein, das hinter solchen Aussagen steht, hat gerade in einem Jubiläumsjahr durchaus seine Berechtigung. Etwas nüchterner wird man sagen können, dass das Unternehmen als Voraussetzung für seinen Fortbestand über 125 Jahre permanente Anpassungsleistungen zu erbringen hatte. Und Anpassungsleistungen bedeuten immer auch Kompromisse, zu denen nicht zuletzt das Arrangement mit dem Nationalsozialismus gehörte. Die Motive solcher Arrangements wird man differenziert betrachten müssen. Sie reichten von Gewinnerwartungen und Prestigesteigerung bis hin zum Schutz der Existenz des Unternehmens. »Neben Opportunismus und handfeste Interessen trat zuweilen die nackte Angst«, formuliert der Wirtschaftshistoriker Hartmut Berghoff. Partielle Anpassung schloss Widerspruch oder Meinungsunterschiede nicht aus. Aber nicht jeder Konflikt, den ein Unternehmen oder ein Unternehmer mit Funktionsträgern der nationalsozialistischen Politik oder der NS-Wirtschaftsbürokratie hatte, war Widerstand. Umgekehrt freilich konnte jede Auseinandersetzung über Produktion oder Besteuerung von den Machthabern als politischer Dissens gedeutet und entsprechend sanktioniert werden.

Einer älteren wirtschafts- und unternehmenshistorischen Forschung galten Familienunternehmen lediglich als Vorstufe zu Großunternehmen mit breit gestreutem Kapitalbesitz. Die Realität – nicht nur die Geschichte der Firma Kemmler – widerspricht diesem Determinismus. Sie widerspricht auch der These, dass die Trennung von Eigentum und Verfügungsmacht für jedes Unternehmen langfristig die bessere, weil gewinnträchtigere, Lösung darstelle. Das mag für Großunternehmen gelten. Für den Mittelstand jedoch ist es keineswegs ausgemacht. Die volkswirtschaftliche Bedeutung jedenfalls von Familienunternehmen ist in Deutschland nach wie vor sehr hoch. 95 Prozent aller deutschen Unternehmen sind Familienunternehmen; sie erwirtschaften fast die Hälfte aller Unternehmensumsätze. Das Familienbewusstsein von Eigentümer-Unternehmern – wenn man nicht gleich vom Willen zur Dynastiebildung sprechen möchte – erlaubt und erfordert langfristige Orientierungen. Gewiss, kurzfristige Gewinnentnahmen zur Maximierung des individuellen Einkommens der Teilhaber sind nicht ausgeschlossen, aber sie sind auch nicht von vorneherein in der Konstruktion eines Familienunternehmens angelegt. Überhaupt ist die schroffe Gegenüberstellung von Eigentümer-Unternehmern und Managern problematisch, denn selbstverständlich können Eigentümer oder Teilhaber gut ausgebildete und hoch kompetente Manager sein, und das besondere Profil eines Familienunternehmens widerspricht der Einführung von effizienzorientierten Managementstrukturen mitnichten.

Gerade weil Eigentümer-Unternehmer im Zweifelsfalle ein größeres Risiko zu tragen haben als Manager, ein Risiko nämlich, das den eigenen Untergang mit einschließt, verhalten sie sich, so könnte man argumentieren, eher risikoscheu. In der Geschichte der Firma Kemmler finden wir dafür eine Reihe von Belegen, zuletzt wohl in den Jahren nach der deutschen

Wiedervereinigung, als die Firma Kemmler im Baustoffhandel gegen den allgemeinen Trend der Branche und wohl auch gegen die Verlockung kurzfristiger Umsatzsteigerungen die Grundsatzentscheidung traf, nicht in den Osten Deutschlands zu expandieren. Als schon Mitte der 1990er Jahre der vereinigungsbedingte Bauboom in eine Baukrise überging, erwies sich das als ein weiser Entschluss. Auf weitere Expansion verzichtete das Unternehmen indes keineswegs, setzte aber auf eine fortgesetzte regionale und konzentrische Erweiterung von Tübingen aus und hielt am Prinzip des langsamen Wachstums fest. So bietet sich die Kemmler-Gruppe bis heute als ein regionales, ja geradezu lokales Unternehmen dar, fest verwurzelt im deutschen Südwesten und auf den ersten Blick geradezu erstaunlich »unglobalisiert«. Wenn man über die Gründe des unbestreitbaren Firmenerfolgs seit nunmehr 125 Jahren nachdenkt, wird man fraglos in der Traditionalität, der Regionalität und der bedächtigen Geschwindigkeit – Langsamkeit im besten Sinne – entscheidende Faktoren identifizieren können.

Dennoch ist die Globalisierung auch an der Kemmler-Gruppe nicht spurlos vorüber gegangen. Man erkennt das nicht an den Firmenstandorten, sondern an der Entwicklung der Absatz- und Beschaffungsmärkte, wo wir zumindest von einer Europäisierung sprechen dürfen. Und hat nicht auch, auf einer anderen Ebene, die Einführung neuer Managementstrukturen seit etwa zwei Jahrzehnten etwas mit Globalisierung, mit einem globalen Blick zu tun? Sicher, die Strukturen der Unternehmensführung haben sich seit der Firmengründung 1885 stetig verändert, doch die Aufnahme und Anwendung von Managementideen – Stichworte: Malik, Kaizen – waren doch mehr als eine bloße Weiterentwicklung des Alten. Die Integration erfolgreicher Managementmethoden verrät die globale Orientierung eines regionalen Unternehmens, das sich trotz aller regionalen Verwurzelung auf zunehmend grenzenlosen Märkten und gegen eine nicht nur regionale Konkurrenz behaupten muss.

Menschen in der Geschichte

Die Geschichte eines Familienunternehmens ist nicht zu schreiben ohne die Geschichte der Menschen, die das Unternehmen über die Zeiten hinweg geprägt haben. Aus diesem Grund ist das Buch von Wolfgang Fischer über weite Strecken auch eine Familienbiografie über mittlerweile fünf Generationen. Ohne eine biografische Annäherung an die Unternehmer

Michael Pflumm, Johannes Kemmler, Hans Kemmler, Peter Kemmler und Marc Kemmler wäre es nicht zu schreiben gewesen. Das Buch erzählt die Geschichte eines Unternehmens und einer Familie. Es handelt nicht menschenleer von anonymen Strukturen und betriebswirtschaftlichen Entwicklungen, sondern von einer Familie, deren Geschichte von der Geschichte ihrer Firma nicht zu trennen ist, 1885 ebenso wenig wie 2010. Menschen machen Geschichte – auch Unternehmensgeschichte. Davon legt dieses Buch farbig und in vielen Facetten Zeugnis ab. Aber es würdigt nicht nur die Leistungen einer Unternehmerfamilie über fünf Generationen. Es ist auch ein Buch über die Mitarbeiter der Firma: vom »Faktotum« in der Dußlinger Pulvermühle 1885 bis hin zu den über 1300 Mitarbeitern an den 23 Standorten des Unternehmens im Jahre 2010, von denen nicht wenige ihrerseits schon über mehrere Generationen der Firma verbunden sind.

In Zeiten der Krise und einer unberechenbaren wirtschaftlichen Entwicklung im Zeichen der Globalisierung haben die Mitarbeiter ebenso viel Anlass, sich über das 125-jährige Bestehen der Firma Kemmler zu freuen, wie die Eigentümerfamilie selbst. Wenn im Jubiläumsjahr der Blick zurückschweift auf die wechselvolle Geschichte des Unternehmens seit 1885, dann geschieht das gewiss in berechtigter Freude und angemessenem Stolz. Aber es geschehe auch in dem Bewusstsein der Fragilität des Erfolgs, der Zerbrechlichkeit allen irdischen Glücks. Auch daran erinnert uns die Geschichte, die dieses Buch in wissenschaftlicher Analyse, kritischer Distanz und exemplarischer Absicht erzählt, und auch deshalb weist es weit hinaus über die Firma Kemmler und ihre Geschichte.

Einleitung

Zu den besonders prägenden Erfahrungen seiner Lehrzeit gehörte für Johannes Kemmler ein kleines Erlebnis, das er später gerne im Familienkreis erzählte: Als Lehrling in einem Spezereigeschäft am Tübinger Marktplatz hatte er die Aufgabe, jeden Morgen aus dem gleichen großen Sack Rosinen in drei verschiedene Bastkörbe abzufüllen und diese mit unterschiedlichen Preisen zu versehen. Häufig probierten die Kunden aus allen drei Körben Rosinen. Dann aber geschah etwas, was den jungen Mann nachhaltig beeindruckte: Die Wahl der Kunden richtete sich häufig nach ihrem gesellschaftlichen Status. Regelmäßig schmunzelte der Lehrling in sich hinein, wenn sich die Gattinnen der Universitätsprofessoren für die teuersten Rosinen entschieden und dies damit begründeten, diese schmeckten mit Abstand am besten. Früh erkannte der junge Johannes Kemmler, dass im wirklichen Leben das wirtschaftliche Handeln von Menschen von vielem bestimmt wird – aber nicht von rein rationalen Kriterien.[1]

Einige Jahre später mag ihm dieses Erlebnis wieder in den Sinn gekommen sein. Inzwischen hatte Johannes Kemmler die Zementwarenfabrik seines Schwiegervaters Michael Pflumm als alleiniger Inhaber übernommen, und die Firma lieferte für den Bau der Tübinger Hautklinik neben anderen Materialien auch Kunststeine. Ein pedantischer Baurat, mit dem er bereits mehrfach Schwierigkeiten gehabt hatte, beanstandete »unter wüstem Geschimpfe«, wie sich Kemmler erinnert, einen der gelieferten Steine »wegen einer geringen Narbe an einem großen Quader von circa 40 Zentner Gewicht«. Johannes Kemmler nahm daraufhin den beanstandeten Stein zurück und lieferte ihn nach mehreren Tagen wieder auf die Baustelle, ohne dass daran Änderungen vorgenommen worden waren. Der Baurat war aber offensichtlich zufrieden und kommentierte den Stein mit den Worten: »So, jetzt ist er recht, warum geht's denn jetzt!«[2]

Liest man das auf den 1. Mai 1941 datierte Manuskript über die »Geschichte der Firma Pflumm & Kemmler, Tübingen von 1884–1940«, welches Johannes Kemmler an seinen Sohn und Nachfolger Hans adressierte und das von ihm wohl als Wegweiser für die unternehmerische Tätigkeit gedacht war, so muss man den Eindruck gewinnen, dass eine unternehmerische Tätigkeit als Zementwarenfabrikant in den ersten Jahrzehnten des 20. Jahrhunderts mit viel Ärger und Verdruss für den Unternehmer verbunden war. Mit den Worten des spanischen Kulturphilosophen José Ortega y Gasset bestand unternehmerischer Fortschritt für Johannes Kemmler scheinbar nur darin, die bekannten alten Sorgen gegen neue, noch kompliziertere Sorgen einzutauschen.

Dennoch hatte sich Johannes Kemmler dazu entschieden, die Firma seines Schwiegervaters Michael Pflumm zu übernehmen, als alleiniger Inhaber zu betreiben und als Familienunternehmen schließlich an seinen Sohn weiterzugeben. Am Ende des erwähnten Manuskripts konstatiert er: »So ist bei meinem Weggang im Jahr 1939 der Betrieb auf eine Grundlage gestellt, dass man ohne besondere Mühe mit jeder anderen Firma den Wettbewerb aufnehmen kann.«[3]

1901 war der gelernte Kaufmann Johannes Kemmler in die Zementwarenfabrik seines Schwiegervaters Michael Pflumm in der Dußlinger Pulvermühle eingetreten. Am 26. September 1908 ließen Michael Pflumm und Johannes Kemmler eine gemeinsame, nun in Tübingen ansässige Firma ins Handelsregister eintragen. Nach dem Ausscheiden Michael Pflumms wurde die Firma Pflumm & Kemmler seit Dezember 1910 von Johannes Kemmler als alleinigem Inhaber weitergeführt. Das Familienunternehmen entwickelte sich in den folgenden Jahrzehnten unter der Leitung von Johannes Kemmlers Nachfahren Hans, Peter und Marc Kemmler weiter zur Unternehmensgruppe Kemmler, die heute aus den vier Schwesterfirmen Kemmler Baustoffe, Beton Kemmler, Kemmlit Bauelemente und Kemmler Industriebau besteht und im Jahr 2008 mit über 1300 Mitarbeitern 360 Millionen Euro Umsatz erwirtschaftete.

Die Geschichte eines Unternehmens, so der Historiker Lothar Gall in seiner Monografie über die Firma Krupp, lässt sich »unter sehr verschiedenen Aspekten« betrachten.[4] Der Wirtschafts- und Sozialhistoriker Hartmut Berghoff sieht Unternehmen als historische Phänomene, die durch vier Fundamentaldimensionen historischer Prozesse bestimmt werden: durch wirtschaftliche, soziale, kulturelle und politische Faktoren.[5] Berghoff plädiert explizit dafür, neben der internen Unternehmensentwicklung – dem »ökonomischen Kern« – gleichberechtigt die Unternehmensumwelt einzubeziehen, verstanden als Gesamtheit aller äußeren Einflussgrößen. Dies ermöglicht es, die wechselseitige Beeinflussung und Abhängigkeit des Unternehmens mit seinem lokalen und regionalen Umfeld ebenso in den Blick zu nehmen wie die Bedeutung gesamtwirtschaftlicher Konstellationen und politischer, kultureller und sozialer Einflüsse. Dies wird umso wichtiger, wenn man als Gegenstand der unternehmenshistorischen Forschung kein Großunternehmen, sondern ein in einem regionalen Milieu verwurzeltes, familiengeführtes mittelständisches Unternehmen behandelt.[6]

Die Besonderheit eines Familienunternehmens liegt in der untrennbaren Verbindung von Familie und Unternehmen, zweier bestimmender Institutionen moderner Gesellschaften. Diese werden in der Regel eher als getrennte Sphären des Privaten und des Wirtschaftlichen wahrgenommen. In der wirtschafts- und unternehmenshistorischen Forschung sowie in der Managementtheorie wurden Familienunternehmen lange Zeit als Auslaufmodell oder anachronistisches Relikt behandelt. Besonders einflussreich für die Verbreitung dieser Lesart waren die Arbeiten des amerikanischen Wirtschaftshistorikers Alfred Dupont Chandler, der davon ausging, dass sich alle Unternehmen aufgrund der Wettbewerbsvorteile der Massenproduktion zwangsläufig zu Großunternehmen mit breit gestreutem Kapitalbesitz und angestellten Unternehmensleitern entwickelten. Familienunternehmen betrachtete Chandler in diesem Zusammenhang lediglich als eine Vorstufe zum modernen Unternehmen.[7]

Allen solchen Untergangsprophezeiungen zum Trotz haben die kleineren und mittleren Unternehmen, die größtenteils als Familienunternehmen organisiert sind, ihre gesamtwirtschaftliche Position in Deutschland behaupten können. Laut dem *Lexikon der deutschen Familienunternehmen* bilden Familienunternehmen – mehr als 90 Prozent aller deutschen Unternehmen sind in Familienbesitz – das »Rückgrat der deutschen Wirtschaft«. Sie erwirtschaften mehr als 40 Prozent aller Umsätze, entwickeln fast drei Viertel der Patente, bieten mehr als 60 Prozent aller Arbeitsplätze und 80 Prozent der Ausbildungsplätze.[8] Auch Kemmler wurde im Jahr 2009 in dieses Lexikon aufgenommen, in dessen Vorwort Bundeskanzlerin Angela Merkel den Familienunternehmen einen großen Anteil an der positiven wirtschaftlichen und gesellschaftlichen Entwicklung der Bundesrepublik Deutschland zuschreibt und sie als »das Herzstück der sozialen Marktwirtschaft« bezeichnet.[9]

Charakteristisch für Familienunternehmen sind laut Hartmut Berghoff die Identität von Kapitalmehrheit und Leitung, die Einbeziehung außerbetrieblicher Motive sowie die Einbringung privater Ressourcen der Eigentümer.[10] Die »Macht der Familie« – so der deutsche Titel einer Untersuchung ausgewählter Wirtschaftsdynastien[11] – birgt in vielerlei Hinsicht klare Vorteile, kann jedoch bei mangelhafter Konfliktlösung innerhalb der Familie, vor allem aber bei missglückten Nachfolgeregelungen, auch zu einem mitunter die Existenz des Unternehmens gefährdenden Nachteil werden. Im Angesicht der weltweiten Finanz- und Wirtschaftskrise im Jahr 2009 hat sich ein entscheidender Vorteil von Familienunternehmen gezeigt: Dank der dynastischen Orientierung der Inhaberfamilie besitzen Familienunternehmen in der Regel eine langfristige strategische Ausrichtung und haben sich nur in den seltensten Fällen dem Postulat des Shareholder-Value und der reinen Gewinnmaximierung unterworfen.

Die Unternehmensgeschichte des Familienunternehmens Kemmler, die im Folgenden erzählt wird, entstand zunächst aus Anlass eines für das Jahr 2008 vermuteten 100. Jahrestags der Firmengründung. Während der Recherchearbeiten stellte sich jedoch heraus, dass das Unternehmen wesentlich älter ist und im Jahr 2010 bereits auf 125 Jahre eigene Geschichte zurückblicken kann. Im Familien- und Firmengedächtnis war die Entstehung des Unternehmens in der Dußlinger Pulvermühle nicht als Teil der eigenen Unternehmensgeschichte verankert gewesen. Mehr über die eigenen historischen Wurzeln zu erfahren war für die Familie Kemmler sicherlich Beweggrund, keine der üblichen Festschriften, sondern eine wissenschaftlich fundierte Studie in Auftrag zu geben. Für den Autor ergab sich damit die Möglichkeit, anhand der detaillierten Untersuchung des Baustoffunternehmens Kemmler und seiner spezifischen Erfolgsfaktoren auch Erkenntnisse über Entwicklungsbedingungen von Familienunternehmen allgemein wie auch über eine zentrale volkswirtschaftliche Branche zu gewinnen, die nur selten im Fokus der wirtschafts- und unternehmenshistorischen Forschung steht. Zu Unrecht – immerhin erwirtschaftet die Immobilien- und Baubranche 10 Prozent des Bruttoinlandsprodukts.

Was macht ein Familienunternehmen über fünf Generationen hinweg überlebensfähig? Wie konnten Wirtschaftskrisen, Weltkriege und familiäre Schicksalsschläge überwunden werden? Worin liegt, wenn man es so benennen will, das Erfolgsgeheimnis von Familie und Unternehmen Kemmler? Welches sind die Erfolgsfaktoren heute?

Um diesen Fragen nachzugehen, speist sich die Studie aus unterschiedlichen Quellen. Zum einen konnte auf von Firma und Familie aufbewahrtes Archivgut unterschiedlichster Art zurückgegriffen werden. Ergänzt und erweitert wurde dieses Material durch Recherchen in öffentlichen Archiven: den Stadtarchiven in Tübingen – mein besonderer Dank gilt hier Udo Rauch, der sich für viele meiner Fragen Zeit genommen und mir wertvolle Ratschläge gegeben hat – und Reutlingen, dem Gemeindearchiv Dußlingen, den Staatsarchiven Sigmaringen und Ludwigsburg, dem Hauptstaatsarchiv Stuttgart sowie dem Wirtschaftsarchiv Baden-Württemberg in Stuttgart-Hohenheim. Zusätzliche Unterlagen stellten freundlicherweise das Bundesarchiv in Berlin, der Internationale Suchdienst (ITS) in Bad Arolsen, der Verband Baustoff-Fachhandel e. V. in Stuttgart, das Stadtarchiv Balingen sowie das Statistische Landesamt Baden-Württemberg zur Verfügung. Zum anderen führte der Verfasser vor allem hinsichtlich der Entwicklung des Unternehmens seit den 1950er Jahren ausführliche Interviews mit Peter und Dr. Marc Kemmler sowie den langjährigen Mitarbeitern Dr. Heinz Dettling, Heinz Duppel, Karl Gölz, Peter Höcklen, Ludwig Kautt, Walter Köpschall, Helmut Nill, Fritz Nübling, Manfred Paetz, Bernd Rinn und Klaus Schiebel. Allen meinen Gesprächspartnern, die sich für meine Fragen viel Zeit nahmen, sowie den Mitarbeitern der von mir besuchten Archive und der Firma Kemmler sei an dieser Stelle herzlich gedankt für ihre Geduld, Hilfsbereitschaft und wertvolle Mitarbeit an der Entstehung dieses Buches.

Tübingen, im Januar 2010
Wolfgang Fischer

I. Wo alles begann

1. Das Oberamt Tübingen im 19. Jahrhundert

Bevor unser erster Hauptdarsteller Michael Pflumm mit seiner Firma in Dußlingen die Bühne betritt, lohnt es sich, zunächst einen kurzen Blick auf die Kulissen zu werfen: Ende des 19. Jahrhunderts war Dußlingen ein kleiner Ort mit ungefähr 2000 Einwohnern im südlichen Teil des Oberamts Tübingen. Mit den damaligen Verkehrsmitteln brauchte man etwa eine Stunde in die Oberamts- und Universitätsstadt Tübingen, die es bei der Zollvereinszählung von 1864 auf immerhin 8700 Einwohner brachte. Das Oberamt Tübingen war Teil des Königreichs Württemberg und befand sich rund 40 Kilometer südlich der Hauptstadt Stuttgart. Das vormalige Herzogtum Württemberg war unter dem Einfluss Napoleons zu Beginn des 19. Jahrhunderts zum Königreich aufgestiegen und hatte innerhalb von einem Jahrzehnt sowohl Fläche als auch Einwohnerzahl mehr als verdoppelt. Verwaltungsmäßig gegliedert war es seit 1818 in vier Kreise, die wiederum aus mehreren kleineren Verwaltungseinheiten, den Oberämtern, bestanden. Erst 1924 wurden die vier Kreise als übergeordnete Verwaltungseinheiten aufgelöst und 1934 der Begriff Oberamt durch den im gesamten Deutschen Reich gebräuchlichen Begriff Kreis ersetzt.[12]

Das Königreich Württemberg des 19. Jahrhunderts war ein Agrarstaat, und ein armer dazu. Ein Großteil der Bevölkerung lebte am oder sogar unter dem Existenzminimum. Das in Württemberg vorherrschende Prinzip der Realteilung gestand durch Aufteilung des vorhandenen Besitzes stets mehreren Kindern eine eigene Ernährungsbasis zu. Dies führte zu einer hohen Bevölkerungsdichte, jedoch auch dazu, dass durch die wiederholte Teilung der Höfe und Ländereien deren Größe immer weiter abnahm, wodurch sie kaum mehr eine ausreichende Ernährungsgrundlage boten.

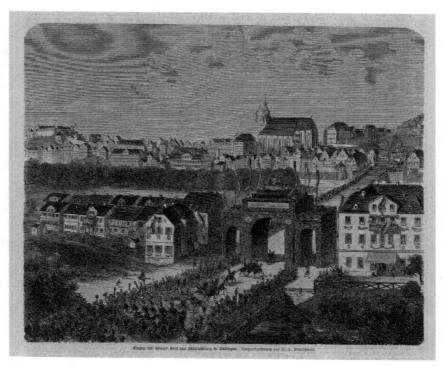

Einzug des Königs Karl von Württemberg in die Oberamtsstadt Tübingen im Jahr 1864[13]

Weite Teile der Bevölkerung mussten durch gewerbliche Arbeit vor allem in den Wintermonaten zusätzliches Einkommen erzielen. Dieser Zwang zur gewerblichen Tätigkeit brachte langfristig den Vorteil, dass er gute Voraussetzungen für die Entstehung erster frühindustrieller Betriebe schuf und später die Entwicklung einer auf Kleinbetrieben basierenden verarbeitenden Industrie begünstigte. Im 18. Jahrhundert waren Ansätze von Industrie aber noch eher die Ausnahme. Zu einer Industrialisierung Württembergs kam es im Vergleich zu anderen deutschen Staaten, vor allem Preußen, erst relativ spät.[14]

Für die südwestdeutschen Staaten wie Württemberg standen die Vorzeichen für eine auf Dampfmaschine, Kohle und Eisen basierende Industrialisierung zu Beginn des 19. Jahrhunderts schlecht: Die entsprechenden Rohstoffe fehlten. Fossile Brennstoffe als Energiequelle, vor allem Kohle, waren überhaupt nicht und Erzvorkommen kaum vorhanden. Noch bis 1895 war Wasserkraft die Hauptenergiequelle der württembergischen Industrie, erst dann wurde sie von der Dampfkraft verdrängt.[15] Dazu kam eine äußerst schlechte Verkehrsanbindung sowohl innerhalb des Landes als auch zu den anderen deutschen Staaten. Eine moderne Infrastruktur war so gut wie nicht vorhanden. Im stark ländlich geprägten »kleinkammerigen« Württemberg gab es nur wenige Städte, die eine Funktion als wirtschaftliche Ballungs- und Entwicklungszentren ausüben konnten. Zwischen den einzelnen Regionen bestanden kaum Verbindungen wirtschaftlicher oder überhaupt kommunikativer Art. Dies lag zum einen am natürlichen Profil des Landes mit seinen Bergen und großen Waldgebieten, zum anderen auch an Unterschieden hinsichtlich der Konfession und der Mentalität zwischen »Altwürttemberg« und den Anfang des 19. Jahrhunderts neu hinzugekommenen Gebieten.

Die hohe Dichte von traditionell in Zünften organisierten Handwerkern, die sich später bei der Entwicklung der verarbeitenden Industriebetriebe als vorteilhaft erweisen sollte, bedeutete zu dieser Zeit ein weiteres Hemmnis für die Industrialisierung, die in anderen Teilen des Deutschen Reiches und Europas, vor allem in Großbritannien, schon erheblich weiter fortgeschritten war. Außerdem führten die ungünstigen Agrarstrukturen und eine anhaltende Krise der Landwirtschaft zu einer völligen Verarmung großer Teile der Bevölkerung, die im 19. Jahrhundert viele Menschen dazu veranlasste, auszuwandern.

Von staatlicher Seite bemühte man sich schon früh um eine Lösung dieser Probleme. So trat Württemberg 1828 dem Süddeutschen Zollverein und 1834 dem Deutschen Zollverein bei, um den Wirtschaftsraum zu vergrößern, und veranlasste den Ausbau von Land- und Wasserstraßen zur Verbesserung der Infrastruktur. 1843 gründete Württemberg eine Staatseisenbahn, die man sich angesichts des gerade halbwegs abgetragenen staatlichen Schuldenbergs eigentlich gar nicht leisten konnte und die rein finanziell gesehen prompt zu einem Verlustgeschäft ersten Ranges wurde. Von 653 Millionen Mark Schulden, die das Königreich Württemberg anno 1913 hatte, gingen 633 Millionen, also rund 97 Prozent, auf das Konto der Staatseisenbahn. Langfristig aber war die Eisenbahn im wahrsten Sinne des Wortes ein Vehikel des wirtschaftlichen Aufschwungs und der Industrialisierung, welches die Kommunikation und das Zusammenwachsen der Regionen erleichterte und die Absatzmärkte für den Handel mit landwirtschaftlichen und gewerblichen Produkten erweiterte.

Auch die staatliche Wirtschaftspolitik wurde ganz auf die intensive Förderung von Landwirtschaft, Gewerbe, Handel und Industrie ausgerichtet.

Der zuständige Regierungsrat Ferdinand von Steinbeis lenkte sein besonderes Augenmerk auf den Auf- und Ausbau eines entsprechend orientierten Bildungswesens. So kam es nach dem Wegfall der Zünfte 1862 zur gezielten Einrichtung von Gewerbefortbildungsschulen. Nach der Gründung des Deutschen Reiches 1871 bestand nun eine einheitliche Reichswährung: In Württemberg löste die Mark den Gulden als Währung ab, und das metrische System wurde eingeführt. Doch trotz aller Verbesserungen und des großen Reservoirs an fähigen Arbeitskräften für die wachsende Industrie, die das Land dank der hohen Dichte an Handwerkern besaß, blieb der Anteil Württembergs an der Wirtschaftsleistung des Kaiserreichs zunächst eher gering. Im Jahr 1907 wurden erstmals mehr Beschäftigte in der Industrie als in der Landwirtschaft registriert – damit war die Schwelle zum »Industriestaat« überschritten. Der ländliche und kleinstädtische Charakter des Landes blieb jedoch auch nach Einsetzen der Industrialisierung noch lange bestehen. Typisch für das Königreich Württemberg mit Stuttgart als der einzigen Großstadt war die dezentrale Verteilung der vorwiegend mittelständischen Industrie über das ganze Land. Dies erlaubte es vielen Industriearbeitern, als Teilzeitbauern weiterhin ihren eigenen kleinen Grund und Boden zu bewirtschaften.[16]

Für die Stadt und das Oberamt Tübingen war der Bau der Eisenbahn ein Meilenstein auf dem Weg zur Industrialisierung. Nachdem Tübingen 1861 ans Eisenbahnnetz angeschlossen worden war, folgten bald weitere Schritte zur wirtschaftlichen Modernisierung. Im Oktober des folgenden Jahres wurde das Gaswerk in der Reutlinger Straße eingeweiht, und durch die Kanalisierung der Steinlach konnte das untere Wöhrd für eine Bebauung genutzt werden. Weitergehende Versuche, die Wasserkraft des Neckars nutzbar zu machen und im mittleren Wöhrd ein Industriegebiet anzulegen, scheiterten in den folgenden Jahren.[17]

Insgesamt ging die Industrialisierung in Tübingen nur sehr schleppend voran, auch die Einführung der Gewerbefreiheit im gesamten Königreich Württemberg 1862 änderte daran zunächst nichts. Noch 1867 stellte das Königliche statistisch-topographische Bureau in einer Beschreibung des Oberamts Tübingen fest, dass »größere Fabrik-Etablissements« nicht bestünden und die »eigentliche Großindustrie« im Bezirk nicht vertreten sei. Allerdings wurden bereits einige kleinere Industriebetriebe im Bereich der Buchdruckerei oder des wissenschaftlichen Instrumentenbaus auf dem Tübinger Stadtgebiet genannt.[19] Diese Klein- und Mittelbetriebe mit Werkstattcharakter im Tübinger Stadtgebiet, die für ihre Maschinen Wasser als

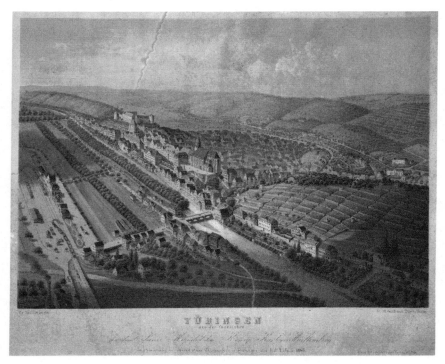

Tübingen um 1870 mit dem neu angelegten Bahnhof im bis dahin kaum bebauten Gebiet südlich des Neckars[18]

Antriebskraft nutzten, entwickelten sich zunächst nur entlang der Wehre und Kanäle von Neckar und Steinlach.

Doch es war auch das soziale Klima, das einer Industrialisierung Tübingens entgegenwirkte. Wiederholt hatten sich in der ersten Hälfte des 19. Jahrhunderts Einwohner der Universitätsstadt gegen eine Ansiedlung von Industriebetrieben ausgesprochen, da sie befürchteten, der damit verbundene Zuzug von Fabrikarbeitern in großer Zahl könnte das weit verbreitete Bild von der Bildungs- und Universitätsstadt beschädigen.[20]

Immerhin wurde mit der Verabschiedung eines umfassenden Stadtbauplanes 1867 die Stadtentwicklung vorangetrieben. Unter dem seit 1874 amtierenden Stadtschultheißen Julius Gös fanden weitere Modernisierungsmaßnahmen statt. Mit der Errichtung der neu erbauten Infanteriekaserne und dem feierlichen Einzug der Füsiliere des 7. Württembergischen Infanterieregiments wurde Tübingen 1875 Garnisonsstadt. Die Stadtverwaltung erhoffte sich davon eine wirtschaftliche Belebung und konnte bei diesem Schritt auch auf die Unterstützung der Universität setzen, die es begrüßte, dass künftig die Studenten den einjährigen Militärdienst an ihrem Studienort ableisten konnten.[21] Der Bau des ersten Tübinger Wasserwerks 1879 schuf die Voraussetzung für eine zentrale Versorgung der Stadt mit sauberem Wasser, und seit 1893 wurde intensiv an dem Ausbau der Kanalisation der unteren Stadt gearbeitet. Die treibende Kraft der Stadtentwicklung blieb aber weiterhin die Universität. Die zunehmende Studentenzahl und die Weiterentwicklung vor allem der Naturwissenschaften und der Medizin zogen eine intensive Bautätigkeit nach sich.[22]

Zum Ende des Jahrhunderts entwickelten sich schließlich auch größere Industriebetriebe. Im Jahr 1882 entstand die Stuhl- und Möbelfabrik Schäfer, zehn Jahre später die Papierwarenfabrik Lumpp & Kleinfelder und 1899 die Maschinenfabrik Zanker.[23] Das Königlich Statistische Landesamt errechnete für den Zeitraum von 1895 bis 1905 ein Ansteigen der Zahl der Gewerbetreibenden um beinahe 13 Prozent und – für die Stadtentwicklung sicherlich wichtiger – einen Anstieg des gewerblichen Steuerkapitals um mehr als 35 Prozent. Neben Industriebetrieben auf dem Gebiet der Stadt Tübingen verweist dieser auf 1905 datierte Bericht auch auf die Ansiedlung größerer Industrien in mehreren »Landorten« wie Derendingen, Gönningen, Kirchentellinsfurt und auch Dußlingen.[24]

Mehr und mehr hatten die Einwohner der kleineren Gemeinden des Oberamtes Tübingen auf der Suche nach neuen Verdienstmöglichkeiten begonnen, handwerkliche Tätigkeiten im Rahmen von Verlagssystemen auszuüben, in denen sie als rechtlich selbstständige Produzenten zu Hause oder in eigenen Betriebsstätten arbeiteten, während ihre Erzeugnisse von einem Verleger vertrieben und vermarktet wurden. Vormalige Bauern wurden zu unselbstständigen Lohnarbeitern in Textil- und Schuhfabriken in Reutlingen, dem industriellen Zentrum der Region. Auch in Dußlingen, wo diese Unternehmensgeschichte mit Michael Pflumm ihren Anfang nimmt, entwickelten sich erste »gewerblich produktive« Betriebe.[25]

2. Die Dußlinger Pulvermühle

Nähern wir uns dem Ort der Firmengründung, der Pulvermühle, die südlich der Oberamtsstadt Tübingen zwischen den Gemeinden Dußlingen und Gomaringen kurz vor der Mündung der Wiesaz in die Steinlach liegt.[26] Im November 1861 hatten die Unternehmer Ernst Ruoff aus Mössingen und

Jakob Rilling[27] aus Dußlingen die Erlaubnis erhalten, eine Pulvermühle zur lukrativen Produktion von Jagd-, Schieß- und Sprengpulver zu errichten. Der Kreis an Abnehmern war groß, denn neben Militär und Jägern benötigten auch Steinbrüche Explosivstoffe zum Lossprengen großer Gesteinsmassen. Allerdings war die Produktion mit enormen Gefahren verbunden: 1822 in Reutlingen und 1848 in Rottweil waren die dortigen Pulvermühlen im wahrsten Sinne des Wortes in die Luft gegangen.

Um einen ähnlichen Unfall zu vermeiden, fielen die Sicherheitsbestimmungen für die Dußlinger Pulvermühle entsprechend streng aus: Zur Vermeidung von Erschütterungen war den Arbeitern das Tragen von Filzschuhen während der Arbeitszeit vorgeschrieben. Auch durften die Dachlatten lediglich aufgeklebt und nicht genagelt werden, damit das Dach bei einer möglichen Explosion dem plötzlichen Druckanstieg nicht allzu großen Widerstand entgegensetzte. Die Anlage selbst bestand aus einem Trockenhaus – aufgrund der Explosionsgefahr wurde das Pulver in nassem Zustand verarbeitet und erst dann getrocknet –, ferner einem Salzhaus für die Lagerung des für die Produktion benötigten Salpetersalzes. Dazu kamen zwei vom gelernten Zimmermann Jakob Rilling eigens konstruierte Stampfwerke zum Zerkleinern der Rohstoffe sowie ein Presshaus und ein Magazin, in dem das Pulver in Holzfässern gelagert wurde.

Der Versuch der Pulverherstellung in Dußlingen war allerdings nicht gerade eine Erfolgsgeschichte. Trotz aller Sicherheitsmaßnahmen explodierte die Pulvermühle bereits nach nur einem Jahr Betriebsdauer am 19. März 1863 zum ersten Mal. Ein halbes Jahr später, am 16. September 1863, kam es erneut zu einer folgenschweren Explosion, bei der alle vier in der Pulvermühle beschäftigten Arbeiter ihr Leben verloren. Als Folge widerrief die Reutlinger Kreisregierung die Betriebsgenehmigung. Die Behörden reagierten damit auf Einsprüche von Bürgern der umliegenden Gemeinden Gomaringen, Stockach und Gönningen, die sich als Anrainer durch die Pulvermühle ebenso gefährdet sahen wie die Passanten auf der in der Nähe liegenden Straße. Mit Unterstützung des Militärs legten Ruoff und Rilling zwar erfolgreich Widerspruch gegen diese Entscheidung ein, doch nach einer erneuten Explosion in der Nacht vom 23. zum 24. August 1864, die nur aufgrund der nächtlichen Stunde ohne Todesfolge blieb, wurde die Betriebsgenehmigung endgültig entzogen. Die Pulvermühle blieb in Rillings Besitz und wurde im Laufe der 1860er Jahre schrittweise zur Getreide- und Zementmühle umgebaut.

Zement, wie wir ihn heute kennen, ist ein Gemisch fein gemahlener, nichtmetallisch-anorganischer Bestandteile, das unter Einwirkung von

Wasser erhärtet. Im Zuge des Industrialisierungsprozesses des ausgehenden 18. und des 19. Jahrhunderts in Großbritannien wurde dieser moderne Baustoff mit dem Ziel entwickelt, die Festigkeit des damals im Bauwesen verwendeten Mörtels zu verbessern. In der Folge führte diese technische Innovation zur Ausbildung einer Zementindustrie, welche in kurzer Zeit prosperierte, da sie die enorme Nachfrage nach Baustoffen aus den stetig wachsenden Städten bediente. Seit Ende des 18. Jahrhunderts wurde in England Romanzement als industrielles Produkt aus natürlichem, stark tonhaltigem Kalkmergel hergestellt und blieb bis in die 1840er Jahre hinein marktbeherrschend. Auch in Württemberg entwickelte sich vor allem im Raum Ulm seit den 1830er Jahren eine prosperierende Romanzementindustrie.

1867 bekam Rilling die Erlaubnis zur Errichtung einer Scheuer mit Wagenremise sowie eines Anbaus an die offensichtlich bereits in den Jahren zuvor erbaute Zementfabrik. Ein Jahr darauf erfolgten ein weiterer Anbau an die Zementfabrik, ein Anbau an das Wohnhaus sowie die Versetzung der Scheuer. Ein umfangreiches Bauvorhaben wurde 1874 genehmigt: Das bestehende Mühlwerk konnte auf die andere Seite des Kanals, der durch Rillings Gelände floss, verlegt und ein neues Fabrikgebäude errichtet werden. Im Jahr darauf folgte eine weitere große Investition, denn Rilling baute einen neuen Zementofen, offensichtlich, um seine Produktion auf Portlandzement umzustellen.[28] Portlandzement, ein künstliches Gemisch aus Kalkstein und Ton, musste mit einer möglichst hohen Brenntemperatur und dadurch mit einem höheren Energieaufwand produziert werden und verdrängte ab der zweiten Hälfte des 19. Jahrhunderts wiederum ausgehend von England aufgrund seiner besseren Festigkeitseigenschaften den Romanzement vom europäischen Markt.[29]

Kurze Zeit nach dem Bau seines Portlandzementofens musste Rilling jedoch erkennen, dass die Pulvermühle weder die technischen noch die logistischen Voraussetzungen für den Aufbau eines Portlandzementwerks erfüllte. Zum einen war die Rohstoffsituation schlecht, denn anders als im Alb-Donau-Raum, wo die Umstellung auf Portlandzement gelang und sich seit Mitte des 19. Jahrhunderts die großen württembergischen Zementhersteller entwickelten, gab es im Oberamt Tübingen kein für die Produktion von Portlandzement geeignetes Kalkmergelgestein. Im benachbarten Oberamt Reutlingen existierten zwar mehrere Kalkmergelvorkommen bei Reutlingen, Ohmenhausen und Gomaringen-Hinterweiler. Diese eigneten sich allerdings nur für die Herstellung von Romanzement. Eben dort, in

Gomaringen-Hinterweiler, lagen offenbar Rillings und später auch Michael Pflumms Bezugsquellen für das Rohmaterial. Erschwerend kam hinzu, dass Portlandzement im Vergleich zum Romanzement eine wesentlich höhere Brenntemperatur benötigte, die mit Torf und Holz nicht erzielt werden konnte, sondern nur mit Koks oder Kohle. Diese Brennstoffe waren in Württemberg aber so gut wie nicht vorhanden, sondern mussten unter enormen Kosten beispielsweise aus dem Saarland importiert werden und waren damit sehr teuer.

Die hohen Investitionen und vor allem die kapitalintensive Anschaffung eines Portlandzementofens brachten Rilling in der zweiten Hälfte der 1870er Jahre offenbar in finanzielle Schwierigkeiten. Die Herstellung von Portlandzement konnte in Dußlingen nicht gewinnbringend realisiert werden. Auch die ebenfalls in der Pulvermühle vorhandene Mahlmühle für Getreide konnte angesichts von zwei konkurrierenden Mühlen den Betrieb nicht rentabel machen.[30] Am 24. Juni 1884 bot Rilling seine »Portland- und Roman-Zement-Fabrik nebst Zementröhrengießerei und Mahlmühle« über die *Tübinger Chronik*, dem Amts- und Anzeigenblatt für das Oberamt Tübingen, zum Verkauf an. Die Verkaufsveranstaltung sollte am 5. Juli vormittags um 11 Uhr auf dem Dußlinger Rathaus stattfinden, und Rilling betonte eigens, dass »bei halbwegs annehmbarem Angebot der Zuschlag sofort erfolgt«. Interessant sind Rillings Ausführungen zur Ausstattung der Anlage: Er betonte, es handle sich um die einzige Fabrik in weiter Entfernung, die zur Fabrikation von Portlandzement und Zementröhren eingerichtet sei, und da die eigenen, nahe bei der Fabrik gelegenen Zementsteinbrüche nicht nur das beste Material lieferten, sondern auch so mächtig seien, dass sie auch bei stärkstem Betrieb nicht ausgebrochen werden könnten, ferner auch »eine sehr gut anhaltende Wasserkraft mit 20 Fuß Gefälle« vorhanden sei, so stehe die Rentabilität außer allem Zweifel. Rilling behauptete weiter, dass »das Anwesen nur wegen Todesfall verkauft wird« – eine Aussage mit zweifelhaftem Wahrheitsgehalt, denn schon im nächsten Satz wies er darauf hin, »dass auch unter Hand ein Kauf mit mir abgeschlossen werden kann«. Offensichtlich ging es Rilling darum, durch einen schnellen Verkauf seinem drohenden Konkurs zu entgehen.[31]

Diese Bemühungen blieben erfolglos. Am 22. Juli 1884 konnte man in der *Tübinger Chronik* die amtliche Bekanntmachung der »Eröffnung des Konkursverfahrens über das Vermögen des Jakob Rilling, Zementfabrikanten in Dußlingen, am 19. Juli 1884« lesen.[32] Am 13. September 1884 wurde aus dem Konkurs Rillings die »Portland- und Roman-Zement-Fabrik, nebst Zementröhrengießerei und Kundenmahlmühle« vom Amtsgericht in einem öffentlichen Termin zum Verkauf angeboten. In der eine Woche zuvor, am 5. September, abgedruckten Verkaufsanzeige hielt sich das Amtsgericht noch im Wesentlichen an die von Rilling bereits im Juli verwendete Beschreibung der Anlage. Explizit hingewiesen wurde auf die in der Nähe liegenden Steinbrüche, die »bei fast unerschöpflicher Mächtigkeit vorzügliches Material« lieferten. Zum Betrieb der Anlage stehe eine das ganze Jahr anhaltende Wasserkraft zur Verfügung. Die Mahlmühle erfreue sich laut dem Anzeigentext einer großen Kundschaft, der Absatz sei »namentlich an Portland-Zement sehr bedeutend«. Das zur Verfügung stehende Gelände biete darüber hinaus Möglichkeiten, das Geschäft auszudehnen.[33]

Aber noch gab es niemanden, der die Pulvermühle übernehmen wollte. Das Amtsgericht setzte nun einen zweiten Verkaufstermin für den 23. September 1884 zu einem festgelegten Preis von 50 000 Mark an.[34] Da sich erneut kein Interessent fand, kamen zunächst am 9. Oktober 1884 bewegliche Gegenstände aus Rillings Besitz zum Verkauf, darunter Mostfässer, Trichter, Waschzuber und »24 Zentner gutes Heu«.[35] Ein nächster Termin für den »Verkauf im Zwangsweg« wurde für den 1. Dezember 1884 anberaumt. Der Gesamtpreis für »Mahlmühle, Zementfabrik und Güterverkauf« war mittlerweile auf 46 800 Mark gesenkt worden.[36]

Mit diesem Verkaufstermin beginnt der Gründungsprozess des heutigen Baustoffunternehmens Kemmler.

II. Gründungsphase
»Michael Pflumm Mahlmühle und Zementfabrik«
1884–1908 *(Erste Generation)*

1. Vom Landwirt zum Zementfabrikanten

Wie genau der Gründungsprozess des Unternehmens in den Jahren 1884 bis 1886 ablief, darüber können wir heute mangels eindeutiger Quellen nur spekulieren. Aus den Angaben der *Tübinger Chronik* geht zunächst hervor, dass bei dem genannten Verkaufstermin am 1. Dezember 1884 zwei Gebote abgegeben wurden, eines zu 38 000 Mark und ein geringfügig höheres »Nachgebot« zu 38 050 Mark.[37] Bei einem zweiten Verkaufstermin am 2. Februar 1885, der notwendig wurde, weil beide Gebote unter dem vom Gemeinderat Dußlingen und dem zuständigen Amtsgericht angesetzten Preis von 46 800 Mark lagen, ging kein weiteres höheres Angebot ein.[38] Der unterlegene Bieter war offenbar nicht willens oder nicht in der Lage, sein Gebot zu erhöhen. Deshalb verkaufte die zuständige Gemeinde Dußlingen laut dem amtlichen Kaufbuch am 16. Februar 1885 das Pulvermühlengelände samt Gebäuden für 38 050 Mark an den in Stuttgart wohnhaften Wilhelm Bachner. Dieser war vermutlich ein Verwandter von Oskar Bachner, dem Besitzer der Filialen der Vereinigten Brauereien Stuttgart-Tübingen AG in Tübingen und Derendingen. Oskar Bachner wird im Vertrag zwischen der Gemeinde Dußlingen und Wilhelm Bachner als Bürge genannt. Der »Kaufschilling«, also der fällige Kaufbetrag, wurde von dem Käufer Wilhelm Bachner bar bezahlt und von der Gemeinde Dußlingen an die Gläubiger des ehemaligen Besitzers Jakob Rilling verteilt. Unter diesen befand sich mit Franz Bachner, an den die Pulvermühle nach Rillings Konkurs verpfändet worden war, offenbar noch ein weiteres Mitglied des in Tübingen und Stuttgart ansässigen Brauerei-Clans.[39]

Wilhelm Bachner blieb jedoch nicht für lange Eigentümer des Anwesens. Das Kaufbuch der Gemeinde Dußlingen hält die Geburtsstunde des heutigen Baustoffunternehmens Kemmler fest: Bereits nach vier Wochen, am 16. März 1885, verkaufte Wilhelm Bachner die Pulvermühle für 31 500 Mark an »Michael Pflumm, Bauer aus Hinterweiler«.[40] Wie es zu diesem auf den ersten Blick überraschend schnellen Weiterverkauf kam und warum Bachner gerade an Pflumm verkaufte, darüber geben uns die Quellen leider keine genaue Auskunft.

Vielleicht war Pflumm bereits beim ersten Verkaufstermin Anfang Dezember 1884 als Kaufinteressent aufgetreten und von Bachner knapp überboten worden. Bachner jedenfalls hatte offenbar nie vor, seine unternehmerische Aufgabe als Zementfabrikant in der Pulvermühle anzutreten, sonst hätte er sie wohl kaum nur einen Monat nach dem Erwerb bereits wieder veräußert. Auf den ersten Blick scheint es, als habe Wilhelm Bachner das Pulvermühlengelände genau so, wie von ihm erworben, an Michael Pflumm weiterverkauft – noch dazu zu einem niedrigeren Preis. Ein Blick in die genaueren Vertragsmodalitäten lässt jedoch vermuten, dass Bachner den Weiterverkauf der Pulvermühle als Finanzanlage betrachtete. Laut Vertrag musste Pflumm nämlich bis zum 25. Juli 1885 ein Drittel des Kaufpreises, also 10 500 Mark sofort in bar an Bachner entrichten, der sich bis zur vollständigen Bezahlung des gesamten Kaufpreises das Pfandrecht vorbehielt. Den Restbetrag von 21 000 Mark konnte Michael Pflumm in zehn jährlichen Raten zuzüglich einer jährlichen Verzinsung von 4 Prozent pro Jahr abzahlen. Der Gesamtkaufpreis inklusive Zinsen hing damit wesentlich von der Höhe der jährlichen Raten ab, die laut Vertrag »nach Belieben« festgesetzt werden konnten, mindestens aber 200 Mark betragen mussten. Wahrscheinlich zahlte Pflumm zunächst niedrigere Raten und ging dann nach einigen Jahren, als das Geschäft gut angelaufen war, zu höheren Raten über. Insgesamt erreichte so der Kaufpreis ungefähr den gleichen oder wahrscheinlich einen knapp höheren Betrag, als Wilhelm Bachner im Februar 1885 für das Pulvermühlengelände bezahlt hatte, nämlich zwischen 38 000 und 39 000 Mark.[41]

Für Pflumm bedeutete dies, dass er vermutlich zwar einen insgesamt etwas höheren Preis für die Pulvermühle zahlen, dafür aber nicht bereits mit dem Kauf an seine finanzielle Schmerzgrenze gehen musste, sondern die jährlichen Raten aus den laufenden Gewinnen bestreiten konnte. Interessanterweise wird Oskar Bachner – der Bürge im ersten Kaufvertrag zwischen der Gemeinde Dußlingen und Wilhelm Bachner – in Michael Pflumms erster Inventur zum Jahresende 1886 als Darlehensgeber genannt: Am 23. Juli 1885, zwei Tage vor Ablauf der Frist für die Anzahlung an

Wilhelm Bachner, hatte Pflumm von Brauereibesitzer Oskar Bachner ein Darlehen von 17 800 Mark zu einem Zinssatz von 4 Prozent erhalten.[42]

All diese Fakten weisen auf ein weiteres denkbares Szenario hin: Möglicherweise fasste Pflumm im Dezember 1884 den Entschluss, die Pulvermühle zu erwerben und als Unternehmer und Fabrikant tätig zu werden. Da ihm jedoch zu diesem Zeitpunkt nicht genügend Mittel zur Verfügung standen, um bei dem Verkaufstermin ein erfolgversprechendes Angebot abzugeben, trat nicht er selbst als Bieter bei dem Verkaufstermin im Dezember 1884 auf, sondern ein von ihm gefundener Investor: die Familie Bachner. Diese konnte dann vertreten durch Wilhelm Bachner das Gelände erwerben und durch den Weiterverkauf an Pflumm mit einer Bezahlung in jährlichen Raten diesem den Start in seine Unternehmertätigkeit als Zementfabrikant ermöglichen. Dass Johannes Kemmler in seinem Manuskript rückblickend angibt, sein Schwiegervater Michael Pflumm habe aus dem Konkurs Rillings im Jahre 1884 »die Pulvermühle erworben und die Firma M. Pflumm, Dußlingen gegründet«, beruht sicherlich auf den Erzählungen des Schwiegervaters. Dennoch kann man auch dies als Indiz dafür werten, dass Michael Pflumm bereits Ende 1884 den Entschluss gefasst hatte, mit der Dußlinger »Mahlmühle und Zementfabrik« als Fabrikant und Unternehmer tätig zu werden, und das Engagement Bachners beim Kauf der Pulvermühle schon als »seinen« Erwerb betrachtete.

Der Firmengründer Michael Pflumm

Über Michael Pflumms Biografie vor dem Kauf der Pulvermühle ist wenig bekannt. Er wurde am 17. Februar 1850 in Hinterweiler in der Gemeinde Gomaringen geboren und hatte sechs Töchter. Sein Schwiegersohn Johannes Kemmler beschreibt ihn als »besonnenen, edeldenkenden, frommen Mann« und spielt damit offenkundig auf den pietistischen Glauben der gesamten Familie Pflumm an.[43] Geprägt von seinem pietistischen Umfeld brachte Michael Pflumm sicherlich die Eigenschaften mit, die Unternehmensgründern gemeinhin zugeschrieben werden: unternehmerischer Mut, Risikobereitschaft, unbedingter Leistungswille und der Wunsch nach sozialem Aufstieg. Sicherlich, und das ist in diesem Zusammenhang in jeder Hinsicht positiv gemeint, verfügte Pflumm auch über eine gehörige Portion Naivität und hatte keine Scheu davor, Dinge auszuprobieren – in diesem Sinn kann man ihn sich als einen »Unternehmer« im wahrsten Sinne des Wortes vorstellen.

Michael Pflumm (1850–1919)

Immerhin erwarb er eine insolvente Zementmühle, um in eine Branche einzusteigen, in der ihm zunächst jede Fachkenntnis fehlte. Nach dem endgültigen Kauf des Geländes mit dem Vertrag vom 16. März 1885 – dem ersten schriftlichen Dokument seiner Unternehmertätigkeit – nahm er sogleich die Arbeit auf und inserierte ab April als »Zementfabrik Dußlingen M. Pflumm, vorm. Rilling« in der *Tübinger Chronik*.[44] Ein Jahr später, am 9. Juni 1886, wurde seine Firma »Michael Pflumm Mahlmühle und Zementfabrik, Dußlingen« im Register für Einzelfirmen eingetragen.[45]

Was kann einen Landwirt aus Hinterweiler veranlasst haben, eine Mahl- und Zementmühle zu erwerben und so zum Fabrikanten zu werden? Über Pflumms Motive zum Kauf der Pulvermühle und zur Gründung einer Firma können wir heute lediglich spekulieren. Laut Inventur seiner Firma aus den Jahren 1886 und 1887 besaß Michael Pflumm in seinem Geburtsort Hinterweiler eine Immobilie im Wert von 6100 Mark. Dies mag eine Landwirtschaft gewesen sein. Wahrscheinlicher ist aber, dass es sich um einen Steinbruch handelte, aus dem – wie Johannes Kemmler berichtet[46] – das Rohmaterial für die Herstellung von Romanzement und Schiefersteinen bezogen wurde. Damit stehen wir vor der sprichwörtlichen Frage nach Henne und Ei: Besaß Pflumm einen Steinbruch und kam von daher auf die Idee, Rillings Konkursmasse zu kaufen und Zementfabrikant zu werden? Oder kaufte Pflumm zuerst die Pulvermühle und sicherte sich dann als Rohstoffbasis entsprechende Steinbrüche? Vielleicht handelte es sich auch um die bereits von Rilling in seinen Verkaufsanzeigen angepriesenen reichhaltigen Steinbrüche, die jedoch in der Inventarliste des Amtsgerichts vom November 1884 nicht explizit aufgeführt sind? Mangels persönlicher Quellen von Michael Pflumm lassen sich diese Fragen nicht abschließend beantworten.

Sicher ist, unabhängig von dem zugrunde liegenden Motiv, dass Pflumm mit dem Kauf der Pulvermühle ein beträchtliches finanzielles Risiko auf sich nahm. Mehr als die Hälfte des benötigten Kapitals zu ihrem Erwerb und zur Aufnahme der Unternehmertätigkeit als Zementfabrikant musste er sich von verschiedenen Kapitalgebern besorgen. Der größte Gläubiger war der erwähnte Brauereibesitzer Oskar Bachner. Bei der Beschaffung des übrigen Kapitals hatte offenbar das pietistisch geprägte Umfeld der strenggläubigen Familie Pflumm geholfen. Beträge zwischen 150 und 2 500 Mark hatte Michael Pflumm unter anderem von Gottfried Pflumm aus Gomaringen und weiteren befreundeten Familien aus Reutlingen, Tübingen und Dußlingen erhalten. Diese Finanzierung aus dem verwandtschaftlichen und bekanntschaftlichen Umfeld des Unternehmensgründers war im 19. Jahrhundert durchaus noch der Regelfall – zumal es sich bei einer Mahl- und Zementmühle von der Größe der Pulvermühle sicher nicht um ein Unternehmen handelte, das für die wenigen bereits existierenden staatlichen Zuschüsse oder für Kredite von Banken interessant gewesen wäre.[47]

In der aus dem Jahr 1901 überlieferten Inventur ist der größte Darlehensgeber Oskar Bachner ebenso wie die Zahlungsverpflichtung an Wilhelm Bachner nicht mehr aufgeführt. Diese Schulden waren offenbar bereits abgelöst. Unter »Passiva« sind als Kapitalgeber lediglich weiterhin die schon 1886 erwähnten Mitglieder der Familie Pflumm und andere Einzelpersonen genannt, die Michael Pflumm kleinere Beträge zwischen 300 und 4 000 Mark zur Verfügung gestellt hatten.[48]

Erste Schritte als Unternehmer

Wie sahen Michael Pflumms erste Aktivitäten als Unternehmer in der Pulvermühle aus? Zu den von Rilling übernommenen Anlagen gehörte zum einen eine Mahlmühle für Getreide. Wie sein Schwiegersohn Johannes Kemmler rückschauend berichtet, konnte sich Pflumm schnell einen zuverlässigen Kundenstamm für die Mahlmühle sichern. Das Getreide wurde vom Mühlfuhrwerk von den Kunden vor allem auf den Härten – der südlich von Tübingen liegenden Hochfläche zwischen den Flüssen Steinlach und Echaz – abgeholt und nach dem Mahlen als Mehl wieder abgeliefert. Betrachtet man das in der Inventur 1886 angeführte Anlagevermögen, so fällt auf, dass der Viehstand inklusive der eigens angeführten, mit 660 Mark veranschlagten Ochsen mit 2 250 Mark noch höher bewertet war als die Maschinen und Werkzeuge mit 2 000 Mark sowie die Warenvorräte mit 1 620 Mark – von denen 600 Mark zudem mit »Frucht« bezeichnet sind. Ein Situationsplan von 1887 zeigt, dass der zur Pulvermühle gehörige land-

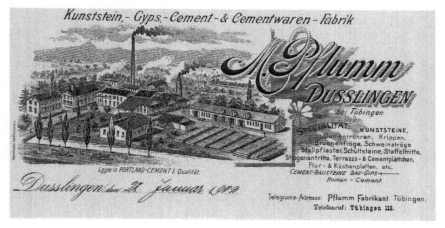

Um das Jahr 1900 verwendeter Briefkopf der Firma M. Pflumm Dußlingen mit einer Ansicht des Firmengeländes in der Pulvermühle und einer Aufstellung der zu dieser Zeit vertriebenen Produktpalette

wirtschaftliche Betrieb anfangs noch einen relativ großen Platz einnahm. Neben einigen Parzellen Ackerland erkennt man einen Gemüsegarten, Stallungen für Schweine, Gänse und Enten sowie die ebenfalls von Rilling übernommene, mit Wasserkraft betriebene Hanfreibe. Für die Versorgung des Viehs – sechs Pferde, einige Kühe, Kleinvieh und Schweine – war offenbar eigens ein »Faktotum«, also eine Hilfskraft, eingestellt worden.[49]

Zum anderen – und daraus sollte sich in den folgenden Jahren der Schwerpunkt von Pflumms Unternehmertätigkeit entwickeln – gehörte zu den von Rilling übernommenen Anlagen eine Zementmühle samt zugehörigen Öfen und Produktionsanlagen für die Herstellung von Zement und ersten Zementwaren wie Steinen und Röhren. Zement stellte Pflumm vorerst saisonal von Frühjahr bis Herbst her. Zwar warb Pflumm von Beginn an mit der Herstellung von Roman- und auch Portlandzement – »Zementfabrik Dußlingen M. Pflumm, vorm. Rilling, empfiehlt Portland- und Roman-Zement und sieht geneigter Abnahme entgegen«[50], so die Inserate in der *Tübinger Chronik* vom April 1885. Dass Johannes Kemmler den auf dem Situationsplan von 1887 eingezeichneten Portlandzementofen in seiner Firmengeschichte rückblickend überhaupt nicht erwähnt, spricht sehr dafür, dass wie zuvor Rilling auch Pflumm die eigene Produktion von Portlandzement nicht wirklich glückte. Der von Pflumm angebotene Portlandzement war aller Wahrscheinlichkeit nach ein mit etwas höheren Temperaturen gebrannter Romanzement und qualitativ kaum mit dem modernen industriellen Produkt Portlandzement zu vergleichen, wie er von den großen Zementproduzenten aus dem Alb-Donau-Raum vertrieben und seit Beginn der 1890er Jahre auch in Anzeigen in der *Tübinger Chronik* angeboten wurde.[51]

Seinen Hauptumsatz in den Anfangsjahren erzielte Pflumm nach Angaben Johannes Kemmlers vor allem mit Romanzement und Schiefersteinen. Die Produktion in der Dußlinger »Gründerzeit« war durchaus nicht ungefährlich, wie ein in Johannes Kemmlers Gründungsgeschichte überlieferter Vorfall zeigt: Schiefersteine, ein Gemisch aus Romanzement und gebranntem Schiefer, wurden in einem Schachtofen gebrannt und erzeugten dabei aufgrund des Ölgehalts im Schiefer enormen Rauch und Gestank. Einem Arbeiter fiel sein Hammer, den er zum Steineklopfen benutzte, zusammen mit dem Romanzementgestein in den Ofen. Als er mit einer Leiter in den Ofenschacht stieg, um seinen Hammer zu holen, fiel er von den giftigen Dämpfen im Ofenschacht betäubt zu Boden. Zwei andere Arbeiter, die ihn aus dem Ofen herausziehen wollten, erlitten ebenfalls Vergiftungen. Alle drei Arbeiter konnten schließlich nur noch tot geborgen werden.[52]

Michael Pflumm scheint bereits in den ersten Jahren seiner Tätigkeit in der Pulvermühle Überlegungen angestellt zu haben, sein Sortiment der von ihm produzierten und vertriebenen Baustoffe über Zement und Schiefersteine hinaus zu erweitern. Seit März 1886 inserierte er in der *Tübinger Chronik* bereits mit einer breiteren Produktpalette: »Zementfabrik Dußlingen von Pflumm (vorm. Rilling) empfiehlt Portlandzement, Romanzement, Zementröhren zu Wasserleitungen, Dohlen u.s.w., Bausteine aller Art, Feldergyps und gebrannten Gyps. Sämtliches in guter Ware. Preislisten und Muster stehen gerne zu Diensten.«[53] Auffällig ist, dass im Jahr 1886 die letzte Anzeige Pflumms Ende Juli in der *Tübinger Chronik* erschienen ist. Warum? Eine mögliche Erklärung liefert der anfangs noch starke Einfluss der Landwirtschaft, die mitunter sogar den Betrieb der Zementfabrik beeinträchtigte – so erinnert sich Johannes Kemmler, dass die Heuerntearbeiten »stets sehr ungelegen« kamen und den Hauptbetrieb, die Zementwarenfertigung, störten. Pflumms Zielsetzung war zu diesem Zeitpunkt nämlich nicht mehr landwirtschaftlich, sondern industriell ausgerichtet. Der Landwirt und Müller wurde zum Zementfabrikanten. Im behördlichen Schriftverkehr um seine Baugesuche finden sich 1887 bereits die Bezeichnungen »Müller« und »Fabrikant«, elf Jahre später nur noch »Cementfabrikant«.

Wie ernst Michael Pflumm sein Vorhaben als Fabrikant aber nahm, verdeutlicht der Ausbau des von Rilling übernommenen Betriebs. So erstellte er, wie ein für das entsprechende Baugesuch 1887 eingereichter Situationsplan zeigt, neben den beiden vom Vorbesitzer übernommenen Zementöfen einen Gipsofen zur Produktion des angebotenen Baugipses. Dieser erste Versuch der Erweiterung der Produktpalette in der Pulvermühle war allerdings nicht von Erfolg gekrönt, denn der Gipsofen brachte aufgrund von Konstruktions- oder Bedienungsfehlern und vor allem aufgrund seiner Kostenintensität nicht die erwünschten Ergebnisse. Die benötigten Steine mussten eigens unter viel zu hohen Transportkosten mit Fuhrwerken aus dem über 30 Kilometer entfernten Entringen im Oberamt Herrenberg angeliefert werden. Im Grunde ähnelt die Problematik der später eingestellten Gipsproduktion sehr dem offensichtlichen Fehlschlag des Vorbesitzers Rilling bei der Herstellung von Portlandzement, für dessen Produktion Pflumm den entsprechenden Ofen übernommen hatte.

Zementwaren

Mit dem bereits erwähnten Siegeszug des Portlandzements, der sich seit Mitte des 19. Jahrhunderts von England ausgehend auch in Deutschland zunehmend etablierte und den Romanzement verdrängte, erkannte Pflumm in Fortführung einer bereits von Rilling praktizierten Idee jedoch eine andere Entwicklungschance für seine Firma und vollzog damit eine entscheidende Weichenstellung. Da sich zu dem Zeitpunkt, als Michael Pflumm 1885 in der Pulvermühle mit der Produktion von Zement begann, die Zementbranche bereits mit Normierungsfragen des hochwertigeren Portlandzements befasste und in einer Phase der Konzentration und der Kartellierung befand, war eine Betätigung als eigenständiger Zementproduzent kaum erfolgversprechend. Aus Sicht Pflumms bot die Fabrikation von Zementwaren, vor allem Röhren und Steinen, die Möglichkeit, als einer der Vorreiter im Oberamt Tübingen einen bis dahin vollkommen neuen lokalen und regionalen Markt zu erschließen.

Die Inventur des Jahres 1886 führt unter Warenvorrat 300 Zentner Romanzement und 50 Zentner Portlandzement an. Dazu kamen in der Zementwarenfabrik der Pulvermühle gefertigte Röhren und Steine – zu diesem Zeitpunkt handelte es sich wohl noch um Schiefersteine – im Wert von 500 und 200 Mark. Bereits im folgenden Jahr wird in der Inventur für das Geschäftsjahr 1887 zwischen Mahlmühle und der sich schnell entwickelnden Zementwarenproduktion unterschieden: Bei den ausstehenden Forderungen machen die Zementwaren mit 4175 Mark bereits 77 Prozent, bei den realen Einnahmen – bezeichnet als »vorhandene Barschaft« – mit 6 401 Mark sogar 80 Prozent aus.

In den 1890er Jahren baute Pflumm die Pulvermühle dann vollends zur Zementwarenfabrik aus. Die Hanfreibe, die bis dahin zur Verarbeitung des auf den Feldern um die Pulvermühle angebauten Hanfs zu Fasern diente, wurde durch ein Maschinenhaus für die Zementwarenproduktion ersetzt. Auf dem Ackerland nördlich des Mahl- und Zementmühlenkomplexes wurden eine Zementwarenwerkstätte, ein Materialschuppen sowie ein zusätzlicher Arbeitsschuppen und ein weiterer Zementofen errichtet.[54] Um den erhöhten Energiebedarf zu decken, ließ sich Pflumm am 28. Februar 1894 den Bau eines Dampfkessels von 17,5 Quadratmetern Heizfläche und 6 Atmosphären Überdruck zum Betrieb einer 15-pferdigen Dampfmaschine vom Oberamt Tübingen genehmigen.[55] Im Folgejahr beschäftigte er bereits vier dauerhafte Arbeiter sowie fünfzehn weitere für das saisonale Zementgeschäft von März bis Dezember.[56]

Dies schuf die Voraussetzungen für die Ausweitung der Produktion. Ausgangsprodukt von Pflumms Zementwarenproduktion waren Röhren, die zunächst in liegenden Formen im Nassverfahren hergestellt wurden. Johannes Kemmler berichtet, dass in der Anfangszeit nur eine Zementröhre täglich hergestellt werden konnte, bedingt durch die lange Trockenzeit pro Form. Bald jedoch rentierte sich die Produktion in mehreren Formen, die aufgrund des hohen Preises der Formen und des höheren Platzbedarfs kostenintensiver war, denn die Nachfrage nach Zementröhren war dank des Ausbaus der Kanalisation in vielen Kommunen groß und Konkurrenz in der Region kaum vorhanden. So belieferte die Pulvermühle verschiedene Behörden im Raum Reutlingen und Umgebung, darunter die Königliche Straßenbauinspektion und das Stadtbauamt. Hauptabnehmer der Zementröhrenproduktion war das Tiefbauamt der Stadt Reutlingen.[57]

Neben seinem Hauptprodukt Zementröhren nahm Pflumm mit Beginn der 1890er Jahre die Fabrikation von verschiedenen anderen Zementwaren auf, mit denen er sich an den Bedürfnissen seines noch immer stark landwirtschaftlich geprägten Absatzgebietes orientierte. Er bot in seinen Anzeigen nach wie vor die Basisprodukte Portland- und Romanzement sowie Baugips und Schiefersteine aus Romanzement an. Der Schwerpunkt der Produktpalette verschob sich aber immer mehr in Richtung Zementwaren. Von 1892 bis 1894 inserierte er in unregelmäßigen Abständen in der *Tübinger Chronik* mit einer breiten Produktpalette: »Zement-Fabrik Dußlingen von M. Pflumm empfiehlt Zementröhren in allen Dimensionen, allerlei

Zementwaren als: Brunnentröge, Krippen, Krautstanden, Wassersteine, Schweinströge, Staffeln, Stiegenantritte, Platten zu Scheuertennen, Ställen, Küchen, Trottoirs, Fensterbänke, Ofensteine etc. Ferner Portland- und Roman-Zement, Baugyps, Zement-Bausteine. Sämtliches unter Garantie und zu billigen Preisen.«[58] Nach 1895 finden sich einige Jahre lang in der *Tübinger Chronik* keine Anzeigen Pflumms mehr, die Rückschlüsse auf die angebotene Produktpalette zulassen. Es ist jedoch anzunehmen, dass sich der Prozess der Erweiterung des Angebots an Zementwaren weiter fortsetzte.

Missglückte Versuche: Terrazzo und Kunststeine

Auch die gegen Ende des 19. Jahrhunderts in Deutschland aufkommenden Terrazzoböden und die daraus entwickelten Terrazzoprodukte stellten für Pflumm einen interessanten Absatzmarkt dar. Terrazzo ist ein fugenloser Estrich aus Beton mit kleinen Natursteinstücken und farbigen Natursteinkörnungen, der gewalzt und nach dem Erhärten geschliffen wird.[59] Terrazzo wurde ursprünglich als Fußbodenbelag vor Ort in ganzer Fläche direkt verarbeitet, die Methode war durch italienische Wanderarbeiter nach Deutschland gekommen. Die entstehende Zementindustrie machte aus Terrazzo aber auch ein industriell gefertigtes Produkt: Zum einen wurden die benötigten Steinkörner für die Terrazzoausführung vor Ort hergestellt. Zum anderen wurde Terrazzo auch in Form von Platten industriell gefertigt, indem Betonsteinplatten mit einer Oberfläche aus Splittern von Natursteinen versehen wurden. Ergänzend dazu wurden von der Industrie auch verschiedene Terrazzowaren aus Beton mit entsprechenden Oberflächen angeboten, zum Beispiel Spültische, Tischplatten, Wassersteine oder Grabeinfassungen.

Pflumm engagierte sich auf dem Markt für Terrazzo in allen drei genannten Varianten: Er bot Terrazzo als Ausführungsleistung an und zusätzlich versuchte er sich als Produzent von Terrazzokörnern sowie von Terrazzowaren. In seinem während der 1890er Jahre verwendeten Briefkopf führte Michael Pflumm im Warenangebot unter anderem bereits »Terrazzo- & Cementplättchen«. Einige Jahre später scheint das Terrazzogeschäft noch intensiver versucht worden zu sein. 1902 inserierte Pflumm in der *Tübinger Chronik*: »Terrazzoböden, Terrazzotreppen, Terrazzotischplatten, Terrazzospültische, Terrazzowassersteine, Terrazzoofensteine, Terrazzograbeinfassungen empfiehlt in hübscher Ausführung M. Pflumm, Terrazzowarenfabrik, Dußlingen bei Tübingen.«[60]

Terrazzo-Tischplatte mit der Inschrift »M. Pflumm«, die von zwei Kemmler-Mitarbeitern nach ihrer zufälligen Entdeckung in der Pulvermühle im Jahr 2009 abgeholt wird

Für dieses Unterfangen holte Pflumm italienische Arbeiter, die zuvor vermutlich im Ulmer Raum tätig gewesen waren und über das benötigte Fachwissen verfügten, in die Pulvermühle.[61] Dies war keineswegs eine ungewöhnliche Maßnahme, denn gerade Branchen wie der Bergbau, aber auch das Baugewerbe sowie die Steine- und Erden-Industrie, in denen schwere körperliche Arbeit geleistet werden musste, rekrutierten bereits seit Ende des 19. Jahrhunderts ausländische Arbeitskräfte. Die Beschäftigung italienischer Arbeiter im Baugewerbe sowie in der sich entwickelnden Steine- und Erden-Industrie war in Süddeutschland relativ weit verbreitet. Dazu kam, dass Terrazzo ursprünglich ein italienisches Produkt war und somit viele italienische Arbeiter Erfahrungen mit dem Bearbeiten und Verlegen hatten.[62]

Allerdings bedeutete die Beschäftigung ausländischer Arbeiter auch, dass bis dahin mehr oder weniger voneinander abgeschottete Lebenswelten aufeinandertrafen. Dies konnte im Alltag für Missverständnisse und Konflikte sorgen, wie Johannes Kemmler berichtet: Die italienischen Arbeiter hatten offenbar die Gewohnheit, für ihre Verpflegung ohne amtliche Erlaubnis in der Wiesaz zu fischen, und gerieten dadurch ins Visier des örtlichen Polizisten, des Landjägers, dem es aber trotz vollen Einsatzes nie gelang, sie zu überführen. Kemmler beschreibt die glücklose Aktion des Landjägers mit süffisantem Unterton: »So opferte er einen Sonntagvormittag, indem er sich auf der Stockacher Höhe ins Gebüsch setzte. Weil aber die Sonne schien, hat sein glänzendes Messingschloss ihn verraten. Die Italiener erkannten ihn sofort. Umsonst war sein Bemühen.«[63]

Mithilfe der italienischen Fachkräfte, die im Akkord arbeiteten und Terrazzoböden verlegten sowie in der Fabrik Terrazzowaren wie Spültische fertigten, lief das Terrazzogeschäft auf dem regionalen Absatzmarkt zunächst gut an. So setzte sich Pflumm 1900 bei der öffentlichen Ausschreibung der Fußböden sowie von Spül- und Wassersteinen aus Terrazzo für den Neubau des Armenkrankenhauses in Reutlingen gegen andere Anbieter aus Tübingen und Stuttgart durch.[64] Auf Dauer war die Konkurrenz, vor allem aus dem Raum des Oberamtes Ulm, jedoch zu stark. Im Zuge einer Diversifizierung der Produktpalette hatte die Firma Schwenk 1896 die Terrazzofabrikation aufgenommen und 1904 hierfür ein Terrazzo- und Kalkwerk in Herrlingen errichtet. Ebenfalls im Blautal entstanden im selben Zeitraum zahlreiche weitere Terrazzowerke. Ähnlich dem Zementmarkt bildete sich aus Kartellierungstendenzen auch für Terrazzo mit Gründung der Deutschen Terrazzo-Verkaufsstelle (DTV) in Ulm am 5. November 1908 ein Syndikat.[65]

Auf einem derart besetzten Markt bestanden für Pflumms Firma keine Aussichten auf dauerhaften Erfolg. Die Eigenproduktion von Terrazzokörnern war unrentabel und wurde nach einigen Jahren eingestellt. Diese Maßnahme ging vermutlich bereits auf Pflumms Schwiegersohn Johannes Kemmler zurück, einen gelernten Kaufmann, der seit 1901 in der Pulvermühle mitarbeitete. Das für die Terrazzoherstellung genutzte Gebäude diente fortan als Wohngebäude für Johannes und Margarethe Kemmler sowie als Bürogebäude. Ebenso wenig von dauerhaftem Erfolg gekrönt war die Ausführung von Terrazzo- und anderen Plättchen- und Steinholzböden. Diese Aktivität scheint allerdings eher mangels geeignet qualifizierter Arbeitskräfte in Dußlingen gescheitert zu sein. Johannes Kemmler resümierte lapidar: »Ohne jede Kenntnis der Branche und ohne tüchtige Leger sollte man so etwas nicht unternehmen.«[66]

Seit etwa 1900 produzierte Pflumms Firma auch Kunststeine. Ähnlich wie bei der Terrazzoherstellung sah man sich massiv mit Wettbewerbern aus dem Ulmer Raum konfrontiert, die aufgrund ihrer Größe sowohl über maschinelle Modellschreinereien als auch über die notwendigen Facharbeitskräfte in ausreichender Zahl verfügten, welche sich Pflumm mühsam beschaffen musste. Nur bei kleineren lokalen und regionalen Projekten konnte er sich gegen die überregionale Konkurrenz behaupten. So sicherte er sich die Aufträge zur Lieferung von Kunststeinen für die Kirche in Stockach 1904, das Oberamtsgebäude sowie das Justizgebäude in Tübingen 1905 und 1906. Offenbar erwiesen sich diese Großaufträge aufgrund zahlreicher Komplikationen – Schwierigkeiten bei der Beschaffung der notwendigen Facharbeitskräfte, dazu Streitigkeiten mit den Behörden als Auftraggeber – aber recht rasch als Verlustgeschäfte, sodass sich die Firma aus diesem Marktsegment nach 1906 weitestgehend zurückzog. Besonders im Auftrag für das Justizgebäude mit einem Volumen von 350 Kubikmetern Kunststeinen hatte Johannes Kemmler ein große Chance gesehen: »Das große Quantum und die Nähe der Baustelle war zu verlockend, um sich eine solche Gelegenheit, sich dadurch einen Namen zu machen, entgehen zu lassen.«[67] Der Großauftrag stellte die Firma aber vor einige Probleme, erforderte er doch zusätzliche Facharbeitskräfte, vor allem Modellschreiner, die eigens angestellt und untergebracht werden mussten. Die Zahl der von der Firma beschäftigten Arbeiter stieg kurzfristig auf über 100. Insgesamt scheint Kemmler mit der Kunststeinproduktion – auch aufgrund von Schwierigkeiten mit den zusätzlich angeheuerten Arbeitern – eher schlechte Erfahrungen verbunden zu haben, denn Pflumm und er übernahmen ab diesem Zeitpunkt offenbar nur noch Aufträge für Kunststeine in kleinerem Volumen oder in Verbindung mit anderen Baustoffen.[68]

Die Geburtsstunde des Baustoffhandels

Anders als sein Vorgänger Rilling versuchte Michael Pflumm sich nicht dauerhaft als Zementproduzent. Zur Jahrhundertwende wurde die Zementbranche in Württemberg bereits im Wesentlichen von drei Firmen – Schwenk, Gebrüder Spohn sowie Stuttgarter Immobilien- und Baugeschäft AG – beherrscht, die seit 1894 im »Verband der Süddeutschen Portland-Cementfabrikanten« zusammengeschlossen waren und Mindestpreise, Verkaufsbedingungen und Mengenkontingentierung der Zementproduktion bestimmten.[69] Angesichts dieser Entwicklung erkannte Michael Pflumm rechtzeitig, dass seine Fabrik als Zementhersteller keine Zukunft hatte. Stattdessen setzte Michael Pflumm auf die Fabrikation von Zementwaren aus Portlandzement und begann bereits während der 1890er Jahre, diesen als Rohstoff für seine Produktion zu beziehen und gleichzeitig als Handelsware zu vertreiben. Der Grundstein des Baustoffhandels in der Firma war damit gelegt. Seit 1898 verwies Pflumm in seinem Briefkopf auf ein großes Lager mit »Portland-Cement I. Qualität« und verkaufte als exklusive Vertretung des Süddeutschen Portlandzementwerks Münsingen für mehrere Oberämter Portlandzement auf Provisionsbasis. Diese exklusive Vereinbarung mit nur einem Zementwerk hatte jedoch im Zuge der starken Kartellierungstendenzen der Zementbranche zu Beginn des 20. Jahrhunderts nicht lange Bestand.

Das Kartell der süddeutschen Zementfabrikanten hatte die um die Jahrhundertwende einsetzenden ruinösen Preiskämpfe zwar überstanden, war aber seit 1901 zunächst in den Bemühungen um eine Weiterentwicklung der Organisationsform gescheitert. Drei Jahre später schließlich bildete sich mit der »Süddeutschen Cementverkaufsstelle« ein Syndikat mit zentraler Verkaufsorganisation in sechs Verkaufsstellen (unter anderem München, Stuttgart, Blaubeuren), welches den Verkauf einheitlich und mit gleichen Erlösen für alle beteiligten Zementwerke abwickelte. Dies übte enormen Druck auf die außerhalb des Verbundes stehenden Werke aus. Schon 1903 war die Münsinger Zementproduktion im Zementkartell aufgegangen. Damit endete auch der exklusive provisionsweise Verkauf des Münsinger Portlandzements für mehrere Oberämter durch Pflumm, der von nun an auf die Zusammenarbeit mit dem Syndikat angewiesen war. Nachdem das Münsinger Portlandzementwerk 1907 von der Stuttgarter Immobilien- und Baugeschäft AG übernommen worden war, führte Pflumms Firma seit 1908 auch offiziell im Briefkopf die Bezeichnung »Vertretung der Süddeutschen Cementverkaufsstelle«. Das Syndikat, mit dem in den Worten Johannes Kemmlers nur »oft ein unliebsames Zusammenarbeiten« möglich war, gestattete lediglich den Verkauf auf feste Rechnung. Dies führte bei Pflumms Schwiegersohn Kemmler offensichtlich zu Überlegungen, wieder einen Zementlieferanten außerhalb des Syndikats zu finden, was zumindest kurzfristig auch von Erfolg gekrönt war, wie wir später noch sehen werden.

2. Der Schwiegersohn als Nachfolger

Die ersten beiden Jahrzehnte der Firma Michael Pflumm in der Dußlinger Pulvermühle zeigen den Firmengründer als einen experimentierfreudigen und risikobereiten Unternehmer. Was ihm aber fehlte, war eine klare organisatorische Konzeption ebenso wie kaufmännischer Sachverstand. Diese Fähigkeiten brachte als »kulturelles Kapital« Pflumms Schwiegersohn Johannes Kemmler bei seinem Eintritt in das Unternehmen 1901 mit. In der Folgezeit gelang der organisatorische Ausbau von Pflumms »Mahlmühle und Zementfabrik« zu einem echten Wirtschafts- und Industrieunternehmen – eine Art »zweite Unternehmensgründung«.

Johannes Kemmler wurde am 16. August 1871 als dritter Sohn des Landwirts Adam Kemmler und seiner Frau Anna Margaretha geb. Braun in Wankheim geboren. Eine wenige Jahre zuvor vom Königlich statistisch-topographischen Bureau 1867 in Stuttgart herausgegebene Beschreibung des Oberamts Tübingen bezeichnet Wankheim als eine agrarisch geprägte Gemeinde.[70] Haupterwerbsquellen waren offensichtlich Feldbau, Obstbau und Viehzucht. Dazu kamen einige Weber für Linnen und Baumwolle sowie Zimmerleute, die hauptsächlich im Raum Reutlingen arbeiteten. Nach einer Zollvereinszählung vom 3. Dezember 1864 hatte Wankheim 605 Einwohner. Den landwirtschaftlichen Charakter illustrieren die an gleicher Stelle genannten Angaben zum Vieh: 36 Pferde, 447 Rinder und 169 Schafe wurden hier gehalten,[71] womit die Gemeinde zu den wohlhabenderen des Bezirks zählte.[72] Einige Wankheimer Bauern besaßen auch Wiesen auf Tübinger Markung, darunter auch die Familie Johannes Kemmlers – was beim späteren Umzug der Firma nach Tübingen noch eine Rolle spielen sollte.

In einem stark agrarisch geprägten Umfeld wie in Wankheim war eigentlich ein Berufs- und Lebensweg in der Landwirtschaft vorgezeichnet. Doch im Gegensatz zu seinen älteren Brüdern Johann Adam und Sigmund führte Johannes Kemmlers Lebensweg weg von Wankheim. Einschneidender Wendepunkt im Leben des jungen Johannes, der die Volksschule im benachbarten Immenhausen besuchte, war die Empfehlung seines Lehrers, ihn angesichts seiner offensichtlichen Begabung auf eine weiterführende Schule zu schicken. Seine Eltern willigten ein, und so wurde Johannes 1881 Schüler des Uhland-Gymnasiums in Tübingen. Mangels öffentlicher Verkehrsmittel legte er den etwa einstündigen Schulweg von Wankheim nach Tübingen jeden Tag zu Fuß zurück. 1886 schloss er die Schule mit der Mittleren Reife ab.

Seine schulische Ausbildung in Tübingen war für Johannes Kemmler die Fahrkarte, die ihn aus seinem Heimatdorf Wankheim heraus- und in ein anderes Leben führte. Im Anschluss an seine Schulzeit absolvierte er bei dem Kaufmann und Bankier Eugen Bräuning eine dreijährige kaufmännische Lehre. Bräuning betrieb in Tübingen am Marktplatz eine Spezerei-

Geburtshaus von Johannes Kemmler in Wankheim kurz vor dem Abriss im Jahr 2003

handlung mit angeschlossenem Bankgeschäft. Neben Versicherungs- und Finanzdienstleistungen verkaufte Bräuning vor allem sogenannte Kolonialwaren, also verschiedene Gewürze, Kaffee, Tee und andere aus den Kolonien der europäischen Staaten eingeführte Produkte.

Seine Ausbildung bei Bräuning, der durch seine Finanzgeschäfte und vor allem durch den Handel mit Kolonialwaren über gute nationale und internationale Verbindungen verfügte, ermöglichte dem jungen Johannes Kemmler einen Praktikumsaufenthalt in Mailand und damit einen Ausbruch aus seiner bisherigen engen Lebenswelt. Über Kemmlers Biografie in den 1890er Jahren ist leider auch innerhalb der Familie wenig bekannt, es finden sich lediglich Hinweise auf eine Berufstätigkeit in Ulm, München und Basel.[73] Unbekannt ist auch, wann genau er in die Region Tübingen zurückkehrte, und ebenso, wie er seine spätere Frau Margarethe Pflumm kennenlernte, die er am 29. Juli 1901 in Dußlingen heiratete. Eine Bekannt-

Margarethe und Johannes Kemmler

schaft der Familien lässt sich nur aus Indizien herleiten, ist aber angesichts der geringen Entfernung zwischen der Pulvermühle, Gomaringen und Wankheim auch nicht völlig unwahrscheinlich. In der ersten Inventur nach Michael Pflumms Firmengründung im Jahr 1886 findet sich unter den Kapitalgebern mit 400 Mark auch ein Jakob Kemmler aus Stockach, bei dem es sich um einen Onkel zweiten Grades von Johannes handeln könnte.[74]

Johannes Kemmler trat nach der Hochzeit in leitender Position in die Firma seines Schwiegervaters ein. Mit seinen zuvor gesammelten kaufmännischen Erfahrungen sorgte er in relativ kurzer Zeit für die notwendige straffere Organisation. Michael Pflumm selbst war zwar laut seinem Schwiegersohn »ein rühriger Geschäftsmann«, kümmerte sich aber kaum um die administrativen Notwendigkeiten seiner Firma, sondern unternahm stattdessen viele Reisen, um Aufträge und Bestellungen zu akquirieren. Das Kontor zu Hause in der Pulvermühle überließ er seiner Tochter Margarethe, die nun 1901 durch ihren Ehemann Johannes – dem ersten gelernten Kaufmann in der Firma – fachkundige Verstärkung bekam.[75]

Kemmler führte die doppelte Buchführung sowie – seinen eigenen Worten zufolge »systematisch zum Leidwesen vieler« – ein Mahnwesen ein. Zu seinem Erstaunen hatte er nämlich bei seinem Firmeneintritt vorgefunden, dass einige Kunden über vier Jahre ihre Rechnungen nicht bezahlt hatten und Pflumm aus diesem Grund mitunter gezwungen war, sich am Zahltag bei den Nachbarn Geld zu borgen, um seine Mitarbeiter bezahlen zu können. Für die Entwicklung der Firma zum modernen Unternehmen kann die Einführung der doppelten Buchführung in ihrer Bedeutung nicht hoch genug eingeschätzt werden. Der deutsche Nationalökonom Werner Sombart bezeichnete sie 1922 als das Herzstück einer kapitalistischen Unternehmung schlechthin, denn durch die Einschätzung aller Teile des Arbeitsprozesses nach dem Marktwert stellt die doppelte Buchführung die Grundvoraussetzung für die Führung eines Unternehmens nach Kriterien der Marktangemessenheit und Kapitalrentabilität dar.[76]

Auch die verschiedenen Aktivitäten der Firma überprüfte Kemmler auf ihre Rentabilität. Der Betrieb der Mahlmühle wurde im Mai 1902 »zum großen Erstaunen der interessierten Bauernschaft« eingestellt – ebenso später die unrentable Gipsfabrikation.[77] Die Firma konzentrierte sich fortan ausschließlich auf die Herstellung und den Vertrieb von Zementwaren. Die Pulvermühle nahm zusehends den Charakter eines Industriebetriebs an.

3. Die Arbeitsordnung von 1902

Die bessere Organisation, um die sich Johannes Kemmler bemühte, zeigt sich auch im Umgang mit den Mitarbeitern der Firma. Wohl auf sein Betreiben hin wurde die »Arbeits-Ordnung der Cementwaren-Fabrik von M. Pflumm in Dußlingen« vom 13. Januar 1902 erstellt.[78] Solche Fabrikordnungen waren schon seit der Novelle der württembergischen Gewerbeordnung vom 1. Juni 1891 für jede Fabrik mit mehr als 20 in der Regel beschäftigten Mitarbeitern gesetzlich vorgeschrieben. Die üblichen Inhalte waren Bestimmungen zu Arbeitszeit, Lohnzahlung, Kündigung sowie Ordnungsvorschriften und Ordnungsstrafen. Der Arbeitgeber hatte die Pflicht, die Arbeitsordnung den Mitarbeitern zugänglich zu machen, entweder durch Aushang oder durch Aushändigung.[79]

Arbeitsordnungen geben uns einen Einblick in die sich um die Jahrhundertwende in Württemberg entwickelnde industrielle Lebenswelt. Sie beinhalten zum größten Teil Regelungen über aus unserer heutigen Sicht völlig normale Formen eines geregelten Umgangs innerhalb eines

Unternehmens, die Ende des 19. Jahrhunderts aber erst entwickelt und im Bewusstsein aller Beteiligten verankert werden mussten. Für die frühen Fabrikbeschäftigten, die aus ihren bisher handwerklich oder landwirtschaftlich geprägten Lebenswelten herausgerissen wurden, war die moderne Arbeitswelt etwas vollkommen Neues, auf das sie sich erst mühsam einstellen mussten. Vor allem die produktionstechnischen und zeitlichen Arbeitszwänge in der Fabrik und die notwendige Präzision, die sich aus der Kombination Mensch-Maschine ergaben, überforderten anfangs viele dieser frühen Industriearbeiter.[80]

Die Arbeitsordnung der Zementwarenfabrik von Pflumm musste – als Äquivalent eines Arbeitsvertrages – zu Beginn des Beschäftigungsverhältnisses von jedem Mitarbeiter unterzeichnet werden und verpflichtete ihn, »die Weisungen seiner Vorgesetzten pünktlich zu befolgen und die ihm übertragene Arbeit mit Fleiß und Sorgfalt auszuführen«. Kemmler führte nach eigenen Angaben nach seinem Eintritt in die Firma überdurchschnittliche Löhne ein, verlangte im Gegenzug aber auch höhere Leistung.

Vor allem verlängerte er die Arbeitszeit. Auf einem in der Gewerbeordnung vorgeschriebenen Meldebogen an die Ortspolizeibehörde gab Michael Pflumm am 30. Juni 1892 als Arbeitszeiten seiner Mahlmühle Montag bis Samstag von 6 bis 18 Uhr mit jeweils einer halbstündigen Pause vormittags und nachmittags sowie einer einstündigen Mittagspause an. Unter Beibehaltung der von Pflumm festgelegten Pausenzeiten erhöhte Johannes Kemmler die Arbeitszeit laut Arbeitsordnung vom 13. Januar 1902 auf eine aus heutiger Sicht erstaunliche, damals aber allgemein übliche wöchentliche Arbeitszeit von 65 Stunden. Vorgesehen war nun eine regelmäßige Arbeitszeit von 11 Stunden montags bis freitags von 6 bis 19 Uhr sowie von 10 Stunden samstags von 6 bis 18 Uhr.[81]

Die Entlohnung der Arbeitsleistung basierte laut Arbeitsordnung »auf gegenseitiger Vereinbarung«. Für bestimmte Arbeiten konnte zusätzlich Akkordentlohnung festgelegt werden. Ausgezahlt wurde der Lohn alle 14 Tage in bar, abzüglich der gesetzlichen Beiträge zur Kranken- und Invaliditätskasse. Da es offenbar vorkam, dass einzelne Mitarbeiter, ohne sich abzumelden oder zu kündigen, nicht mehr im Betrieb erschienen, sah die Arbeitsordnung die Einbehaltung einer Kaution in Höhe eines durchschnittlichen Wochenlohns vor, die den Arbeitgeber gegen eine rechtswidrige Lösung des Arbeitsverhältnisses durch den Mitarbeiter absichern sollte. Innerhalb der ersten zwei Wochen bestand eine eintägige, danach eine 14-tägige Kündigungsfrist.

Bemerkenswert sind auch die Ordnungsvorschriften und die bei Verstößen vorgesehenen Ordnungsstrafen. In der Fabrikordnung der Firma Pflumm wurden die Mitarbeiter zu pünktlichem Erscheinen am Arbeitsplatz angehalten. Wiederholte Verspätungen standen ebenso unter Strafe wie zu frühes Verlassen des Arbeitsplatzes. Krankheitsbedingtes Fehlen sollte unter Angabe der Gründe sobald wie möglich angezeigt werden, »spätestens aber wenn der Ausgebliebene wieder zur Arbeit kommt«. Untersagt waren zum Beispiel auch »unnötiges Umherlaufen, müßiges Zusammenstehen und Schwatzen während der Arbeitszeit, Lärmen und Fluchen, sowie das Besorgen von Arbeiten für Privatzwecke«, außerdem »Beleidigungen und Tätlichkeiten der Arbeiter gegeneinander« und »das Verunreinigen der Wände, Thüren, Treppen, Aborte«. Da der feuchte Zement offenbar besonders verlockend dafür war, wurde auch »das Einkritzeln von Buchstaben und Namen auf Waren« explizit verboten. Verlangt wurde von den Mitarbeitern zudem, die ihnen anvertrauten Maschinen, Werkzeuge und Gerätschaften »stets in gutem Zustande und Ordnung zu erhalten«. Angemahnt war besonders vorsichtiger Umgang mit Feuer und Licht. Tabakrauchen sowie »die Zusichnahme von Genussmitteln während der Arbeitszeit« waren strengstens untersagt. Offensichtlich Betrunkene wurden vom Arbeitsplatz in der Pulvermühle verwiesen.

Bei Zuwiderhandlungen gegen die Arbeitsordnung konnten Geldstrafen in unterschiedlicher Höhe je nach Art des Vergehens verhängt werden: So zogen Verstöße Geldbußen bis zur Hälfte des durchschnittlichen Tagesverdienstes nach sich, wogegen schwerere Vergehen sogar bis zum Einzug eines vollen Tagesverdienstes führen konnten. Darunter fielen »Tätlichkeiten gegen die Mitarbeiter, erhebliche Verstöße gegen die guten Sitten, sowie gegen die zur Aufrechterhaltung der Ordnung des Betriebes, zur Sicherung eines gefahrlosen Betriebes oder zur Durchführung der Bestimmungen der Gewerbeordnung erlassenen Vorschriften«. Wie oft diese Sanktionen angewendet wurden, können wir heute nicht mehr nachvollziehen, da das Strafbuch der Firma Pflumms, in dem sämtliche Ordnungsstrafen in einer Fabrik üblicherweise festgehalten wurden, nicht überliefert ist.

Die Geldstrafen flossen allerdings nicht in die Tasche des Unternehmers, sondern ebenso wie einbehaltene Kautionen in eine eigene Kasse zugunsten »hilfsbedürftiger Arbeiter«. Mit diesem frühen Instrument betrieblicher Sozialpolitik wollten sich die Unternehmer nicht zuletzt die Loyalität ihrer Mitarbeiter sichern. Die Pflummsche Arbeitsordnung stellte daher auch keine ungewöhnliche Maßnahme dar: So wurden auch bei der ebenfalls in Dußlingen angesiedelten Maschinenfabrik und Mühlenbauanstalt Jakob Rilling & Söhne (seit 1911 Iruswerke Dußlingen J. Rilling & Söhne) nach den Arbeitsordnungen von 1905 sowie 1911 Geldstrafen in eine »Unterstützungskasse für kranke und hilfsbedürftige Arbeiter« eingezahlt, wobei sogar eine eigene Satzung für die Unterstützungskasse vorgesehen war. Auch in der näheren Umgebung im Bereich des Oberamts Tübingen finden sich ähnliche Regelungen: Bei der Taschenuhren-Fabrik Louis Dieterle in Kirchentellinsfurt in ihrer Arbeitsordnung vom April 1904 ebenso wie bei der Mechanischen Buntweberei Carl Schirm & Co., Kirchentellinsfurt, wo Ordnungsstrafen laut der Arbeitsordnung von 1900 in eine »Fabrik-Krankenkasse« flossen.[82] Gleiches gilt für in Tübingen ansässige Betriebe: So war beim Ziegelwerk Clemens & Decker in den Arbeitsordnungen aus den Jahren 1895 und 1912 oder in der Arbeitsordnung der Fabrik für Beleuchtungsanlagen von Gottlob Himmel (Himmelwerk) aus dem Jahr 1898 ebenfalls vorgesehen, dass fällige Geldbußen einer besonderen »Unterstützungskasse für kranke und hilfsbedürftige Arbeiter« zugute kamen.[83]

Die Formierung der Arbeiter als neue gesellschaftliche Gruppe steckte zur Zeit der Jahrhundertwende im Oberamt Tübingen noch in den Anfängen. Vor allem in Landgemeinden wie Dußlingen lösten sich die traditionellen landwirtschaftlichen, handwerklichen und gewerblichen Strukturen erst langsam auf. Mögliche neue Organisationsbestrebungen der Arbeiterschaft vor allem in gewerkschaftlicher Form stießen auch bei Johannes Kemmler auf höchste Ablehnung und wurden bei »seinen« Arbeitern keinesfalls geduldet. Eine Begebenheit, die sich während des Baus des Tübinger Justizgebäudes ereignete, zeigt diesen Aspekt des unternehmerischen Selbstverständnisses Kemmlers. Er berichtet, dass er den Auftrag nur mit seinem Personal nicht bewältigen konnte und daher gezwungen war, zusätzliche Facharbeiter anzuwerben, die auf dem Firmengelände untergebracht und verpflegt werden mussten, was laut Kemmler »eine ungeheure Belastung für die Familie bedeutete«. Vor allem aber beklagt er sich, es seien »viele kommunistisch eingestellte Elemente, besonders Steinhauer« unter den zusätzlich engagierten Arbeitern gewesen, »die man nicht zufriedenstellen konnte. Einmal zogen sie mit der roten Fahne nach Dußlingen und streikten, als wir sie am dringendsten brauchten. Sie tranken, rauchten und schwatzten viel und arbeiteten wenig. Es war da eine üble Gesellschaft beieinander, der wir bei den örtlichen Verhältnissen vollständig ausgeliefert waren.« Bemerkenswert sind auch Kemmlers Ausführungen über den eigens für den Auftrag eingestellten Techniker, der in den Augen Kemmlers als Führungskraft »ein Versager« war, weil er sich mit den Arbeitern einließ: »Wohl verstand er sein Fach, aber er hat mit den Leuten getrunken und sich somit in ihre Hände begeben.« Ausdrücklich differenziert Kemmler zwischen seiner Stammbelegschaft und den zusätzlichen, angeworbenen Kräften, vor allem nimmt er »seine Arbeiter« von der Kritik aus: »Zur Ehre der einheimischen Arbeiter muss gesagt werden, dass sie sich dem pöbelhaften Gebaren nicht anschlossen.«[84]

Die Arbeitsordnungen hielten, wie staatlicherseits vorgeschrieben, das geltende Arbeitsrecht in den Fabriken fest. Trotz der Genehmigungspflicht durch die zuständigen Behörden sind sie Ausdruck der zunächst beinahe unbeschränkten Verfügungsgewalt des »Fabrikherren«, der in einer Arbeitsordnung ohne Mitwirkung seiner Mitarbeiter Bestimmungen hinsichtlich der Arbeitsbedingungen, Arbeitszeiten, Kündigungsfristen, Lohnregelungen sowie Ordnungs- und Disziplinarstrafen festlegte. Die daneben enthaltenen ersten sozialpolitischen Bestimmungen dienten der Verpflichtung der Mitarbeiter auf den Betrieb und das Betriebsziel und waren zudem Ausdruck dafür, dass sich der Unternehmer in seinem Selbstverständnis als Patriarch seiner »Gefolgschaft« fürsorglich verpflichtet fühlte, allerdings nur, solange diese entsprechend seinen im Rahmen der Arbeitsordnung formulierten Regeln handelte.[85]

4. Der Umzug nach Tübingen

In seinem 1909 erschienenen Werk *Über den Standort der Industrien* beschreibt der deutsche Nationalökonom Alfred Weber – der Bruder des berühmten Soziologen Max Weber – die Frage des Standorts eines Betriebs als einen »Teil des allgemeinen Problems der lokalen Verteilung der menschlichen Wirtschaftstätigkeit überhaupt«. Den von ihm eingeführten Begriff des Standortfaktors definiert Weber als »einen seiner Art nach scharf abgegrenzten Vorteil, der für eine wirtschaftliche Tätigkeit dann eintritt, wenn sie sich an einem bestimmten Ort oder auch generell an Plätzen bestimmter Art vollzieht«. Weber unterscheidet zwischen verschiedenen Arten von Standortfaktoren und entwickelt ein System der generellen Standortfaktoren, in dem der Transportkostenfaktor, der Arbeitskostenfaktor sowie der Agglomerationsfaktor die räumliche Orientierung der Industrie beeinflussen.[86] Der Ökonom Weber legte damit bereits zu Beginn des 20. Jahrhunderts die theoretische Grundlage für die Betrachtung von Standortentscheidungen von Wirtschaftsunternehmen.

Ähnliche Überlegungen ganz praktischer Art bewegten offenbar zur gleichen Zeit auch Johannes Kemmler in Dußlingen. Schon bei seinem Eintritt in das Unternehmen hatte er den Eindruck gewonnen, dass »der Daseinskampf auf der abgelegenen Pulvermühle immer gefährdeter« wurde. Er empfand es als großen Nachteil, »dass das Geschäft nicht an einem größeren Platz mit Kiesgelände und Bahnanschluss war«. Diese von ihm erkannten ungünstigen Standortfaktoren der Pulvermühle ließen ihn von Beginn an für eine Verlegung des Betriebs plädieren. Aus diesem Grund verhinderte er erfolgreich einen von der übrigen Familie Pflumm angestrebten Villenbau auf Stockacher Gebiet gegenüber der Pulvermühle – was, wie er später rückblickend schreibt, innerhalb der Familie Pflumm seine »Popularität auch nicht gefördert« habe. Und auch seinen Schwiegervater konnte er erst einige Jahre nach seinem Eintritt in die Firma von der Notwendigkeit der Suche nach einem neuen, verkehrsgünstiger gelegenen Standort für die Firma überzeugen.

Zwar war Dußlingen im Zuge des Baus der Hohenzollernbahn von Tübingen über Hechingen und Balingen nach Sigmaringen 1867 an das Eisenbahnnetz angeschlossen worden. Die Pulvermühle lag jedoch inmitten eines hügeligen Geländes und mit den damals verfügbaren Transportmöglichkeiten etwa 45 Minuten von der nächsten Eisenbahnstation entfernt. Die unbefriedigende Verkehrsanbindung der Pulvermühle erschwerte sowohl die Beschaffung von Material als auch den Zugang zu den Hauptabsatzmärkten Reutlingen und Tübingen enorm. Die benötigten Rohstoffe – Kalksteine und Schiefer für die Romanzement- und Schiefersteinproduktion, Portlandzement, Kies und Sand für die Zementwarenherstellung – waren nicht in unmittelbarer Nähe vorhanden. Sie mussten ebenso wie die fertigen Produkte wegen des fehlenden Eisenbahnanschlusses mit Leiterwagen und Fuhrwerken über schwieriges Gelände und oft auch bergauf transportiert werden. Als Energiequellen vor Ort standen nur Wasserkraft sowie Holz und Torf zur Verfügung. Koks oder Kohle als Brennstoffe zur Deckung zusätzlichen Energiebedarfs mussten ebenfalls vom nächstgelegenen Bahnhof mit Leiterwagen und Pferde- oder Ochsenfuhrwerk in die Pulvermühle transportiert werden.

Das ganze Ausmaß dieser Transportproblematik können wir heute kaum mehr nachvollziehen. Beispielsweise erfolgte das Verladen eines oftmals tonnenschweren Zementrohrs vor allem mit der Muskelkraft mehrerer Ar-

58 Das Baustoffunternehmen Kemmler

Ansicht der Zementwarenfabrik in der Pulvermühle mit rauchendem Schornstein und Zementofen

beiter, vielleicht noch unter Einsatz von Hilfsmitteln wie Flaschenzüge. Der so bestückte Karren musste dann von mehreren Pferden oder Ochsen über schlecht oder teils überhaupt nicht ausgebaute Wege zum Kunden gebracht werden. Die Firma selbst unterhielt zu Transportzwecken drei Gespanne, die mitunter Lasten von bis zu 10 Tonnen zu transportieren hatten. Zudem erinnert sich Johannes Kemmler, unabhängig von den äußerst schwierigen Transportwegen, an »viel Ärger und Sorge, sowohl was die Knechte als Pferde anbelangt«. Zuverlässige Fuhrleute waren offenbar kaum zu bekommen, sondern es handelte sich vorwiegend um »heruntergekommene Trunkenbolde«, die unter Alkoholeinfluss die Pferde vernachlässigten, untereinander handfeste Streitigkeiten austrugen oder durch zahlreiche Unfälle arbeitsunfähig wurden: Ein Fuhrknecht verlor einen Arm in der Futterschneidemaschine, ein anderer starb durch einen Holzscheit, den er beim Holzmachen an den Kopf bekam, wieder ein anderer geriet betrunken auf der Fahrt unter seinen Wagen und kam dadurch zu Tode.[87]

Offenbar dachten Michael Pflumm und Johannes Kemmler zunächst über Reutlingen als neuen Standort der Firma nach. Dort eröffnete die Firma Michael Pflumm am 31. März 1904 ein Verkaufsbüro in der Burgstraße 5/6.[88] Die Verzeichnisse der Geschäfts- und Gewerbetreibenden in den amtlichen Adressbüchern Reutlingens der folgenden Jahre nach 1904 weisen allerdings keinen solchen Eintrag mehr auf. In Reutlingen, dem zu dieser Zeit wichtigsten Absatzgebiet für Zementröhren, scheint der Markt für Zementwaren und Baumaterialien weitaus stärker umkämpft gewesen zu sein als in Tübingen, sodass diese Verkaufsniederlassung wohl recht schnell wieder aufgegeben wurde.[89] Der Briefkopf der Firma enthält den Hinweis auf die Filiale in Reutlingen bis zum Jahr 1907.[90]

Nach kurzer Zeit entschieden sich Pflumm und Kemmler für Tübingen als besseren Standort der Firma. Seit 1897 bekleidete Hermann Haußer dort als Nachfolger von Julius Gös das Amt des Stadtschultheißen und führte seit 1903 die neue Amtsbezeichnung Oberbürgermeister. Unter seiner Ägide standen die 15 Jahre vor dem Ersten Weltkrieg in Tübingen im Zeichen umfassender Modernisierung und Umgestaltung des Stadtbildes. Haußer forcierte den Bau mehrerer neuer Schulen ebenso wie den Ausbau der Eisenbahn, um die Verkehrsanbindung der Stadt zu verbessern. Vor allem das Neckartal erfuhr in dieser Zeitspanne eine tiefgreifende Veränderung: 1899 genehmigte der Gemeinderat den Abbruch der alten, von den ständigen Hochwassern geschädigten Neckarbrücke und läutete damit das Ende der Neckarflößerei ein. Die neue Eberhardsbrücke, eine Eisenbetonkonstruktion mit zwei Bögen, wurde 1901 eingeweiht.[91] Durch die Korrektur des Neckars in den Jahren 1910 bis 1912 und die Anlage eines Flutkanals vollendete Haußer die unter seinem Vorgänger begonnene »Trockenlegung« der Stadt, wodurch die bis dahin ständig wiederkehrenden Überschwemmungen bis auf Ausnahmefälle verhindert werden konnten. Durch den Bau des Stauwehrs 1911 verbunden mit einem Elektrizitätswerk wurde zudem versucht, die Wasserkraft des Flusses in Energie umzusetzen und damit einen weiteren Anreiz für die Ansiedlung von Industriebetrieben zu schaffen.[92] Diesem Zweck diente auch der durch die Korrektur des Neckars ermöglichte Bau des neuen Güterbahnhofs 1911, der über die neue Eisenbahnstraße das Industriegelände an der Reutlinger Straße direkt an das Eisenbahnnetz anschloss.[93]

Doch nicht nur hinsichtlich der Verkehrsanbindung war Tübingen ein günstiger Standort. Schon von Dußlingen aus hatte sich Pflumms Firma auf dem lokalen Tübinger Markt beim Bau des Justizgebäudes sowie des Oberamtsgebäudes in den Jahren 1905 und 1906 etabliert. Direkte starke Konkurrenz für die Zementwarenproduktion bestand in Tübingen allenfalls in der Gips- und Zementfabrik von Albert Könngott in der Gerstenmühlstraße. Könngotts Fabrik war während der frühen Industrialisierungsphase des Tübinger Westens entlang des Ammerkanals aus der

Gerstenmühle hervorgegangen und hatte ihre Blütezeit um die Jahrhundertwende. Nach einem Fabrikbrand 1910 erwarb der Schreinermeister Bernhard Nill das Gelände und errichtete dort eine Möbelfabrik.[94]

Mit Baumaterialien handelten neben den beiden Bauunternehmern Steinhilber und Dannenmann vor allem der um 1905 nach Tübingen gekommene Fabrikant und Kaufmann Noa Wendler. Wendlers Firma stammte ursprünglich aus Gomaringen und war dort 1858 als an der Wiesaz gelegenes Hammerwerk entstanden. Der Inhaber, die »beherrschende Unternehmergestalt im Ort«, hatte von 1882 bis 1889 ein Mandat als württembergischer Landtagsabgeordneter für Reutlingen innegehabt.[95] Vermutlich ließen ihn ähnliche Überlegungen wie die von Johannes Kemmler um die Jahrhundertwende nach Tübingen ziehen. Wendlers Firma befand sich zunächst in der Wöhrdstraße 23. Nach langwierigen Verhandlungen mit der Stadt verlegte er seinen Betrieb im Zuge der Neckarkorrektur um 1910 in die Reutlinger Straße und damit in unmittelbare Nachbarschaft zu Pflumm und Kemmler.[96]

Bestes Argument für die dann tatsächlich durchgeführte Verlagerung nach Tübingen war für Michael Pflumm und Johannes Kemmler aber, dass ihnen von der Universitätsstadt im entstehenden Industriegebiet an der Reutlinger Straße ein gut geeignetes Gelände angeboten wurde, welches zudem über einen direkten Gleisanschluss verfügte. Kemmler, die treibende Kraft hinter der Standortverlegung, konstatierte rückblickend mit einiger Erleichterung, sieben »sehr schwere Jahre« in der Pulvermühle hinter sich gebracht zu haben. Nach der Verlagerung der Zementwarenfabrik nach Tübingen wurde die Pulvermühle zunächst an den Verwalter Wilhelm Noller verpachtet. Im Jahr 1914 wurde das Gelände von Michael Pflumm endgültig verkauft.[97] Die Standortverlagerung nach Tübingen sollte sich in den folgenden Jahren als entscheidender unternehmerischer Schritt erweisen. In Tübingen begann die von Inhaberwechsel und Wachstum geprägte Aufbauphase der Firma.

III. Aufbauphase
Johannes Kemmler 1908–1939 *(Zweite Generation)*

1. Pflumm & Kemmler

Nach dem Anschluss an das Eisenbahnnetz 1861 und dem Bau des Gaswerks im folgenden Jahr waren im südlichen Teil Tübingens Möglichkeiten zur Ansiedlung von Industrie entstanden, welche die Stadtverwaltung und speziell Oberbürgermeister Hermann Haußer gezielt Unternehmen aus der Umgebung zur Niederlassung anboten.[98] Am 6. Juli 1899 notierte die *Tübinger Chronik* unter der Überschrift »Das Tübinger Industrie-Viertel«, die Entstehung des Industriegebiets gehe »auf den bekanntlich vielfach geäußerten Wunsch nach Heranziehung von Industrie in unserer Stadt« zurück. Das Gelände in der sogenannten Reutlinger Vorstadt eigne sich zur Ansiedlung von Industrie sehr gut, denn erstens »befand sich ein großer Teil des dortigen Areals bereits im Besitze der Stadt [...], zweitens liegt das Gelände in unmittelbarer Nähe der Eisenbahn und drittens war man der Ansicht, dass die Universität durch die Ansiedlung von Fabrikbetrieben in jener Gegend am wenigsten belästigt würde«.[99]

Neustart mit Hindernissen

Nachdem sie das Verkaufsbüro in Reutlingen nach kurzer Zeit wieder aufgegeben hatten, konzentrierten sich Michael Pflumm und sein Schwiegersohn Johannes Kemmler mit den Aktivitäten ihrer Firma offenbar seit Beginn des Jahres 1905 intensiv auf Tübingen und das umliegende Oberamtsgebiet. Indiz dafür ist eine in den Jahren zuvor nicht in diesem Umfang nachweisbare Anzeigenaktivität in der *Tübinger Chronik*, in der Pflumm mit seinem »Cementwerk Dußlingen« seit Juli 1905 zum Teil mehrmals wöchentlich inserierte: Pflumms Angebot umfasste die »Fa-

Tübingen um 1910 mit der Reutlinger Straße rechts unten, deren Darstellung kurz vor dem Firmengelände von Pflumm & Kemmler endet[100]

brikation sämtlicher Cementwaren«, im Einzelnen »Fenstereinfassungen, Staffeltritte, Spülbankgarnituren, Cementröhren, Viehkrippen, Brunnentröge und Ofensteine«, dazu kam als Handelsware ein »großes Lager in Portland- und Roman-Cement, Schwarz-Kalk, Gips, Steinzeug- und Asphaltröhren, Schweinströgen, Dachpappe, Küchenplättchen etc.« und als Ausführungsleistung die »Spezialität von Bodenbelägen aus Terrazzo, Plättchen, fugenlose Steinholzböden, Holzcement, Asphalt etc.«[101] Spätestens seit Ende 1905[102] befand sich Michael Pflumm mit der Stadt Tübingen in Verhandlungen über den Bau einer Zementwarenfabrik im neuen Industrieviertel und damit zur Verlegung seines Unternehmens, das zu diesem Zeitpunkt immerhin bereits 72 feste Mitarbeiter beschäftigte und damit zu den größten Industriebetrieben im Oberamt Tübingen zählte.[103]

Ein erster Vertragsentwurf vom 15. Januar 1906 sah noch die Möglichkeit einer teilweisen Bezahlung des Kaufpreises für das 1 Hektar 26 Ar große Grundstück durch Abtretung von Wiesen im oberen Neckartal an die Stadt Tübingen vor. Diese Wiesen befanden sich im Besitz von Kemmlers Vater Adam und seinem älteren Bruder Sigmund. Die vier Parzellen des Vaters lagen auf dem Gelände, das für den geplanten neuen Güterbahnhof benötigt wurde, direkt angrenzend an die spätere Talstraße, die heute Schaffhausenstraße heißt. Da der Wiesentausch im schließlich abgeschlossenen

Vertrag nicht erwähnt wird, können wir annehmen, dass die Familie Kemmler die Wiesen direkt an die Stadt Tübingen verkaufte. Dass Adam und Sigmund Kemmler in den kommenden Jahrzehnten ihrem Verwandten Johannes wiederholt als Geldgeber dienten, weist darauf hin, dass sie über entsprechendes Kapital verfügten, vermutlich aus diesem Grundstücksgeschäft.

Laut Vertragsentwurf mit der Stadt Tübingen sollte sich Michael Pflumm verpflichten, spätestens bis 1. Januar 1907 seinen Wohnsitz und seinen gesamten Geschäftsbetrieb, abgesehen vom Mühlenbetrieb, nach Tübingen zu verlegen und diesen dort mindestens bis zum 1. Januar 1912 zu betreiben. Darüber hinaus sollten die nötigen Bauten auf dem Gelände »in gefälliger Ausstattung« ausgeführt werden und Pflumm bis spätestens 1. Januar 1909 »ein hübsches Wohnhaus« bauen und beziehen. Auch die Errichtung eines Zweiggeschäftes außerhalb Tübingens sollte Pflumm vor dem 1. Januar 1916 nur mit Zustimmung des Gemeinderates erlaubt sein.

In einem Schreiben an Oberbürgermeister Haußer vom 23. Januar 1906 nahm Pflumm Bezug auf den Vertragsentwurf und bat um Änderung der Bestimmungen hinsichtlich Wohnhausbau und Zweiggeschäft, da er sich in beiden Angelegenheiten »freie Hand vorbehalten« wollte. Pflumm äußerte zudem den Wunsch, dass nördlich des von ihm favorisierten Bauplatzes das Gelände hin zum Güterbahnhof freies unbebautes Gelände bleiben sollte, damit »das Geschäft vom Personengleis aus gut gesehen werden kann«. Besonderen Wert legte Pflumm auf einen »sofortigen Gleisanschluss« und verlangte zumindest klare Vereinbarungen hinsichtlich Termin und Kosten für die Firma. Darüber hinaus sah er die Kies- und die Arbeitskräftefrage als die beiden »Kardinalfragen« an, verbunden mit der Erwartung, »beides sollte in reichlichem Maße und billig vorhanden sein«.[104]

Im schließlich vom Tübinger Gemeinderat am 17. Februar 1906 genehmigten Vertrag wird ein Gesamtkaufpreis von 13000 Mark genannt. Das in Aussicht gestellte Industriegleis direkt auf das Firmengelände sollte bis spätestens 1. März 1907 erstellt sein und hauptsächlich auf Kosten der Stadt gehen. Die Firma M. Pflumm hatte nur ein Viertel des Aufwands, höchstens 2000 Mark, zu übernehmen. Auch bei der Kiesfrage zeigte die Stadt Entgegenkommen und vereinbarte mit Pflumm einen Festpreis für das zum Fabrikbau notwendige Kiesquantum. Allerdings blieb die Bestimmung hinsichtlich Verlegung von Wohnsitz und Geschäftsbetrieb nach Tübingen sowie die Verpflichtung zur Errichtung eines Wohnhauses erhalten, sogar verbunden mit einer Vertragsstrafe in Höhe von 6000 Mark im Falle einer Zuwiderhandlung. In der Schlussbestimmung verpflichtete der Vertrag nicht nur Michael Pflumm, sondern auch seine Rechtsnachfolger zur Einhaltung der vereinbarten Bestimmungen.[105]

Im August 1906 wurden die notwendigen Bauarbeiten zur Erstellung eines Fabrikgebäudes für die Zementwarenfabrik öffentlich ausgeschrieben und kurze Zeit später auf dem neu gekauften Firmengelände begonnen.[106] Der Bau verlief nicht reibungslos: Unstimmigkeiten ergaben sich sowohl mit dem beauftragten Architekten als auch dem für die maschinelle Einrichtung zuständigen Ingenieur. So baute der Architekt zu viele Fenster in die Fabrik ein, die nachträglich wieder zugemauert werden mussten. Gegen den Ingenieur musste die Firma sogar einen letztlich erfolgreichen Prozess führen, da die erstellten Maschinen für die Zementrohrherstellung nicht in der versprochenen Weise arbeiteten.[107] Trotz dieser Schwierigkeiten wurde das Fabrikgebäude ebenso wie ein auf dem Firmengelände befindliches Wohnhaus innerhalb eines Jahres fertiggestellt. Johannes Kemmler zog mit seiner Frau Margarethe und den beiden Kindern Maria und Oskar bereits am 11. Mai 1907 in die Reutlinger Straße nach Tübingen. Pflumm folgte zwei Monate später mit Ehefrau Maria und seinen vier jüngsten, noch ledigen Töchtern Anna Maria, Sofie, Barbara Rosa und Emilie Luise, sodass die gesamte Familie zunächst auf dem neuen Firmengelände in Tübingen unter einem Dach zusammenwohnte.[108]

Schon Ende Juni 1907 suchte Michael Pflumm via *Tübinger Chronik* nach Arbeitskräften für seine neue Fabrik.[109] Anfang August folgte in einem Inserat die Bekanntmachung über die Eröffnung des Betriebs: »Einem verehrten Publikum zeige ich hiermit ergebenst an, dass ich nunmehr den Betrieb meiner neuen Fabrik in Tübingen, Reutlingerstraße aufgenommen habe und halte mich zum Bezug von sämtlichen Cementwaren sowie Baumaterialien bestens empfohlen.« Explizit wies Pflumm aber auch darauf hin, dass an seinem Standort in Dußlingen »die Bausteinfabrikation wie seither weitergeführt« werde, ebenso sei »daselbst stets Lager in Baumaterialien«.[110]

Was fehlte, war der von der Stadt Tübingen schon zum März 1907 versprochene Gleisanschluss, um die produzierten Waren direkt verladen zu können. In einem Schreiben vom 19. Juni 1907 verwies Pflumm auf den unmittelbar bevorstehenden Abschluss der Bauarbeiten an der neuen Fabrik, die auf Massenproduktion ausgelegt sei und daher nur unter der Voraussetzung eines direkten Gleisanschlusses rentabel arbeiten könne. Seit Ende

Oktober 1907 führten Pflumm und Kemmler einen sich über mehr als zwei Jahre hinziehenden Briefwechsel mit der Stadt Tübingen, in dem sie mit zunehmender Verärgerung auf die zusätzlich anfallenden Transportkosten infolge der fehlenden direkten Verlademöglichkeit hinwiesen und deswegen mehrfach mit dem Rechtsweg drohten. Die Stadt Tübingen wies alle Rechtsansprüche Pflumms und Kemmlers zurück und verwies ihrerseits auf die schwierigen Verhandlungen mit der Eisenbahnverwaltung. Zur rechtlichen Auseinandersetzung kam es indes nicht, obwohl das Industriegleis auf das Firmengelände erst im November 1909 vom Gemeinderat endgültig genehmigt wurde und schließlich im Sommer 1910 erstmals benutzbar war.[111] Johannes Kemmler, der sich gegenüber den städtischen Behörden den Rechtsweg stets offengehalten hatte und rückblickend in einem Schreiben vom 14. Dezember 1910 einen durch die Verzögerung entstandenen Schaden von 30 000 Mark benennt, wurde offenbar durch Vergabe von Aufträgen und die Bestellung von Waren seitens der Stadt sowie durch das Erlassen des vertraglich vereinbarten Kostenanteils der Firma am Gleisanschluss entsprechend entschädigt.[112] Die Anfangsschwierigkeiten waren damit jedoch keineswegs überwunden, denn bereits im Herbst 1911 machten von der Eisenbahnverwaltung und der Stadt Tübingen angesetzte Bauarbeiten den Gleisanschluss erneut für mehrere Wochen unbenutzbar.[113]

Grundsätzlich jedoch boten die verbesserte Verkehrssituation und das großzügige neue Firmengelände wesentliche Entwicklungsperspektiven für die Firma. Johannes Kemmler konstatierte mit Blick auf den Start in Tübingen, dass »manches nicht so wurde, wie man es gewünscht hatte«, dennoch »war gegenüber dem Dußlinger Betrieb doch ein wesentlicher Fortschritt zu verzeichnen. Man hatte alles auf ebenem Boden, übersichtlicher und näher beieinander; dann genügte 1 Pferdefuhrwerk. Der Gleisanschluss ersparte eine Menge Transportkosten und Zeit. Der ganze Betrieb konnte mühelos auf eine breitere Grundlage gestellt werden.« Als positive Standortfaktoren hob Kemmler rückblickend neben der verkehrsgünstigen Lage und dem direkten Bahnanschluss auch die Bauförderung durch die Stadt Tübingen sowie ein Reservoir an besser ausgebildeten Arbeitern hervor. Seit 1914 bildete die Firma Pflumm & Kemmler auch kaufmännische Lehrlinge aus: »Kaufm. Lehrling mit guter Schulbildung gesucht. Gründliche Ausbildung zugesichert«, heißt es in einem Inserat vom Januar 1914.[114]

Die Verfügbarkeit von Kies direkt vor Ort – ein für die Zementwarenproduktion dringend benötigter Rohstoff – wurde von Kemmler ebenfalls als

Ansicht des Firmengeländes in Tübingen um 1910 mit der von Pferdefuhrwerken befahrenen Reutlinger Straße und Bahngleisen im Hintergrund

positiver Standortfaktor betrachtet, trug allerdings ein sehr geringes Haltbarkeitsdatum. Nach kurzer Zeit stand der Tübinger Kies durch den Bau der Stauwehre am Neckar nicht mehr zur Verfügung und musste zunächst durch Kalksteinschotter aus Rottenburg und Reusten, später durch Kies aus Kirchentellinsfurt ersetzt werden.[115]

Die in der Dußlinger Fabrik gültige Fabrikordnung wurde nahezu unverändert für den Tübinger Produktionsbetrieb übernommen. In der auf den 25. September 1907 datierten Fassung besteht die gewichtigste Änderung in der Reduzierung der Arbeitszeit von 11 auf 10 Stunden täglich und damit auf 60 Stunden wöchentlich.[116] Aus Sicht der beiden Unternehmer Michael Pflumm und Johannes Kemmler besaß die Tübinger Belegschaft neben ihrem besseren Ausbildungsstand noch den weiteren Vorzug, nämlich dass sie, anders als in bereits stark industrialisierten Städten, vergleichsweise geringfügig organisiert war. 1906 lebten etwas mehr als 900 Industriearbeiter in Tübingen, was lediglich etwa 5,5 Prozent der Gesamtbevölkerung entsprach – zum Vergleich waren es in Reutlingen zur selben Zeit etwa 28,4 Prozent. Angesichts dieser Zahl ist es kaum verwunderlich, dass Sozialdemokratie und Gewerkschaften sich in der Universitätsstadt nur sehr schwer etablieren konnten. Von den verhältnismäßig wenigen für die Zeit bis 1933 überlieferten Arbeitskämpfen in Tübingen scheint die Firma Pflumm & Kemmler nicht betroffen gewesen zu sein.[117]

Beteiligung und Nachfolge

Als Michael Pflumm mit seiner Firma nach der Fertigstellung des Fabrikgebäudes – allen Widrigkeiten um den fehlenden Eisenbahnanschluss zum Trotz – im Sommer 1907 in Tübingen die Geschäfte aufnahm, war er bereits 57 Jahre alt. Wie jedem Unternehmensgründer im fortgeschritteneren Alter stellte sich ihm allmählich die Frage nach der Zukunft des Unternehmens. Sollte er den von ihm aufgebauten Betrieb in der Generationenfolge weitergeben oder durch die Veräußerung an einen Käufer außerhalb der Familie finanziell den eigenen Ruhestand sichern?

Michael Pflumm hatte sechs Töchter, wodurch für ihn die Möglichkeit, die Firma wie andere Unternehmer seiner Zeit an einen männlichen Nachkommen weiterzugeben, von vornherein ausgeschlossen war. Pflumm stand also vor der Wahl, die Firma entweder an einen Außenstehenden zu verkaufen oder an eine seiner Töchter und deren Ehemann zu übergeben. Was Johannes Kemmler außer der Tatsache, dass er als einziger Schwiegersohn in der Firma mitarbeitete, für eine Nachfolge prädestinierte, war seine kaufmännische Ausbildung und das sichtbare unternehmerische Talent, mit dem er die Pulvermühle zunächst mit organisatorischen Strukturen versehen und dann die Verlegung des Betriebs an einen günstigeren Standort durchgesetzt hatte.

Nach der geglückten Betriebsverlegung hegte Johannes Kemmler offenbar den Wunsch, das Unternehmen vom Schwiegervater zu übernehmen. Die Aufnahme eines männlichen Verwandten der nachfolgenden Generation, also Sohn, Schwiegersohn oder Neffe, als Teilhaber war im 19. Jahrhundert und ist auch heute noch ein üblicher Schritt, um die spätere Übergabe eines Unternehmens vorzubereiten.[118] Am 26. September 1908 meldeten Michael Pflumm und Johannes Kemmler beim Handelsregister an, seit Beginn des Jahres 1908 »unter der gemeinschaftlichen Firma Pflumm & Kemmler eine Cementwarenfabrik und eine Baumaterialienhandlung« mit Sitz in Tübingen zu betreiben.[119] Dennoch scheint sich Kemmler mit dem Schwiegervater zunächst nicht in allen Punkten einig geworden zu sein. Worin genau diese Unstimmigkeiten bestanden, lässt sich nicht mehr genau nachvollziehen. Eine finanzielle Beteiligung Kemmlers ist jedenfalls seit Ende 1907 in dem wenigen Bilanzmaterial aus dieser Zeit nachweisbar: Kemmlers Kapitalkonto wuchs von 14 500 Mark im Dezember 1907 auf 54 831 Mark zum Ende des Jahres 1909 an. Kemmlers Geschäftseinlage bei der Betriebsübergabe 1910 belief sich auf 30 535 Mark und wurde später auf den Kaufpreis der Firma angerechnet.[120]

Man kann nur vermuten, dass Pflumm und auch Kemmler die Gefahr einer Aufteilung der Firma zwischen den sechs Töchtern Pflumms und deren zukünftigen Ehemännern erkannten. Die vier jüngeren Schwestern von Margarethe Kemmler waren zum Zeitpunkt des Umzugs nach Tübingen 1907 noch ledig. Daher drängte Johannes Kemmler vermutlich darauf, noch zu Lebzeiten des Schwiegervaters die alleinige Verantwortung für die Firma zu übernehmen, die er mit seiner Ehefrau Margarethe schon in Dußlingen maßgeblich mit aufgebaut hatte. Im Jahr 1910, das er als »eigentliches Gründungsjahr der Firma Pflumm & Kemmler, Tübingen« bezeichnet, konnte Johannes Kemmler den Betrieb durch Kauf übernehmen.[121] Im Handelsregister wurde am 30. Dezember 1910 festgehalten: »Zur Eintragung in das Handelsregister merken wir hiermit an, dass aus der Offenen Handelsgesellschaft Pflumm & Kemmler, Cementwarenfabrik und Baumaterialien en gros in Tübingen der Gesellschafter Michael Pflumm ausgeschieden ist und das Geschäft durch den anderen Gesellschafter Johannes Kemmler, Kaufmann in Tübingen unter der bisherigen Firma in unveränderter Weise weitergeführt wird.«[122]

Laut Inventur zum 20. November 1910 betrug der Kaufpreis der Zementwarenfabrik samt Zubehör 80 000 Mark. Dazu kamen 35 000 Mark für den vorhandenen Warenbestand und schließlich noch 413,84 Mark Kassenbestand und Postwertzeichen. Zugunsten von Johannes Kemmler gerechnet wurde sein Guthaben bei Michael Pflumm in Form der Geschäftseinlage, das noch ausstehende Gehalt sowie Zinsguthaben von insgesamt 36 135 Mark, außerdem eine Vergütung auf eventuell defekte Waren von 1 500 Mark. Die von Johannes Kemmler an Michael Pflumm zu entrichtende Kaufsumme betrug damit 77 778 Mark. Zum Vergleich: Das durchschnittliche Jahreseinkommen je Einwohner in Württemberg betrug 1913 etwa 1 020 Mark.[123]

Doch wie konnte Kemmler, der selbst aus wenig vermögenden Verhältnissen stammte, diese Finanzierung leisten? Eine Analyse der Bilanzen der Firma Pflumm & Kemmler in den beiden Jahrzehnten nach 1910 gibt Aufschluss. Kemmler finanzierte den Kauf – wie wahrscheinlich auch seine Geschäftseinlage zuvor – über eine Hypothek der Württembergischen Vereinsbank sowie hauptsächlich durch Kredite von Verwandten. Hier ist an die Wiesen seiner Verwandten im oberen Neckartal zu denken, die bereits bei den Verhandlungen mit der Stadt Tübingen eine Rolle gespielt hatten. In den folgenden Jahren und verstärkt ab Ende der 1920er Jahre werden Vater Adam sowie die Brüder Johann Adam, Sigmund und Jacob Kemmler wiederholt im Fremdkapital der Bilanzen als Darlehensgeber geführt, was

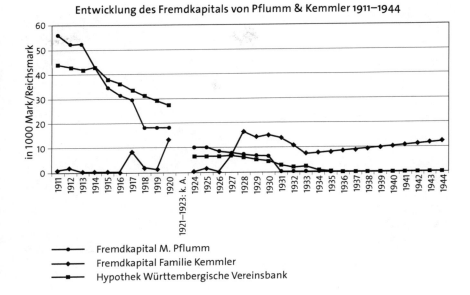

Entwicklung des Fremdkapitals von Pflumm & Kemmler 1911–1944

— Fremdkapital M. Pflumm
— Fremdkapital Familie Kemmler
— Hypothek Württembergische Vereinsbank

die finanzielle Unterstützung seitens Johannes Kemmlers Familie beim Firmenkauf belegt. Betrachtet man die Kurven des Fremdkapitalkontos, so fällt auf, dass Kemmler bis 1935 seine Bankhypothek abgelöst hatte und bereits seit Ende der 1920er Jahre seine langfristigen Geldgeber bevorzugt im Verwandtenkreis suchte.[124]

Michael Pflumm behielt das Firmengelände in der Dußlinger Pulvermühle, das 1909 in der Bilanz immerhin noch mit einem Wert von 44 100 Mark beziffert war. Der genannte Restkaufpreis von 77 778 Mark wurde ihm über Zahlungen aus den Gewinnen der Firma erstattet. Johannes Kemmler nutzte die gute Entwicklung der Firma in den Jahren seit 1910, um seine Schulden bei Pflumm sehr zügig abzubauen. Betrug der Fremdkapitalposten Michael Pflumm in Kemmlers erster Bilanz zum Jahresende 1911 noch 55 887 Mark, so hatte sich dieser Betrag bis 1918 bereits um zwei Drittel auf 18 000 Mark reduziert.

Pflumm blieb nach seinem Ausscheiden aus der Firma 1910 als »Privatier«[125] in Tübingen und bezog mit seiner Frau Maria eine Wohnung in der nahe dem Firmengelände gelegenen Christophstraße. In dem Wohnhaus auf dem Tübinger Gelände in der Reutlinger Straße lebte nunmehr allein Johannes Kemmler mit seiner Frau Margarethe und den noch in Dußlingen geborenen Kindern Maria und Oskar. 1909 wurde mit dem jüngsten Sohn Hans dann der erste Kemmler in Tübingen geboren.

Johannes und Margarethe Kemmler mit ihren Kindern Maria und Oskar kurz vor der Geburt des jüngsten Sohnes Hans

Nach Pflumms Tod 1919 liefen die Zahlungen an die »Privatiers-Witwe« Maria Pflumm, die bis zu ihrem Tod am 16. November 1930 weiter in der Christophstraße wohnte. Seit 1931 taucht das Fremdkapitalkonto Pflumm nicht mehr in den Bilanzen der Firma auf. Der erste Generationswechsel in der Firma Pflumm & Kemmler war damit endgültig abgeschlossen.

2. Neustart in Tübingen

Mit dem Umzug nach Tübingen in die Reutlinger Straße 63 wurde die Firma endgültig zu einem Industriebetrieb. Die Inhaber bezeichneten ihr seit 1908 als »Pflumm & Kemmler« firmierendes Unternehmen als »Cementwarenfabrik«, die ein Sortiment von »Cementwaren aller Art« aus eigener Herstellung anbot: »Fassadekunststeine in jeder Ausführung und Stilart, Treppenstufen, Spül- und Wassersteine, Grabeinfassungen, Cementröhren bester Qualität, Terrazzokörner und Steinmehle in diversen Farben, gekuppte Trottoirplatten«.[126] Nach dem Rückzug Pflumms aus der Firma zum Ende des Jahres 1910 hatte Johannes Kemmler begonnen, die maschinelle Ausstattung der Produktion zu verbessern. Die ungenügend arbeitende, beim Fabrikbau errichtete Zementrohranlage wurde abgebaut ebenso wie eine Mischschnecke, ein zu großer Elevator sowie eine der Energieversorgung dienende Dampflokomobile[127], die durch eine modernere elektrische Anlage mit Transformator ersetzt wurde. Kemmler schaffte einen kleineren Elevator, einen Steinbrecher für das große Walzwerk sowie eine Rohrmaschine an, die sich schließlich trotz erheblicher Anlaufschwierigkeiten in der Praxis bewährte. In den folgenden Jahren investierte Johannes Kemmler zur Ausweitung der Produktion in eine Mischmaschine und zwei weitere Rohrmaschinen.[128]

Fabrikation, Handel und Ausführung

Der Briefkopf von Pflumm & Kemmler, der während der ersten Jahre in Tübingen verwendet wurde, zeigt, dass sich das Leistungsprogramm der neuen Firma aus drei Bestandteilen zusammensetzte: Fabrikation, Handel und Ausführung. Der neue Standort mit dem günstigen Absatzmarkt im Raum Tübingen kam einem weiteren mit der Betriebsverlegung verbundenen Ziel Johannes Kemmlers entgegen, nämlich der Entfaltung des Baustoffgroßhandels. Weil er neben der Eigenproduktion von Zementwaren als zweites Standbein der Firma den Handel mit verschiedenen »Baumaterialien en gros« entwickeln wollte, hatte Kemmler bewusst auf dem Erwerb eines großzügigen Geländes in Tübingen bestanden. Gehandelt wurden in den ersten Tübinger Jahren auch noch Romanzement und Baugips – bis zum endgültigen Ausscheiden Michael Pflumms 1910 wohl teilweise noch aus eigener Dußlinger Herstellung. Kemmler verwies zudem auf sein »großes Lager« an Handelsware: »Ton-, Steinzeug- und Wandplatten, Steinzeugröhren, Dachpappe, Hourdis, Schwemmsteine, Trocken-Closetts«. Ebenso vertrieben wurde Kalk als Vertretung der Süddeutschen Kalkwerke Bruchsal und Portlandzement als Vertretung der Süddeutschen Cementverkaufsstelle, dem Vertriebssyndikat des Kartells der Zementwerke.

Seine negative Erfahrung mit dem Zementsyndikat brachte Kemmler zu Überlegungen, sich an einem unabhängigen Zementwerksprojekt zu beteiligen. Die Bilanz zum 31. Dezember 1909 weist eine Beteiligung über 10 000 Mark an einem Zementwerk in Balingen auf, welches am 1. März 1909 in Betrieb gegangen war. Bedingung für die Beteiligung war ein Alleinverkaufsrecht für ein größeres Gebiet gewesen, welches man in den Jahren seit 1910 auch für die Bezirke Tübingen, Reutlingen, Rottenburg, Horb, Sulz, Oberndorf, Herrenberg, Böblingen, Nagold, Calw und Hohenzollern ausüben konnte.[129] Auf Dauer war der Versuch, in Konkurrenz zum Zementsyndikat Portlandzement zu produzieren und zu vertreiben, jedoch nicht von

Erfolg gekrönt. Aufgrund der nachlassenden Qualität des Balinger Zements musste Kemmler darüber hinaus sogar noch heftige Auseinandersetzungen mit der Direktion des Balinger Zementwerkes führen.[130] In den 1920er Jahren wurde der Druck des Kartells der Zementwerke auf die außerhalb des Kartells stehenden Werke wie Balingen zunehmend stärker. 1926 konnten sich die dem Kartell angehörenden Firmen Dyckerhoff und Schwenk die Aktienmehrheit am Balinger Zementwerk sichern und legten es als neue Betreiber im Frühjahr 1927 trotz großer Proteste vor allem der Stadt Balingen, die einen erheblichen Gewerbesteuerausfall beklagte, endgültig still.[131] Damit war auch Johannes Kemmlers Versuch, der Firma eine Beteiligung im Bereich der Zementproduktion zu sichern, endgültig gescheitert.

Die dritte Säule des Leistungsprogramms der Firma Pflumm & Kemmler neben Fabrikation und Handel bestand im Angebot spezieller Ausführungsdienstleistungen, vor allem dem Verlegen von Belägen aus Platten, Terrazzo, Steinholz und Asphalt. In der Pulvermühle hatte Kemmler diese Aktivitäten mangels geeigneter qualifizierter Arbeitskräfte zunächst wieder einstellen müssen. In Tübingen hingegen waren diese Fachkräfte offenbar vorhanden, wie der Firmeninhaber zufrieden feststellte: »Die Arbeiterfrage, die auf der Pulvermühle eine so große Rolle spielte, machte in T.[übingen] keine Schwierigkeiten.«[132] Das entsprechende Know-how für das Plattengeschäft brachte der 1911 in die Firma eingetretene Angestellte Andreas Apfel mit, den Kemmler vom Tübinger Konkurrenten Noa Wendler abgeworben hatte. Apfel war der erste fast ausschließlich im Außendienst tätige Mitarbeiter der Firma, der regelmäßig Kundenbesuche durchführte und dafür die Bahn benutzte. Am Zielbahnhof angekommen, schickte Apfel einige junge Burschen zu den ortsansässigen Handwerkern und bestellte auf diesem Weg seine Kunden in die jeweilige Bahnhofsgaststätte, um bei ausgiebigen Mahlzeiten und zugehörigen alkoholischen Getränken die Aufträge zu verhandeln. Apfels Außendiensttätigkeit erweiterte das Einzugsgebiet der Firma über Stadt und Kreis Tübingen hinaus unter anderem bis nach Horb, Balingen und Böblingen. Apfel blieb bis zu seinem frühen und plötzlichen Tod im Jahr 1939 – vermutlich befördert durch seinen regelmäßigen, hohen Alkoholkonsum – im Dienst der Firma.[133]

Bauboom in Tübingen vor dem Ersten Weltkrieg

In den Jahren vor dem Ersten Weltkrieg boten zahlreiche große Bauprojekte sowie der Ausbau von Straßen und der Kanalisation der Firma, die

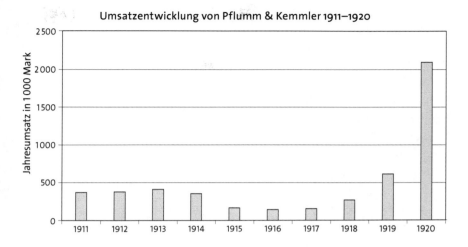

seit der Betriebsverlegung auch Betonrandsteine herstellte, gute Absatzmöglichkeiten für verschiedene Zementwaren aus eigener Produktion und außerdem für andere Baumaterialien, die als Handelsware vertrieben wurden. So lieferte Kemmler in Tübingen verschiedene Baumaterialien für den Anbau an die 1913 fertiggestellte Frauenklinik, den Bau der Loretto-Kaserne in den Jahren 1914 bis 1916 sowie die erst 1923 endgültig abgeschlossene Hautklinik.

Seit der alleinigen Übernahme der Firma konnte Johannes Kemmler seine Umsätze von 370 000 Mark im Jahr 1911 auf 413 000 Mark im Jahr 1913 steigern. Im August 1914 brach der Erste Weltkrieg aus, und die Mobilmachung wurde angeordnet. Angesichts zahlreicher Einberufungen stand Kemmler damit plötzlich vor dem Problem, die bestehenden Lieferverpflichtungen mit weniger Arbeitskräften bewältigen zu müssen. Dies gelang ihm zwar, aber in der Folgezeit musste sich Kemmler auf den geänderten Absatzmarkt unter den Bedingungen des Ersten Weltkriegs einstellen. Die staatliche wie die private Bautätigkeit ging zurück und damit auch die Nachfrage nach Baustoffen. Nach einem geringen Rückgang des Jahresumsatzes auf 356 000 Mark im ersten Kriegsjahr 1914 erlitt die Firma Pflumm & Kemmler im folgenden Jahr 1915 – das erste Jahr, in dem durchgehend Kriegsbedingungen herrschten – einen dramatischen Umsatzeinbruch um mehr als die Hälfte auf einen Wert von 167 000 Mark. Johannes Kemmler sah sich mit einer äußerst kritischen Situation konfrontiert und war gezwungen, zusätzliche Absatzmöglichkeiten zu finden, um den Fortbestand seines Unternehmens zu sichern.

Der Schützengraben als Absatzmarkt: Kriegswirtschaft 1914–1918

Der Ausbruch des Ersten Weltkriegs wurde wie im übrigen Deutschland auch in Tübingen mit Begeisterung aufgenommen. In der Euphorie des »Augusterlebnisses« erwartete man einen raschen Sieg des Deutschen Reiches. Hauptträger der nationalen Begeisterung in Tübingen war die Universität: Professoren begründeten in Vorlesungen die Notwendigkeit des Krieges, 90 Prozent der Studenten meldeten sich freiwillig.[134] Angesichts der Überzeugung, es werde sich um einen kurzen, siegreichen Feldzug handeln, gab es zunächst kaum Planungen für einen direkten Eingriff des Staates in die Wirtschaft im Sinne einer gezielten Kriegswirtschaftsplanung. Diese »Mischung von Unbeschwertheit und Unwissenheit«, wie es der Wirtschaftshistoriker Gerald D. Feldman nannte,[135] ließ die Beschränkung auf die wirtschaftliche Mobilmachung zunächst als ausreichend erscheinen. Auf der Grundlage des Kriegsermächtigungsgesetzes vom 4. August 1914 waren die Aus- und Durchfuhren kriegswichtiger Produkte verboten, wurden Lebensmittelimporte erleichtert und Höchstpreise für bestimmte Waren festgesetzt.

Mit dem Schwinden der Gewissheit eines raschen Sieges und einer durch die alliierte Seeblockade ausgelösten Munitions- und Versorgungskrise ging das Deutsche Reich seit Herbst 1914 zur Kriegswirtschaft über. Der Staat veranlasste die Unternehmen durch ökonomische Anreize, für die Bedürfnisse des Militärs zu produzieren. Direkte staatliche Interventionen in die Wirtschaft erfolgten nur in zwei kritischen Bereichen: der Rohstoffversorgung der Rüstungsindustrie sowie der Nahrungsmittelversorgung der Bevölkerung. Auf Anregung des Aufsichtsratsvorsitzenden der AEG Walther Rathenau wurde im preußischen Kriegsministerium die Kriegsrohstoffabteilung gegründet, die direkt in die Rohstoffversorgung eingriff und für deren Unterbau Verbände und Kartelle in sogenannte Reichsstellen oder Kriegsgesellschaften umgewandelt wurden. In diesen Kriegsgesellschaften bemühten sich Wirtschaftsvertreter und staatliche Beamte um gemeinsame Lösungen bei der Beschaffung und der Verteilung von Rohstoffen nach kriegswirtschaftlichen Prioritäten sowie bei der Koordinierung der Produktion. Ihre Kompetenzen erlaubten den Kriegsgesellschaften den Rückgriff auf wirkungsvolle Zwangsmaßnahmen bis hin zu Beschlagnahmungen.

Wenig effizient verlief die Steuerung des Nahrungsmittelsektors. Auf den Anstieg der Lebensmittelpreise seit August 1914 reagierte der Staat mit der Festsetzung von Höchstpreisen und schließlich mit der Einführung eines Kriegsernährungsamtes, in dem alle Zuständigkeiten für die Nahrungsmittelbewirtschaftung gebündelt wurden. Die neu geschaffene Behörde konnte aufgrund ihrer mangelhaften Durchsetzungsfähigkeit mittels eines aufgeblähten Erfassungs-, Verteilungs- und Rationierungsapparates letztlich aber nur die Knappheit der Nahrungsmittel verwalten. Beseitigen konnte sie die miserable Versorgungslage der Bevölkerung indes nicht.

Die Mobilisierung der Wirtschaft für die Rüstungspolitik nahm seit Herbst 1916 enorm zu. Das »Hindenburgprogramm« sah – in Abkehr von der bisherigen ressourcensparenden Rüstungspolitik – eine enorme Steigerung der Munitions- und Rüstungsproduktion vor. Zu seiner Realisierung richtete die Oberste Heeresleitung unter Hindenburg und Ludendorff mit dem Kriegsamt eine zentrale Behörde zur Lenkung der Wirtschaft für Kriegszwecke ein. Zwar stellten sich kurzfristige Erfolge ein, bald jedoch wurde durch die rücksichtslose Beanspruchung von Haushaltsmitteln, Rohstoffen und Arbeitskräften die Volkswirtschaft zusehends überfordert. Eine Transportkrise im Winter 1916/17 sowie ein Stocken der Kohleversorgung seit Anfang 1917 waren die Folge.

Entscheidender Engpassfaktor war allerdings der Mangel an Arbeitskräften, dem mit dem Hilfsdienstgesetz vom 5. Dezember 1916 begegnet werden sollte. Dieses Gesetz verordnete für alle Männer bis zum 60. Lebensjahr eine Arbeitspflicht in kriegswichtigen Betrieben oder Behörden und schränkte damit die freie Wahl des Arbeitsplatzes ein. Ein Stellenwechsel blieb jedoch mit Genehmigung eines paritätisch mit Arbeitnehmern und Arbeitgebern besetzten Schlichtungsausschusses möglich. Darüber hinaus sah das Hilfsdienstgesetz, das die Stellung der Gewerkschaften gegenüber den Unternehmern deutlich aufwertete, Arbeiter- und Angestelltenausschüsse für alle kriegswichtigen Betriebe mit mehr als 50 Beschäftigten vor. Durch diese Maßnahmen konnte die Fluktuation der Arbeitskräfte zwischen den kriegswichtigen Betrieben weitestgehend minimiert werden, ein zusätzlicher Mobilisierungseffekt auf den Arbeitsmarkt blieb aber aus.[136]

Insgesamt bedeutete die Lenkung der Kriegswirtschaft durch das Kriegsamt für die gesamte Baustoffbranche einen tiefen Einschnitt. Bereits im Oktober 1916 wurde eine Beschränkung der privaten Bautätigkeit angeordnet, die im Laufe des Jahres 1917 zu einem völligen Verbot privater Bauausführungen, der Einführung eines Genehmigungszwangs für alle privaten Bauvorhaben und der allgemeinen Rationierung von Produktion und Verbrauch ausgebaut wurden.[137]

Für Johannes Kemmlers Firma erschloss sich jedoch während des Krieges ein vollkommen neuer Absatzmarkt, mit dem es ihm gelang, den Jahresumsatz nach dem Tiefstand von 1916 mit nur 145 000 Mark in den beiden folgenden Jahren wieder bis auf 270 000 Mark zu steigern und damit wenigstens auf einem die Existenz der Firma sichernden Niveau zu stabilisieren. Mit dem Übergang vom Bewegungskrieg der ersten Kriegsmonate zum Stellungskrieg entstanden vor allem an der Westfront, aber auch im Osten komplexe Systeme von Schützengräben, die mit befestigten Unterständen, armierten Stützpunkten sowie Verbindungs- und Versorgungsgräben versehen und deren Wände und Böden teilweise mit Holz, Reisiggeflecht oder Wellblech verschalt wurden. In die Grabenwände eingelassen wurden Munitionsnischen, Schießscharten, erhöhte Postenstände sowie splittersichere Deckungen und Stollen. Spätestens bis 1916 waren alle Kriegsparteien zu in der Regel drei gestaffelten Schützengrabenlinien aus Vorfeld, Hauptverteidigungszone und rückwärtiger Zone übergegangen.[138]

Die Anlage dieser Schützengrabensysteme sicherte eine permanente Nachfrage des Militärs nach verschiedenen Baustoffen. Die zum Ausbau der Gräben erforderlichen Baumaßnahmen mussten oft nachts und unter großem Zeitdruck ausgeführt werden und waren immer mit der Gefahr verbunden, von feindlichen Truppen unter Feuer genommen zu werden. Nicht zuletzt deswegen stieg der Bedarf des Militärs nach Betonfertigteilen im Verlauf des Krieges, ebenso wie die Nachfrage nach Zementrohren zur Entwässerung der mitunter kilometerlangen Grabensysteme.[139]

Kemmler hatte in der Garnisonsstadt Tübingen schon vor Kriegsbeginn durch die Lieferungen von Baumaterialien aller Art für den Bau der Lorettokaserne und des Garnisonslazaretts im Galgenweg Geschäftsbeziehungen mit dem württembergischen Militär unterhalten, speziell mit dem vor Ort ansässigen Militärneubauamt.[140] Diese Verbindungen bewährten sich auch während des Krieges, vor allem, als die in Belgien und Frankreich eingesetzten württembergischen Truppen im Laufe des Jahres 1915 begannen, ihre Stellungen zu befestigen.

Ein Bericht aus den 1920er Jahren beschreibt, welche umfangreichen Baumaßnahmen erforderlich waren zum Ausbau der Stellungen, um diese gegen feindliche Angriffe haltbarer zu machen und um die Verluste herabzumindern: »Die Abwässerung der Gräben machte unendliche Arbeit; die ersten einfachen Betonunterstände entstehen, ebenso allmählich auch zweite und dritte Gräben und zahlreiche gedeckte Annäherungswege. [...] Hinter der Front entstehen zahlreiche Baracken und Hüttenlager, sowie all die vielen sonstigen baulichen und technischen Einrichtungen und Betriebe, die dem Frontkämpfer in den freilich überall recht knapp bemessenen Ablösungs- und Ruhezeiten Erholung und Abwechslung, und im Falle der Verwundung sorgliche erste ärztliche Behandlung und Pflege verschaffen. Feld- und Förderbahnen werden gebaut; aber auch umfangreiche Werkstätten aller Art werden eingerichtet, um für die Truppen den unendlichen Bedarf an Grabenmaterial aller Art herzustellen.«[141]

Vermutlich knüpfte Kemmler zunächst an seine Kontakte vor Ort an und belieferte das in Tübingen stationierte Infanterieregiment Nr. 180 mit Baumaterialien. Dieses Regiment war in der Nähe des französischen Dorfes Thiepval eingesetzt, dessen Name die ehemalige Tübinger Infanteriekaserne bis zum heutigen Tage trägt. In Thiepval hatte sich das Regiment seit Ende 1914 in einem schrittweise ausgebauten Stellungssystem förmlich eingegraben und gab dieses erst nach äußerst blutigen Kämpfen mit britischen Truppen im Rahmen der Sommeschlacht im September 1916 wieder auf.[142] Die Lieferungen von Pflumm & Kemmler an das württembergische Militär beschränkten sich aber offenbar keineswegs auf das Tübinger Regiment. Johannes Kemmlers Angaben zufolge lieferte seine Firma Zementröhren sowohl an die West- als auch an die Ostfront, etwa nach Verdun oder ins serbische Nisch. Durch die Lieferungen an das Militär konnte Kemmler die schwierige Phase der eingeschränkten privaten und öffentlichen Bautätigkeit ab 1916 überbrücken und die weitere Existenz seiner Firma sicherstellen.[143]

3. Die 1920er Jahre

Am 4. August 1914 war per Gesetz die bis dahin gültige Verpflichtung der Reichsbank, ihre Noten jederzeit in Gold zu wechseln, aufgehoben worden. Die »Goldmark« wurde zur »Papiermark« und die Reichsbank damit zum Instrument unbegrenzter staatlicher Kreditschöpfung. Das Deutsche Reich konnte auf diese Weise in der Erwartung eines Sieges seinen Krieg durch Geldschöpfung, Anleihen und Steuern finanzieren, also auf »Pump«. Der sich daraus ergebende Kaufkraftüberhang wurde durch diverse staatliche Maßnahmen wie das Höchstpreisgesetz und die Preiswucherverordnung verschleiert. Die behördliche Festlegung von Preisen setzte den Marktmechanismus völlig außer Kraft. Die anlaufende Kriegsinflation verschleierte die wirklichen Wertrelationen. Massenstreiks in den Betrieben, Proteste der hungernden Massen auf den Straßen und Meutereien im Militär kennzeichneten 1918 den Zusammenbruch des Kaiserreichs. Auch das Verhältnis zwischen der Heeresleitung, die nach 1916 unter Verschwendung von Ressourcen den Rüstungsausstoß zu erhöhen versuchte, und den privaten Unternehmern, die für die zivile Produktion nach Kriegsende vorbereitet sein wollten, war in der letzten Kriegsphase von gegenseitigen Vorwürfen geprägt. Mit der Niederlage des Kaiserreichs im Weltkrieg endete aber nicht nur die Monarchie in Deutschland. Auch das marktwirtschaftlich-kapitalistische System wurde verstärkt infrage gestellt.[144]

Der Zusammenbruch des zaristischen Russlands und der anschließende Friede von Brest-Litowsk sowie die temporären Erfolge der von Ludendorff befohlenen Offensive an der Westfront im Frühjahr 1918 hatten in Deutschland – begleitet von entsprechender Propaganda – ein letztes Mal die Erwartung eines Sieges genährt. Umso brutaler und heftiger fiel der öffentliche Stimmungsumschwung aus, als sich während des Sommers 1918 abzeichnete, dass der Krieg nicht mehr zu gewinnen war. Ausgerechnet die Oberste Heeresleitung leitete im Oktober 1918 Maßnahmen zur Parlamentarisierung und Demokratisierung Deutschlands ein, um die Verhandlungen um Waffenstillstand und Friedensvertrag an eine zivile parlamentarische Regierung zu übertragen und sich selbst auf diese Weise in der öffentlichen Wahrnehmung der Verantwortung für die Kriegsniederlage zu entledigen. Der so entstandene Mythos der unbesiegt im Felde stehenden Reichswehr, die »Dolchstoßlegende« und das Phänomen der »verdrängten Niederlage« waren schwere Hypotheken für die junge Republik und ihre politische Kultur. Maßgebliche Eliten der Gesellschaft – Militär, Beamte und auch Unternehmer – assoziierten die Weimarer Republik mit dem Makel der Niederlage und der Herrschaft der unkontrollierten Massen. In ihrem Denken und Handeln blieben sie während der gesamten Zwischenkriegszeit den Werten des Kaiserreichs verhaftet.

Die revolutionäre Situation der zweiten Jahreshälfte 1918 führte am 9. November zu einem Ende der Monarchie. Reichskanzler Max von Baden verkündete eigenmächtig die Abdankung von Kaiser Wilhelm II. und übergab die Amtsgeschäfte an den Sozialdemokraten Friedrich Ebert. Am selben Tag erfolgte die doppelte Ausrufung der Republik durch den Sozialdemokraten Philipp Scheidemann sowie durch den Mitbegründer der Kommunistischen Partei Deutschlands Karl Liebknecht. Um eine weitere Eskalation der Lage nach der Unterzeichnung des Waffenstillstands am

11. November 1918 zu verhindern, entschied sich Ebert für eine Politik der ruhigen Hand und suchte zur Stabilisierung der Situation die Übereinkunft mit den Eliten des untergegangenen Kaiserreichs. Tags zuvor, am 10. November 1918, einigte er sich mit General Groener, dem neuen führenden Mann der Obersten Heeresleitung, unter entschiedener Ablehnung linksrevolutionärer Tendenzen den Staat durch Einberufung einer Nationalversammlung auf eine neue Grundlage zu stellen.

Das am 15. November 1918 geschlossene Abkommen über die »Zentralarbeitsgemeinschaft« zwischen Unternehmern und Gewerkschaften veränderte die Arbeitgeber-Arbeitnehmer-Beziehungen in Deutschland fundamental. Die Unternehmer erkannten die Gewerkschaften als Partner kollektiver Tarifvereinbarungen an, akzeptierten den Achtstundentag als Kernforderung der Gewerkschaften sowie die Einsetzung von Arbeiterausschüssen in Betrieben mit mehr als 50 Beschäftigten. Durch die Übereinkunft entschärfte sich vorläufig der Konflikt zwischen Arbeitgebern und Arbeitnehmern. Mit Unterstützung der Gewerkschaften gelang es auf diese Weise, die große Sorge der Unternehmer, die einen grundlegenden revolutionären Eingriff in Wirtschaftsordnung und Eigentumsverhältnisse befürchtet hatten, zu zerstreuen.

Aufgrund zahlreicher Unruhen tagte die im Januar 1919 gewählte Nationalversammlung, die eine Verfassung für die neue Republik ausarbeiten sollte, nicht in Berlin, sondern in Weimar. Auch die am 11. August 1919 in Kraft getretene Weimarer Reichsverfassung beruhigte die innere Lage keineswegs, und die ersten Jahre der Republik wurden erschüttert von Krisen: Im Inneren bedrohten radikale Kräfte von links und rechts den neuen Staat, von außen stellten vor allem die Reparationsregelungen des Versailler Friedensvertrags, der am 28. Juni 1919 unter heftigem öffentlichem Aufruhr in Deutschland unterzeichnet worden war, die wirtschaftliche Überlebensfähigkeit ernsthaft infrage. Die enorme Belastung durch die Reparationen an die Siegermächte verstärkte die bis 1921 andauernde Demobilmachungsinflation, die schließlich wegen der permanenten Verschlechterung der Reichsfinanzen in die Phase der Hyperinflation in den Jahren 1922 und 1923 mündete.

Vorsicht als Handlungsmaxime

Johannes Kemmler teilte die Furcht seiner Unternehmerkollegen vor dem »Gespenst« einer Sozialisierung. Seine Überzeugung von der Größe des

Deutschen Reiches, das er einem ungerechten und schmählichen Friedensschluss unterworfen sah, wie auch seine Verachtung der linksrevolutionären, für ihn Recht und Ordnung gefährdenden Kräfte klingen in seiner Beschreibung von Kriegsniederlage und unmittelbarer Nachkriegszeit deutlich an: »Nach vierjährigem erbittertem Kampf gegen die ganze Welt und unermesslichen Opfern an Gut und Blut musste im November 1918 das deutsche Volk die Waffen strecken. Die Folgen waren furchtbar. Von den Feindmächten geknechtet, entrechtet und ausgesogen wie noch nie, lag das deutsche Volk am Boden. Im Inneren lösten sich alle Bande der Ordnung. Der Abschaum des Volkes kam nach oben, allerdings nur für kurze Zeit, wenigstens in Württemberg. In anderen Ländern wie zum Beispiel in Bayern hat er sich länger gehalten und richtete ein fürchterliches Blutbad unter den Intellektuellen an. Nachdem die Ruhe wieder einigermaßen hergestellt war, begann mit der entsetzlichen Inflation der deutsche Ausverkauf.«[145]

Kemmler reagierte auf die Inflation, die er als »beinahe noch schlimmer« als den Weltkrieg empfand, mit Zurückhaltung und Ruhe. Durch eine »vorsichtige Politik in der Handhabung der Geschäfte« gelang es ihm, immerhin durchgängig Gewinne zu erwirtschaften und die Substanz seiner Firma zu erhalten. Zwar nutzte er den Währungsverfall aus, um den größten Teil seiner Hypothekenschulden abzutragen, doch den übrigen Teil seiner Gläubiger, bei denen es sich um seinen Schwiegervater und seine beiden älteren Brüder handelte, wertete er nach eigener Aussage im Zuge der Währungsreform auf.[146] Am Ende der zehn Jahre, die zwischen Weltkriegsbeginn und Inflationsende vergangen waren, hatte Kemmler die Eigenkapitalquote seiner Firma sogar von 59 auf 66 Prozent gesteigert.[147]

Die Firma wächst

Im November 1923 konnte durch die Gründung der Rentenbank die Hyperinflation beendet werden. Die Rentenbank verfügte über eine festgesetzte Geldmenge von 3,2 Milliarden Rentenmark – eine Rentenmark entsprach dabei einer Billion Papiermark. Dadurch konnte die marode Währung stabilisiert werden. Im folgenden Jahr wurde zunächst der Goldstandard wieder eingeführt und am 11. Oktober 1924 die Reichsmark als neue Währung etabliert.[148] Der nach dem amerikanischen Bankier Charles Dawes benannte Plan regelte im April 1924 die Reparationsfrage zumindest vorläufig und stellte die deutsche Zahlungsfähigkeit wieder her. Durch Festlegung einer Zahlungsweise in festen Raten beruhigte sich die internationale Lage, obwohl über die endgültige Höhe und Dauer der Zahlungen vorerst keine Einigung erzielt werden konnte. Damit hatte die Weimarer Republik ihre krisengeschüttelten Anfangsjahre überstanden und trat in eine Phase relativer Stabilisierung ein.

Auch in Tübingen hatte sich Mitte der 1920er Jahre die Situation konsolidiert, Studenten- und Einwohnerzahl stiegen. Wie viele andere Kommunen initiierte die Stadt Tübingen 1928 ein städtisches Wohnungsbauprogramm und baute in den folgenden Jahren Straßennetz und Kanalisation vor allem im Ammertal weiter aus. An der Gemeinnützigen Wohnungsgesellschaft (GWG) in Tübingen war Johannes Kemmler seit 1930 mit einem Anteil von 200 Reichsmark beteiligt, seit 1937 war der Anteil in der Bilanz ausgewiesen.[149] Die Phase der relativen Stabilisierung der Weimarer Republik und die Wiederaufnahme der öffentlichen Bautätigkeit nutzte Kemmler für die Vergrößerung seines Betriebs.[150] Grundlage dieser Expansionsphase war die Steigerung des Firmenumsatzes von 373 000 Reichsmark im Jahr 1923 auf 1 105 000 Reichsmark im Jahr 1928 – beinahe eine Verdreifachung. 1925 kaufte Kemmler von der Stadt Tübingen zusätzliches Betriebsgelände. Im November 1926 beschloss darüber hinaus der Tübinger Gemeinderat auf Antrag Kemmlers, in der Reutlinger Straße das nördlich angrenzende Gelände in der Art zu reservieren, »dass die Firma Pflumm und Kemmler vor einem eventuellen Verkauf des fraglichen Geländes an Dritte rechtzeitig in Kenntnis gesetzt wird zwecks Geltendmachung ihrer definitiven Pläne und Entschließungen«.[151] Schritt für Schritt vergrößerte so Kemmler seine Firma: 1926 ergänzte eine neue Produktionsanlage für Kabelsteine das bisherige Fabrikationsgebäude, zwei Jahre später wurde ein an das Wohnhaus auf dem Firmengelände anschließender Anbau errichtet, der Büroräumlichkeiten, einen Heizraum mit Zentralheizung sowie eine Zimmerveranda mit Balkon enthielt.[152]

Kemmler bediente sich nun neben gelegentlichen Zeitungsannoncen in der *Tübinger Chronik* auch weiterer Werbemittel, um den Bekanntheitsgrad seines Betriebes zu erhöhen. 1926 schaltete er zusätzlich zum Eintrag seiner Firma Pflumm & Kemmler, die seit Mitte der 1920er Jahre als Selbstbezeichnung nicht mehr »Cementwarenfabrik«, sondern »Betonwarenfabrik« verwendete, erstmals auch eine größere Anzeige im Tübinger Adressbuch, in der ausführlich die breite Angebotspalette aufgeführt war. Weitere Anzeigen folgten ab 1928. Auch die abgebildete, als Werbemittel verwendete Postkarte kann man als eine Form von Public Relations verste-

Eine Mitte der 1920er Jahre gezeichnete Postkarte des Firmengeländes mit Wohnhaus und Garten der Familie Kemmler

hen. Wohl in der zweiten Hälfte der 1920er Jahre fertigte der aus München stammende Maler Johannes Dreyschütz (1880–1959), der für die wichtigste Tübinger Postkartenfirma, den Metz-Verlag, arbeitete, eine Zeichnung des Firmengeländes in der Reutlinger Straße an, die zur Vorlage einer Postkartenserie wurde.[153] Bei solchen Postkarten handelte es sich in der Regel um vom Unternehmer finanzierte Auftragsarbeiten. Zwar ist eine finanzielle Beteiligung Kemmlers nicht direkt nachzuweisen, doch die Tatsache, dass diese Postkarte offenbar im offiziellen Schriftverkehr der Firma Verwendung fand, legt den Schluss nahe, dass auch sie von der Firma Pflumm & Kemmler finanziert und zur Steigerung der Bekanntheit über Tübingen hinaus eingesetzt wurde.

Die Motorisierung der Firma

Im Jahr 1925 kaufte Johannes Kemmler für seine Firma in Saarbrücken den ersten gebrauchten Lastwagen, der noch aus Militärbeständen des Ersten Weltkriegs stammte. Kurz darauf folgte der erste Personenwagen, eine Garage hatte man gleich »für die Zukunft gebaut«.[155] Bis zur Übergabe der

Anzeige im Tübinger Adressbuch von 1926[154]

Firma an seinen Sohn Hans im Jahr 1939 erweiterte Johannes Kemmler den Fuhrpark auf vier Lastwagen, drei Anhänger und fünf Personenwagen.

Aus unserer heutigen Sicht – das heißt aus dem Blickwinkel einer durch und durch mobilen und motorisierten Welt – erscheint uns die Anschaffung eines Fuhrparks durch ein Unternehmen als zwar erwähnenswerte, aber keineswegs einschneidende Investitionsentscheidung. Um die Bedeutung der Motorisierung für die Firma Pflumm & Kemmler Mitte der 1920er Jahre in ihrer Tragweite einordnen zu können, müssen wir uns vor Augen führen, welche zentrale Bedeutung der Transportfrage bei der Entstehung und der Entwicklung von Baustoffindustrie und Baustoffhandel zukam. Bis in die zweite Hälfte des 19. Jahrhunderts hinein standen für jegliche Bauvorhaben fast ausschließlich regional vorhandene Baustoffe zur Verfügung: Die häufig sehr schweren Baustoffe mussten mit Handwagen oder Fuhrwerken vom Produzenten zum Verarbeiter gebracht werden, was mit hohem zeitlichen und finanziellen Aufwand verbunden war. Nur bei Großprojekten, bei denen die Kosten eine untergeordnete Rolle spielten, wurden besonders hochwertige Baustoffe wie Marmor auch aus weiter entfernten

Ein Lastwagen voller Betonrohre vor dem Fabrikgebäude

Regionen herbeigeschafft – etwa bei der Ausstattung von Kirchen oder Schlössern. Der Regelfall war der lokale oder allenfalls regionale Bezug von Baumaterial durch den Verarbeiter direkt beim Produzenten. Der Bauherr oder der Baumeister kaufte die benötigten Steine im nächsten Steinbruch, Ziegel in der örtlichen Ziegelei, Kalk und Sand für die Mörtelherstellung bei Kalkbrennerei und Sandgrube. So erklären sich auch die teils bis heute sichtbaren regionalen Unterschiede in der Bauweise von Häusern – man denke an unterschiedliche Materialien der Dachdeckung wie Reet, Schiefer oder Ziegel.[156]

Seit Mitte des 19. Jahrhunderts erlebte die gesamte Bauwirtschaft einen umfassenden Strukturwandel. Im Zuge des wissenschaftlichen und technischen Fortschritts entstanden verbesserte, moderne Baustoffe, die nur industriell hergestellt werden konnten. Da aufgrund des Bevölkerungswachstums und der zunehmenden Urbanisierung die Nachfrage anstieg, sahen sich die Baustoffproduzenten mit einem Zwang zur Spezialisierung und dem Übergang hin zur Massenproduktion konfrontiert. Aus den alten Ziegeleien wurden Dampfziegeleien, die unter Maschineneinsatz aus verschiedenen Materialien Ziegel fertigten. Aus Kalksteinbrüchen entstanden die ersten Standorte der Zementindustrie.

Durch die zunehmende Arbeits- und Funktionsteilung im Rahmen der Industrialisierung der gesamten Bauwirtschaft entwickelte sich auch ein selbstständiger Baustoffhandel, der die klassischen Handelsfunktionen ausfüllte. Der österreichische Wirtschaftswissenschaftler Karl Oberparleiter unterscheidet in seinem erstmals 1930 erschienenen Werk *Funktionen und Risiken des Warenhandels* sechs verschiedene Funktionen des Handels: räumliche Funktion, zeitliche Funktion, Quantitätsfunktion, Qualitätsfunktion, Kreditfunktion und Werbefunktion.[157] Johannes Kemmlers Enkel Peter griff 1960 in seiner Diplomarbeit über die Funktionen des Baustoffhandels auf Oberparleiters Theorie zurück.

Die Transportproblematik blieb im Zuge der Industrialisierung der Bauwirtschaft bestehen, verlagerte sich aber der räumlichen Funktion folgend, in der es laut Oberparleiter um das Auffinden geeigneter Marktpartner und die Übertragung der Ware geht, auf den Baustoffhandel. Zwar verbesserte sich die Infrastruktur durch den Ausbau der Wasserstraßen und vor allem der Eisenbahn, durch die weite Entfernungen leichter überbrückt werden konnten. Das grundsätzliche Problem des Transports der schweren und voluminösen Baustoffe vom Produzenten zum Verbraucher oder Verarbeiter blieb jedoch weitgehend bestehen, da Baustellen nur selten in unmittelbarer Nähe von Wasserstraßen oder eines Bahnhofs lagen. Dass zunächst kaum reine Baustoffhandelsbetriebe existierten, ist ebenfalls ein Beleg für die enorme Bedeutung der Transportfrage. Mehrheitlich handelte es sich um gemischte Handelsbetriebe, die den Baustoffhandel mit anderen Leistungen kombinierten, etwa Baustoffproduktion, Ausführungs- oder Transportleistungen. Die von der Firma Pflumm & Kemmler vollzogene Entwicklung eines Baustoffhandelsunternehmens aus einer Betonwarenproduktion war daher sicherlich keine Ausnahme von der Regel. Eine andere häufig anzutreffende Variante war die Entwicklung des Baustoffhandels aus einem reinen Transportunternehmen heraus.

Für Johannes Kemmler bedeutete die Motorisierung seiner Firma die Möglichkeit, sowohl den Absatzmarkt für die in Tübingen produzierten Betonwaren zu erweitern als auch endlich sein lang gehegtes Ziel zu realisieren, den Baustoffhandel über den lokalen Markt hinaus zu entfalten. Insgesamt trug der Lkw-Transport, der sich seit den 1920er Jahren zunächst hauptsächlich im Nahverkehr durchsetzen konnte, zur Erschließung neuer Absatzräume bei.[158] Daran änderten auch die technischen Kinderkrankheiten der ersten Lastwagen nichts, die äußerst reparaturanfällig waren. Da es

Johannes Kemmlers Sohn Hans im Jahr 1927, der im Gegensatz zu seinem Vater ganz offensichtlich keine Berührungsängste mit Automobilen hatte

sich um teure und wichtige Investitionsgüter handelte, wurden die Lkw bei Pflumm & Kemmler nicht nur durch eine großräumige Garage geschützt, sondern auch in einer eigens auf dem Firmengelände unterhaltenen Werkstatt gewartet und repariert.

Übrigens setzte Johannes Kemmler die Motorisierung seiner Firma zwar mit voller Entschlossenheit um, im Privaten aber stand er mit dem Straßenverkehr eher auf Kriegsfuß. So berichtet eine Anekdote aus dem Jahr 1934, dass Kemmler, der gerade erst im reifen Alter von über 60 Jahren seinen Führerschein gemacht hatte, den Entschluss fasste, seinen aus den USA zurückkehrenden Sohn Oskar abzuholen, der mit der Bahn vom Hamburger Hafen am Hauptbahnhof in Stuttgart ankam. Johannes Kemmler fuhr ein für die damaligen Verhältnisse großes neues Auto, das er jedoch nur mit Mühe beherrschte. Den Verkehr vor dem Hauptbahnhof empfand der von der Autofahrt von Tübingen nach Stuttgart völlig angestrengte Johannes Kemmler als »so chaotisch, dass er nur mühsam das Auto dort parken konnte«. Aus dieser einen Autofahrt zog er für sich die Konsequenz, dass er »einem so chaotischen Verkehrsinstrument nicht gewachsen« sei. Er überließ das Auto seinem Sohn, gab den Führerschein ab und setzte sich nach dieser Fahrt nie wieder selbst hinters Steuer.[159]

4. Weltwirtschaftskrise und Drittes Reich

Nachdem sich die deutsche Volkswirtschaft Mitte der 1920er Jahre zunächst erholt hatte, was sich dank der vermehrten Bautätigkeit auch auf die Baustoffbranche äußerst positiv auswirkte, kam es schon bald zur nächsten Katastrophe: der Weltwirtschaftskrise Anfang der 1930er Jahre, ausgelöst durch einen Börsenkrach in den Vereinigten Staaten. Der sprichwörtlich gewordene »Schwarze Freitag« im Oktober 1929 zog schließlich im Sommer 1931 eine Bankenkrise in Mitteleuropa nach sich und führte aufgrund des Fehlens eines funktionierenden Weltwährungssystems zu einer Aufspaltung der Weltwirtschaft in verschiedene Währungsblöcke und zu einem Erliegen der internationalen Finanzmärkte. Deutschland, dessen wirtschaftliche Stabilisierung seit Mitte der 1920er Jahre auf nun zurückgezogenen Auslandskrediten beruht hatte, wurde besonders heftig von der Krise getroffen. Die Arbeitslosenzahl stieg von 1,3 Millionen im Herbst 1929 auf über sechs Millionen Anfang 1933.

Im März 1930 scheiterte die von Reichskanzler Hermann Müller (SPD) geführte Regierung aus SPD, DDP, Zentrum, DVP und BVP an der Auseinandersetzung um die Erhöhung der Beitragssätze zur Arbeitslosenversicherung. Das Ende dieser Koalition markiert den Zeitpunkt, ab dem eine mehrheitsfähige parlamentarische Regierungsbildung nicht mehr zu realisieren war: aufgrund der wirtschafts- und gesellschaftspolitischen Gegensätze der demokratischen Parteien, aber auch aufgrund der ständig zunehmenden Stimmanteile der radikalen Parteien NSDAP und KPD. In der Folge wurde Deutschland von Präsidialkabinetten regiert, die von Teilen des Parlaments unterstützt, im Wesentlichen aber nur gedeckt von der umfassenden, in der Weimarer Reichsverfassung festgelegten Autorität des Reichspräsidenten handelten. Das erste Präsidialkabinett unter Reichskanzler Heinrich Brüning reagierte auf die Weltwirtschaftskrise mit einer rigorosen Deflationspolitik, die auf Reduzierung der Staatsausgaben und Steuererhöhungen basierte. Nachdem 1932 die Talsohle erreicht war, begann sich die deutsche Wirtschaft langsam zu erholen. Doch wie meisterte das Unternehmen Kemmler die Krise?

Die »Randstein-Affäre«

Auch in der Phase der Rezession nach 1929 und trotz rückläufiger Umsätze konnte sich die Firma Pflumm & Kemmler auf dem immer stärker umkämpften Markt behaupten. In Tübingen bestand als Konkurrenz vor Ort die bereits erwähnte Firma Noa Wendler & Söhne, die Baumaterialien aller Art vertrieb und vor allem ein Fachgeschäft für Platten- und Terrazzoausführungen war. Neben einigen kleineren Baustoffhandlungen wie dem Lager am Westbahnhof von Georg Bantleon stellten auch die beiden großen Tübinger Baufirmen von Friedrich Dannenmann und Gottlieb Steinhilber, geführt von Friedrich und Karl Steinhilber, die neben ihrem Hauptgeschäft auch Baustoffhandel betrieben, starke Wettbewerber dar. Bei der Betonwarenfabrikation erwuchs mit der 1925 als Bauunternehmen gegründeten Firma Gebr. Queck in Lustnau, die seit Anfang der 1930er Jahre auch eine Betonwarenfabrik betrieb, ein neuer Konkurrent vor Ort.[160]

Vor allem bei der Vergabe der öffentlichen Aufträge wurde mit harten Bandagen gekämpft, denn die Stadt Tübingen war mit ihren eigenen Bautrupps für den örtlichen Baustoffhandel ein sehr wichtiger Abnehmer. Diese Konkurrenz der anbietenden Baumaterialienhändler machte sich das Städtische Tiefbauamt zunutze, indem es auf der Einhaltung verschärfter Vertragsbedingungen bei öffentlichen Aufträgen bestand, besonders wenn es sich um Produkte handelte, die auf dem Markt noch nicht etabliert waren.

So beklagte sich Johannes Kemmler in einem Schreiben an das Tiefbauamt vom 20. Dezember 1930 über die bei einer Lieferung von Betonrandsteinen erhobene Forderung der städtischen Behörden, »dass wir jeden Schaden, der innerhalb von 10 Jahren entsteht, beheben müssten«. Unter Verweis auf eine branchenübliche Gewährleistungsfrist von zwei Jahren fügte Kemmler hinzu, »dass wir für mutwillige Beschädigungen selbstverständlich keine Garantie übernehmen können. Wir denken dabei etwa an Studentenstreiche u.s.w., die bekanntlich nachts geschehen und nicht kontrolliert werden können.« Kemmler verteidigt vor allem die Qualität seines Produkts, denn der gelieferte Randstein sei »unter Verwendung von bestem Portlandzement maschinell gestampft und wir sind sicher, dass Sie von anderer Seite keinen besseren Stein bekommen, auch nicht von Ulm«. Zwar gelang es Kemmler, den Gemeinderat auf eine Gewährleistungsfrist von fünf Jahren herunterzuhandeln, die Bedenken hinsichtlich der Qualität seines Produkts Betonrandstein an sich konnte er dennoch auch in den folgenden Monaten nicht zerstreuen.

Aber warum kam es überhaupt zu dieser Auseinandersetzung zwischen der Firma und den städtischen Behörden? Der Hintergrund des Ganzen war, dass Pflumm & Kemmler bei städtischen Ausschreibungen das auf

Das Firmengelände um 1930 mit einem Pferdefuhrwerk und Hans Kemmler auf dem Trittbrett seines Automobils

dem Markt noch relativ neue Produkt Betonrandsteine als Alternative zu den bis dahin hauptsächlich verwendeten Randsteinen aus Granit anbot. Mitglieder des Gemeinderats formulierten bei verschiedenen Ausschreibungen immer wieder Zweifel an der Eignung und Qualität der Betonrandsteine und forderten für diese längere Garantiefristen. Doch Johannes Kemmler beharrte auf der Überflüssigkeit längerer Fristen, »weil es Tatsache ist, dass je älter ein Betonstein ist, desto besser wird er, das beweisen die Randsteine, die an der Blauen Brücke verwendet sind, diese sind von uns vor über 20 Jahren geliefert worden und befinden sich heute mit einer einzigen Ausnahme, wo der Stein durch rohe Gewalt beschädigt wurde, noch in allerbestem Zustand.«

Die Angelegenheit entwickelte sich schließlich zur »Randstein-Affäre«: Das Städtische Tiefbauamt verlangte für die von Pflumm & Kemmler angebotenen Betonrandsteine eine besonders hohe Druckfestigkeit von 600 Kilogramm pro Quadratzentimeter. Nach längerem Schriftwechsel zwischen Bürgermeisteramt, Tiefbauamt und Johannes Kemmler, der als Referenz den Bund der Deutschen Betonwerke Berlin sowie die Bauberatungsstelle des Deutschen Zementbundes Frankfurt am Main eingeschaltet hatte, lenkte die Stadt im Februar 1931 ein und akzeptierte eine Druckfestigkeit von 400 bis 600 Kilogramm pro Quadratzentimeter. Dennoch bestand das Tiefbauamt auf einer Prüfung der gelieferten Betonrandsteine durch die Materialprüfungsanstalt der Technischen Hochschule in Stuttgart, die den gelieferten Randsteinen die geforderte Druckfestigkeit mit einem Prüfungsergebnis von 415 Kilogramm pro Quadratzentimeter bescheinigte.

In den Monaten danach verlagerte sich der Streit auf die Vertragsbedingungen und deren Auswirkungen auf das Tagesgeschäft. So konnte die Anlieferung für Kemmler durchaus einen erheblichen Kostenfaktor bedeuten, da für das von der Stadt geforderte Abladen am Lieferort zusätzliches Personal erforderlich war. Der Kompromiss bestand schließlich darin, dass sich das Tiefbauamt bereit erklärte, unverbindlich Arbeiter zum Abladen abzustellen, falls diese auf der entsprechenden Baustelle verfügbar wären. Garantieren wollte das Amt dies aber keinesfalls.[161]

Verschärfter Konkurrenzkampf

In den folgenden Jahren scheint sich der Wettbewerb auf dem regionalen Markt weiter verschärft zu haben – eine Folge der Weltwirtschaftskrise, von der auch der Baustoffhandel betroffen war. In einem Schreiben an den Gemeinderat äußerte sich Johannes Kemmler am 9. April 1932 sichtlich verärgert über die Auftragsvergabe durch die Stadt Tübingen an die Sindelfinger Firma Chr. Schäfer Betonwerk und Baumaterialien. Dem Sindelfinger Konkurrenten, der »schon viele Jahre Auslandszement (früher französischen und in den letzten Jahren Schweizer Zement)« verwendet und als nicht in Tübingen ansässiges Unternehmen »nichts nach unserer Arbeitslosigkeit fragt«, warf er vor, nur durch die Verwendung billigeren ausländischen Zements einen Kostenvorteil zu haben. Besonders störte er sich aber am Verhalten des Tübinger Gemeinderats, der nur auf den »preislichen Vorteil« schaue und die heimische Wirtschaft nicht ausreichend schütze. In Sindelfingen gebe es, so Kemmler, einen Beschluss des Gemeinderates, »dass weder direkt noch indirekt, also auch nicht durch Händler, Zementröhren nach Sindelfingen von auswärts bezogen werden können«. Derartige Maßnahmen zum Schutz des heimischen Gewerbes seien allgemein üblich, nur in Tübingen nicht. Stattdessen sei der einheimische Fabrikant, wie es schon die »Randstein-Affaire« gezeigt habe, von »allergrößten Schwierigkeiten« betroffen.[162]

Die prompte Reaktion von Kemmlers Wettbewerbern auf diese Anschuldigungen ist ein weiteres Indiz für den verschärften Konkurrenzkampf auf dem regionalen Markt. Schäfer wies in zwei Erklärungen vom 13. und

16. April 1932 die von Kemmler erhobenen Vorwürfe zurück. Auch der örtliche Konkurrent Noa Wendler beklagte sich in einem Schreiben vom 18. April 1932 an Oberbürgermeister Scheef über Kemmlers Behauptungen sowie »allerlei sonstige Gehässigkeiten« und beschwerte sich seinerseits über die »Hintansetzung« seiner Firma bei städtischen Ausschreibungen, da er seit 1927 keinen Zementröhren- und seit 1928 keinen Steinzeugröhrenauftrag von der Stadt Tübingen mehr erhalten habe. Wendler habe »da und dort schon lange den Eindruck, Fa. Pflumm & Kemmler werde zu unserem Nachteil einseitig bevorzugt, uns aber finde man wohl mehr nur zum Steuerzahlen«. Angesichts eines von ihm befürchteten »Tübinger Stadtmonopols« von Pflumm & Kemmler drohte Wendler, ein Nachgeben der städtischen Behörden gegenüber den Forderungen Kemmlers würde ihm mit seiner Firma »einen anderen Weg aufzwingen«.

Am 18. April 1932 befasste sich der Tübinger Gemeinderat mit dem Schreiben Kemmlers sowie den Stellungnahmen seiner Kontrahenten Wendler und Schäfer. Oberbürgermeister Scheef führte aus, dass die städtische Behörde »alle hiesigen Firmen mit gleichem Wohlwollen behandle«. Eine von Kemmler angeregte »Ausschaltung der Konkurrenz« durch vollständige Bevorzugung Tübinger Firmen hielt Scheef »im Interesse der Allgemeinheit nicht für zulässig«. In einem Schreiben an Kemmler teilte Scheef diesem am 22. April 1932 den Beschluss des Gemeinderates mit, »dass die Firma Pflumm & Kemmler bezüglich ihrer selbst fabrizierten Produkte in dem Augenblick zum Zuge kommen soll, in dem sie einen gleich günstigen Preis und gleich günstige Qualität der Ware wie die übrigen Firmen anbietet, sofern es sich nicht um Konkurrenz mit einem hiesigen Lieferant handelt, der ebenfalls selbst fabriziert«.

Johannes Kemmler ging diese Regelung allerdings nicht weit genug, und in einem Schreiben an das Bürgermeisteramt schilderte er wenige Tage später seinen Eindruck, »dass die hiesige Behörde unserer Firma in keiner Weise gewogen ist«, und verlangte eine »gerechte Behandlung« für die Zukunft. Er verwies auf die »freundlichste Aufnahme« seiner Firma im gesamten Absatzgebiet in Württemberg, während er in Tübingen statt auf Anerkennung immer wieder auf große Widerstände stoße. Allzu gravierend scheinen die gegenseitigen Animositäten zwischen den städtischen Behörden und Pflumm & Kemmler allerdings nicht gewesen zu sein, denn man arbeitete nach wie vor häufig zusammen. Pflumm & Kemmler belieferte das Städtische Tiefbauamt weiterhin mit Baustoffen, selbst mit den umstrittenen Betonrandsteinen. Am selben Tag – dem 2. Mai 1932 –, an dem der Gemeinderat ein Ende der »Polemik« mit Johannes Kemmler bezüglich der »Randstein-Affaire« forderte, erhielt die Firma Pflumm & Kemmler den Zuschlag bei einer anderen städtischen Ausschreibung: wieder von Betonrandsteinen.[163]

Generalvertretung für Eternit

Ein entscheidender Faktor für die Ausweitung des Baustoffhandels und ein wahrer Meilenstein für die weitere Entwicklung des Unternehmens in den kommenden Jahrzehnten war Johannes Kemmlers Entscheidung, den Vertrieb von Eternit-Produkten aufzunehmen. 1900 hatte der Österreicher Ludwig Hatschek ein Patent für ein Verfahren zur Herstellung von Baustoffen aus Faserstoffen und hydraulischen Bindemitteln angemeldet und sich zugleich den Markennamen Eternit schützen lassen. Den Begriff leitete er wegen der erstaunlichen Haltbarkeit des Produktes von »aeternitas« ab, dem lateinischen Wort für Ewigkeit. 1904 erwarb die Alfred Carmon AG in Hamburg die Eternit-Lizenz für Deutschland. 1929 wurde die Deutsche Asbestzement AG gegründet und das Eternit-Werk in Berlin-Rudow errichtet.

Seit Beginn der 1930er Jahre vertrieb die Firma Pflumm & Kemmler Eternit-Produkte. Durch zwei vermutlich im Januar 1933[164] geschlossene Verträge hatte sich Johannes Kemmler die Generalvertretung für verschiedene Produkte der Deutschen Asbestzement AG, vor allem Rohre, Tafeln und Platten aus Eternit, für das Vertragsgebiet Württemberg und Hohenzollern gesichert. Auf die vielseitige Verwendbarkeit des modernen Baustoffs verweist ein von Pflumm & Kemmler seinerzeit verwendetes Briefpapier und listet eine ganze Palette von Erzeugnissen auf:

- nahtlose Durasbest-Eternit-Rohre für Druckwasserleitungen, Abwasserleitungen, Feldberegnungen, Gülleleitungen und Kabelführungen
- Durasbest-Eternit-Tafeln für feuersichere Innenausstattungen, Wandvertafelungen, Decken, Türfüllungen, Möbelbelag, Trennwände, Schaltafeln, Garagen und Wochenendhäuser
- Durasbest-Eternit-Wellplatten für Industriebauten, Hallen, Garagen, Bahnhöfe oder landwirtschaftliche Gebäude
- Durasbest-Eternit-Platten in verschiedenen Farben für Dächer oder als Wetterschutz für Giebel und Außenwände.[165]

Der vertraglich garantierte Alleinvertrieb in Württemberg sorgte endgültig für eine landesweite Ausdehnung des Kundenkreises. Die Folge war, dass sich der Bekanntheitsgrad der Firma Pflumm & Kemmler insgesamt erhöhte, was sich letztlich auch positiv auf den Absatz anderer Baustoffe auswirkte.

Auf dem lokalen Markt allerdings traf dieser neue Baustoff zunächst auf Skepsis. Noch am 18. April 1932 beschloss der Tübinger Gemeinderat, dass die Verwendung von Durasbest-Eternit-Röhren für das städtische Wasserversorgungsnetz vorerst nicht in Betracht komme, »da diese Röhren noch nicht genügend erprobt sind«. Im Vorfeld hatte Pflumm & Kemmler bei städtischen Ausschreibungen offenbar wiederholt Eternit-Druckröhren angeboten, aber niemals den Zuschlag erhalten. Auch ein direktes Schreiben der Deutschen Asbestzement AG vom 1. April 1932 an die Stadt Tübingen, in dem die Firma unter Hinweis auf Zeugnisse einer Berliner Materialprüfungsanstalt auf der Tauglichkeit der Eternit-Rohre als Wasserleitungen beharrt und die Hoffnung auf baldige Aufträge geäußert hatte, konnte die Behörden letztlich nicht überzeugen. Auch ein durch das Tübinger Bürgermeisteramt von der Stadt Kempten angeforderter positiver Erfahrungsbericht über die Verwendung von Eternit-Rohren vom 9. April 1932 blieb zunächst wirkungslos.[166]

Trotz dieser Startschwierigkeiten hielt Johannes Kemmler unbeirrt an dem neuen Baustoff fest: »Dass die Ware gut ist, wird die Zukunft erweisen«, betonte er in einem Schreiben an das Oberbürgermeisteramt vom 27. April 1932. Vor allem Kemmlers Sohn Hans, der nach seiner Promotion 1933 in der Firma mitarbeitete, kümmerte sich intensiv um Eternit, das als moderner, flexibler und vielseitig verwendbarer Baustoff auch in der Tat schnell eine große Nachfrage auslöste und die weitere Entwicklung der gesamten Firma in den kommenden Jahrzehnten maßgeblich beeinflusste. Mit Eternit war es zum ersten Mal möglich, große, ebene wasserfeste Tafeln herzustellen. Auf eine Anregung der Eternit AG hin begann Hans Kemmler, von der Tübinger Schlosserei Zwanger als Subunternehmer Sanitärtrennwände aus ebenen, 10 Millimeter starken Eternit-Tafeln fertigen zu lassen und diese unter dem Namen »Kemmlith« zu vertreiben. Die Bezeichnung »Kemmlith« bildete Hans Kemmler aus dem Familiennamen und dem griechischen Wort für Stein »lithos«. Mit Kriegsbeginn kam diese Produktion zum Erliegen, doch nach der Währungsreform 1948 nahm die nun von Hans Kemmler geleitete Firma in Eigenregie diese Produktion von Sanitärtrennwänden wieder auf. Damit war gleichzeitig der Grundstein für die heutige Kemmlit GmbH gelegt. Auf das »h« im Namen wurde später verzichtet, als Peter Kemmler Kemmlit als Markenzeichen eintragen ließ.

Das Dritte Reich beginnt

Mit der Ernennung Adolf Hitlers zum Reichskanzler am 30. Januar 1933 endete die Phase der Präsidialkabinette. Binnen kurzer Zeit wurden Staat und Gesellschaft auf der Basis des sogenannten »Ermächtigungsgesetzes« vom 24. März 1933 »gleichgeschaltet« und in den Ländern Reichsstatthalter sowie nationalsozialistische Landesregierungen eingesetzt, ohne dass Wahlen stattgefunden hätten. Am 2. Mai 1933 wurden die Gewerkschaften aufgelöst, am 10. Mai folgte die Bildung der Deutschen Arbeitsfront als Zwangsvereinigung von Arbeitern, Angestellten und Unternehmern mit etwa 20 Millionen Mitgliedern im Jahr 1936. Das »Gesetz gegen die Neubildung von Parteien« vom 14. Juli 1933 schrieb die Alleinherrschaft der NSDAP im Deutschen Reich fest, nachdem die übrigen Parteien verboten oder zur Selbstauflösung gezwungen worden waren.

Auch in Tübingen hatte die NSDAP bei den Reichstagswahlen im September 1930 bereits 14 Prozent der Stimmen erhalten, und nach den Kommunalwahlen 1931 wies der Gemeinderat vier nationalsozialistische Mitglieder auf. Die »Machtergreifung« in Tübingen verlief ohne nennenswerten Widerstand. Die Universität hatte in den Jahren zuvor bereits als Einfallstor des Nationalsozialismus fungiert und begrüßte nun die »nationale Erhebung«. Nur drei von 169 Hochschullehrern fielen rassistischen Säuberungsmaßnahmen aufgrund des »Gesetzes zur Wiederherstellung des Berufsbeamtentums« zum Opfer. Die Stadtverwaltung inklusive des Oberbürgermeisters Adolf Scheef arrangierte sich mit dem neuen System und blieb nahezu unverändert im Amt. Der Gemeinderat wurde nach Proporz des Reichstags gleichgeschaltet.

Das auf Arbeitsbeschaffungsmaßnahmen, Abschaffung von Arbeitnehmerrechten und Zwangsarbeitsdienst basierende vermeintliche »NS-Wirtschaftswunder« fand auch in Tübingen statt und wurde vom Regime beispielsweise beim Bau der Lustnauer Umgehungsstraße öffentlichkeitswirksam in Szene gesetzt. Nationalsozialistische Bauprojekte veränderten das Stadtbild. Dazu gehörten Wohnsiedlungen wie die »Dietrich-Eckart-Siedlung« im 1934 eingemeindeten Derendingen oder die »Aichhalden-Siedlung« in Lustnau, ferner diverse Schulen wie die NSKK-Motorsportschule am Galgenberg, die Jugendherberge und das HJ-Heim in der Gartenstraße sowie die Reichssanitätsschule am Österberg. Auch die nationalsozialistische Aufrüstungspolitik hinterließ ihre Spuren in der Universitätsstadt. 1935 wurde die »Hindenburg-Kaserne« am Burgholz und 1938 das Lazarett auf dem Sand errichtet.[167]

Von der überall stark wachsenden Bautätigkeit profitierte auch Johannes Kemmler. Der Jahresumsatz seiner Firma hatte in der Weltwirtschaftskrise 1932 mit 456 000 Reichsmark ihren Tiefpunkt seit Einführung der Reichsmark 1924 erreicht, konnte dann aber dank vieler Aufträge kontinuierlich gesteigert werden: bis 1938 auf 1 381 000 Reichsmark. Über den Nationalsozialismus äußert sich Johannes Kemmler in seinem an den Sohn und Nachfolger adressierten Manuskript kaum. Er weist lediglich auf die hohe Zahl an Arbeitslosen hin und hebt die Belebung der Wirtschaft hervor: »In starkem Maße wurde die Wirtschaft belebt durch die Machtergreifung von Adolf Hitler. Mit einem Schlag wurde die Arbeitslosigkeit beseitigt, indem überall in großem Stil Bauten in Angriff genommen wurden. Dass unser Betrieb dadurch in erster Linie profitierte, ist selbstverständlich. Nacheinander wurden Lastwagen mit Anhängern angeschafft, Hallen gebaut, verschiedene Rohrmaschinen teils gekauft, teils selbst gebaut.«[168]

Johannes Kemmlers Verhältnis zum Nationalsozialismus lässt sich letzten Endes nicht genau bestimmen. Politisch betätigt hatte er sich bis dato nicht, auch nicht lokalpolitisch wie andere Tübinger Unternehmer. Sein direkter Konkurrent Noa Wendler zum Beispiel hatte sich nach seiner Betriebsverlagerung von Gomaringen nach Tübingen erfolgreich zur Wahl für den Gemeinderat aufstellen lassen. Das an seinen Sohn Hans gerichtete Manuskript ist Kemmlers einzige schriftliche Hinterlassenschaft. Dieser Text zeigt uns – vor allem, wenn man zwischen den Zeilen liest – das Bild eines autoritären Unternehmers, eines Patriarchen, der an »Recht und Ordnung« glaubte und daher radikalen Ideologien – vor allem dem Kommunismus, aber auch dem Nationalsozialismus – eher ablehnend gegenüberstand. Dass er im eben angeführten Zitat auf die Belebung der Wirtschaft durch den Nationalsozialismus hinweist, entsprach im Glauben an das vermeintliche nationalsozialistische Wirtschaftswunder ganz dem Zeitgeist der 1930er Jahre.

Kemmler investierte nach der Weltwirtschaftskrise in seinen Fuhrpark, die maschinelle Ausstattung und die Produktionsgebäude. Vor allem leitete er 1936 mit der Eröffnung eines Verkaufsbüros in Stuttgart auch eine räumliche Expansion der Firma ein. Aufgebaut wurde dieses erste Verkaufsbüro außerhalb Tübingens durch Karl Fritz, der seit 1925 als Prokurist für die Firma arbeitete. Es mag überraschen, dass Fritz vor seiner Tätigkeit für Pflumm & Kemmler nicht in der Baustoff- oder Zementbranche beschäftigt gewesen war, sondern bei verschiedenen Banken. Doch gerade diese eigentlich branchenfremde Berufserfahrung war für Johannes Kemmler vermutlich das entscheidende Motiv, Fritz mit dem Aufbau eines Verkaufsbüros in Stuttgart zu beauftragen, ging es doch im Wesentlichen darum, »bessere Fühlung mit den Behörden, Bauämtern und maßgebenden Architekten zu haben«.[169] Für die Kontaktpflege in der gehobenen Gesellschaft der Landeshauptstadt war ein langjähriger Bankangestellter wie Karl Fritz sicherlich besser geeignet als ein Mann aus der Zement- und Baustoffbranche. Entsprechend war auch der Ort des Verkaufsbüros gewählt: Die Firma mietete einen Raum in der Privatwohnung von Fritz in zentraler Lage in der Panoramastraße 1A, von der aus dieser hauptsächlich eine Fliesenleger-Abteilung sowie die Generalvertretung für Eternit im Stuttgarter Raum betrieb. Ein Warenlager oder gar eine Fabrikationsstätte existierte vor dem Zweiten Weltkrieg in Stuttgart nicht. Dennoch stellte der Schritt nach Stuttgart eine entscheidende Weichenstellung in der Geschichte des Unternehmens dar: Nun kam auch räumlich zum Ausdruck, dass die Firma längst über den lokalen Absatzmarkt in Tübingen hinausgewachsen war.[170]

5. Entscheidung über die Nachfolge

Durch seine gezielte Investitions- und Expansionspolitik und nicht zuletzt seine vorsichtige Unternehmensführung in den Krisenphasen nach dem Ersten Weltkrieg sowie Anfang der 1930er Jahre hatte sich Johannes Kemmler mit seiner Firma eine gute und sichere Marktposition erarbeitet.

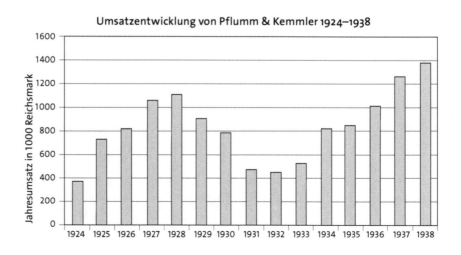

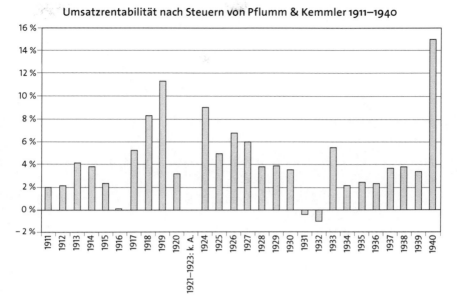

Umsatzrentabilität nach Steuern von Pflumm & Kemmler 1911–1940

Betrachtet man die Umsatzrentabilität von Pflumm & Kemmler nach Steuern, also den Quotienten aus Jahresüberschuss und Jahresumsatz, so erkennt man in den Jahren bis 1939 einen schwankenden Verlauf. Die gesamtwirtschaftlich krisenhaften Situationen – Erster Weltkrieg, Hyperinflation der Jahre 1921 bis 1923, Weltwirtschaftskrise Anfang der 1930er Jahre – äußerten sich auch bei Pflumm & Kemmler in fallenden Renditen. Jedoch nimmt die Umsatzrentabilität nur 1931 und 1932 einen negativen Wert an. Der Knick nach unten während des Ersten Weltkriegs weist auf den Rückgang der privaten Bautätigkeit ab 1915 hin. Dass die Kurve schon 1917 wieder steigt, gibt Hinweis darauf, dass es Johannes Kemmler offenbar gelang, seine Umsatzeinbußen durch vermehrte Lieferung von Zementröhren an das Militär zu kompensieren und so seine Firma handlungsfähig zu erhalten.

Die bis Kriegsbeginn 1914 steigenden Umsatzzahlen und Renditen nutzte Johannes Kemmler nach Übernahme der Firma vor allem dazu, gleichzeitig seine Schulden zu verringern und seinen Eigenkapitalanteil innerhalb weniger Jahre deutlich von 41 Prozent im Jahr 1911 auf über 60 Prozent ab 1915 zu erhöhen. Nach einem kurzfristigen, von der Inflation ausgelösten Rückgang nach Kriegsende stabilisierte sich die Eigenkapitalquote zunächst, erreichte 1926 mit 81 Prozent einen Höchstwert und pendelte sich in der zweiten Hälfte der 1920er Jahre auf einem Wert über 70 Prozent ein. Auch die sinkenden Umsätze während der Weltwirtschaftskrise scheinen auf die

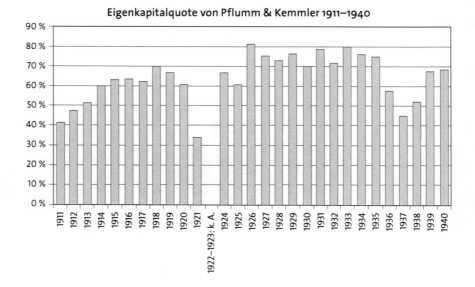

Kapitalstruktur keine größeren Auswirkungen gehabt zu haben. Kemmlers »vorsichtige Politik in der Handhabung der Geschäfte« bewährte sich offenbar auch in dieser Krisensituation. Erst 1936 fiel der Wert der Eigenkapitalquote erstmals wieder kurzfristig unter 60 Prozent, doch schon bei der Übergabe der Firma von Johannes Kemmler auf seinen Sohn Hans im Jahr 1939 betrug sie wieder 67 Prozent.

Stabwechsel

Ende der 1930er Jahre konnte Johannes Kemmler auf einen steilen wirtschaftlichen und sozialen Aufstieg zurückblicken. Aus einfachsten bäuerlichen Verhältnissen stammend hatte er das Gymnasium besuchen können. Seine Lehre und die anschließenden Auslandsaufenthalte in der Schweiz und in Italien hatten seinen Horizont enorm erweitert. Nach der Rückkehr in seine Heimatregion, seiner Heirat und dem Eintritt in die Firma des Schwiegervaters bewirkte er gegen alle familiären Widerstände eine Verlegung des im Aufbau befindlichen Unternehmens weg vom Gründungsort Pulvermühle an den Standort Tübingen, der in jeder Hinsicht bessere Entwicklungsmöglichkeiten bot.

Nachdem er im Alter von 39 Jahren die Firma übernommen hatte, baute Kemmler nicht nur die Betonwarenproduktion aus, sondern verlieh dem

Unternehmen mit dem Baustoffgroßhandel und Ausführungsdienstleistungen ein breiteres Leistungsprogramm. Mit der Eternit-Generalvertretung sowie dem ersten Verkaufsbüro in Stuttgart konnten Kundenkreis und Absatzmarkt erweitert werden. Daneben hatte er auch privat Vermögen aufgebaut. Neben seinem 1936 errichteten Wohnhaus im Rotbad in Tübingen gehörten ihm zwei Mietshäuser: eins in der Moltkestraße in der Tübinger Südstadt und ein weiteres in Stuttgart am Kräherwald.[171]

Am 28. August 1931 hatte Johannes Kemmler seinen 60. Geburtstag gefeiert. Schon in den Jahren zuvor wird er vermutlich erste Überlegungen über die Weitergabe des Unternehmens an die nächste Generation angestellt haben. Anfang der 1920er Jahre hatte die Familie einen schweren Schicksalsschlag erlitten. An ihrem 18. Geburtstag verstarb die begabte, kurz vor dem Abitur stehende Tochter Maria an Leukämie. Vor allem Margarethe Kemmler verkraftete den Verlust ihrer Tochter nur sehr schwer und widmete sich in den kommenden Jahren noch intensiver ihrem pietistischen Glauben. Für die drei und sechs Jahre jüngeren Brüder Oskar und Hans bedeuteten Krankheit und Tod ihrer Schwester einen tiefen Einschnitt in ihre Jugend, die von diesem Moment an von Ernsthaftigkeit und Trauer geprägt war. »Traurig und durch Gebet, Kirchgang und pietistische Stunde geprägt« sei die damalige Stimmung in der Familie in den Jahren nach Marias Tod gewesen, erinnert sich Peter Kemmler an Erzählungen seines Vaters Hans.[172]

Hans und Oskar, die beiden Brüder, schlugen unterschiedliche Lebenswege ein. Oskar besuchte von 1913 bis 1923 die Oberrealschule in Tübingen. Nach dem Schulabschluss legte er 1924 die Mechanische Gesellenprüfung in Reutlingen ab und ging anschließend auf die Höhere Handelsschule in Calw, die er 1926 abschloss. Wie Oskar Kemmler in den folgenden Jahren sein Leben verbrachte, ist nicht genau zu ermitteln. Fest steht, dass er offenbar nicht den Erwartungen seines Vaters an einen künftigen Unternehmer entsprach. Johannes Kemmler schickte deswegen den »problematischen jungen Mann und Tunichtgut« per Schiff in die Vereinigten Staaten.[173] Dort arbeitete Oskar von 1931 bis 1932 zunächst als Werkzeugmacher in Schenectady, New York, beim Elektrokonzern General Electric[174]. Im folgenden Jahr wechselte er als Werkzeugmacher und Formenbauer zum Karosseriehersteller Fisher Body[175] in Detroit, Michigan. Seit 1933 war er ebenfalls in Detroit als Vorarbeiter im Werkzeug- und Formenbau bei Gemmer Manufacturing[176] tätig. Daneben absolvierte er an der International Correspondence School im Fernstudium eine Ingenieurausbildung und arbeitete nach seinem Abschluss 1934 noch ein Jahr im Mechanical Engineering bei Gemmer. Nach seiner Rückkehr im

Margarethe Kemmler mit ihren Kindern Maria, Oskar und Hans im Garten vor dem Wohnhaus in der Reutlinger Straße

selben Jahr stellte ihn sein Vater Johannes als technischen Angestellten bei der Firma Pflumm & Kemmler in Tübingen ein.

Sein jüngerer Bruder ging einen anderen Weg. Hans Kemmler besuchte seit 1919 wie sein Vater das Uhlandgymnasium in Tübingen, das er 1928 mit dem Abitur beendete. Im Sommersemester 1929 studierte er an der Universität Tübingen zunächst Rechtswissenschaften, wechselte aber schon im Herbst des Jahres Studienfach und Studienort. In Frankfurt am Main schrieb er sich als Student der Wirtschafts- und Sozialwissenschaften ein und besuchte dort Vorlesungen und Übungen verschiedener Fachbereiche. Sein Schwerpunkt aber lag in der Betriebswirtschaftslehre, wo er bei den Pionieren dieser noch jungen Disziplin wie Fritz Schmidt und Josef Hellauer studierte.[177]

Nach seinem Abschluss als Diplomkaufmann in Frankfurt kehrte Hans Kemmler zwei Jahre später im Herbst 1931 an die Universität nach Tübingen zurück und schrieb sich dort als Student der Wirtschaftswissenschaften ein. Im Wintersemester 1931/32 sowie im Sommersemester 1932 belegte er diverse Seminare zu volks-, privat- und weltwirtschaftlichen Themen sowie zur Industriepolitik bei dem Rechts- und Staatswissenschaftler Oswald Lehnich.[178] Aus diesem Seminar heraus schloss er mit seiner Doktorarbeit zum Thema »Struktur und Organisation der deutschen Zement-Industrie.

Die Hochzeit von Ilse und Hans Kemmler in Dußlingen im Jahr 1934

Möglichkeiten einer positiven Kartellpolitik« und der am 12. November 1932 bestandenen mündlichen Prüfung sein Studium in Tübingen mit dem Grad eines Doktors der Staatswissenschaften ab.[179] Hans Kemmlers Themenwahl für seine Dissertation war naheliegend, war sein Doktorvater Lehnich doch ausgewiesener Kartellexperte, und die Entscheidung für die Zementbranche als Gegenstand einer kartellpolitischen Untersuchung lag angesichts des väterlichen Betriebes sicherlich nahe.

Am 5. Mai 1934 heiratete Hans Kemmler in Dußlingen Ilse Hörger, die Tochter des örtlichen Bürgermeisters. Hans und Ilse Kemmler bekamen gemeinsam vier Kinder: Klaus, Peter, Wolfgang und Eva.

Seit 1934 arbeiteten beide Kemmler-Brüder in der Firma ihres Vaters, Oskar als technischer, Hans als kaufmännischer Angestellter. Zu welchem Zeitpunkt sich Johannes Kemmler für seinen jüngeren Sohn Hans als seinen Nachfolger entschied, kann nur vage bestimmt werden. Ebenso wenig wissen wir, ob es ihm schwerfiel, als künftigen alleinigen Inhaber Hans auszuwählen, statt die Firma um des Familienfriedens willen anteilig an beide Söhne weiterzugeben. In zwei am 21. Juni 1939 geschlossenen Verträgen verkaufte Johannes Kemmler im Alter von 68 Jahren zum 1. Juli 1939 das Geschäftsvermögen – vertraglich festgelegt als das Umlaufvermögen sowie die Fahrzeuge und Mobilien – der Firma Pflumm & Kemm-

Johannes Kemmler (1871–1955)

ler an seinen Sohn Hans zu einem Gesamtpreis von 185 000 Reichsmark. Gleichzeitig verpachtete er Gebäude, Grundstücke, Maschinen und Werkzeuge zu einem Preis von 300 Reichsmark monatlich und 15 Prozent Gewinnanteil, höchstens jedoch 20 000 Reichsmark jährlich. Für die verpachteten Grundstücke, Gebäude, Maschinen und Werkzeuge wurde zudem ein Angebot des Vaters zu einem festgelegten Kaufpreis schriftlich fixiert, welches bis drei Monate nach seinem Ableben und im Falle der längeren Lebenszeit seiner Frau Margarethe bis sechs Monate nach deren Tod gültig sein sollte.[180] Der zweite Generationswechsel war damit vollzogen. Angesichts der Nachfolgeentscheidung Johannes Kemmlers sah Oskar offensichtlich keinen Platz mehr für sich in der Firma. Seit 1938 war er in Stuttgart gemeldet und arbeitete dort als selbstständiger Ingenieur. Bereits 1939 wurde er zum Militärdienst einberufen.

Nachdem Johannes Kemmler die Leitung des Unternehmens an seinen Sohn übergeben hatte, zog er sich – auch aufgrund gesundheitlicher Probleme infolge eines Hüftleidens – vollständig aus dem Unternehmen zurück. Bereits 1936 hatte Johannes Kemmler für sich und seine Frau in Tübingen im Rotbad ein Wohnhaus als Altersruhesitz gebaut. Das Wohnhaus in der Reutlinger Straße wurde fortan nicht mehr von der Familie genutzt und diente als Unterkunft für den Lagerverwalter sowie als Bürogebäude, denn auch Nachfolger Hans wohnte mit seiner Familie nicht auf dem Firmengelände, sondern in der Waldhäuser Straße in Tübingen.

Johannes Kemmler hatte die Firma mit eiserner Disziplin und Autorität aufgebaut und keinen Wert auf ein gesellschaftliches Leben in Tübingen gelegt. Wirklichen Zugang zur akademischen Gesellschaft der Universitätsstadt hatte er nicht gefunden. Daher erstaunt es nicht, dass er sich nach Übergabe der Firma im wahrsten Sinne des Wortes zurückzog, auch vor der häufig zu Besuch weilenden Verwandtschaft seiner Frau, deren tiefe pietistische Religiosität Johannes Kemmler kaum teilte. Dennoch war er, wie Peter Kemmler berichtet, »im Alter sehr interessiert an Philosophie und Religion. Er hatte eine sehr fromme Frau und die hat ihm häufig junge Theologiestudenten ins Haus gebracht. Sein großes Vergnügen war, sich mit solchen jungen Theologiestudenten kritisch auseinanderzusetzen.«[181]

Sein Enkel Peter Kemmler erinnert sich an den Großvater Johannes als einen die meiste Zeit hinter seinem Schreibtisch im Arbeitszimmer sitzenden älteren Mann. Dort verfasste er wahrscheinlich auch das für seinen Sohn Hans bestimmte Manuskript über die Firmengründung, welches auf den 1. Mai 1941 datiert ist. Vor allem las er ausgiebig. Sein Lebensweg hatte ihn aus einem ländlichen Wankheimer Haushalt, in dem es in seiner Kindheit nur ein einziges Buch, nämlich die Bibel, gegeben hatte, in ein komfortables Wohnhaus in Tübingen geführt, umgeben von bildungsbürgerlicher Literatur. Besonders wichtig war ihm eine große ledergebundene Ausgabe von *Meyers Konversationslexikon*, die ihm neben den zahlreich bezogenen lokalen, regionalen und überregionalen Zeitungen nicht nur als wichtigste Informationsquelle diente, sondern die auch ein Statussymbol seiner Zugehörigkeit zur bildungsbürgerlichen Gesellschaft war.[182]

IV. Zweiter Weltkrieg und Wiederaufbau

Hans Kemmler 1939–1956 *(Dritte Generation)*

1. Kriegswirtschaft und Zwangsarbeit

Obwohl das NSDAP-Programm vor 1933 starke industrie- und kapitalfeindliche Schlagworte enthalten hatte, betrieb die Partei nach der Ernennung Adolf Hitlers zum Reichskanzler am 30. Januar 1933 eine Wirtschaftspolitik, die man als gelenkte Marktwirtschaft mit planwirtschaftlichen Elementen bezeichnen kann. Die noch 1933 spürbaren Nachwirkungen der Weltwirtschaftskrise wurden durch das vermeintliche »NS-Wirtschaftswunder« beseitigt, indem die nationalsozialistische Diktatur den Wirtschaftsaufschwung durch konventionelle, teils schon vor 1933 in Gang gesetzte Mittel anschob. Dabei handelte es sich etwa um Arbeitsbeschaffungsmaßnahmen wie den Autobahnbau oder um symbolische Maßnahmen wie Ehestandsdarlehen, die das Regime in zuvor kaum gekannter Weise propagandistisch zu vermarkten verstand. Zusätzlich griff man zu einer bewussten Verfälschung der Arbeitslosenzahlen. Die Lebensqualität der Bevölkerung verbesserte sich indes kaum, da der Konsumgütersektor zugunsten der Ausweitung der Rüstungsindustrie und der wachsenden Autarkiebestrebungen in Wirtschaftsplanung und -politik vernachlässigt wurde. Das System finanzierte seine Aufrüstung durch stille Kapitalbeschaffung auf dem Kapitalmarkt, und die steigende Inflation wurde durch das Einfrieren der Preise und die Entmachtung der Reichsbank 1936 gezielt verschleiert. Der Vierjahresplan sollte im selben Jahr die Wirtschaft durch Aufbau eines unabhängigen Lenkungsapparates aus Sonderämtern und Generalbevollmächtigten total erfassen und auf die Kriegswirtschaft vorbereiten.[183]

Die Neuorganisation der deutschen Wirtschaft

Die nationalsozialistische Diktatur übertrug das Führerprinzip auf die Binnenwirtschaft, die durch Kontrolle von Verbrauch, Investitionen und Arbeitsmarkt gelenkt wurde. Die noch in der Weimarer Republik so konfliktbehafteten Beziehungen zwischen Arbeitgebern und Arbeitnehmern versuchte das Regime durch die Zusammenfassung aller Erwerbstätigen in der Deutschen Arbeitsfront (DAF) zu entschärfen. Die DAF ersetzte die aufgelösten Gewerkschaften und Verbände: Das Unternehmen wurde im NS-Jargon zur Betriebsgemeinschaft, der Unternehmer zum Betriebsführer, Arbeiter und Angestellte zur Gefolgschaft, zu »Faust und Stirn«.[184]

Auch die Baubranche wurde der Diktatur des Regimes unterworfen. Das »Gesetz über einstweilige Maßnahmen zur Ordnung des deutschen Siedlungswesens« vom 3. Juli 1934 unterwarf die gesamte Bauwirtschaft einer staatlichen Kontrolle.[185] Im Zuge der Durchführung des Vierjahresplans konnten auf der Grundlage der »Verordnung über baupolizeiliche Maßnahmen zur Einsparung von Baustoffen« vom 30. Juni 1937 sämtliche Genehmigungen untersagt oder an Auflagen gebunden werden. Als Begründung dienten die Rohstofflage beziehungsweise – nach einer zwei Jahre später vorgenommenen Ergänzung der Verordnung – die Arbeitseinsatzlage.[186] Im November 1938 waren mit der »Verordnung über die baupolizeiliche Behandlung von öffentlichen Bauten« sämtliche Bauvorhaben des Reiches, der Länder, des Unternehmens »Reichsautobahnen« sowie der NSDAP und ihrer angeschlossenen Verbände vom baupolizeilichen Genehmigungsverfahren freigestellt und damit allen privaten Bauvorhaben übergeordnet worden.[187]

Mit der Ernennung Fritz Todts zum Generalbevollmächtigten für die Regelung der Bauwirtschaft am 9. Dezember 1938 wurde die Kontingentierung sämtlicher Baustoffe eingeführt. Todt konnte fortan über die Lenkung und Verteilung der Bautätigkeit allein entscheiden. Mit Ausbruch des Zweiten Weltkrieges wurde die Reglementierung der Bauwirtschaft noch weiter verstärkt. Die militärischen Ressortchefs konnten Bauvorhaben als kriegswichtig deklarieren, womit diese mit höchster Prioritätsstufe ausgeführt wurden. Die übrigen zivilen Bauvorhaben wurden vom Generalbevollmächtigten Bau in Dringlichkeitsstufen eingeteilt und in der festgelegten Reihenfolge bearbeitet. Noch viel stärker als während des Ersten Weltkriegs kam nach 1939 sämtliche private Bautätigkeit zum Erliegen.[188]

Hans Kemmler (1909–1973)

Das Gesetz über die Neuordnung der gewerblichen Wirtschaft vom 27. Februar 1934 gliederte die Wirtschaft nach Reichsgruppen, Wirtschaftsgruppen und Fachgruppen, um sie ganz im Sinne des Regimes zu erfassen und das Reich auch wirtschaftlich auf den Krieg vorzubereiten. Auch vor der Baustoffbranche machte diese Entwicklung nicht halt. Bereits im Vorjahr hatte der Reichsverband Deutscher Baustoffhändler eine Generalversammlung nach München einberufen, um den Baustoffhandel auf die von den Nationalsozialisten verfügte organische Gestaltung der Wirtschaft vorzubereiten und die dafür notwendigen personellen Besetzungen zu treffen. Dem neu gewählten Vorstand des Reichsverbandes unter Vorsitz des Berliner Baustoffhändlers Max Krüger gehörte auch Hans Kemmler an.

In den Jahren nach 1934 vollzog sich eine grundlegende Neuordnung des Branchenverbands nach staatlichen Vorgaben. Bis 1933 war die Organisation, die 1903 als Verband der Vereinigten Baumaterialienhändler gegründet worden war und seit 1929 Reichsverband Deutscher Baustoffhändler hieß, im Wesentlichen nach regionalen Gesichtspunkten in Landesverbände gegliedert gewesen. Für Baustoffe, bei denen eine Auseinandersetzung mit Industriekartellen notwendig war, hatten sich selbstständige Organisationen gebildet, etwa der Deutsche Zementhändlerbund oder die Steinzeugrohrhändler-Vereinigung. 1934 wurde der Reichsverband Deutscher Baustoffhändler in die Fachgruppe Baustoffe der Wirtschaftsgruppe Groß-, Ein- und Ausfuhrhandel überführt, der die Einzelmitglieder auf berufsständischer Grundlage angehörten. Die Bezirksverbände des Baustoffhandels, die bisher den Reichsverband gebildet hatten, gehörten nun gemeinsam mit dem Deutschen Zementhändlerbund und der Kartellvereinigung Steinzeugrohr dem Reichskartellverband Deutscher Baustoffhändler an, der in Personalunion vom Vorsitzenden der Fachgruppe Baustoffe Max Krüger geleitet wurde und nach deren Richtlinien arbeitete.[189] Seit 1936 fungierte Hans Kemmler in der Fachgruppe Baustoffe als Obmann für Württemberg und war als solcher zuständig für die fachliche Betreuung der Mitgliedsfirmen.[190]

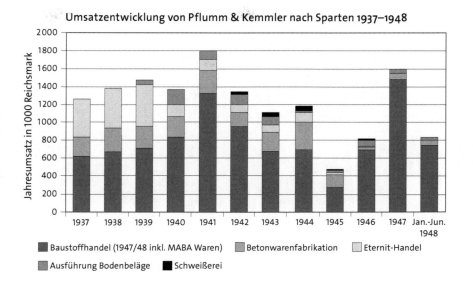

Die Firma unter den Bedingungen der Kriegswirtschaft

Der Ausbruch des Zweiten Weltkriegs im September 1939 brachte zunächst kaum Veränderungen in der nationalsozialistisch gelenkten Wirtschaft. Die Blitzkriegstrategie der ersten beiden Kriegsjahre zielte auf kurze militärische Operationen zur Unterwerfung der angegriffenen Staaten ab und machte aus Sicht des Regimes daher eine Umstellung der Wirtschaft noch nicht notwendig. Diese Phase der »friedensähnlichen Kriegswirtschaft« dauerte bis 1941 an. Anders als im Ersten Weltkrieg musste die Firma Pflumm & Kemmler nach Kriegsbeginn zunächst keine Umsatzeinbußen verzeichnen, sondern konnte den Umsatz sogar weiter steigern. Die leichte Verringerung im Jahr 1940 gegenüber dem Vorjahr ergibt sich sicherlich aus den Schwierigkeiten, mit denen die Firma zum Beispiel aufgrund konfiszierter Lastwagen, zum Kriegsdienst einberufener Arbeitskräfte sowie eines leichten Rückgangs der privaten und öffentlichen Bautätigkeit zu kämpfen hatte. Schon im Jahr darauf erzielte die Firma den höchsten Umsatz seit ihrem Bestehen überhaupt.

Nach 1941 änderte sich mit Fortschreiten des Krieges auch die wirtschaftliche Situation im Reich; die Phase der totalen Kriegswirtschaft begann. Bei Pflumm & Kemmler brachte sie einen deutlichen Umsatzrückgang mit sich, der immerhin einigermaßen durch eine Differenzierung und Anpassung des Leistungsprogramms aufgefangen werden konnte. Doch Hans Kemm-

Hans Kemmler in Uniform mit seiner Frau Ilse

lers Einberufung 1941 zum Dienst in der Kraftfahr-Ersatz-Abteilung 25 der Wehrmacht in Mülheim in Baden machte diesen Prozess sicher nicht leichter. Erst zwei Jahre später konnte er seine Freistellung erreichen.

Die Geschäftsentwicklung von Pflumm & Kemmler während des Zweiten Weltkriegs lässt sich dank der nach Sparten gegliederten Umsatzstatistik, die 1937 eingeführt worden war, gut nachvollziehen. Ein Blick in das Schaubild zeigt, dass vor allem der Umsatz von Eternit im Laufe des Krieges deutlich zurückging, während der allgemeine Baustoffhandel seinen Umsatzanteil zunächst deutlich erhöhen konnte und 1941 seinen absoluten Höchstwert erreichte, dann aber bis Kriegsende wieder deutlich abfiel. Der Anteil der Fabrikation am Gesamtumsatz erreichte mit knapp 150 000 Reichsmark im Jahr 1942 seinen Tiefstand, erholte sich danach aber wieder und lag schließlich 1944 sogar höher als im Vorkriegsjahr 1938.

Wie lassen sich diese Zahlen erklären, wie passte sich das Unternehmen den Bedingungen der Kriegswirtschaft an? In einem Schreiben vom 17. Januar 1946 an das zuständige Referat Baustoffe im französisch besetzten Württemberg-Hohenzollern gab Hans Kemmler als Jahresproduktion mit Stand von 1944 folgende monatlich hergestellte Produktmengen an: »Zementröhren mit 71 Tonnen, Kabelformstücke mit 24 Tonnen, Betonfertigteile für den Luftschutzbau mit 454 Tonnen, Fertigbauteile für Massivbaracken mit 79 Tonnen, Beton- und Leichtbetonsteine für Wände und Decken mit 43 Tonnen, Schlackenplatten mit 270 Tonnen.«[191] Den größten Teil der Produktionskapazitäten nutzte die Firma Pflumm & Kemmler gegen Ende des Krieges also für die Fertigung von Betonfertigteilen für den Luftschutzbau, für die der alliierte Luftkrieg gegen die deutschen Städte einen Absatzmarkt geschaffen hatte. Bereits 1942 wurden im Bunkerbau verwendete Splitterschutzsteine produziert und erwirtschafteten auf Anhieb mehr als ein Drittel des insgesamt mit der Fabrikation erzielten Umsatzes.[192] Zudem wurde die Firma von den Behörden als kriegswichtiger Betrieb eingestuft.[193] Durch die zunehmende Zerstörung von Wohnraum und die Verlagerung der Industrie in ländliche Gebiete stieg zudem die Nachfrage nach behelfsmäßigem Wohnraum in Form von Baracken. Seit 1944 produzierte Pflumm & Kemmler Fertigteile für den Bau von Massivbaracken, die als »Behelfsbauten für die Rüstung« deklariert wurden.

Am 22. Juni 1944 wurde im Tübinger Gemeinderat ein Antrag der Firma Pflumm & Kemmler auf Abgabe eines städtischen Grundstücks verhandelt, das direkt an das Anwesen in der Reutlinger Straße anschloss. Als Grund für den Antrag nannte Hans Kemmler die Planung eines Erweiterungsbaus zur Herstellung von Betonplatten. Die Stadt willigte in die Abtretung des Geländes ein, obwohl zu diesem Zeitpunkt grundsätzlich keine Grundstücksverkäufe erlaubt waren.[194] Einzig für kriegswichtige Betriebe mit einer Ausnahmegenehmigung konnte das Bauverbot außer Kraft gesetzt werden. Zu dem geplanten Anbau einer Produktionshalle kam es jedoch vor Kriegsende nicht mehr.

Bei einem Blick auf die Umsatzstatistiken fällt eine weitere noch recht junge Aktivität auf, die erst 1942 ins Leistungsprogramm aufgenommen wurde. Seit 1942 findet sich in den Bilanzbüchern der Firma ein Konto mit der Bezeichnung »Schweißerei«, dessen Umsatz sich innerhalb von zwei Jahren fast verdoppelte. Hierbei handelte es sich um Schweißarbeiten, die Hans Kemmler auf Vermittlung seines Freundes Julius Wüst[195], der seit 1941 Vorstandsmitglied und Fabrikdirektor des Tübinger Elektromotorenherstellers Himmelwerk AG war, als »Unterlieferant« eines kriegswichtigen Auftrags durchführen ließ.[196] Dies sicherte Pflumm & Kemmler in einer Zeit, in der so gut wie nicht gebaut wurde, sicheren Umsatz und festigte zusätzlich den Status als kriegswichtiger Betrieb.

Arbeit als Engpassfaktor: Zwangsarbeit

Wie im Ersten Weltkrieg war auch zwischen 1939 und 1945 der entscheidende Engpassfaktor der deutschen Wirtschaft die Arbeitskraft. Schon damals waren Kriegsgefangene zum Arbeitseinsatz herangezogen und ausländische Zivilarbeiter in Deutschland festgehalten und zur Weiterarbeit gezwungen worden. In seiner allgegenwärtigen Radikalität trieb das nationalsozialistische Deutschland nach anfänglichen ideologisch motivierten Bedenken den Einsatz von Kriegsgefangenen, von unter Zwang rekrutierten Fremdarbeitern und auch von KZ-Häftlingen als billigen Arbeitskräften bis zum Exzess. Bereits im Herbst 1939 begannen die ersten Rekrutierungen von Arbeitskräften im besetzten Polen, anfangs mitunter noch mehr oder minder freiwillig, dann nur noch unter Zwang.

Noch billiger als der Einsatz von rekrutierten Zivilarbeitern aus den besetzten Gebieten war der von Kriegsgefangenen. Um den immer größer werdenden Bedarf der Industrie zu sichern und besser zu koordinieren, wurde der Gauleiter von Thüringen Fritz Sauckel im März 1942 zum »Generalbevollmächtigten für den Arbeitseinsatz« ernannt. Die Arbeitsbedingungen der Zwangsarbeiter und Kriegsgefangenen wurden mit zunehmender Kriegsdauer immer härter, besonders für die »Ostarbeiter« aus der Sowjetunion und Polen, die nach der nationalsozialistischen Rassenideologie am unteren Ende der Wertigkeitsskala standen. Arbeitszeiten von bis zu 100 Stunden wöchentlich bei geringster Bezahlung waren keine Seltenheit, Ruhetage in der Regel nicht vorgesehen. Dazu kamen mangelhafte Ernährung und ungenügende medizinische Versorgung. Zu Beginn des letzten Kriegsjahres bestand ein Viertel aller in der deutschen Wirtschaft eingesetzten Beschäftigten aus ausländischen Kriegsgefangenen oder Zwangsarbeitern. Nur durch diesen massiven Einsatz erzwungener Arbeitsleistung hatte das nationalsozialistische Regime ab 1942 die zur Weiterführung des Krieges notwendige industrielle Produktion aufrechterhalten können.[197]

Auch in Tübingen bestanden während des Zweiten Weltkriegs Kriegsgefangenen- und Ausländerlager.[198] In einer im Januar 1946 vom Bürgermeisteramt Tübingen auf Veranlassung des Landratsamts und der französischen Besatzungsbehörden zusammengestellten Liste sind neun Kriegsgefangenenlager und 27 Ausländerlager angeführt, drei Kriegsgefangenen- und ein Ausländerlager betrieb die Stadt Tübingen selbst. Die dort untergebrachten Insassen wurden teils von den städtischen Behörden zur Arbeit herangezogen, teils wurden sie aber auch von der im Bürgermeisteramt angesiedelten »Kriegsgefangenenlagerverwaltung« an kleinere Unternehmen, Handwerker, Landwirte oder Privatpersonen als »Leiharbeiter« zur Verfügung gestellt. Die restlichen 32 Lager wurden von

Unternehmen betrieben, etwa der Reichsbahn, der Himmelwerk AG, den Maschinenfabriken Hermann Zanker, Christian Majer, Wurster & Dietz sowie Otnima-Werke Guthschlag & Co., der Metallwarenfabrik Braun & Kemmler, dem Werkzeughersteller Montanwerke Walter, der Knieblechrohrfabrik der Gebrüder Möck oder der Betonwarenfabrik der Gebrüder Queck in Lustnau. Auch die Firma Pflumm & Kemmler erscheint in der genannten Liste als Betreiber zweier Lager: Auf dem Firmengelände in der Reutlinger Straße 63 waren in Baracken laut Liste 21 französische Kriegsgefangene sowie 30 russische Zivilarbeiter untergebracht.[199] Neben den Baracken wurde als Unterkunft ein über der bestehenden Autohalle im August 1941 als Aufenthaltsraum konzipiertes Stockwerk im Dezember 1943 durch einen An- und Aufbau erweitert und sollte laut Plan 30 Personen als Schlaf- und Aufenthaltsraum dienen.[200]

Auf einer Sitzung der Stadtverwaltung mit führenden Vertretern der kriegswichtigen Tübinger Industrie am 28. Februar 1944 waren Vertreter der Firmen Himmelwerk AG, Wurster & Dietz, Otnima-Werke, Pflumm & Kemmler sowie Gebr. Queck anwesend. Diskutiert wurde die Forderung des Kommandeurs des Gefangenenlagers »Stalag V B« in Villingen, die Zersplitterung der Kriegsgefangenenlager in Tübingen durch Erstellung eines neuen zentralen Lagers für wenigstens 130 Kriegsgefangene zu beseitigen. Die anwesenden Wirtschaftsvertreter, darunter Hans Kemmler, stimmten überein, ein neues Lager am Stauwehr unter Federführung des Himmelwerks zu errichten, und vereinbarten eine Absichtserklärung zur Gründung einer »Lagergemeinschaft Tübingen«.[201] Angesichts der Entwicklungen des letzten Kriegsjahres scheint dies allerdings nicht mehr realisiert worden zu sein.

Die Lebensverhältnisse der Zwangsarbeiter hingen im konkreten Einzelfall sehr stark von ihrer Herkunft, dem Verlauf der Zwangsrekrutierung, der Art des Arbeitseinsatzes und auch vom Arbeitgeber ab. In den Totenlisten des Tübinger Standesamts finden sich als häufigste Todesursachen von ausländischen Zwangsarbeitern und Kriegsgefangenen verschiedene unterbringungs- und erschöpfungsbedingte Krankheiten wie Tuberkulose oder Typhus. Viele starben durch Selbstmord, Arbeitsunfälle oder bei Luftangriffen, da es Ausländern in der Regel nicht erlaubt war, Schutzräume aufzusuchen. Allerdings sind in Tübingen mitunter auch Beispiele nahezu familiären Umgangs zwischen deutschen Arbeitgebern und ihren ausländischen Arbeitskräften dokumentiert.[202] Doch daran, dass diese Menschen sich unter Zwang in Deutschland aufhielten und Opfer der nationalsozialistischen Kriegswirtschaft waren, änderte selbst eine humane Behandlung am Arbeitsplatz nichts.

Wie aber waren die Lebensverhältnisse der ausländischen Kriegsgefangenen und Zivilarbeiter bei der Firma Pflumm & Kemmler? Mangels Quellen lässt sich diese Frage heute leider nur bedingt beantworten. Als einzige schriftliche Stellungnahme existiert die der Entnazifizierungsakte Hans Kemmlers beigefügte Aussage einer polnischen Arbeiterin vom 20. Juni 1946, die rückblickend angab, stets gute Behandlung und Verpflegung in Fabrik und Haus erfahren zu haben. Weitere Zeugnisse hinsichtlich Behandlung, Entlohnung und Unterkunft fehlen jedoch und konnten weder durch Archivrecherche noch durch eine Anfrage beim Internationalen Suchdienst in Bad Arolsen ermittelt werden.[203]

In der Namensliste von ausländischen Zivilarbeitern, die nach Kriegsende auf Anordnung der alliierten Besatzungsbehörden erstellt werden musste, wies Hans Kemmler am 3. September 1949 darauf hin, dass die Zwangsarbeiter bei der Firma Pflumm & Kemmler wie deutsche Arbeiter entlohnt worden seien. Inwieweit in den Bilanzbüchern der Firma auch Löhne für Kriegsgefangene und Zwangsarbeiter erfasst waren, ist nicht mehr nachvollziehbar. Für die Jahre 1941 und 1942 findet sich in den Bilanzbüchern ein Vermerk über eine Kriegsgefangenenkasse, 1944 über ein Verpflegungskonto. Über die genauen Abrechnungsmodalitäten wissen wir aber leider nichts.

Laut einer im Sommer 1945 von der Stadt Tübingen erstellten Liste hatte die Firma Pflumm & Kemmler im Jahr 1939 insgesamt 73 Beschäftigte, davon 68 männlich und 5 weiblich – diese Zahl stimmt mit einer vom Reichsministerium für Volksaufklärung und Propaganda zum Februar 1940 erstellten Auflistung überein. Zu Kriegsende waren es nach Angaben der Stadt Tübingen insgesamt noch 46 Beschäftigte, wovon 41 männlich und 5 weiblich waren.[204] Ob bei dieser Beschäftigtenzahl des Sommers 1945 noch die ausländischen Arbeitskräfte berücksichtigt sind, können wir nicht mit Sicherheit sagen. In einer wirtschaftlichen Erhebung des neuen Tübinger Oberbürgermeisters Renner für die Besatzungsbehörden vom 13. Juli 1947 gab Hans Kemmler an, nur noch 10 Beschäftigte und einen Bedarf von 30 bis 40 zusätzlichen Arbeitskräften zu haben – was ziemlich genau der Anzahl der beschäftigten Kriegsgefangenen und Zwangsarbeiter während des Krieges entspricht. Hans Kemmlers Aussage hinsichtlich gleicher Entlohnung muss gerade bei russischen Zivilarbeitern relativiert werden. Als »Ostarbeiter« mussten sie ein entsprechendes Kennzeichen an ihrer Kleidung tragen, und von ihren Löhnen wurde eine »Ostarbeiterabgabe« von etwa 60 Prozent sowie zusätzlich eine Abgabe für Unterkunft und Verpflegung einbehalten.[205]

Nach Kriegsende wurde die Frage einer Entschädigung der Millionen von Zwangsarbeitern zunächst im Zusammenhang mit der allgemeinen Reparationsproblematik gesehen. Zwangsarbeit und Deportation von Zivilisten zum Arbeitseinsatz wurden seit dem Ersten Weltkrieg als völkerrechtliches Delikt bewertet. Rechtliche Ansprüche konnten daher nur die Heimatstaaten der Zwangsarbeiter in Form von Reparationen geltend machen, nicht jedoch die Betroffenen selbst auf dem Weg der Individualklage.

Das Londoner Schuldenabkommen von 1953 und der Überleitungsvertrag von 1955, der die alliierte Besatzung in den westlichen Zonen beendete, schoben die Prüfung aller aus dem Zweiten Weltkrieg entstandenen Forderungen gegen das Deutsche Reich bis zur endgültigen Regelung der Reparationsfrage und damit bis Abschluss eines Friedensvertrags auf. Angesichts der zunehmenden Polarisierung im Kalten Krieg hatten sich die westlichen Siegermächte zu dieser Regelung entschlossen, da sie befürchteten, die negativen Erfahrungen des Versailler Vertrags nach dem Ersten Weltkrieg könnten sich wiederholen. Der Beitrag der Bundesrepublik zum westeuropäischen Wiederaufbau und vor allem zum westlichen Verteidigungsbündnis sollte nicht gefährdet werden. Erst der Vertrag über die abschließende Regelung in Bezug auf Deutschland vom 12. September 1990, der sogenannte Zwei-plus-Vier-Vertrag, der die Vereinigung der beiden deutschen Staaten regelte, änderte diese rechtliche Situation.

Die völkerrechtliche Ebene war jedoch nicht die einzige, auf der sich deutsche Unternehmen mit Entschädigungsforderungen konfrontiert sahen und Zahlungen leisteten. In den 1950er und 1960er Jahren hatten einzelne deutsche Unternehmen wie Krupp, AEG, Siemens oder Rheinmetall mit der Conference on Jewish Material Claims against Germany auf gerichtlichem oder außergerichtlichem Weg pauschale Abkommen geschlossen, um die jüdischen KZ-Häftlinge für ihre Zwangsarbeit in den jeweiligen Betrieben während des Zweiten Weltkriegs zu entschädigen.

Ging es bei diesen Abkommen noch um Individualentschädigungen aufgrund eines unmittelbar nachweisbaren Zusammenhangs zwischen bestimmten Zwangsarbeitern und den jeweiligen Unternehmen, verlagerte sich die Diskussion in den 1980er und 1990er Jahren auf eine nicht mehr personengebundene Ebene. Im Zuge des Generationswechsels auf der Führungsebene und neuer Akzente aus der unternehmensgeschichtlichen Forschung leisteten verschiedene deutsche Unternehmen wie Daimler-Benz, VW oder die Hamburgischen Elektrizitätswerke Zahlungen an karitative Einrichtungen und unterstützten damit allgemeine humanitäre Hilfsprogramme für NS-Geschädigte, unter die auch die Zwangsarbeiter gerechnet wurden.

Nach zahlreichen gegen deutsche Firmen eingereichten Sammelklagen vor US-Zivilgerichten im Jahr 1998 führte dieser nicht personengebundene Ansatz zu einer Lösung in Form eines Kollektivansatzes. Die Gründung der Stiftung »Erinnerung, Verantwortung und Zukunft« erfolgte im Jahr 2000 mit dem Zweck, aus einem Finanzvolumen von 10 Milliarden D-Mark – je zur Hälfte von der deutschen Wirtschaft und der Bundesregierung eingebracht – ehemalige Zwangsarbeiter sowie andere Opfer des nationalsozialistischen Deutschlands finanziell zu entschädigen. Nach Abweisung der Sammelklagen gegen deutsche Firmen in den USA wurde darüber hinaus durch eine alle Verhandlungspartner einbindende diplomatische Konstruktion weitestgehend Rechtsfrieden in der Entschädigungsfrage hergestellt.[206]

Bis Herbst 2001 wurden aus der deutschen Wirtschaft die vereinbarten 5 Milliarden D-Mark gesammelt. An dieser Aktion beteiligte sich in Anerkennung ihrer Verantwortung für den Einsatz von Zwangsarbeitern während des Zweiten Weltkriegs auch die Firma Kemmler. In der Höhe ihrer Zahlung folgte sie der Empfehlung der Stiftung. Diese konnte bis Ende 2006 an 1,66 Millionen Leistungsberechtigte aus über 100 Staaten insgesamt 4,37 Milliarden Euro auszahlen und stellte dann mit Erfüllung ihres Zwecks zum Jahresende ihre Tätigkeit ein. Verbleibende Mittel flossen in verschiedene Hilfsprojekte, ein gesonderter Teil der Stiftung bleibt als Fonds »Erinnerung und Zukunft« bestehen.

Zerstörung des Firmengeländes

Mit dem Einmarsch der französischen Armee endete am 19. April 1945 der Zweite Weltkrieg in Tübingen. Die Universitätsstadt hatte in den beiden letzten Kriegsjahren verschiedene Luftangriffe weitgehend unbeschadet überstanden. Nur etwa 4 Prozent der Gebäude waren zerstört oder schwer beschädigt – darunter das Uhlandhaus an der Neckarbrücke. Auch beim Rückzug der deutschen Truppen hatte es im Stadtgebiet kaum Zerstörungen oder Sprengungen gegeben, entsprechende offizielle Anordnungen waren glücklicherweise weitgehend ignoriert worden. Zwar wurden einige kleinere Brücken über den Flüssen Steinlach und Neckar von deutschen Pionieren gesprengt, die wichtigsten Verbindungen wie Blaue Brücke und Eberhardsbrücke blieben jedoch verschont.[207]

ZWEITER WELTKRIEG UND WIEDERAUFBAU 115

Luftaufnahme der Reutlinger Straße aus einem amerikanischen Aufklärungsflugzeug am Tag nach dem Angriff vom 17. April 1945 mit deutlich erkennbaren Bombentrichtern auf dem Firmengelände von Pflumm & Kemmler[208]

Weniger glimpflich endete der Weltkrieg für die Firma Pflumm & Kemmler, der vermutlich ihre räumliche Nähe zu Güterbahnhof, Hindenburgkaserne und den direkt angrenzenden Depots der Heeresverwaltung zum Verhängnis wurde. Bei einem massiven Großangriff in mehreren Wellen am 17. April 1945 nachmittags gegen 16 Uhr auf die Lorettokaserne, das alte Standortlazarett, den Güterbahnhof und die Hindenburgkaserne wurde das Firmengelände in der Reutlinger Straße von 16 Sprengbomben getroffen und die Fabrikationsgebäude inklusive der darin enthaltenen Einrichtung völlig zerstört. Peter Kemmler, der damals gerade acht Jahre alt war, erinnert sich, dass er zusammen mit seinem Bruder Wolfgang gerade auf der Eberhardshöhe spielte, als sie plötzlich sahen, wie die amerikanischen Bomber auf die Stadt zuflogen und dort Bomben abwarfen. Die Jungen ahnten zu diesem Zeitpunkt nicht, dass sich ihr Vater Hans Kemmler gerade auf dem Firmengelände befand und nur überlebte, weil er sich rechtzeitig in den Keller des Bürogebäudes geflüchtet hatte.

Insgesamt kostete der Luftangriff auf Tübingen acht Zivilisten, drei Soldaten und zwei Ostarbeiter, die sich in einem Unterstand bei der Blauen Brücke aufgehalten hatten, das Leben. Der Güterbahnhof inklusive 80 Eisenbahnwagen wurde durch etwa 160 Volltreffer völlig zerstört. Großer Sachschaden entstand auch an den militärischen Gebäuden der Hindenburg- und der Lorettokaserne. Die Reutlinger Straße hatte schwerste Schäden erlitten und war größtenteils nicht mehr befahrbar. Ebenso waren Hauptwasserleitung und Kanalisation schwer in Mitleidenschaft gezogen.[209]

Dieser Angriff hatte die Firma Pflumm & Kemmler empfindlich getroffen: Der Betrieb war ausgebombt, die Zerstörungen beträchtlich. Eigentümer der Gebäude, Maschinen und Werkzeuge war aber nicht Hans Kemmler, sondern nach wie vor sein Vater Johannes. Dieser stellte am 2. Oktober 1945 nach der Kriegssachschädenverordnung einen Antrag auf Entschädigung der erlittenen Schäden. In einer detaillierten Auflistung bezifferte Kemmler den Schaden an dem zerstörten Inventar: Dazu gehörten Büromaterial, gelagerte Waren wie Eternit-Platten, Betonröhren und Zement sowie verschiedene Produktionseinrichtungen, darunter eine Mischanlage, eine Krananlage, eine Glockenmuffenrohrmaschine sowie eine Rohrstampfmaschine. Ebenso zerstört wurden die Anlagen der Schweißerei sowie der Fuhrpark – ein Pkw, zwei Motorräder, ein Lkw sowie drei Anhänger – und die Garageneinrichtung. Zusammengerechnet betrug der Schaden an gelagerten Waren, Werkzeugen, Einrichtungsgegenständen, Maschinen und Fuhrpark knapp über 100 000 Reichsmark. Die zerstörten Gebäude waren in dieser Aufstellung noch nicht berücksichtigt, sondern wurden erst nach ihrem Wiederaufbauwert eingeschätzt. Insgesamt belief sich der Schaden auf ungefähr 300 000 Reichsmark, was immerhin einem Viertel des Jahresumsatzes von 1944 entsprach.[210]

In Anrechnung der Kriegsschäden überschrieb Johannes Kemmler seinem Sohn schließlich am 28. Juli 1947 die Grundstücke und die verbliebenen Gebäudeteile. Der Übergang des Unternehmens vom Vater auf den Sohn und damit der zweite Generationswechsel waren endgültig abgeschlossen.[211]

2. Ausgebombt

Der 1943 von Goebbels proklamierte »Totale Krieg« endete in der »Zusammenbruchsgesellschaft« des Jahres 1945. Während des Weltkrieges hatten der Luftkrieg, die Kampfhandlungen am Boden und die vom zerfallenden nationalsozialistischen Regime angeordnete Zerstörungsmaßnahmen nicht nur Wohnraum und Produktionseinrichtungen zerstört, sondern auch das Transport- und Verkehrssystem. Dazu kam, dass Evakuierungen und Umquartierungen von Stadtbewohnern, die Verschleppung ausländischer Zwangsarbeiter nach Deutschland sowie Flucht- und Vertreibungsprozesse tiefgreifende Bevölkerungsverschiebungen bewirkt hatten, was nach Kriegsende enorme soziale Probleme nach sich zog. Der von Goebbels 1943 proklamierte »totale Krieg« hatte sein Werk getan: Bei Kriegsende war die gesellschaftliche Ordnung weitgehend zerstört.

Zusammenbruchsgesellschaft

Das drängendste Problem der unmittelbaren Nachkriegszeit bestand jedoch in der Versorgung der Bevölkerung mit Nahrungsmitteln. Durch Gebietsabtrennungen vor allem im Osten war rund ein Viertel der landwirtschaftlichen Nutzfläche verloren gegangen. Dazu kam ein enormer Produktivitätsverlust der Landwirtschaft auf etwa 50 bis 60 Prozent der Normalernte, sodass nur rund ein Drittel des ohnehin niedrig angesetzten Kaloriensatzes für die Bevölkerung durch Eigenproduktion gedeckt war. Das 1935 für knappe Rohstoffe eingeführte und während des Krieges auf Konsumgüter ausgedehnte System der Bewirtschaftung setzten die Alliierten nach 1945 notgedrungen fort: Lebensmittel wie auch alle anderen Güter konnten nur mit entsprechenden Bezugsscheinen, die man von zuständigen Behörden zugeteilt bekam, zu festen Preisen erworben werden. Privatpersonen wie auch Unternehmen und Behörden waren daher vollkommen von Bezugsscheinen und Zuteilungen abhängig. Mit zunehmender Knappheit der Waren infolge schrumpfender Vorräte und einer nur schleppend anlaufenden industriellen Produktion bildete sich ein auf Tausch und Ersatzwährungen wie Zigaretten basierender Schwarzmarkt, der vor allem in den Städten der unmittelbaren Nachkriegszeit die wirtschaftliche Realität bestimmte.[212]

Die staatliche Führung hatten nach der Kapitulation der Wehrmacht Anfang Mai 1945 die militärischen Oberbefehlshaber der alliierten Siegermächte gemeinsam übernommen und das Deutsche Reich in vier Besatzungszonen aufgeteilt. Die Verwaltung Südwestdeutschlands wurde zwei verschiedenen Besatzungszonen zugeordnet: Der nördlich der Autobahn Stuttgart-Karlsruhe gelegene Teil Badens und Württembergs gehörte als

Württemberg-Baden mit der Hauptstadt Stuttgart der amerikanischen Besatzungszone an. Südwürttemberg-Hohenzollern mit der Hauptstadt Tübingen sowie Südbaden mit der Hauptstadt Freiburg waren Teil der französischen Zone.

Am 19. April 1945 war die französische Besatzungsmacht in Tübingen einmarschiert und hatte die Universitätsstadt, in der sich die kriegsbedingten Schäden in Grenzen hielten, zum Sitz der Militärregierung gemacht. Die französische Militärregierung, die das Hotel Lamm gegenüber dem Rathaus bezog, agierte von Anfang an pragmatisch und setzte auf Kooperation mit den Deutschen, wofür sie in der »Demokratischen Vereinigung« um Carlo Schmid einen verlässlichen Partner fand. Die Stadtverwaltung und Oberbürgermeister Haußmann, dem nach seinem altersbedingten Rückzug im Juni 1945 Viktor Renner nachfolgte, blieben im Amt. Als erste deutsche Hochschule nahm die Universität Tübingen noch 1945 den Lehrbetrieb wieder auf.[213]

Die erste direkte Erfahrung der Familie Kemmler mit den französischen Besatzungstruppen war allerdings negativer Art: Das Haus in der Waldhäuser Straße, in dem Hans Kemmler mit seiner Familie wohnte, wurde als Quartier von französischen Soldaten konfisziert. Die ganze Familie musste in den ersten Nachkriegsjahren nun gemeinsam im überfüllten Haus von Johannes und Margarethe Kemmler im Rotbad leben, in dem zusätzlich noch weitere Verwandtschaft und eine ausgebombte Familie aus Stuttgart einquartiert worden waren.

Besatzungsherrschaft

Das Kriegsende 1945 bedeutete keineswegs ein Ende der Zwangswirtschaft, sondern nur ihre Verlängerung unter alliierter Kontrolle. Eine Spätfolge der nationalsozialistischen Rüstungs- und Kriegswirtschaft war die völlige Zerrüttung der Währung. Zwischen vorhandener Geldmenge und dem zur Verfügung stehenden Güterangebot bestand ein krasser Gegensatz. Vor allem die Versorgungslage der Bevölkerung mit Lebensmitteln war infolge des kriegsbedingten Leistungsrückgangs der Landwirtschaft extrem angespannt. Ende 1946 betrug die durchschnittliche Tagesration eines Normalverbrauchers in der französischen Zone 1209 Kalorien, was dazu führte, dass sich die Bevölkerung zunächst auf das reine Überleben konzentrierte. Dem bald schon allgegenwärtigen Schwarzmarkt standen die eingesetzten deutschen Behörden bis zur Währungsreform mehr oder weniger hilflos gegenüber.

Auch die Industrie verzeichnete einen enormen Produktionsrückgang. Dies hing zum einen mit einem Mangel an Arbeitskräften, einer allgemeinen Energie- und Rohstoffknappheit sowie mit einer umfassenden Transportkrise zusammen. Zum anderen fehlten Produktionskapazitäten, was eine Folge der Kriegsschäden und der alliierten Demontagen vor allem bei den maschinellen Einrichtungen war. Dazu kamen die Barrieren der bürokratischen Bewirtschaftung durch Alliierte und neu geschaffene deutsche Behörden. Alliierte Produktionsverbote und -auflagen taten ein Übriges.

Jedes Unternehmen war mit der mitunter verwirrenden Situation konfrontiert, sich auf verschiedenen Märkten mit unterschiedlichen Währungen beziehungsweise Währungsersatz zurechtfinden zu müssen. Der offizielle Markt war von festen Preisen, kontingentierten Rohstoffen, die nur gegen Bezugsscheine zu bekommen waren, sowie von festen Produktionsauflagen der alliierten und deutschen Behörden gekennzeichnet. Daneben existierten der graue Markt der Kompensationsgeschäfte, der vergeblich von offizieller Seite bekämpfte Schwarzmarkt sowie die in Kooperation mit den alliierten Behörden möglichen Märkte für Interzonen- und Außenhandelsgeschäfte.[214]

In Württemberg-Hohenzollern hatte die französische Besatzungsmacht durch eine Rechtsanordnung vom 15. Juni 1946 die Landesdirektion der Wirtschaft eingesetzt.[215] Diese bestand aus den vier Hauptabteilungen Allgemeine Wirtschaftsverwaltung, Landeswirtschaftsamt, Landesgewerbeamt und Preisaufsichtsstelle. Die Landesdirektion war ermächtigt, »zur Deckung der wirtschaftlichen Bedürfnisse die Herstellung von Waren und den Warenverkehr zu überwachen und zu regeln und zu diesem Zweck Bestimmungen über die Beschaffung, Herstellung, Verteilung, Lagerung, den Absatz und den Verbrauch von Waren zu treffen«.[216] Darüber hinaus konnte die Landesdirektion Bestimmungen über die Aufzeichnung geschäftlicher Vorgänge insbesondere im Rahmen der Buchführung erlassen und über die Zulassung gewerblicher Betriebe sowie von Betrieben des Einzel- und Großhandels entscheiden. Ferner hatte die Behörde das Recht, industrielle Betriebe zu schließen oder zusammenzulegen und über Maschinen, Betriebseinrichtungen sowie Vorräte zu verfügen.

Aufgrund ihres hohen Eigenbedarfs blockierte die französische Besatzungsmacht zunächst größtenteils Maschinen, Rohstoffe sowie Halb- und Fertigfabrikate und gab nur geringe Kontingente zur Verteilung durch das zuständige Landeswirtschaftsamt frei. Diese Verteilung orientierte sich an Vorschlagslisten, die vom Landeswirtschaftsamt erstellt wurden, allerdings unter dem Vorbehalt der Genehmigung oder Abänderung durch die Militärregierung.[217]

Für Firmen wie Pflumm & Kemmler war innerhalb des Landeswirtschaftsamtes das Referat Baustoffe zuständig. Seine Aufgabe bestand in der Verteilung der wenigen Kontingente an verfügbaren Baumaterialien an die zementverarbeitende Industrie und den Baustoffhandel. Die gesamte Baustoffindustrie kam in den ersten Nachkriegsjahren nur schwer in Gang und konnte lediglich unter großen Schwierigkeiten produzieren. Bis in die erste Jahreshälfte 1948 wiesen die Quartalsberichte des Referats Baustoffe auf die gleichen Problemlagen hin, unter denen die Industrie allgemein litt. Grundsätzlich mangelte es als Folge der unzureichenden Kohleversorgung vor allem an der für die Fertigung notwendigen Energie. Ebenfalls schwierig war die Transportlage: Entweder fehlte es an Lastwagen überhaupt, oder vorhandene Fahrzeuge waren nicht fahrtüchtig, da Ersatzteile wie Reifen oder Keilriemen nicht verfügbar waren. Dazu kam ein Mangel an Arbeitskräften, bedingt durch die im Vergleich zu anderen Industrien harten Arbeitsbedingungen bei relativ niedriger Bezahlung. Gerade aus diesem Grund waren in der Baustoffindustrie bereits seit dem 19. Jahrhundert zu einem hohen Anteil ausländische Arbeitskräfte beschäftigt gewesen, die nun jedoch nicht zur Verfügung standen und nur schwer durch einheimische Arbeitskräfte ersetzt werden konnten.[218]

Wiederaufbau, Bezugsscheine und Kompensationsgeschäfte

Die ersten Monate nach Kriegsende standen in Tübingen bei der Firma Pflumm & Kemmler zunächst im Zeichen des Wiederaufbaus der durch den Luftangriff im April 1945 zerbombten Produktionsanlagen. Die Zerstörungen auf dem Firmengelände waren beträchtlich, und lediglich das inzwischen als Büro genutzte alte Wohnhaus der Familie war weitgehend unbeschädigt geblieben. Für Hans Kemmler, der den Luftangriff im April 1945 auf dem Firmengelände im Keller unter dem Büro überlebt hatte, ging es zunächst um Wiederaufbau im wahrsten Sinne des Wortes. Da auf offiziellem Weg kaum alle benötigten Baustoffe zu bekommen waren, musste er Eigeninitiative ergreifen. Mit Leiterwagen und einigen Mitarbeitern zog er täglich los, um sich in der Umgebung notwendiges Material für die Wiederinstandsetzung seiner Firma zu beschaffen.[219] In einem Schreiben an das Referat Baustoffe vom 17. Januar 1946 führte er aus: »Auf Ihre Anfrage teilen wir Ihnen mit, dass unser Betonwerk noch nicht in Betrieb ist. Unser

Werk wurde stark fliegergeschädigt. Die Wiederinstandsetzungsarbeiten sind noch nicht abgeschlossen. Wir können unsere Produktion teilweise wieder aufnehmen, sofern wir die erforderlichen Rohstoffe, insbesondere Zement zugeteilt bekommen. Die volle Produktion werden wir bis April dieses Jahres erreichen können, vorausgesetzt, dass wir bis dahin die Rohstoffe zugeteilt erhalten. [...] Wir beabsichtigen die Produktion in Zementröhren, Kabelformstücken, Schlackenbausteinen, Holzzementdielen und sonstigen Betonwerksteinen sowie Trennwandanlagen wieder anlaufen zu lassen.«[220]

In der Wiederaufbauphase der unmittelbaren Nachkriegszeit bewährte sich, dass die Firma bereits seit ihren Anfangsjahren in Tübingen vor dem Ersten Weltkrieg sowohl Handels- als auch Produktionsunternehmen war. Wie kompliziert sich der wirtschaftliche Alltag Hans Kemmlers und seiner Firma im Jahr 1946 gestaltete, können wir uns aus heutiger Sicht kaum vorstellen. Grundbedingung für jede geschäftliche Transaktion und sogar für jeden Produktionsvorgang war stets eine Genehmigung der Besatzungsbehörden. Wie dies im Detail aussah, zeigen die folgenden Beispiele: Am 8. April 1946 wies das Referat Baustoffe aus einem Gesamtkontingent von 100 Tonnen Zement 29 Tonnen der Firma Pflumm & Kemmler zu. Diese verteilte als autorisierter Händler 7,5 Tonnen Zement an die Firma Queck in Lustnau für die Produktion von Leichtbauplatten, 4 Tonnen an die Firma Karl Johner in Rottenburg zur Herstellung von Schlackensteinen, 2 Tonnen an das Tuffsteinwerk Xaver Lohmüller in Höfendorf zur Fertigung von Kaminsteinen sowie 5 Tonnen an das Betonwerk Gebr. Schuler in Dornstetten zur Fabrikation von Betonziegeln. 7,5 Tonnen erhielt Pflumm & Kemmler für die eigene Leichtbauplattenproduktion, die man auf Anordnung der französischen Besatzungsmacht für verschiedene militärische Bedürfnisse durchführte.[221] Als Reserve wurden 3 Tonnen auf dem Firmengelände in der Reutlinger Straße zurückbehalten. Weitere Zuweisungen für die Produktion folgten: am 1. August 1946 100 Tonnen Zement aus den Werken Nürtingen und Blaubeuren für die Herstellung von Zementröhren, am 1. September 1946 10 Tonnen Zement aus dem Werk Schelklingen, die ebenfalls für die Betonrohrproduktion vorgesehen waren.[222]

Was aus den Zementzuteilungen produziert wurde, darüber musste die Firma beim zuständigen Referat Baustoffe der Landesdirektion der Wirtschaft genauestens Rechenschaft ablegen. In einem Fertigungsbericht vom 5. Juli 1946 teilte Pflumm & Kemmler dem Referat Baustoffe mit, man habe aus einer Zuteilung von 100 Tonnen Fabrikationszement 99 940 Kilogramm Kabelformstücke, 96 280 Kilogramm Zementrohre, 15 525 Kilogramm Holzbetondielen sowie 104 750 Kilogramm Schlackensteine hergestellt. Von diesen Mengen seien 97 300 Kilogramm Kabelformstücke, 58 475 Kilogramm Zementrohre, 7 025 Kilogramm Holzbetondielen sowie 52 750 Kilogramm Schlackensteine zur Lieferung in die amerikanische Besatzungszone bestimmt. Die Restzementmenge von 40 Tonnen werde in der laufenden Fabrikation aufgebraucht.

Fertige Produkte wurden nicht gegen Geld abgegeben, sondern gegen Abholscheine, die den Betreffenden als Bezugsberechtigten für ein aus einem bestimmten Zementkontingent hergestelltes Produkt auswiesen. Der Kreis der Bezugsberechtigten war vielfältig: etwa die Tübinger Gaststätte Forelle, die am 15. Januar 1947 20 Quadratmeter Leichtbauplatten erhielt, ferner das Kalkwerk Heinrich in Poltringen, das Bürgermeisteramt Jettenburg, der Tübinger Kreisbaumeister Zentner oder auch andere Baustoffhändler wie die Firma Briel und Kalbfell in Reutlingen.[223]

Da ein freier Markt nicht existierte, mussten die Unternehmen auf anderen Wegen an notwendige Hilfsstoffe oder Ausrüstungsgegenstände gelangen. Dass dies mitunter sehr schwierig war, zeigt sich an den Versuchen Hans Kemmlers, für seine Beschäftigten dringend benötigte Arbeitshandschuhe zu besorgen. In einem Schriftwechsel mit dem Referat Baustoffe vom Januar 1947 bemühte er sich um eine Genehmigung für eine Zementlieferung seiner Firma an die Firma Ruoff & Reusch zur Beschaffung von Arbeitshandschuhen. Das Referat hatte gegen dieses Tauschgeschäft im Grunde nichts einzuwenden, verbot Kemmler jedoch die Verwendung von Zement aus den zur Produktion zugewiesenen Kontingenten. Dieser entgegnete, seiner Firma stünden außerhalb der offiziellen Kontingente keine zusätzlichen Mengen an Zement zur Verfügung, und bat das Referat darum, ihm Zement außerhalb der Produktionskontingente zum Tausch gegen Arbeitshandschuhe zuzuweisen. Dieser Antrag wurde am 11. Februar 1947 abgelehnt. Vermutlich zeigen uns die Transaktionen in den Akten des Referats Baustoffe aber nur einen kleinen Teil der geschäftlichen Wirklichkeit bis zur Währungsreform. Über den grauen und den schwarzen Markt, der für die Beschaffung dringend notwendiger Güter stets ebenso verfügbar war, können wir nur Vermutungen anstellen. Wahrscheinlich fand Hans Kemmler dort einen Weg, um die benötigten Handschuhe »inoffiziell« doch noch zu beschaffen.

Auch die Beschaffung neuer Maschinen war genehmigungspflichtig und nur unter erschwerten Bedingungen möglich. Zum Ausbau der auf

Anweisung der Besatzungsbehörden aufgenommenen Leichtbauplattenproduktion bat Hans Kemmler am 4. Juni 1947 bei der französischen Militärverwaltung um die Liefergenehmigung für eine Holzwollehobelmaschine zum Preis von 1850 Reichsmark aus der amerikanischen Zone im Austausch gegen 10 000 Backsteine.[224] Diese Maschine war Kemmler Anfang März 1947 von der Maschinenfabrik Michael Voit im bayerischen Weißenstadt, die für den Bau eines Eisenlagers etwa 15 000 Mauerziegel, 100 Zentner Mauerkalk zum Löschen und etwas Zement benötigte, mittels Zusendung eines Angebots mit Prospekt und Bild als Tauschgeschäft zum Vorkriegspreis angeboten worden. Das Vorhaben war allerdings nicht von Erfolg gekrönt, denn die Militärverwaltung verweigerte dem Tauschgeschäft ihre Zustimmung. Ein nochmaliger Anlauf Kemmlers, sich im August 1947 einen Freigabeschein für Backsteine zu besorgen, um die Holzwollehobelmaschine doch noch erwerben zu können, scheiterte daran, dass der zuständige französische Kontrolloffizier dem Kompensationsgeschäft Holzwollehobelmaschine gegen Backsteine endgültig die Genehmigung verweigerte.[225] Über die Motive für die ablehnende Haltung der Militärregierung, auf deren Veranlassung Kemmler Leichtbauplatten produzierte, lässt sich freilich nur spekulieren. Wahrscheinlich war der hohe Eigenbedarf der Besatzungsmacht ausschlaggebend, die einen Teil der in Württemberg produzierten Baustoffe für den Wiederaufbau ins heimische Frankreich exportierte und vermutlich deshalb die Ausfuhr von Baustoffen in andere Besatzungszonen kritisch beurteilte.

Neben der Produktion trug in den ersten Nachkriegsjahren vor allem der Handel mit verschiedenen Baustoffen zum Umsatz der Firma Pflumm & Kemmler bei. Hans Kemmler fädelte als Baustoffhändler den Austausch von Gütern zwischen verschiedenen Produzenten ein. Diese Kompensationsgeschäfte, die mitunter Teilnehmer aus verschiedenen Besatzungszonen einbezogen, bedurften jeweils der Genehmigung des Referats Baustoffe sowie der Besatzungsmacht. So bat Kemmler zum Beispiel in einem Schreiben an das Referat Baustoffe vom 16. Mai 1947 um Genehmigung und Ausstellung der notwendigen Ausfuhrpapiere für ein Kompensationsgeschäft Steinzeugröhren gegen Holz zwischen der Deutschen Steinzeugwarenfabrik Mannheim-Friedrichsfeld und dem Schamottewerk Ötisheim. Dabei verwies Kemmler ausdrücklich auf eine bereits vorliegende Genehmigung des für die amerikanische Zone zuständigen Landeswirtschaftsamts in Stuttgart.[226] Auch für den im Saarland ansässigen Fliesenhersteller Villeroy & Boch vermittelte Kemmler im Herbst 1947 ein Kompensationsgeschäft von 1000 Quadratmetern Fußbodenbretter gegen Sanitärprodukte. Im Oktober 1947 bekam Kemmler vom Referat Baustoffe die Genehmigung für ein Interzonengeschäft mit Stuttgart mit den dazu notwendigen Papieren, einem Freigabeschein über 2 Tonnen Gips sowie dem benötigten Interzonenpapier. Bereitgestellt wurde der Gips im Gipswerk Entringen, Pflumm & Kemmler lieferte ihn zum Empfänger Karl Wolf nach Stuttgart und übernahm zusätzlich auch die Gegenlieferung von 25 Sack Zement an das Gipswerk Kienzlen in Unterjesingen.[227]

Ein wichtiger Vorteil der bereits vor dem Krieg angelegten Handelsorientierung der Firma Pflumm & Kemmler bestand darin, dass man durch die firmeneigenen Lastwagen über Transportkapazitäten verfügte. Als von der französischen Militärregierung zugelassener Baustoffhändler übernahm Kemmler daher häufig nicht nur die Anbahnung von Kompensationsgeschäften, sondern gleich auch den Transport. Seit November 1945 lieferte Pflumm & Kemmler monatlich mehrere Hundert Tonnen Gipssteine für die Produktion ins Zementwerk Allmendingen der Firma Schwenk und erhielt dafür als Rückladung eine entsprechende Menge Zement oder Kalk zugewiesen. Dieses Handelsgeschäft war auf Veranlassung der französischen Militärregierung zustande gekommen, benötigte aber selbstverständlich ebenso die Genehmigung durch das zuständige Referat Baustoffe der Landesdirektion der Wirtschaft, welches für die Rückladung die üblichen Bezugsscheine ausstellen musste. Im Juli 1946 informierte die Firma Schwenk in einem Schreiben an Kemmler, dass das fortlaufende Austauschgeschäft Gipssteine gegen Kalk künftig nicht mehr durch den zuständigen französischen Kontrolloffizier, sondern allein durch das Referat Baustoffe der Landesdirektion Wirtschaft genehmigt werden müsse.[228] Das Transportgeschäft mit den Zementproduzenten im Blautal führte die Firma noch bis in die 1970er Jahre weiter.

Insgesamt litt Pflumm & Kemmler in den ersten Nachkriegsjahren an ähnlichen Problemen wie die gesamte Branche. Ein auf den 18. Februar 1947 datierter Lagebericht Kemmlers an das Referat Baustoffe zeigt, dass immerhin der grundlegende Bedarf an Zement, Heizkohle, Energie und Treibstoff für die Aufrechterhaltung der laufenden Produktion zu diesem Zeitpunkt gedeckt war, anders als in den Jahren 1945 und 1946. Woran es fehlte, war das notwendige Reparaturmaterial, um die Produktionsanlagen wieder in Gang zu bringen. Kemmler brauchte zur Herstellung von Formen 10 Kubikmeter Holz sowie für laufende Betriebsreparaturen 10 Tonnen Zement, 2 Tonnen Kalk und 5 Tonnen Gips, ferner für Maschinenreparaturen 2 Tonnen Eisen sowie 30 Glühbirnen, hatte jedoch keinerlei Zuweisungen erhalten. Dringend benötigt wurden auch Holzfaser-Weichplatten, Breitkopfnägel sowie Dachpappe und Klebemasse für Dachreparaturen, um die neuen Fabrikhallen fertigzustellen und heizbar zu machen. Zusätzlicher Bedarf bestand an Hilfs- und Betriebsmitteln wie Treibriemen und vor allem Bekleidung und Ausrüstung für Arbeitskräfte. Kemmler fehlten nach eigenen Angaben 42 Arbeitsanzüge, 33 Paar Arbeitsschuhe sowie 21 Fahrradbereifungen. Dazu kam der Arbeitskräftemangel. Kemmler bezifferte bei einer Beschäftigtenzahl von 23 Fachkräften und 19 Hilfsarbeitern im abgelaufenen und laufenden Monat seinen Bedarf auf 20 zusätzliche Hilfsarbeiter. Unter dem Stichwort »Betriebsstörungen im abgelaufenen Monat« hielt er fest: »Die unzureichende Ernährung der Arbeiter und das Fehlen von Arbeitsschutzanzügen machen sich durch ein starkes Abfallen der Leistung gegenüber früher bemerkbar. Bezüglich der Produktion in Leichtbauplatten haben wir von der französischen Militärregierung in Baden-Baden eine Auflage, die wir ohne die Gestellung von mindestens zehn weiteren Arbeitskräften nicht erfüllen können.«[229]

Der Netzwerker Hans Kemmler

Von Vorteil für den Wiederaufbau der Firma war, dass Hans Kemmler sich bereits in den Jahren vor dem Weltkrieg intensiv als Netzwerker im Verbandswesen des Baustoffhandels betätigt hatte. Auch nach Kriegsende beteiligte sich Hans Kemmler an der Neubildung der Baustoffverbände in Südwestdeutschland. Zunächst hatten sich in der amerikanischen Zone am 9. Januar 1947 der Verband der Baustoffgroßhändler in Württemberg-Baden e. V. mit Sitz in Stuttgart sowie in der französischen Zone am 17. Oktober 1946 der Verband der Baustoffgroßhändler in Südbaden e. V. mit Sitz in Freiburg und im Mai 1948 die Fachvereinigung der Baustoffhändler von Süd-Württemberg und Hohenzollern mit Sitz in Reutlingen gebildet. Nach der Aufhebung des Verbots der Errichtung von Wirtschaftsverbänden über die Zonengrenzen hinweg wurden die drei Verbände am 7. Juli 1950 im Verband der Baustoffgroßhändler in Württemberg und Baden e. V. mit Sitz in Stuttgart vereinigt.[230]

Neben dem Baustoffhandelsverband entwickelte sich in Württemberg-Hohenzollern auch der in acht Fachvereinigungen gegliederte Fachverband Baustoffe (Steine und Erden) mit Sitz in Tübingen, der die Interessen der Unternehmerschaft innerhalb der Baustoffindustrie wahrnahm und als Vertragspartner der Gewerkschaften Lohntarifverträge abschloss. Eine Dachorganisation für die gesamte französische Zone bestand nicht. Innerhalb des Fachverbandes Baustoffe war Hans Kemmler seit 1946 Obmann der Fachvereinigung zementverarbeitende Industrie und setzte sich vor allem für die Belange der Betonwerke ein, indem er den ohnehin schwierigen und umkämpften Markt vor Neueinsteigern abzuschirmen versuchte. In einem Schreiben an das Referat Baustoffe der Landesdirektion der Wirtschaft vom 24. September 1946 warnte Kemmler die Behörden eindringlich vor der Gefahr, »die darin liegt, dass zurzeit eine große Anzahl von Firmen als zementverarbeitende Betriebe von Ihrer Dienststelle aus angesehen werden, die in Wirklichkeit keineswegs als Betonwerk zu bezeichnen sind«. Grundsätzlich sollten nach Hans Kemmlers Meinung nur solche Firmen anerkannt werden und die Genehmigung der Landesdirektion erhalten, »die bisher der Wirtschaftsgruppe Steine und Erden angehört haben«. Kemmler forderte die Behörden auf, Zuteilungen von Zement und damit Aufträge zur Produktion nur »an die tatsächlich anerkannten Betonwerke [...] gemäß der Dringlichkeit der herzustellenden Betonwaren und der Betriebsgröße« zu vergeben. Als Bewertungsmaßstab empfahl er, »nicht von den derzeitigen Verhältnissen auszugehen«, sondern zu berücksichtigen, »dass sich die Marktverhältnisse kurzfristig vollkommen ändern«. Er prognostizierte für die nahe Zukunft ein Nachlassen der vor allem von der französischen Besatzungsmacht nachgefragten Zementdachziegel und forderte das Referat Baustoffe auf, den anerkannten Betonwerken bereits jetzt Zementzuteilungen für die Produktion von Baustoffen wie Leichtbauplatten, Mauersteinen, Terrazzoplatten, Zementröhren, Kabelformstücke und Kaminsteine zuzuweisen, die für den Wiederaufbau dringend benötigt wurden.[231]

Am 22. Januar 1947 wurde Hans Kemmler auf Vorschlag des Referats Baustoffe vorbehaltlich der Zustimmung der Militärregierung in einen Händlerbeirat berufen, dessen Aufgabe darin bestand, das Referat bei der Aufteilung der freigegebenen Baustoffmengen auf die einzelnen Händlerfirmen zu beraten.[232] Einflussreich war dieser Beirat der Baustoffhändler aber vor allem, weil er maßgeblichen Einfluss auf die Gestaltung der Liste der Produktionsbetriebe und Baustoffgroßhandlungen nehmen konnte, die überhaupt für eine Zuteilung von Kontingenten infrage kamen. Bereits in einer Sitzung am 5. Februar 1947 war vom Referat Baustoffe und den geladenen Baustoffhändlern beschlossen worden, dass alle Zulassungsanträge neuer Baustoffhändler dem Beirat zur Begutachtung vorzulegen seien.[233] Ein

Briefwechsel aus dem Sommer 1947 gibt einen Einblick, wie dies in der Praxis aussehen konnte. Auf die Anfrage des Referates Baustoffe bezüglich der Anträge von vier Firmen auf Neuzulassung gab Hans Kemmler am 10. September 1947 an, keine Kenntnis von den genannten Firmen zu haben, und wies darauf hin, dass keine volkswirtschaftliche Notwendigkeit für die Neueröffnung von Betrieben aufgrund ungenutzter Kapazitäten der bereits vorhandenen Betriebe bestehe. Eindringlich bat er das Referat Baustoffe, Neuzulassungen nur in allerdringendsten Fällen zu gestatten.[234]

Die Mitgliedschaft und die aktive Mitarbeit in den Fachverbänden von Baustoffindustrie und Baustoffhandel waren in der unmittelbaren Nachkriegszeit für Hans Kemmler ein wichtiges Mittel, um sein Unternehmen wieder auf dem Markt zu etablieren und ihm für die Nachkriegszeit eine gute Startposition zu sichern. Dies gelang, und Kemmler hatte seine Firma trotz der völligen Zerstörung seiner Produktionsanlagen im April 1945 in den ersten Nachkriegsjahren bis zur Währungsreform gut aufgestellt. Im Jahr 1948 gehörte Pflumm & Kemmler neben P.Z.W. in Allmendingen und Rostan in Friedrichshafen zu den drei Betonwerken mit der höchsten Produktionskapazität in Württemberg.[235] Obwohl die Produktion sicherlich deutlich höhere Renditen einbrachte, war der Hauptumsatzträger der Firma wie bereits vor dem Weltkrieg der Handel mit Baustoffen verschiedenster Art, der schon 1947 annähernd das Niveau des Rekordjahres 1941 erreicht hatte. Nimmt man den auf einem gesonderten Umsatzkonto geführten Anteil der Betonfertigteile der österreichischen Firma MABA hinzu, lag der Handelsumsatz 1947 sogar höher als 1941. Im ersten Halbjahr 1948 übertraf der Umsatz in sechs Monaten bereits den gesamten im Jahr 1946 erzielten Umsatz.[236]

3. Entnazifizierung

Bereits während des Krieges hatten sich die Alliierten auf ein umfassendes Entnazifizierungskonzept geeinigt, das eine Demilitarisierung und eine Demokratisierung der Gesellschaft ebenso wie eine Dezentralisierung und eine Dekartellierung der Wirtschaft vorsah. Kernstück der Entnazifizierungspolitik der Westmächte stellte die personelle Säuberung dar, die am intensivsten in der amerikanischen Besatzungszone gehandhabt wurde. Nach der Direktive Nr. 24 des Alliierten Kontrollrates vom 12. Januar 1946 sollten alle »Nationalsozialisten und Personen, die den Bestrebungen der

Alliierten feindlich gegenüberstehen«, aus allen öffentlichen und halböffentlichen Ämtern sowie aus verantwortlichen Stellungen in privaten Unternehmen entfernt werden. Die Dimension dieses Vorhabens mag die Tatsache verdeutlichen, dass etwa acht Millionen Deutsche der NSDAP und weitere vier Millionen verschiedenen nationalsozialistischen Unterorganisationen angehört hatten – etwa ein Fünftel der Bevölkerung Deutschlands hätte überprüft werden müssen.

Nach zahlreichen Verhaftungen und Internierungen in den ersten Nachkriegsmonaten begannen die westlichen Siegermächte 1946 mit der Ausgabe von Fragebogen an jeden Deutschen über 18 Jahren. Im Kern glichen sich die Verfahren in der amerikanischen, britischen und französischen Zone. Jeder Befragte musste in verschiedenen Rubriken genaue Informationen über persönliche Daten, politische Betätigung, Mitgliedschaft in Organisationen, Bildungsstand, Berufsleben, Vermögensverhältnisse und Auslandsaufenthalte geben. Auf der Basis dieses Meldebogens wurde gegen belastete Personen durch Ausschüsse oder Spruchkammern, die in allen Stadt- und Landkreisen gebildet wurden, Anklage erhoben. Die Beschuldigten wurden in fünf Hauptkategorien – Hauptschuldige, Schuldige Belastete, Minderbelastete, Mitläufer, Entlastete – eingeteilt und mit entsprechenden Strafen belegt.[237]

In Württemberg war die Entnazifizierung erst nach Konsolidierung des amerikanischen und des französischen Besatzungsgebiets im Herbst 1945 in Gang gekommen. In der französischen Zone hatte die Militärregierung nach den Entnazifizierungsrichtlinien der französischen Besatzungsmacht am 18. Oktober 1945 zunächst in jedem Kreis Untersuchungsausschüsse zur Überprüfung der öffentlichen Verwaltung und der Wirtschaft gebildet, die Ermittlungen einleiten, Belastungsmerkmale feststellen und Sanktionsvorschläge erarbeiten sollten. Weitergegeben wurden diese Vorschläge an eigens gebildete Säuberungskommissionen, die erstmals im Februar 1946 zusammentraten. Auf der Grundlage des von den Kreisuntersuchungsausschüssen übergebenen Materials entschieden die Säuberungskommissionen über die zu verhängenden Sanktionen. Um für eine Vereinheitlichung der Strafmaßnahmen und eine ausgewogene Zusammensetzung aller Säuberungsorgane zu sorgen, ordnete die französische Militärregierung am 18. März 1946 die Bildung eines politischen Säuberungsrats aus Vertretern der zugelassenen politischen Parteien an.

Schon zwei Monate später wurde das Verfahren grundlegend verändert und ein spezifisches südwürttembergisches Entnazifizierungsmodell geschaffen. Auf der Grundlage der Rechtsanordnung zur politischen Säuberung vom 28. Mai 1946 änderte die französische Besatzungsmacht, die im Vergleich zu den Amerikanern einem pragmatischeren Ansatz folgte, das Entnazifizierungsverfahren um in ein reines Verwaltungsverfahren. Als dessen oberste Instanz wurde ein Staatskommissariat für politische Säuberung mit Sitz in Reutlingen eingerichtet, zu dem auch ein politischer Beirat gehörte. Die weiterhin bestehenden Säuberungskommissionen besaßen fortan keine Entscheidungsbefugnis mehr und konnten nur noch Sanktionsvorschläge unterbreiten. Das Staatskommissariat hatte zudem die Möglichkeit, bei Vorlage neuer Beweise eine Wiederaufnahme bereits abgeschlossener Verfahren anzuordnen. Am gründlichsten betraf die Entnazifizierung nach dem Verwaltungsverfahren in Württemberg-Hohenzollern die öffentliche Verwaltung, weniger intensiv verlief die politische Säuberung der Wirtschaft. Nur in wenigen Ausnahmefällen wurden drastische Sanktionen wie der Einzug des gesamten Vermögens oder Berufsverbote verhängt.

Am 25. April 1947 wurde das Entnazifizierungsverfahren in den westlichen Besatzungszonen vereinheitlicht und das Spruchkammersystem nach amerikanischem Vorbild auch in der französischen Zone eingeführt. Die Spruchkammern trafen auf der Grundlage der Ergebnisse der Kreisuntersuchungsausschüsse Entnazifizierungsurteile oder unterzogen die Urteile der südwürttembergischen Entnazifizierungsgremien einer Revision, wobei sowohl der Staatskommissar für die politische Säuberung als auch die französische Militärregierung ein Einspruchsrecht besaßen. Im Ergebnis führte dies allerdings zur Umwandlung oder gar Aufhebung nahezu aller Säuberungsmaßnahmen des vorherigen, nur in Württemberg-Hohenzollern praktizierten Verwaltungsverfahrens. Als Folge wurden sehr viele »Minderbelastete« in die Gruppe der »Mitläufer« zurückgestuft. Die Spruchkammern, die spöttisch auch als »Mitläuferfabriken« bezeichnet wurden, folgten einem nach 1948 einsetzenden allgemeinen Rehabilitierungstrend – der häufig verwendete Begriff des »Persilscheins« gibt davon beredtes Zeugnis. Kaum ein Beschuldigter wurde dauerhaft vom politischen oder wirtschaftlichen Leben ausgeschlossen.[238]

Die Entnazifizierung krankte an der generellen Schwierigkeit, individuelle Schuld zu ermitteln und zu beurteilen, noch dazu systematisch durch Methoden bürokratisch-formalistischer Erfassung wie Fragebögen. Nach Meinung vieler Deutscher entsprach das Kategoriensystem der Alliierten nicht der Lebenswirklichkeit des Dritten Reiches. An der Einstellung der deutschen Bevölkerung änderte die Entnazifizierung sicherlich nichts, und merkliche Auswirkungen auf die Sozialstruktur sind ebenfalls nicht festzustellen. Nach Gründung der Bundesrepublik beschloss der Deutsche Bundestag am 15. Dezember 1950 schließlich Richtlinien für eine einheitliche Ländergesetzgebung und leitete damit den formellen Abschluss der Entnazifizierungsverfahren ein.[239]

Die Entnazifizierungsverfahren von Johannes, Hans und Oskar Kemmler

Auch Johannes Kemmler und seine beiden Söhne Hans und Oskar mussten sich Entnazifizierungsverfahren unterziehen. Bei Johannes Kemmler lag der Fall relativ einfach, hatte er sich doch niemals in irgendeiner Form politisch betätigt und war niemals Mitglied der NSDAP oder anderer nationalsozialistischer Organisationen gewesen. Während beider Weltkriege war er darüber hinaus vom Militärdienst freigestellt gewesen, 1914 bis 1918 wegen Unentbehrlichkeit als Unternehmer, 1939 bis 1945 wegen seines fortgeschrittenen Alters. Das Urteil des zuständigen Kreisuntersuchungsausschusses freie Wirtschaft Tübingen vom 7. März 1946 verwundert daher nicht: Johannes Kemmler wurde als politisch nicht belastet eingestuft und keinerlei Sühne- oder Vorbeugungsmaßnahmen unterworfen.[240]

Schwieriger zu beurteilen waren seine beiden Söhne. Hans Kemmler war nach eigenen Angaben noch im Mai 1933 als Student in Tübingen der NSDAP beigetreten, da er sich, wie er sagte, »aufgrund des Parteiprogramms eine soziale und wirtschaftliche Besserung versprochen hatte«. Eine Parteimitgliedschaft konnte allerdings vom Berlin Document Center im Bundesarchiv in Berlin nicht bestätigt werden.[241] Zudem war er seit 1939 Mitglied der Deutschen Arbeitsfront (DAF), von 1935 bis 1938 förderndes Mitglied des Nationalsozialistischen Kraftfahrkorps (NSKK) sowie von 1938 bis 1945 Mitglied des NS-Altherrenbundes. An seinem Wohnort in der Waldhäuserstraße in Tübingen übernahm er von 1941 bis 1943 die Stellung des stellvertretenden Blockleiters und war als solcher zuständig für den Einzug der Mitgliedsbeiträge, die Unterbringung von Evakuierten sowie für Luftschutzfragen.

Sich selbst beschrieb Hans Kemmler in einer ergänzend zum Fragebogen eingereichten persönlichen Stellungnahme als »politisch völlig uninteressiert«.[242] Weder habe er selbst ein Parteiabzeichen getragen noch ein Parteibuch besessen. Darüber hinaus habe auch sein Betrieb keine nationalsozialistischen Auszeichnungen oder Anerkennungen erhalten. Zu seiner Entlastung verwies Hans Kemmler darauf, dass er »Nichtparteigenossen« und Gegner des Nationalsozialismus in seinem Betrieb keineswegs benachteiligt habe, sondern dass er im Gegenteil einen seiner Mitarbeiter »vor schwerster Bestrafung durch die Gestapo« bewahrt habe. Diese Angabe wurde durch die in der Akte enthaltene Aussage des betreffenden Mitarbeiters untermauert, der sich im Sommer 1944 despektierlich über den Nationalsozialismus geäußert hatte. Hans Kemmler, dem diese Kritik in seiner Eigenschaft als Betriebsführer gemeldet worden war, unterließ zunächst die Weiterleitung an die entsprechenden Stellen. Als der Vorfall über DAF und NSDAP-Kreisleitung doch an die Gestapo weitergegeben wurde, die gegen den betreffenden Mann bereits wegen einer anderen systemkritischen Äußerung in der Öffentlichkeit ermittelte, wirkte Kemmler auf die als Zeugen zu vernehmenden Arbeitskollegen des Beschuldigten ein, in ihren Aussagen ungenaue Angaben zu machen, sodass das Verfahren am Ende aus Mangel an Beweisen niedergeschlagen werden musste.

Weitere entlastende Aussagen waren dem Fragebogen beigefügt: In einer Stellungnahme bescheinigten zwei weitere Mitarbeiter Kemmler ein »gutes Einvernehmen« mit seiner Belegschaft, außerdem hätten Nichtparteimitglieder im Betrieb niemals Benachteiligungen erfahren. Ferner bestätigte ein langjähriger leitender Angestellter, Hans Kemmler habe sich nie aktiv nationalsozialistisch betätigt und darüber hinaus in häufigen Unterredungen scharfe Kritik an der nationalsozialistischen Politik und ihren Führern geübt. Untermauert wird diese Aussage mit dem Hinweis auf immer wiederkehrende Differenzen Kemmlers mit der örtlichen Parteileitung und speziell dem Kreisleiter der NSDAP in Tübingen Hans Rauchschnabel, die einmalig zu einem Bußgeld sowie zu einer zeitweisen Sperrung der Firma für öffentliche Aufträge geführt hatten. Die bereits zitierte polnische Zwangsarbeiterin sprach von guter Behandlung und Verpflegung – was natürlich am Zwangscharakter der Arbeit nichts ändert, aber zumindest als Indiz für einen nicht von Misshandlungen und Unterernährung geprägten Aufenthalt der ausländischen Arbeitskräfte auf dem Firmengelände in der Reutlinger Straße gewertet werden kann.

Der Untersuchungsausschuss des Kreises für die politische Überprüfung der Wirtschaft formulierte zu Beginn des Verfahrens am 11. März 1946 den Vorwurf, die Firma Pflumm & Kemmler sei aufgrund der Parteimitgliedschaft Hans Kemmlers und seiner Tätigkeit als Obmann der Fachgruppe Baustoffe für Württemberg wirtschaftlich bevorzugt worden. Dem entgegnete Kemmler in einer persönlichen Stellungnahme, auf die Kontingentverteilung von Baustoffen keinen Einfluss gehabt zu haben. Das Alleinverkaufsrecht für Eternit in Württemberg habe bereits seit 1930 bestanden, alle anderen Baustoffe seien nur im Rahmen der Baustoff-Kartellverträge und während des Krieges im Rahmen von Aufträgen mit Bezugsberechtigung erworben und gehandelt worden.

In seiner abschließenden Sitzung folgte der Säuberungsausschuss am 29. August 1946 im Wesentlichen den Argumenten Kemmlers und begründete seine Entscheidung damit, dass Hans Kemmler »als politisch unreifer junger Mann der NSDAP schon im Jahr 1933 beigetreten« sei, aber dennoch nicht »als Förderer des Nationalsozialismus angesehen werden« könne. Auch habe er durch seine Parteimitgliedschaft keine wirtschaftlichen Vorteile erlangt. Auf Sühnemaßnahmen finanzieller Art wurde im Hinblick auf die Zerstörungen des Betriebsgeländes im April 1945 verzichtet. Der abschließende, vom Staatskommissar für die politische Säuberung am 19. Dezember 1947 ausgefertigte Entscheid legte Hans Kemmler schließlich eine Geldbuße von 2000 Reichsmark auf und versagte ihm das passive Wahlrecht für die Dauer von drei Jahren bis zum 29. Juni 1950.[243] Dieses Urteil erfuhr im Spruchkammerverfahren am 17. September 1948 eine nochmalige Abschwächung. Hans Kemmler wurde als Mitläufer ohne Auferlegung von Maßnahmen eingestuft.[244]

In einen Menschen hineinzusehen ist stets nur bedingt möglich, und anhand jahrzehntealter Akten auf seine wirkliche politische Gesinnung zu schließen, noch schwieriger – vor allem in Anbetracht des Fehlens aussagekräftiger, von Hans Kemmler verfasster privater Briefe oder Tagebücher. Bemerkenswert sind in diesem Punkt allerdings einige frühe Erinnerungen von Hans Kemmlers Kindern: So kam es wohl mehrfach zu heftigen Auseinandersetzungen über politische Themen zwischen Hans Kemmler und einem nahen Verwandten, der der SS angehörte. Ebenso räumte Kemmler nach dem Krieg seinen Eintritt in die NSDAP immer offen als großen Fehler ein, was in den 1950er Jahren sicherlich nicht üblich war.[245] Nicht zu leugnen ist jedoch die Tatsache, dass Hans Kemmler durch seine Verbandstätigkeit in den 1930er Jahren und nicht zuletzt durch sein Engagement in der Kriegswirtschaft am nationalsozialistisch organisierten Wirtschaftsleben aktiv partizipiert hat – man denke an seine Beteiligung an der Planung eines Gesamtlagers für Zwangsarbeiter in Tübingen oder an die Unterbringung von Zwangsarbeitern auf seinem Firmengelände. Sollte er Bedenken moralischer Art schon vor 1945 gehabt haben, so hielten ihn diese zumindest nicht davon ab, sich insoweit mit der Diktatur zu arrangieren, dass das

Überleben seines Unternehmens gewährleistet war. Dies mag, wenn man seiner Selbsteinschätzung als »unpolitisch« folgt, auch Hauptmotiv seines Handelns zwischen 1933 und 1945 gewesen sein.

Hans Kemmlers Bruder Oskar wurde im Beschluss der Spruchkammer Stuttgart ebenfalls als Mitläufer eingestuft. Das gesamte Verfahren wurde der Amnestiegesetzgebung folgend am 31. Dezember 1947 eingestellt. Oskar Kemmler gab an, 1936 einen Antrag auf Aufnahme in die NSDAP gestellt und der Partei bis 1938 angehört zu haben. In der Mitgliedskartei der NSDAP wurde er jedoch unter der Nummer 2.871.311 seit dem 1. Mai 1933 geführt. Laut Meldung des Gaus Württemberg wurde seine Mitgliedschaft im Januar 1940 aufgrund seines unbekannten Aufenthaltsorts gestrichen.[246] Anderen nationalsozialistischen Organisationen gehörte Oskar Kemmler nicht an. Von 1939 bis 1945 war er als Pionier der Wehrmacht an verschiedenen Einsatzorten, unter anderem in Russland. Laut Bescheinigung der Kriminalpolizei Tübingen sowie des NSDAP-Zellenleiters und des Hausbesitzers der Wohnung, die Oskar Kemmler nach seinem Umzug von Tübingen nach Stuttgart 1938 bewohnt hatte, war er niemals durch politische Aussagen oder durch Bekenntnisse zum Nationalsozialismus aufgefallen.[247]

Über Oskar Kemmlers politische Einstellung und sein Verhältnis zum Nationalsozialismus wissen wir mangels überlieferter persönlicher Quellen noch weniger als bei seinem Bruder Hans. Sicher ist, dass er sich intensiv um die Entnazifizierung seiner Person bemühte. Wie er in seiner Erklärung an das Entnazifizierungskomitee Stuttgart am 29. Dezember 1945 anführte, plante er nach der Entlassung aus dem Militärdienst, sich als Baustoffhändler in Stuttgart selbstständig zu machen. Im Jahr 1946 pachtete er dort das Sandwerk Botnang. Die dafür eingetragene Firma trug allerdings zunächst den Namen »Betonwaren & Sandwerk Johannes Kemmler, Stuttgart«, da Johannes Kemmlers Entnazifizierungsverfahren bereits am 7. März 1946 abgeschlossen war, während Oskar Kemmler auf Grundlage der vorgelegten Unterlagen am 2. Februar 1946 lediglich eine vorläufige Arbeitserlaubnis erhalten hatte und sein Verfahren erst zum 31. Dezember 1947 endgültig eingestellt wurde.

Das Sandwerk Botnang stellte sich allerdings als unternehmerischer Misserfolg heraus. Nach einem seit April 1947 andauernden mehrmonatigen Streit mit der zuständigen Preisbildungsstelle des Wirtschaftsministeriums über den festzulegenden Selbstkostenpreis für den von ihm vertriebenen Gipser- und Maurersand beendete Oskar Kemmler seine Tätigkeit als selbstständiger Baustoffunternehmer in einem völligen Fiasko.[248]

4. Währungsreform und Wirtschaftswunder

Am 21. Juni 1948 wurde in den westlichen Besatzungszonen im Zuge der Währungsreform die Deutsche Mark eingeführt. Die Reform vollzog einen gewaltigen Geldschnitt, indem Geld und monetäre Ansprüche auf Beträge von höchstens einem Zehntel zusammengestrichen wurden. Die Geldpolitik des Dritten Reiches hatte zu einer erneuten Totalentwertung der deutschen Währung geführt – was allerdings von der breiten Öffentlichkeit kaum bemerkt worden war, da im Gegensatz zu den frühen 1920er Jahren die Reichsmark vom internationalen Währungsmarkt abgekoppelt und die Preise bereits vor Kriegsbeginn künstlich eingefroren worden waren. Nach anfänglicher Skepsis und Widerstand in der deutschen Bevölkerung gegen die von den Alliierten verordnete Währungsreform wurde die neue Währung zum Katalysator für das Wirtschaftswunder des kommenden Jahrzehnts. Geld wurde knapp und damit wertvoll und begehrt, sodass ein neuer Anreiz für Produktion und auch für Erwerbstätigkeit geschaffen wurde – deutlich zu erkennen am sprichwörtlichen »Schaufenstereffekt« des Sommers 1948, als man in den Auslagen der Geschäfte unvermittelt wieder Waren sehen und vor allem kaufen konnte, die in den Jahren zuvor nur auf dem blühenden Schwarzmarkt mit seinen Ersatz- und Tauschwährungen erhältlich waren. Dieser psychologische Effekt trug zum raschen Verstummen der Kritik in der Bevölkerung bei.[249]

Mit der Verkündung des Grundgesetzes durch den Parlamentarischen Rat am 23. Mai 1949 entstand die Bundesrepublik Deutschland. Vor dem Hintergrund der zunehmenden Polarisierung der Welt und des beginnenden Kalten Krieges entwickelten die Vereinigten Staaten zur Unterstützung der unter den Kriegsfolgen leidenden westeuropäischen Länder bereits 1947 mit dem sogenannten Marshallplan ein umfassendes europäisches Wiederaufbauprogramm (European Recovery Program), von dem vor allem in Westdeutschland eine enorme psychologische Signalwirkung ausging. Die Ankündigung von Rohstofflieferungen im Rahmen des Marshallplans und die bloße Perspektive einer Wiedereingliederung der auf Außenhandel angewiesenen Bundesrepublik in den Weltmarkt führten dazu, dass bis dahin gehortete Rohstoffe und Materialien dem Produktionsprozess wieder zugeführt wurden. Dies führte zu einer sofortigen Erhöhung des Konsumangebots, was wiederum mehr Konsum und weitere Produktionssteigerungen nach sich zog.

Seit 1950 befand sich die Bundesrepublik in einem rasanten Wirtschaftsaufschwung. Nachdem die Schäden aus Weltwirtschaftskrise, Diktatur und Weltkrieg behoben waren, erschloss sich der junge Staat seit den 1950er Jahren vor allem die westeuropäischen Märkte. Politisch setzte die Bundesregierung unter Konrad Adenauer auf eine entschiedene wirtschaftliche, politische und militärische Westintegration. Die 1951 gegründete Europäische Gemeinschaft für Kohle und Stahl bildete die Grundlage für die wirtschaftliche Zusammenarbeit der westeuropäischen Staaten, die 1957 in den Römischen Verträgen mit der Begründung der Europäischen Wirtschaftsgemeinschaft und der Europäischen Atomgemeinschaft fortgesetzt wurde und den Grundstein für die Aussöhnung Deutschlands mit seinen westlichen Nachbarn, vor allem mit Frankreich, legte. Auf der Grundlage der Pariser Verträge trat die Bundesrepublik am 9. Mai 1955 der NATO bei. Der revidierte, ursprünglich bereits 1952 geschlossene Deutschlandvertrag beendete das Besatzungsregime und machte Westdeutschland zum souveränen Staat.

In Südwestdeutschland wurden durch die Volksabstimmung vom 9. Dezember 1951 die von den Besatzungsmächten 1945 eingeteilten Länder Baden, Württemberg-Baden und Württemberg-Hohenzollern zum neuen Südweststaat Baden-Württemberg vereinigt. Seit 1947 war Tübingen Hauptstadt von Württemberg-Hohenzollern gewesen. Allerdings hatte man die Teilung Württembergs gerade im französisch besetzten Süden als echten Nachteil empfunden. Der Wunsch nach ihrer Überwindung kam unter anderem in der Selbstbezeichnung der Tübinger Regierung als »Staatssekretariat« und der Minister als »Landesdirektoren« zum Ausdruck, was den vorläufigen Charakter der Regierung in Tübingen verdeutlichen sollte. Bei der Volksabstimmung über die Gründung Baden-Württembergs stimmten 91,6 Prozent der Tübinger Wähler für den Zusammenschluss der drei südwestdeutschen Staaten.

Allgemein profitierten die Unternehmen von der Währungsreform, da der zuvor befürchtete Nachfragerückgang weitgehend ausblieb. Zudem schaffte die neue stabile Währung wieder Anreiz zur Erwerbstätigkeit gegen Lohn. Dies beseitigte rasch den in den ersten Nachkriegsjahren allgegenwärtigen Mangel an Arbeitskräften und wurde zur Basis des mit den Jahren wachsenden Wohlstandes. Für die Baustoffbranche in Württemberg brachte der Sommer 1948 neben der Währungsreform die Aufhebung der Baustoffbewirtschaftung, mit der die französische Militärregierung am 23. Juli 1948 der entsprechenden Maßnahme in der britisch-amerikanischen Bizone gefolgt war. Die Bekanntgabe dieser Entscheidung durch das Wirtschaftsministerium Württemberg-Hohenzollerns am 8. September 1948 führte unmittelbar zu einem Ansteigen der Produktion der Baustoffindustrie in der zweiten Jahreshälfte – ein Aufwärtstrend, der selbst durch die weiterhin bestehenden Schwierigkeiten bei der Kohleversorgung und den Arbeitskräftemangel zur Erntezeit nicht mehr wesentlich aufgehalten wurde.[250] Auch für die Betonindustrie verbesserte sich die Lage nach Aufhebung der Baustoffbewirtschaftung durch die französische Militärregierung zusehends.

Das Leistungsprogramm der Firma Pflumm & Kemmler umfasste nach der Währungsreform im Sommer 1948 wieder die Aktivitäten der Vorkriegszeit: Fabrikation, Handel und Ausführung. Den Schwerpunkt bildete zunächst die Produktion. Wieder aufgenommen wurden die Herstellung von Betonwaren, vor allem von Rohren, sowie die auch schon unter Johannes Kemmler bestehende Kunststeinfertigung. Dazu begann Hans Kemmler mit der Produktion von Spannbetonträgerdecken und den zugehörigen Deckensteinen. Äußerst viel Raum benötigte auch die Herstellung von Bimshohlblocksteinen. Die im Auftrag der französischen Besatzungsmacht aufgenommene Leichtbauplattenproduktion behielt Hans Kemmler bei. Auch die Herstellung von Sanitärtrennwänden aus Eternit, die vor dem Zweiten Weltkrieg durch einen Subunternehmer betrieben worden war, wurde nach der Währungsreform 1948 in Eigenregie wieder aufgenommen und ebenfalls auf dem Gelände in der Reutlinger Straße untergebracht.

Nach der Währungsreform reaktivierte Hans Kemmler den Standort Stuttgart und gründete die eigenständige Tochterfirma Hans Kemmler Baustoff-GmbH Stuttgart. Anders als vor dem Zweiten Weltkrieg sollte sich diese Niederlassung aber nicht auf ein reines Verkaufsbüro beschränken. Auf einem von der Stadt gepachteten Gelände in Stuttgart-Untertürkheim in direkter Nachbarschaft zu Daimler-Benz wurden ein Bürogebäude und eine Lagerhalle errichtet. Die Leitung der eigenständigen Niederlassung übernahm als Geschäftsführer der bereits vor dem Zweiten Weltkrieg für Kemmler in Stuttgart tätige Karl Fritz. Aufgrund der starken Zerstörungen des Tübinger Betriebsgeländes musste die Stuttgarter Niederlassung ohne nennenswerte Starthilfe auskommen. Einzig die in Tübingen während des Krieges als Kriegsgefangenenunterkunft verwendete Baracke sowie ein Lkw wurden nach Stuttgart abgegeben. Nach dem Eintrag ins Handelsregister am 1. April 1949 nahm die Niederlassung ihre Geschäftstätigkeit mit fünf Angestellten, 17 Plattenlegern und Lagerarbeitern sowie einem Fahrzeugbestand von einem Lkw und zwei Volkswagen auf.

Nachdem die Stadt Stuttgart 1954 den Pachtvertrag gekündigt hatte, zog die Hans Kemmler Baustoff-GmbH in einen selbst errichteten Neubau auf einem von der Bundesbahn gepachteten Gelände in der Mercedesstraße in Bad Cannstatt um und konnte nach und nach ihren Marktanteil auf dem umkämpften Stuttgarter Markt erhöhen. Als Spezialist für Eternit konnte man bereits auf Erfahrungen aus der Zeit vor dem Zweiten Weltkrieg zurückgreifen. Nach 1949 unterhielt die Hans Kemmler Baustoff-GmbH in Stuttgart ein großes Lager für Eternit und knüpfte enge dauerhafte Verbindungen zu Dachdeckern und Zimmerleuten. Eine ähnliche Entwicklung konnte auf dem Kaminsektor angebahnt werden. Für den Kaminhersteller Plewa übernahm die Hans Kemmler Baustoff-GmbH das Auslieferungslager für Nord-Württemberg. Als dritte Spezialisierung entwickelte sich das Platten- und Fliesengeschäft, in dem man sich ebenfalls bereits vor dem Zweiten Weltkrieg etabliert hatte und das nach 1949 als Fliesenhandel wie auch als Ausführungsbetrieb mit eigenen Fliesenlegern geführt wurde.

Kurz vor seinem Unfall 1956 vollzog Hans Kemmler noch den Kauf einer weiteren Niederlassung in Münsingen. Sein Hauptmotiv hierfür war allerdings, die 1952 eingeführte Werkfernverkehrssteuer zu umgehen und so das während der Besatzungszeit aufgenommene Transportgeschäft für die Zementwerke im Blautal rentabel weiterzuführen. Der Baustoffhandel war in Münsingen zunächst nur sekundäres Ziel und wurde erst unter Peter Kemmler weiter ausgebaut.

Hans Kemmler führte die Firma durch die schweren Jahre von Weltkrieg, Besatzungsherrschaft und Wiederaufbau. Seine bereits in den 1930er Jahren intensiv betriebene Verbands- und Netzwerkarbeit bewährte sich vor allem unter den Bedingungen des kontingentierten Marktes unter der französischen Besatzungsherrschaft, während der es ihm gelang, die durch den Luftangriff völlig zerstörte Firma wiederaufzubauen und durch seine bedachte und vorsichtige Unternehmensführung als wichtigen Betonwarenproduzenten und Baustoffhändler in Württemberg zu etablieren. Von 757 556 D-Mark im Jahr 1949 konnte Hans Kemmler den Jahresumsatz seiner Firma, abgesehen von einem kleinen Rückgang 1954, kontinuierlich bis auf 2,5 Millionen D-Mark im Jahr 1955 steigern. Im Jahr 1959 erreichte die Firma Pflumm & Kemmler einen Jahresumsatz von 4,5 Millionen D-Mark und hatte diesen damit seit 1949 versechsfacht. Das Unternehmen leitete zu diesem Zeitpunkt infolge eines Schicksalsschlags allerdings nicht mehr Hans Kemmler, sondern sein Sohn Peter.

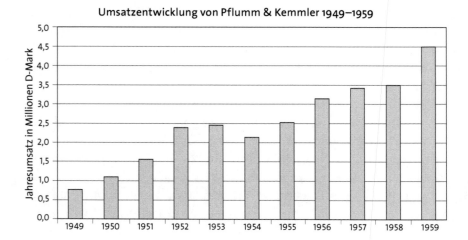

Durch die Erfahrung der 1930er und 1940er Jahre war Hans Kemmler ein vorsichtiger Mensch geworden und auch ein vorsichtiger Unternehmer. Heinz Duppel, der seit 1953 bei Pflumm & Kemmler die Eternit-Abteilung leitete, erinnert sich, dass Kemmler auch in der Hochstimmung des »Wirtschaftswunders« während der 1950er Jahre die notwendigen Investitionen für das laufende Jahr, die er bis dahin aus Vorsicht unterlassen hatte, erst durchführte, »wenn er nach den Sommerferien sicher war, diese Investitionen solide finanzieren zu können«.[251]

V. Wachstum und Spezialisierung
Die Ära Peter Kemmler *(Vierte Generation)*

1. Der Schicksalsschlag: Hans Kemmlers Unfall

Gerade als die wirtschaftliche Lage in Deutschland versprach, nach Weltkrieg und Besatzungszeit wieder besser zu werden, sahen sich Familie und Unternehmen Kemmler völlig unerwartet in eine äußerst kritische Lage versetzt. Im Jahr 1956 stürzte Hans Kemmler auf einer Baustoffhändlertagung in Ulm in einen ungesicherten Fahrstuhlschacht und überlebte zwar schwer verletzt, doch war er fortan querschnittsgelähmt an den Rollstuhl gefesselt – im Alter von gerade einmal 47 Jahren. Ein jahrelanger Aufenthalt in verschiedenen Kliniken sollte folgen, zuerst in Ulm, dann in Tübingen. Die starken Medikamente, vor allem das gegen die Schmerzen verabreichte Morphium, hinterließen ihre Wirkung, und die Tatsache, nicht mehr selbstständig mobil zu sein, belastete Hans Kemmler, der bis dahin ein sehr aktives Leben geführt hatte, auch psychisch schwer.

Durch den Unfall war Hans Kemmler praktisch nicht mehr in der Lage, sein Unternehmen zu leiten. Dennoch kämpfte er sich in den Alltag zurück. Aufopfernd betreut durch seine Frau Ilse, mithilfe seiner Familie und nicht zuletzt auch mit der Unterstützung seines Fahrers Fritz Waiblinger eroberte er sich nach und nach eine gewisse Mobilität zurück. Er nahm wieder am gesellschaftlichen Leben teil, wirkte im Verein für Querschnittsgelähmte mit und unternahm sogar mehrere Fernreisen. Im Oktober 1969 erhielt er das Bundesverdienstkreuz 1. Klasse.

Auf Drängen seines Sohnes Peter kehrte Hans Kemmler einige Jahre nach seinem Unfall sogar punktuell in das Unternehmen zurück, soweit es ihm gesundheitlich möglich war. Der Schreibtisch seines Vaters in der Firma war, wie sich sein Sohn Peter erinnert, seit seinem Unfall zunächst im gleichen Zustand verblieben und nach einigen Jahren »total verstaubt«

Hans Kemmler an seinem 60. Geburtstag im Rollstuhl sitzend mit seiner Frau Ilse und seinem Sohn Peter, der ihm das Modell einer Skulptur für das Firmengelände überreicht, die allerdings nie realisiert wurde

gewesen. Auch während der jahrelangen Abwesenheit Hans Kemmlers war sein Büro in der Firma das »Chefzimmer« geblieben, das »auch bewusst nicht verändert worden war, um das Bewusstsein aufrechtzuerhalten, dass der Chef jeden Tag wiederkommen könnte«.

Vor allem den Tag, als sein Vater Hans zum ersten Mal wieder in die Firma kam, empfindet Peter Kemmler im Rückblick als menschlich dramatisch: »Ich habe lange versucht, meinen Vater zu überreden, wieder in die Firma zu gehen. Schließlich musste ich ihn förmlich dazu zwingen. Ich sagte: ›Jetzt gehst du mal wieder in die Firma. Du musst einfach wieder arbeiten.‹ Und er wurde dann von seinem Fahrer in die Firma gefahren. In seinem Büro angekommen, sah er auf seinem Schreibtisch einen Stapel von Akten, die unverändert und inzwischen total verstaubt waren. Da war er natürlich nervlich völlig fertig und sagte: ›Was soll ich da jetzt tun?‹ Dann habe ich ihm die ganzen Akten auf den Boden geschmissen und Herrn Waiblinger gesagt, er soll ihm eine Akte nach der anderen auf den Tisch legen, da mein Vater sich ja selbst nicht mehr bücken konnte. Und er soll sagen, was damit passiert. Das war nach seinem Unfall sein erster Tag in der Firma.«[252]

Auch wenn es nicht zu einer vollständigen Rückkehr in die Firma kam, blieb Hans Kemmler ab diesem Moment bis zu seinem Tod 1973 der wichtigste Ratgeber für seinen Sohn Peter.

2. Bestandsaufnahme und neue Strategie

Für Pflumm & Kemmler war die Lage nach dem Unfall des Firmenchefs zunächst brandgefährlich. An der Spitze des Unternehmens zeichnete sich ein Machtvakuum ab, welches mittelfristig die Existenz der Firma bedrohte. Von Hans Kemmlers vier Kindern war der 1937 geborene zweitälteste Sohn Peter der Einzige, der schon vor dem Unfall seines Vaters den Wunsch geäußert hatte, Kaufmann zu werden. Im Mai 1956 war Peter Kemmler 19 Jahre alt und hatte gerade sein Abitur bestanden. Nur wenige Wochen später musste er völlig unvorbereitet ins kalte Wasser springen und die Führung des Unternehmens übernehmen. Doch er wagte nicht nur diesen Schritt, sondern nahm auch nebenbei wie geplant im Herbst desselben Jahres sein Studium der Volkswirtschaftslehre an der Universität Tübingen auf.

Der »Kaltstart« als Unternehmer

Zwar hatte Peter Kemmler als Jugendlicher einige Male während der Ferien in der Firma im Lager gearbeitet. Einen Einblick in die Situation und die Probleme des Unternehmens besaß er jedoch noch nicht, geschweige denn, dass ihn sein Vater für die Leitung des Unternehmens eigens vorbereitet und ausgebildet hätte. Das operative Geschäft übernahm in dieser Krisensituation der einzige Prokurist der Firma Pflumm & Kemmler, Otto Liebing – in der Erinnerung Peter Kemmlers »ein sehr solider treuer Mitarbeiter, unglaublich fleißig und total zuverlässig«.[253] Liebing war bereits 1919 noch von Johannes Kemmler eingestellt worden und hatte profunde Kenntnisse der Firma und ihrer verschiedenen Geschäftsfelder. Pflumm & Kemmler verfügte in den 1950er Jahren über eingefahrene und gut funktionierende Strukturen, was es Peter Kemmler sicherlich erleichterte, ohne kaufmännische Erfahrung die Leitung des Unternehmens zu übernehmen. Dazu kam, dass der wachsende Markt im Jahrzehnt des Wirtschaftswunders gewisse »Anfängerfehler« verzieh.[254]

Zu Beginn bestand Peter Kemmlers Rolle vor allem darin, die Kommunikation zwischen seinem Vater im Krankenhaus und Otto Liebing in der Firma herzustellen und aufrechtzuerhalten.[255] Da der Zustand seines Vaters anhaltend kritisch war, musste Peter Kemmler teils in Absprache mit seinem Vater, teils aber auch schon allein die grundsätzlichen Entscheidungen über die weitere Entwicklung der Firma treffen. Rückblickend beschreibt er die dramatische Situation für Familie und Unternehmen nach dem Unfall:

Der langjährige Prokurist Otto Liebing

»Wenn wichtige geschäftliche Entscheidungen anstanden, wurde ich eben gefragt. Und wenn ich konnte, habe ich diese Dinge mit meinem Vater besprochen. Da er phasenweise depressiv und für geschäftliche Angelegenheiten überhaupt nicht ansprechbar war, habe ich dann die Entscheidungen oft alleine getroffen.«[256]

Wichtig war auch, dass Liebing und andere leitende Mitarbeiter in der Firma schnell erkannten, dass Peter Kemmler zwar die praktische Erfahrung fehlte, er aber mit Elan daran ging, das Unternehmen strategisch neu aufzustellen. Heinz Duppel, damals Leiter der Eternit-Abteilung, erinnert sich: »Peter Kemmler wusste sicher vieles nicht, was da passierte oder wie es passierte. Aber die große Linie hat er völlig umgekrempelt. Und damit den Erfolg vorprogrammiert.«[257] Der erste Schock nach dem Unfall des Unternehmers wich nach einiger Zeit, spätestens zu Beginn der 1960er Jahre, einer Aufbruchsstimmung und dem Gefühl, der sprichwörtliche Ruck gehe durch die Organisation.

»Status quo« der Firma Pflumm & Kemmler 1956

Auf einem Luftbild aus dem Jahr 1956 lässt sich sehr gut erkennen, welche Vielzahl von verschiedenen Aktivitäten zu dieser Zeit auf dem Gelände betrieben wurde, das inzwischen eindeutig viel zu klein geworden war. Nach Hans Kemmlers Verständnis war die Firma Pflumm & Kemmler auch nach dem Zweiten Weltkrieg noch im Wesentlichen ein Produktionsbetrieb. Zur Fertigung von Betonwaren und Kunststeinen, die schon vor dem Krieg betrieben worden waren, kam die Herstellung von Spannbetonträgerdecken und der zugehörigen Deckensteine hinzu. Weiterhin bestanden große Produktionsanlagen für Bimshohlblocksteine, für die der benötigte Rohstoff Bims eigens unter hohen Kosten per Schiff und Lkw aus dem Neuwieder Becken nach Tübingen transportiert werden musste. Zusätzlich aufgebaut

Das Firmengelände in der Reutlinger Straße im Jahr 1956, eingerahmt von Schrottplatz, Güterbahnhof und dem von der französischen Armee genutzten Militärdepot[258]

hatte Hans Kemmler nach dem Zweiten Weltkrieg die Produktion von Sanitärtrennwänden unter dem Namen »Kemmlith« sowie auf Anregung der französischen Besatzungsbehörden eine Produktion von Leichtbauplatten.

Um sich die für die Betonwarenproduktion wichtigen Rohstoffe Kies und Sand zu sichern, hatte sich Hans Kemmler 1955 am Kieswerk Kühnbach in Achstetten südlich von Ulm beteiligt. Einige Jahre später folgte eine weitere Beteiligung am Schotterwerk Hermann in Genkingen auf der schwäbischen Alb. Beide Beteiligungen erfüllten die Erwartungen jedoch nur in finanzieller Hinsicht, ihr Beitrag zur Rohstoffversorgung der Betonwarenproduktion fiel hingegen kaum ins Gewicht. Da beide Beteiligungen langfristig nicht zum Kerngeschäft des Baustoffunternehmens Kemmler gehörten, wurden sie 2006 nach fünf Jahrzehnten guter Zusammenarbeit an die Gründerfamilien Kühnbach und Mayer zurückverkauft.[259]

Die Firmenstrukturen Ende der 1950er Jahre entsprachen noch immer denen unter Johannes Kemmler vor dem Zweiten Weltkrieg. Den meisten Raum auf dem Firmengelände beanspruchten die verschiedenen Produktionsanlagen. Eine wichtige Rolle spielte weiterhin der Gleisanschluss, der direkt auf das Gelände führte, zumal der nördliche Teil des Grundstücks von der Bahn lediglich gepachtet war und diese daher auf Abnahme einer bestimmten Menge an Waggonladungen bestand. Ebenfalls verdeutlicht das Luftbild die hohe Bedeutung der Lastwagen, die Hans Kemmler als wichtiges Investitionsgut betrachtete. Für sie gab es eine große Garage und eine voll ausgestattete Kraftfahrzeugwerkstatt. Daneben beschäftigte die Firma eine große Anzahl an Betriebshandwerkern. Auf dem Firmengelände waren eine große Schreinerei, eine Schlosserei sowie eine Elektrowerkstatt untergebracht. Die Buchhaltung – geleitet von einem ehemaligen Berufsoffizier – hingegen war umständlich und mitunter schlecht organisiert. So standen in der Regel überall auf dem Boden des Buchhaltungsbüros Kisten voller unerledigter Belege, erinnert sich Peter Kemmler.

Da sich Hans Kemmler selbst eher als Fabrikant denn als Baustoffhändler sah, floss der größte Teil der Investitionen in die Produktion, in der auch die meisten Mitarbeiter beschäftigt waren. Obwohl die Firma mit dem Baustoffhandel bereits einen gewichtigen Teil ihres Umsatzes erwirtschaftete, diente nur das zur Reutlinger Straße hin gelegene Drittel des Firmengeländes zur Lagerung von Handelswaren. Das wichtigste Handelsprodukt war Sackzement, der jedoch Ende der 1950er Jahre angesichts des aufkommenden Transportbetongeschäfts zunehmend an Bedeutung verlor. Die anderen Artikel des Baustoffhandels wie Isolierbaustoffe, Fliesen und Steinzeugrohre wurden zum Teil im Freien, zum Teil in mehrgeschossigen Hallen gelagert. Für Fliesen war lediglich in einer der Lagerhallen ein kleiner Musterraum ohne Tageslicht vorgesehen.

Zusätzlich zu den Produktions- und Handelsaktivitäten betätigte sich Pflumm & Kemmler auch als Transportunternehmen. Bereits unmittelbar nach dem Zweiten Weltkrieg hatte die Firma Transportaufträge für die großen Zementwerke von Schwenk und Heidelberger Zement übernommen. Aus Steinbrüchen bei Wurmlingen und Rottenburg wurden Gipssteine für die Zementproduktion nach Blaubeuren, Allmendingen oder Schelklingen transportiert. Auf dem umgekehrten Weg transportierten die Lastzüge von Pflumm & Kemmler während der alliierten Besatzungsherrschaft dringend benötigte Zuteilungen an Kalk oder Zement, später Kies und Sand aus den oberschwäbischen Kiesgebieten für die eigene Betonwarenproduktion nach Tübingen und ab 1962 nach Hirschau. Das Transportgeschäft wuchs in den Jahren des beginnenden »Wirtschaftswunders« stetig. Zeitweise pendelten bis zu acht Lastzüge von Pflumm & Kemmler zwischen Rottenburg und dem Blautal.

Das Transportgeschäft war auch der Anlass für die Gründung eines neuen Standortes in Münsingen. Mit dem Güterkraftverkehrsgesetz vom 17. Oktober 1952 nämlich hatte die Bundesrepublik Deutschland die Konzessionierung und Kontingentierung des gewerblichen Güterverkehrs auf eine neue rechtliche Grundlage gestellt. Hintergrund dieses Gesetzes war der Schutz des Schienen- und Schifffahrtsverkehrs. Daher wurde der Werkfernverkehr mit Lkw, das heißt der Werkverkehr außerhalb der Nahzone in einem Radius von 50 Kilometern um den Firmenstandort, mit einer Sondersteuer belegt. Diese Besteuerung und die Notwendigkeit zum Erwerb von Fernverkehrslizenzen hätte das Transportgeschäft für Pflumm & Kemmler auf Dauer uninteressant gemacht. Hans Kemmler entschloss sich also, einen Firmenstandort aufzubauen, der zwischen dem Blautal und den Gipsvorkommen im Raum Rottenburg lag und von dem aus die Transporte in einem Radius von 50 Kilometern durchgeführt werden konnten. 1956 fand sich mit dem Gipsergeschäft Münz & Metzger in Münsingen ein Standort in geeigneter Lage. Um nicht Gefahr zu laufen, seitens der Behörden mit dem Vorwurf einer Scheinniederlassung konfrontiert zu werden, wurde das Geschäft zur Baustoffhandlung ausgebaut. Als einige Jahre später die zunehmend als Hemmnis für die wirtschaftliche Entwicklung empfundene Werkfernverkehrssteuer wieder abgeschafft wurde, spielte der Standort Münsingen für das Transportgeschäft zwar keine Rolle mehr, wurde aber stattdessen als Niederlassung für den Baustoffhandel weiter ausgebaut.

Neben dem Fliesenhandel betätigte sich die Firma Pflumm & Kemmler auch als Handwerksbetrieb. Schon 1911 bot Johannes Kemmler das Verlegen von Fliesen und Platten als Leistung an. Nach 1945 entschied Hans Kemmler, diese Abteilung zunächst unter der Leitung von Otto Liebing wieder aufzubauen. Dieser gab die Abteilungsleitung 1962 an Hermann Hildinger ab, der Mitte der 1930er Jahre seine Ausbildung als Fliesenleger bei Pflumm & Kemmler absolviert hatte und nach der Rückkehr aus der Kriegsgefangenschaft 1948 wieder in die Firma eingetreten war. Unter Hildinger wuchs die Fliesenlegerabteilung seit Anfang der 1960er Jahre auch dank einiger Großaufträge im Zuge des Baubooms stetig an. Der Versuch, Ende der 1960er Jahre eine Fliesenleger-Filiale in Freiburg aufzubauen, wurde jedoch nach kurzer Zeit wieder aufgegeben, da die Führung eines handwerklichen Betriebs auf Distanz nicht funktionierte. Zu seiner Blütezeit in den 1970er Jahren umfasste der Fliesenlegerbereich bei Pflumm & Kemmler bis zu 50 Mitarbeiter. Im Laufe der 1980er Jahre kam die Fliesenlegerabteilung jedoch immer mehr in Konflikt mit dem Fliesenhandelsgeschäft. Schließlich sah Peter Kemmler im handwerklichen Wettbewerb mit selbstständigen Meisterbetrieben für seine Firma keine Zukunftschancen mehr. Ende 1984 stellte er deshalb das Fliesenverlegegeschäft ein.[260]

Neue Strategie: Eigenfinanziertes Wachstum und Spezialisierung

In den beiden Jahrzehnten nach dem Zweiten Weltkrieg und der daran anschließenden Wiederaufbauphase erlebten die Industrienationen Westeuropas ein »goldenes Zeitalter« mit bis dahin beispiellosem Wirtschaftswachstum. Von 1950 bis 1973 vervierfachte sich das Bruttoinlandsprodukt der Bundesrepublik nahezu, und das Pro-Kopf-Einkommen verdreifachte sich. Die durchschnittliche jährliche Wachstumsrate der realen Pro-Kopf-Produktion betrug 4,9 Prozent, im westeuropäischen Durchschnitt 3,8 Prozent. Das Wirtschaftswachstum vermehrte den individuellen Wohlstand, entschärfte dadurch gesellschaftliche Verteilungskämpfe und trug erheblich zur Stabilisierung des politischen Systems Bundesrepublik Deutschland bei. Wachstum wurde im Denken von Politikern und Unternehmern zum Synonym für Modernisierung und Fortschritt. Bis Anfang der 1980er Jahre blieb Wachstum das Leitmotiv der westdeutschen Wirtschaft und war fester Bestandteil des bundesrepublikanischen Selbstverständnisses.[261]

Auch für Peter Kemmler wurde Wachstum zum Programm. Er analysierte kritisch den Ist-Zustand der Firma und erkannte, dass nur der boomende Markt der 1950er Jahre mit seiner hohen Nachfrage nach Baustoffen auch einen suboptimal strukturierten Betrieb wie Pflumm & Kemmler prosperieren ließ. Für die Zukunft seines Unternehmens allerdings, folgerte er, sei es wenig aussichtsreich, »vieles und dabei nichts richtig zu machen«.[262] Er entschied sich daher, die gesamte Bandbreite der Aktivitäten der Firma konsequent auf ihre Zukunftsfähigkeit zu überprüfen und wenig erfolgversprechende Segmente mit der Zeit aufzugeben. Sein Ziel war es, nur Aktivitäten beizubehalten, in denen der Marktanteil in den folgenden Jahren gesteigert und in denen die Firma besser als oder zumindest ebenso gut wie der jeweilige Marktführer werden konnte.

Betroffen war von diesem Schritt in erster Linie die Produktion. Peter Kemmler hegte Zweifel an den Erfolgsaussichten der noch von seinem Vater eingerichteten Leichtbauplattenproduktion, die erst nach dem Zweiten Weltkrieg aufgenommen worden war. Bei der Herstellung von Leichtbauplatten war Pflumm & Kemmler auf einem Gebiet tätig, mit dem man in der Firma technisch wenig Erfahrung hatte. Zudem gestaltete sich der Beschaffungsmarkt für Holz äußerst schwierig. Darüber hinaus handelte es sich bei der Leichtbauplatte angesichts der Entwicklung besserer Baustoffe um ein Produkt ohne große Zukunftschancen. Peter Kemmlers erste Tat war es deswegen, diese Produktion trotz kurz zuvor neu angeschaffter

Maschinen aufzugeben. »Ich habe mir die Leichtbauplattenproduktion ein paar Wochen angeguckt und dann zugemacht«, erinnert er sich.[263] Damit vollzog er im Sinne des österreichischen Ökonomen Joseph Alois Schumpeter[264] einen Akt »schöpferischer Zerstörung«. Gleiches galt für die noch von seinem Großvater Johannes aufgebaute Kunststeinfertigung, die ebenfalls aufgegeben wurde. Bemerkenswert war auch die Entscheidung Peter Kemmlers, die sogenannte »McCracken-Rohrmaschine« stillzulegen: »Die Konstruktionsidee für diese Maschine hatte mein Onkel Oskar Kemmler aus den Vereinigten Staaten mitgebracht. Ohne konkrete Kenntnisse im Maschinenbau hatte Oskar, der Werkzeugmacher und Formenbauer war, nach seiner Rückkehr nach Tübingen diese Maschine gebaut, die allerdings zu keiner Zeit problemlos funktionierte und letztendlich überwiegend Ausschuss produzierte. Dennoch war mein Beschluss, die Maschine stillzulegen, vor allem für die Familie emotional heikel. Man hatte über die Jahre hinweg sehr viel Mühe und Herzblut investiert, um die Maschine doch noch zum reibungslosen Funktionieren zu bringen. Leider vergebens.«[265]

Abgebaut wurden in den folgenden Jahren auch die auf dem Firmengelände untergebrachten betriebseigenen Handwerkerabteilungen – die Schreinerei, die Schlosserei, die Elektrowerkstatt und auch die Kraftfahrzeugwerkstatt. In dem bis dahin als Garage genutzten Gebäude wurden fortan Büros für die wachsende Handelsorganisation eingerichtet.

Schon zu diesem frühen Zeitpunkt fällte Peter Kemmler die grundsätzliche Entscheidung, die räumlich beengten und deshalb nicht ausreichend rationalisierbaren Produktionen des Unternehmens von Tübingen weg an eigene neue Standorte zu verlegen, die bessere Entwicklungsmöglichkeiten boten. Da seit Beginn der 1960er Jahre in der Tübinger Nachbargemeinde Hirschau ein Betonwerk aufgebaut wurde, konnte 1973 die Betonwarenproduktion in Tübingen endgültig eingestellt werden. Auch die Herstellung von Sanitärtrennwänden unter dem von Peter Kemmler entwickelten Warenzeichen »Kemmlit« sollte an einen besseren Standort verlegt werden. Der Umzug von Kemmlit nach Dußlingen erfolgte aufgrund des kapitalintensiven Aufbaus des Betonwerks allerdings erst 1971.

Peter Kemmler forcierte diese Verlagerung der Produktionen an geeignetere Standorte trotz der kritischen Situation nach dem Unfall seines Vaters Hans. Von der grundlegenden Überzeugung, es sei der einzig gangbare Weg, Handel und Produktion räumlich voneinander zu trennen, um beiden Bereichen die Möglichkeit zum Wachstum zu geben, ließ er sich nicht mehr abbringen – auch nicht durch die schwierige Finanzsituation der

Firma Anfang der 1960er Jahre. Eine 1961 abgeschlossene Betriebsprüfung hatte erhebliche Steuernachzahlungen für die Jahre 1953 bis 1955 ergeben. Der Leiter des Tübinger Finanzamts teilte dieses Ergebnis Peter Kemmler sichtlich bewegt und »unter Tränen« mit, weil er befürchtete, mit dem Ergebnis seiner Buchprüfung die durch den Unfall Hans Kemmlers ohnehin schwer getroffene Firma in ihrer Existenz zu gefährden. In der Frage der Gewerbesteuernachzahlung zeigte sich die Stadt Tübingen entgegenkommend und erklärte sich mit einer einstweiligen Stundung und der späteren Nachzahlung in monatlichen Raten einverstanden.[266]

Die schwierige Liquiditätssituation der Firma zwang Peter Kemmler dazu, das benötigte Kapital zunächst über Bankkredite zu beschaffen. Das Verhalten des zuständigen Direktors der Deutschen Bank allerdings war für ihn ein einschneidendes Erlebnis, welches das Investitionsverhalten der Firma noch bis zum heutigen Tag nachhaltig beeinflusst. Kemmler erinnert sich: »Das war mein Schlüsselerlebnis als junger Mann. Dieser Bankdirektor kam, um unseren neuen Betrieb in Hirschau zu besichtigen. Er wurde von seinem blau uniformierten Fahrer in einer großen schwarzen Limousine vorgefahren und erklärte mir, dass nicht eine Schraube des Betonwerks mir gehöre und ich von nun an von seinem Wohlwollen und dem der Bank abhängig sei. Da habe ich mir geschworen, alles daran zu setzen, nie wieder in meinem Leben ein unangenehmes Bankgespräch führen zu müssen.« In den folgenden Jahrzehnten blieb Peter Kemmler bei seinem festen Vorsatz, sich so einer Situation niemals wieder auszusetzen und daher fortan alle Investitionen nicht mit Bankkrediten, sondern ausschließlich mit Eigenkapital zu finanzieren.[267] Dieser Grundsatz hat sich bis heute für die Firmen der Kemmler-Gruppe erhalten und bewährt.

Den Raum, der durch die Verlagerung der Produktionen auf dem Tübinger Betriebsgelände entstanden war, nutzte Kemmler zur konsequenten Entfaltung des Baustoffhandels. Mit dessen Entwicklungsbedingungen und Funktionen hatte er sich in seiner 1960 vorgelegten Diplomarbeit beschäftigt und sah ihn als den Bereich an, in dem das Unternehmen über besonders gute Wachstumschancen verfügte. Die Strategie zur Realisierung des Wachstums im Baustoffhandel bestand aus zwei wesentlichen Elementen: Spezialisierung und Expansion.

Peter Kemmler hatte nämlich, als er die Nachfolge seines Vaters antrat, bereits eine erfolgreiche und daher nachahmenswerte Spezialisierung vorgefunden. Durch die Übernahme des Generalvertriebs für Eternit in Württemberg Anfang der 1930er Jahre war Pflumm & Kemmler in diesem

Produktbereich eindeutiger Marktführer in Württemberg mit sehr guten Renditen geworden. Diese führende Marktposition konnte aufgrund der Wettbewerbsvorteile, die sich durch die Spezialisierung entwickelt hatten, auch nach dem Wegfall des exklusiven Vertrages mit der Eternit AG nach dem Zweiten Weltkrieg behauptet werden.

Ausgehend von dieser Erkenntnis setzte Peter Kemmler das Prinzip der Spezialisierung auch in anderen Produktbereichen um. Zunächst konzentrierte er seine Aktivitäten auf den Produktbereich Fliesen, in dem die Firma aufgrund ihrer schon seit dem Ersten Weltkrieg bestehenden Fliesenverlegeaktivitäten über ausreichende Erfahrung verfügte. Allerdings verlagerte Kemmler den Schwerpunkt eindeutig auf den Handel. Im Laufe der 1970er und 1980er Jahre etablierte sich seine Firma mit großflächigen, ästhetisch ansprechend konzipierten Fliesen-Ausstellungen sowie den auf die Herausforderung der Baumärkte reagierenden Fliesen-Märkten als Spezialist und süddeutscher Marktführer im Fliesenfachhandel.

Diese Strategie bewährte sich und führte dazu, dass sich die Firma zum »Multi-Spezialisten« entwickelte, angefangen mit den Sparten Eternit und Fliesen bis hin zur 1987 eingeführten Divisionalisierung in die sechs Bereiche Fliesen, Hochbaustoffe, Tiefbaustoffe, Gartenbaustoffe, Ausbaustoffe und Dachbaustoffe. Diese sechs Abteilungen sind heute in jedem Handelshaus von Kemmler Baustoffe zu finden.

Das zweite Kernelement von Peter Kemmlers Strategie im Bereich Baustoffhandel war eine zu diesem Zeitpunkt allenfalls vom Wettbewerber Taxis und den Konzernen Stinnes-Trefz (heute Raab Karcher) und Baywa vergleichbar praktizierte räumliche Expansion. Kemmler baute in einer ersten Expansionsphase von 1962 bis 1981 und dann wieder seit dem Jahr 2000 vor allem durch Übernahme und Ausbau bereits bestehender Baustoffhandlungen, aber auch durch vollständige Neugründungen ein Netz von 21 Niederlassungen auf.

Bemerkenswert ist in diesem Zusammenhang, dass der Wachstumskurs des Unternehmens nicht nur beibehalten, sondern sogar intensiviert wurde, als sich das gesamtwirtschaftliche Wachstum verlangsamte. Bereits Ende der 1960er Jahre zeichnete sich ein Nachlassen der Wachstumsdynamik überall in Westeuropa ab, auch in der Bundesrepublik. Der erste Wachstumsknick 1966/67 führte nicht nur zum Scheitern der Koalition unter Bundeskanzler Erhard und zur Bildung der Großen Koalition unter Kurt Georg Kiesinger. Es folgte vielmehr auch ein grundlegender Kurswechsel in der Wirtschaftspolitik und ein Übergang zur »Globalsteuerung« im Sinne der keynesianischen Theorie. Mit dem Stabilitätsgesetz von 1967 verpflichtete sich der Staat auf das »magische Viereck« der wirtschaftspolitischen Ziele: Stabilität des Preisniveaus, außenwirtschaftliches Gleichgewicht, stetiges Wirtschaftswachstum und hoher Beschäftigungsstand. Eine Verteuerung und Verknappung des Erdöls als wichtigstem Energielieferanten führten 1973 zur »Ölkrise« und zur ersten länger anhaltenden Rezession seit dem Zweiten Weltkrieg. In den nachfolgenden Jahren verringerte sich das Wachstumstempo in allen westeuropäischen Staaten nachhaltig. In der Bundesrepublik sank in den Jahren von 1974 bis 1985 die durchschnittliche Wachstumsrate des realen Bruttoinlandsprodukts pro Kopf von 3,5 Prozent zwischen 1961 und 1973 auf nur noch 1,9 Prozent. Parallel dazu stiegen Inflationsrate und Arbeitslosigkeit ebenso wie die Staatsverschuldung deutlich an. Bereits Anfang der 1970er Jahre hatte nach dem unbedingten Wachstums- und Fortschrittsglauben der Nachkriegsjahre ein Umdenken eingesetzt.[268]

Trotz dieser gedämpften wirtschaftlichen Entwicklungen und Zukunftsaussichten setzte Peter Kemmler den eingeschlagenen Kurs konsequent fort und konnte für seine Firma ein nahezu ungebrochenes Wachstum verzeichnen. Mit einem konsequenten Sortimentsmanagement wurden innerhalb der Unternehmensgruppe bestehende Stärken gezielt ausgebaut und Schwächen entweder saniert oder – wenn Kemmler das entsprechende Marktsegment als nicht erfolgversprechend beurteilte – eingestellt.

Die von seinem Urgroßvater begründete, von seinem Großvater ausgebaute und von seinem Vater weitergeführte Einzelfirma wandelte sich unter Peter Kemmler zu einer Unternehmensgruppe mit vier Geschäftsbereichen, die zwar nach wie vor mit Aktivitäten in Handel, Produktion und Ausführung breit aufgestellt ist. Die durch bewusstes Unterlassen und »schöpferische Zerstörung« deutlich konzentrierte Leistungspalette führte aber zur Möglichkeit für die Führungskräfte und Mitarbeiter, sich auf einzelne zukunftsfähige Aktivitäten konzentrieren zu können. Aus einem »Gemischtwarenladen«, also einem gewachsenen und extrem diversifizierten, ja fast schon »verzettelten« Unternehmen wurde eine Gruppe von selbstständigen und wettbewerbsfähigen Spezialbetrieben, genau wie Peter Kemmler es sich vorgestellt hatte.

Dass gerade das Unterlassen eine wichtige unternehmerische Entscheidung sein kann, zeigte sich auch in den Jahren nach 1989: Der Fall der Berliner Mauer am 9. November setzte den Vereinigungsprozess der beiden deutschen Teilstaaten in Gang, an dessen Ende die fünf neuen

Bundesländer am 3. Oktober 1990 der Bundesrepublik beitraten. Für die westdeutsche Wirtschaft bedeuteten die neuen Bundesländer nach 1990 einen interessanten Absatzmarkt, auf dem Kemmlit und Kemmler Industriebau auch prompt tätig wurden. Entgegen dem allgemeinen Trend der Branche und auch der Meinung einiger seiner leitenden Mitarbeiter[269] traf Peter Kemmler aber für den Baustoffhandel die Grundsatzentscheidung, keine Handelsfilialen in den neuen Bundesländern zu eröffnen und bei Kemmler Baustoffe stattdessen den

Peter Kemmler

Kurs eines gesunden Wachstums konzentrisch um Tübingen herum fortzuführen. Kemmler war fest davon überzeugt, »dass es nicht zu unserer Firmenkonstruktion passte, Hunderte von Kilometern entfernt etwas Neues aufzubauen«.[270] Stattdessen konzentrierte Kemmler Baustoffe alle personellen und finanziellen Ressourcen auf die weitere Verbesserung und Modernisierung der bereits bestehenden Standorte in Baden-Württemberg. Da diese Konzentration der Kräfte erfolgreich war und gleichzeitig mehrere mittelständische Handelswettbewerber durch fehlgeschlagene Expansion in die neuen Bundesländer entscheidend geschwächt wurden, konnte Kemmler Baustoffe in den folgenden Jahren tatsächlich erhöht Marktanteile erarbeiten. Insofern stellte sich diese »unmodische« Richtungsentscheidung Peter Kemmlers, die in einem Unterlassen bestand, für die weitere Entwicklung des Geschäftsbereichs Baustoffhandel mittel- und langfristig als genau richtig heraus.

3. Vertrauen, Delegation und Kommunikation

In den Worten des Philosophen und Soziologen Niklas Luhmann ist Vertrauen ein »Mechanismus der Reduktion sozialer Komplexität«.[271] Anders gesagt dient Vertrauen dazu, das in jeder sozialen Beziehung vorhandene Risiko und die Unsicherheit über das Handeln des anderen zu verringern.

Im Rahmen einer Führungsbeziehung kann Vertrauen somit eine Schlüsselrolle einnehmen. Robert Bosch verstand Vertrauen als Sozialkapital und maß diesem eine größere Bedeutung bei als dem Finanzkapital. Auf Vertrauen basierende Arbeitsbeziehungen führen in einem Unternehmen zur Verbesserung der Kommunikation, zu einem Ansteigen der Arbeitszufriedenheit, zu einem effektiveren Problemlösungsverhalten sowie zur unbedingt notwendigen Anpassungs- und Veränderungsfähigkeit der Organisation. Vertrauen kommt dabei selbstverständlich nicht ohne Kontrolle aus, um zu überprüfen, ob Absichtserklärungen mit dem tatsächlichen Handeln übereinstimmen. Von entscheidender Bedeutung ist es dabei aber, dass die Ergebnisse der Kontrolle in einem Gespräch zwischen Vorgesetztem und Mitarbeiter konstruktiv verarbeitet werden.

Peter Kemmler konzentrierte sich in seiner unternehmerischen Arbeitsweise vor allem auf Strategie und Personalpolitik. Er entwickelte eine Methode der Unternehmensführung, die auf echter Delegation und damit eng verbunden auf einem hohen Maß an Kommunikation und Vertrauen in die Fähigkeiten der Mitarbeiter basierte. Übereinstimmend berichten langjährige Mitarbeiter von einem vertrauensvollen Umgang mit Peter Kemmler, der mit ihnen gemeinsam Ziele entwickelte und formulierte, selbstständiges und eigenverantwortliches Arbeiten förderte und forderte und der bei Schwierigkeiten vor allem unterstützend einwirkte.[272] Die 1987 vollendete rechtliche Trennung von Handel und Produktion innerhalb der Unternehmensgruppe und die damit verbundene Schaffung von jeweils eigenständigen verantwortlichen Geschäftsleitungen brachte dies zum Ausdruck.

Peter Kemmler wollte unter allen Umständen verhindern, dass sich sein Unternehmen zu einem in der mittelständisch geprägten Baustoffbranche verbreiteten »Gemischtwarenladen« entwickelte – mit Inhaber-Geschäftsführern, die sich selbst in allen Fragen des operativen Tagesgeschäfts die Entscheidungen vorbehalten und so kaum Spielraum für strategisches Handeln mehr haben. Den Anspruch, sich als Unternehmer um jedes einzelne Detail in der Firma kümmern zu müssen, hatte bereits Hans Kemmler in Gesprächen mit seinem Sohn Peter infrage gestellt: »Mein Vater sagte mir, er hätte sich häufig morgens schon furchtbar geärgert, zum Beispiel über die Rechnung für einen geplatzten Lkw-Reifen. Bis er sich dann irgendwann einmal überlegt hätte, dass jedes Jahr ungefähr gleich viel Lkw-Reifen platzen und sich die gesamten Reparaturkosten für die Lastwagen im Durchschnitt von Jahr zu Jahr nur unwesentlich verändern. Und in dem

Moment hätte er dann klugerweise beschlossen, sich künftig nicht mehr über Kleinigkeiten aufzuregen, sondern sich auf die wesentlichen Dinge zu konzentrieren.«[273]

Fritz Nübling

Eine solche Arbeitsweise ist nur möglich, wenn der Unternehmer sich im Tagesgeschäft durch echte Delegation an gute Führungskräfte entbehrlich macht. Unabdingbare Voraussetzung für diese Methode der Unternehmensführung, bei der der Unternehmer nicht morgens der Erste und abends der Letzte in der Firma sein muss, sondern sich stattdessen auf seine Kernaufgabe – nämlich die strategische Weiterentwicklung des Unternehmens – konzentriert, ist eine gut funktionierende Kommunikation zwischen den Verantwortlichen. »Direkt, ehrlich und offen«[274] muss diese nach Peter Kemmlers Vorstellung sein. Er entschied sich deswegen beispielsweise bewusst dafür, auf eine eigene Sekretärin mit Vorzimmer zu verzichten.[275] Seine Tür stand – häufig im wahrsten Sinne des Wortes – offen für seine Mitarbeiter. Fritz Nübling, langjähriger Leiter des Finanz- und Rechnungswesens, erinnert sich, man habe sich bei Peter Kemmler »nicht irgendwie anmelden müssen, sondern wenn er Zeit hatte, dann hat man immer zu ihm kommen können«.[276] Voraussetzung für diesen Führungsansatz war natürlich ein entsprechendes Zeitmanagement, das es Peter Kemmler ermöglichte, sich durch bewusste Minimierung der Aufgaben im operativen Tagesgeschäft intensiv in direktem Austausch mit den verantwortlichen Führungskräften um die Behebung von Problemen zu kümmern und sich persönlich auf die wichtigen Entscheidungen zu konzentrieren. Diejenigen Bereiche, welche die gewünschten Ergebnisse lieferten, ließ er weitgehend selbstständig arbeiten.

Eine gute Personalpolitik, vor allem die richtige Auswahl der Führungskräfte, war die entscheidende Voraussetzung für den Erfolg der Firma. In Peter Kemmlers eigenen Worten: »Ich habe mit dem größten Teil meiner Personalentscheidungen bei Führungskräften Glück gehabt und meistens richtig gelegen.«[277]

Helmut Nill

Dass seine Personalpolitik in der Tat sorgfältig und treffsicher war, dafür spricht auch die Tatsache, dass es in den wesentlichen Leitungspositionen der Unternehmensgruppe im Laufe der Jahrzehnte unter Peter Kemmlers Führung kaum Fluktuation gab. Ein gutes Beispiel dafür ist die ein halbes Jahrhundert währende Karriere Helmut Nills: Im Alter von 13 Jahren begann Nill 1958 nach Abschluss der Volksschule seine Ausbildung bei Pflumm & Kemmler in Tübingen, wurde 1973 kaufmännischer Leiter des Betonwerks in Hirschau und war seit 1991 Geschäftsführer von Beton Kemmler. Nach 50 Arbeitsjahren in der Firma Kemmler trat er Ende 2007 in den Ruhestand.

4. Zellteilung

Peter May, einer der führenden Experten für Familienunternehmen, hat ein dreidimensionales Phasenmodell beschrieben, um die für Familienunternehmen typischen Entwicklungsstufen differenzieren zu können. Er unterscheidet darin die Dimensionen Inhaberstruktur, Geschäftsmodell und Governance-Struktur. Die Entwicklung der Firma Pflumm & Kemmler zur heutigen Unternehmensgruppe Kemmler kann gut anhand von Mays Modell nachgezeichnet werden.[278]

Bei der Inhaberstruktur zieht May eine Entwicklungslinie ausgehend vom Unternehmensgründer als Alleineigentümer. Nächster Entwicklungsschritt ist die sogenannte Geschwistergesellschaft, in der Regel bestehend aus den Erben des Alleineigentümers. In der weiteren Generationenfolge entsteht durch den Übergang zur nächsten Generation aus der Geschwistergesellschaft ein sogenanntes Vetternkonsortium. Übersteigt die Zahl der Gesellschafter schließlich mehr als fünfzig, spricht May von einer Familiendynastie.

Das Phasenmodell von May zur Differenzierung der Entwicklungsphasen von Familienunternehmen[279]

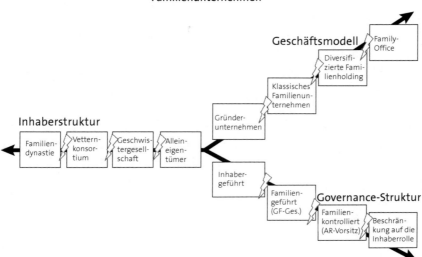

Ähnlich der Inhaberstruktur entwickelt sich laut May auch das Geschäftsmodell nach einem immer wieder zu beobachtenden Muster: Ausgehend vom Gründerunternehmen mit engem Sortiment schließt sich als folgende Entwicklungsstufe das an die nächste Generation übergebene klassische Familienunternehmen mit verbreitertem Sortiment an. Um unternehmerische Risiken noch weiter zu streuen, kann die Eigentümerfamilie dann entscheiden, das ursprüngliche Familienunternehmen in eine diversifizierte Familien-Holding weiterzuentwickeln.

Eng zusammenhängend mit der Inhaberstruktur ist auch die Frage der Unternehmensführung oder, in der Begrifflichkeit Mays, der Governance-Struktur: Das Gründerunternehmen ist beinahe immer inhabergeführt. Mit dem Übergang zur Geschwistergesellschaft beziehungsweise zum Vetternkonsortium stellt sich grundlegend die Frage nach dem Einfluss der Familie auf die Führung des Familienunternehmens. May unterscheidet in diesem Punkt drei Varianten: erstens familiengeführte Unternehmen, die durch einen geschäftsführenden Gesellschafter geleitet werden, zweitens familienkontrollierte Unternehmen, über die die Familie aus dem Aufsichtsrat heraus die Kontrolle ausübt, und schließlich drittens fremdgeführte Unternehmen, bei denen sich die Familie ganz auf ihre Inhaberrolle beschränkt.

Zum Zeitpunkt von Hans Kemmlers Unfall im Jahr 1956 war die Firma Pflumm & Kemmler noch immer ein inhabergeführtes Unternehmen mit dem Alleineigentümer Hans Kemmler, der die Firma per Vertrag von seinem Vater Johannes als vorherigem alleinigem Inhaber übernommen hatte. Johannes Kemmler hatte sich bewusst gegen die Gründung einer Geschwistergesellschaft in Form einer Aufteilung der Firma zwischen seinen beiden Söhnen entschieden. Stattdessen verkaufte er das Unternehmen per Vertrag an seinen Sohn und Nachfolger Hans als neuem Alleininhaber.

»Die kritische Situation des Unternehmens nach dem schweren Unfall meines Vaters 1956«, erinnert sich Peter Kemmler, »hatte mir vor Augen geführt, dass eine Anpassung der rechtlichen Konstruktion dringend notwendig war. Außerdem wollte ich das Betonwerk und die Kemmlit-Produktion verlagern und strategisch verselbstständigen. Dafür musste ich einen entsprechenden rechtlichen und strukturellen Rahmen schaffen.«[280] Für die Entwicklung einer neuen rechtlichen Konstruktion konnte Peter Kemmler den Juristen und Notar Walter Sigle gewinnen, den er und sein Vater Hans über die gemeinsame Studentenverbindung Virtembergia kannten. Sigle, einer der bedeutendsten Experten für Gesellschaftsrecht in Deutschland, blieb in den kommenden Jahrzehnten wichtiger Berater in Fragen der gesellschaftsrechtlichen Gestaltung des Unternehmens und nahm, wenn notwendig, auch eine Moderatorenrolle bei Diskussionen innerhalb der Familie ein.

Der erste Gesellschaftsvertrag von 1967 veränderte die Struktur des Unternehmens grundlegend. Die bisherige Einzelfirma Pflumm & Kemmler wurde zu einer Geschwistergesellschaft umgewandelt, deren Gesellschafter nach dem Tod Hans Kemmlers 1973 dessen Nachfahren Klaus, Peter, Wolfgang und Eva waren. In den folgenden Jahren wurde nach und nach eine Betriebsaufspaltung in Richtung der von May beschriebenen diversifizierten Familien-Holding betrieben. Marc Kemmler führt dazu aus: »Solche Entwicklungen werden häufig mit einer Risiko- und Haftungsbegrenzung begründet. In höherem Maß lag für uns als Inhaberfamilie Kemmler die Grundidee aber darin, für jedes Geschäftsfeld eine eigenständige und verantwortliche Geschäftsführung zu organisieren, die ihre jeweils eigene Bilanz verantwortet.«[281]

Für die Geschäftsfelder Kemmler Baustoffe und Kemmlit wurde 1967 sowie für Beton Kemmler 1987 jeweils eine Besitzgesellschaft in Form einer GmbH & Co. KG eingerichtet, die die Immobilien und die Anteile an den operativ tätigen Tochtergesellschaften hält, welche jeweils die Form einer GmbH haben. Um die einzelnen GmbHs überschaubar zu halten, wurden im Geschäftsfeld Kemmler Baustoffe mehrere operative Gesellschaften er-

Das Organigramm der Kemmler-Unternehmensgruppe mit vier Geschäftsbereichen unter dem Dach des Kemmler Konsortiums

Kemmler Konsortium
13 Gesellschafter: Nachfahren von Hans Kemmler und deren Ehegatten

Geschäftsbereich 1: Kemmler Baustoffe Besitzgesellschaft: Pflumm u. Kemmler GmbH & Co. KG	Geschäftsbereich 2: Beton Kemmler Besitzgesellschaft: Kemmler-Kommanditgesellschaft GmbH u. Co.	Geschäftsbereich 3: Kemmlit Besitzgesellschaft: Fertigteilbau Kemmler GmbH u. Co. KG	Geschäftsbereich 4: Kemmler Industriebau Besitzgesellschaft: Pflumm u. Kemmler GmbH & Co. KG
Operative Gesellschaft: Kemmler Baustoffe GmbH Tübingen (Niederlassungen: Altensteig, Böblingen, Herrenberg, Horb, Münsingen)	*Operative Gesellschaft:* Beton Kemmler GmbH Tübingen	*Operative Gesellschaft:* Kemmlit Bauelemente GmbH Dußlingen	*Operative Gesellschaft:* Kemmler Industriebau GmbH Tübingen (Niederlassung: Fellbach)
Operative Gesellschaft: Kemmler Baustoffe GmbH & Co. KG Metzingen			
Operative Gesellschaft: Kemmler Baustoffe GmbH Balingen (Niederlassungen: Hechingen, Oberndorf)			
Operative Gesellschaft: Kemmler Baustoffe GmbH Stuttgart (Niederlassungen: Fellbach, Stammheim)			
Operative Gesellschaft: Kemmler Baustoffe GmbH Neu-Ulm (Niederlassungen: Schorndorf, Aalen)			
Operative Gesellschaft: Kemmler Baustoffe GmbH Pforzheim			
Operative Gesellschaft: Kemmler Baustoffe GmbH Donaueschingen			
Operative Gesellschaft: Kemmler Baustoffe GmbH Nürtingen			
Operative Gesellschaft: Adolf Christian Weber Baustoffzentrum GmbH & Co. KG			

richtet, die jeweils ein oder mehrere Niederlassungen enthalten. Im Jahr 2007 wurde als zusätzliche operative Gesellschaft und vierter Geschäftsbereich die Kemmler Industriebau GmbH aus der Kemmler Baustoffe GmbH ausgegründet. Sie blieb wie die operativen Gesellschaften des Geschäftsbereichs Baustoffhandel eine Tochter der Besitzgesellschaft Pflumm & Kemmler.

Damit besteht die Kemmler-Unternehmensgruppe im Jahr 2009 aus vier Geschäftsbereichen, die jeweils aus einer Besitzgesellschaft und einer oder mehreren operativen Gesellschaften bestehen. Um alle diese für die differenzierte Führung der unterschiedlichen Geschäfte der Unternehmensgruppe Kemmler notwendigen Einzelgesellschaften wiederum zu bündeln, wurde – ähnlich der häufig anzutreffenden Holding – von der Familie Kemmler als rechtliche Klammer das Kemmler Konsortium errichtet. Eines ist Marc Kemmler in diesem Zusammenhang jedoch wichtig: »Wir tun uns bis heute schwer mit dem Begriff Unternehmensgruppe. Nach unserem Selbstverständnis sind wir ein größerer Familienbetrieb mit professionellem Management, aber ohne jedes Konzerndenken und vor allem ohne eine zentrale abgehobene Konzernbürokratie.«[282]

Die Gesellschafter und Beiräte des Kemmler Konsortiums bei der Gesellschafterversammlung im Jahr 2005 in Tübingen

Ohne bereits offiziell bestellter Beirat der Firma zu sein, hatte Klaus Kemmler in der Zeit nach dem Tod seines Vaters Hans seit 1973 zusammen mit seinem Bruder Peter Beiratsfunktionen wahrgenommen. Er konnte dabei seine großen Fachkenntnisse und vielseitigen Erfahrungen aus seiner Anwaltstätigkeit für die Firma nutzbar machen. Nach dem Tod von Klaus Kemmler am 28. November 1990 setzte auf Anregung von Walter Sigle innerhalb der Familie ein Diskussionsprozess über die zukünftige rechtliche Konstruktion der Gesellschaft ein. Das Ergebnis war der im Dezember 1998 geschlossene Konsortialvertrag, der von allen Gesellschaftern getragen wird. Nach 30 Jahren Geschwistergesellschaft wurde damit nun ein Vetternkonsortium begründet, welches aus vier, den Kindern Hans Kemmlers zugeordneten Stämmen besteht. Dieses Konsortium verfolgt vor allem den Zweck, die gemeinsamen Interessen aller Gesellschafter der vier Schwesterfirmen der Kemmler-Unternehmensgruppe zu bündeln und zu wahren. Erstmals eröffnet der Konsortialvertrag auch die Möglichkeit zur Aufnahme von Nichtfamilienmitgliedern in den Kreis der Gesellschafter. Dies kann allerdings nur unter der Voraussetzung geschehen, dass ein entsprechendes Vorkaufsrecht von den übrigen Familiengesellschaftern nicht in Anspruch genommen wird.

Die Geschäftsführer der Kemmler-Unternehmensgruppe Kurt Binder, Philipp Julien, Marc Kemmler, Claus-Werner Neidhart und Martin Heimrich (von links nach rechts)

Als Aufsichtsgremium sieht der Konsortialvertrag einen aus drei Mitgliedern bestehenden Beirat vor, wobei jeweils ein Mitglied von den Konsorten des Stammes Peter Kemmler und ein Mitglied von den Konsorten der anderen drei Stämme gewählt wird. Das dritte Mitglied soll bewusst keinem der Konsortenstämme angehören, »in wirtschaftlichen Dingen erfahren und seiner Persönlichkeit nach in der Lage sein, eine neutrale Mittlerstelle einzunehmen und zu gewährleisten, dass Entscheidungen nur aus sachlichen und wirtschaftlichen Gesichtspunkten getroffen werden«.[283] Die wesentlichen Funktionen des Beirats bestehen in der Bestellung und der Beratung der Geschäftsführer der Konsortialgesellschaften. Durch umfassende Auskunfts- und Einsichtsrechte sowie die vierteljährliche Berichtspflicht der Geschäftsführer ist der Beirat über alle entscheidenden Vorgänge hinsichtlich der Markt- und Geschäftslage informiert. Aktuell besteht der Beirat des Kemmler Konsortiums aus Peter Kemmler sowie den Wirtschaftsprüfern Willy Baumann und Siegfried Weiß. Während Peter Kemmler dem Beirat vorsitzt, ist sein Sohn Marc Kemmler Geschäftsführer in allen Gesellschaften der Kemmler-Gruppe und sorgt damit für die unternehmerische Führung und Koordination in den vier Geschäftsbereichen nach einheitlichen Grundsätzen. In jedem der Geschäftsfelder wird

160   Das Baustoffunternehmen Kemmler

Die Gesellschafter und Beiräte der Kemmler-Gruppe besichtigen bei der Gesellschafterversammlung 2009 die Niederlassung in Metzingen

er von weiteren Geschäftsführern unterstützt. Bei Kemmler Baustoffe und Kemmler Industriebau sind dies Philipp Julien und Claus-Werner Neidhart, bei Beton Kemmler Martin Heimrich und bei Kemmlit Kurt Binder.

Mit dem Wandel der Inhaberstruktur, das heißt dem Übergang vom Alleineigentümer zum Vetternkonsortium, der von der Familie Kemmler innerhalb von 30 Jahren realisiert wurde, gelang es, das Unternehmen organisatorisch zukunftsfähig zu machen. Durch den geschäftsführenden Gesellschafter Marc Kemmler ist das Unternehmen auch in der fünften Generation weiterhin familiengeführt. Unabhängig davon, ob sich in den kommenden Generationen Familienmitglieder finden, die in die operative Geschäftsführung hineinwachsen wollen und können, ist durch die Konsortialstruktur mit Beirat die Kontrolle des Unternehmens durch die Familie auch in Zukunft gewährleistet.

Zu den elementaren Aufgaben des geschäftsführenden Gesellschafters des Kemmler Konsortiums gehört es, für die kontinuierliche Information aller Gesellschafter über die wesentlichen Geschäftsentwicklungen zu sorgen und auf diese Weise die zu treffenden Richtungsentscheidungen vorzubereiten. Praktisch umgesetzt wird dieser Gedanke in der Familie Kemmler durch jährliche Gesellschafterversammlungen und regelmäßige schriftliche Berichte über die Sitzungen des Beirats, die alle Gesellschafter erhalten.

Darüber hinaus wird der Zusammenhalt in der Familie Kemmler jedes Jahr auch bei einem »Clan-Treffen« gepflegt, zu dem seit 36 Jahren alle Nachfahren von Hans Kemmler mit ihren Familien zusammenkommen. So trafen sich 2009 auf der Sonnenalp im Allgäu 37 Familienmitglieder aus drei Generationen. Am gleichen Ort hatte 1974 das erste dieser Familientreffen auf Initiative von Hans Kemmlers Witwe Ilse stattgefunden. Das gemeinsame Wochenende begann dieses Mal mit einer Besichtigung der Kemmler Baustoffhandlung in Neu-Ulm und hatte seinen traditionellen Höhepunkt in einem feierlichen Abendessen.

VI. Vier Säulen
Die Entwicklung der Geschäftsbereiche
von 1956 bis heute

1. Die Keimzelle wächst: Beton Kemmler GmbH

Schon Ende der 1950er Jahre bot das Betriebsgelände in der Reutlinger Straße in Tübingen keine Möglichkeiten für eine Erweiterung der Betonwarenproduktion mehr. »Es war viel zu eng«, erinnert sich Peter Kemmler.[284] Dazu kam, dass die flächenintensiven Produktionshallen keine Entfaltungsmöglichkeiten für den Baustoffhandel ließen, den er unter allen Umständen weiterentwickeln und ausbauen wollte.

Nachdem Peter Kemmler längere Zeit nach einem neuen Standort für ein Betonwerk gesucht hatte, bot schließlich Franz Reisch, der Bürgermeister der kleinen Tübinger Nachbargemeinde Hirschau, ein geeignetes Gelände an, das eben und hochwasserfrei war und damit die wichtigsten Kriterien für den gesuchten Standort erfüllte. Ein Bebauungsplan für das angebotene Gelände existierte nicht, ganz zu schweigen von einem Anschluss an Kanalisation, Stromnetz oder Straße. Zudem war Peter Kemmler das Gelände eigentlich zu klein. Der Bürgermeister versicherte allerdings, dass der restliche Grundstücksbedarf für das Betonwerk in den kommenden Jahren durch den Zukauf kleiner angrenzender Parzellen aus dem Privatbesitz zahlreicher Hirschauer Bürger gedeckt werden könnte, da diese für die kleinen Äcker keine eigene sinnvolle landwirtschaftliche Verwendung hätten. Am 7. Juli 1961 wurde zwischen Bürgermeister Reisch und dem noch stark von den Nachwirkungen seines schweren Unfalls beeinträchtigten Hans Kemmler ein Kaufvertrag für das mehr als zwei Hektar große Gelände geschlossen.[285]

Wie in den Verhandlungen mit dem Hirschauer Bürgermeister vereinbart, wurde das Werksgelände in den folgenden Jahren durch Zukauf oder Tausch weiterer 87 Parzellen auf eine Größe von etwa 16 Hektar erweitert.

Maßgeblich verantwortlich für diesen langwierigen und in seinen Verhandlungen mit der einheimischen Bevölkerung nicht immer einfachen Prozess war der langjährige Leiter des Betonwerkes Heinz Dettling. Dettling war promovierter Ingenieur, der vor seiner Anstellung bei Pflumm & Kemmler bei der Materialprüfungsanstalt und als Assistent an der Universität in Stuttgart gearbeitet hatte. Er absolvierte im Laufe der 1960er und 1970er Jahre eine wahre »Ochsentour« durch die Wohnzimmer Hirschaus. Dabei musste er die Preise für die einzelnen Parzellen sorgsam aufeinander abstimmen, um keine ernsthaften nachbarschaftlichen Konflikte in der kleinen Landgemeinde auszulösen.[286]

Heinz Dettling

Industrie nach »Wildwestmanier«

Die Begleitumstände beim Aufbau des Betonwerks waren nach heutigen Maßstäben abenteuerlich. Da ein öffentlicher Bebauungsplan nicht vorhanden war, wurden die ersten Baumaßnahmen zunächst ohne entsprechende Genehmigungen einfach durchgeführt und erst nachträglich entsprechende Baugesuche eingereicht. Der Aufbau des Betonwerks gelang dennoch, auch dank der tatkräftigen Unterstützung des Hirschauer Bürgermeisters, der, wie sich Peter Kemmler erinnert, mit der Firma »wirklich durch dick und dünn ging« und ihre Ansiedlung unter allen Umständen durchsetzen wollte.[287] Das Hirschauer Betonwerk entstand im wahrsten Sinne des Wortes auf der »grünen Wiese«, wie Aufnahmen von der Baustelle zeigen.

Bevor mit den eigentlichen Bauarbeiten an der ersten Produktionshalle und dem Betonmischturm begonnen werden konnte, musste das Gelände erschlossen werden. Für die Stromversorgung wurde eine kleine Trafostation errichtet und die künftige Fabrik über eine Schotterpiste, die erst später mit Betonplatten ausgelegt wurde, mit der nächsten Landstraße verbunden. Im Juni 1962 lag die erste Teilgenehmigung für den Bau einer Produktionshalle, der Umspannstation sowie von massiven Bau- und Bürobu-

Die Baustelle des Betonwerks auf der »grünen Wiese« in Tübingen-Hirschau im Jahr 1961

den vor. Im selben Jahr wurde für die Wasserversorgung des Betonwerks auch ein eigener Grundwasserbrunnen gebaut.

Mit der Inbetriebnahme des Mischturms 1962 setzte die eigentliche Betonwarenproduktion in Hirschau ein. Die ersten Produkte aus der neu errichteten Produktionshalle waren Klärringe und Mauersteine, die mit einem Bodenfertiger teils in den Hallen, teils im Freien hergestellt wurden. Ab 1963 begann in Hirschau die Fertigung von Rohren – den »Urprodukten« der Firma. Die Ausweitung der Produktpalette in den folgenden Jahren führte zu steigenden Umsätzen der gesamten Betonwarenproduktion, die sich zum Teil aber immer noch auf dem Betriebsgelände in Tübingen befand.

Arbeitskräftemangel in Zeiten der Vollbeschäftigung

In den Jahrzehnten nach dem Zweiten Weltkrieg bewährte sich in der Bundesrepublik Deutschland die Sozialpartnerschaft zwischen Arbeitgebern und Arbeitnehmern in einem System der autonomen Tarifpartnerschaft. Begünstigt wurde dieses kooperative Verhältnis durch den Wirtschaftsaufschwung der 1950er Jahre, durch den sich die Verteilungsspielräume für alle Seiten beträchtlich erhöht hatten.[288]

Diese Entwicklungen vollzogen sich auch bei der Firma Pflumm & Kemmler in Tübingen, wo es mittlerweile auch einen Betriebsrat gab. Wie schon in der Weimarer Zeit blieben Auseinandersetzungen zwischen dem Unternehmen und seinen Mitarbeitern aufgrund des ungebrochenen

VIER SÄULEN 165

Die Rohrproduktion war in den 1960er Jahren noch mit viel Handarbeit verbunden

Die Steinproduktion mit einem Bodenfertiger im Freien, die viel Platz beanspruchte und auf trockenes Wetter angewiesen war

Wachstums der Firma in den Jahrzehnten nach 1945 weitgehend aus. Für Pflumm & Kemmler stellte sich ein ganz anderes Problem: Der Betrieb lief ständig Gefahr, qualifizierte und gut eingearbeitete Arbeitskräfte zu verlieren. Der gesamten Bau- und Baustoffbranche haftete schon vor dem Zweiten Weltkrieg, aber auch noch in der Nachkriegszeit ein schlechtes Image an. Gefordert war körperlich schwere und schmutzige Arbeit bei Wind und Wetter. Unter den Bedingungen eines Arbeitsmarkts mit Vollbeschäftigung war die Konkurrenz anderer Branchen groß, die sauberere und besser bezahlte Arbeitsplätze boten. Gab es in den 1950er und 1960er Jahren in den Wochenendausgaben der Tageszeitungen Stellenanzeigen von in der Region angesiedelten großen Unternehmen wie Daimler oder Bosch, mussten zu Wochenbeginn bei Kemmler häufig Mitarbeiter ersetzt werden, die ihren Arbeitsplatz gewechselt hatten und nicht mehr erschienen waren – häufig, ohne vorher zu kündigen. Helmut Nill, der langjährige Geschäftsführer des Betonwerkes in Hirschau, erinnert sich augenzwinkernd, man habe damals das Gefühl gehabt, »wenn der Daimler Arbeiter sucht, müssen wir unsere Leute mit dem Lasso an die Maschine binden«.[289]

Mit zunehmender Technisierung wie der Einführung von Staplern und Ladekranen, die weniger harte körperliche Arbeit verlangten, besserte sich das Image der Branche zwar allmählich. Dennoch war es für Pflumm & Kemmler schwierig, gerade für die Produktion qualifizierte einheimische Arbeitskräfte in ausreichender Zahl zu rekrutieren und zu binden. Wie bereits im 19. Jahrhundert griff man auch in den Wirtschaftswunderjahren auf den ausländischen Arbeitsmarkt zurück und stellte Gastarbeiter ein, zuerst wieder aus Italien, dann auch aus Jugoslawien und der Türkei.

Das erste Anwerbeabkommen hatte die Bundesrepublik am 22. Dezember 1955 mit Italien geschlossen, zunächst vornehmlich zur Verpflichtung dringend benötigter Landarbeiter. Angesichts noch vorhandener, wenn auch geringer Arbeitslosigkeit – am 30. September 1955 waren 1,8 Prozent der männlichen deutschen Bevölkerung arbeitslos – war diese Entscheidung anfangs innenpolitisch umstritten. Doch schon Anfang der 1960er Jahre veränderte sich der Arbeitsmarkt in der Bundesrepublik nachhaltig. Nach dem Bau der Mauer im August 1961 versiegte der stetige Zustrom von Flüchtlingen aus der DDR, der bis dahin den Arbeitsmarkt kontinuierlich versorgt hatte. Dazu kam, dass die Zahl der deutschen Erwerbstätigen abnahm. Dies hatte verschiedene Ursachen, etwa die geburtenschwachen Kriegsjahrgänge, eine verbesserte Altersversorgung, längere Ausbildungs- und gesenkte Arbeitszeiten.

Kemmler-Mitarbeiter verschiedener Nationalitäten vor dem Betonwerk in Tübingen-Hirschau

Bei anhaltendem Wirtschaftswachstum erhöhte sich daher die Nachfrage nach ausländischen Arbeitskräften, deren Zahl von 1959 bis 1965 um eine Million zunahm, noch zusätzlich. Deshalb kam es in schneller Folge zu weiteren Anwerbeverträgen: mit Griechenland und Spanien im März 1960, mit der Türkei im Oktober 1961, mit Portugal im März 1964 sowie mit Jugoslawien im Oktober 1968. Als »mobile Reservearmee«[290] des westdeutschen Arbeitsmarktes erhielten die ausländischen Arbeitskräfte in der Regel ein vorübergehendes, an den Arbeitgeber gebundenes Aufenthaltsrecht. Sie wohnten in Gemeinschaftsunterkünften, die entweder von den Unternehmen oder auch von städtischen Behörden, Wohlfahrtsverbänden oder Privatpersonen unterhalten wurden. Der Großteil der »Gastarbeiter« arbeitete als an- oder ungelernte Beschäftigte in der Industrie. Die höchsten Ausländerquoten hatten das Baugewerbe, die Eisen- und Metallindustrie sowie der Bergbau. Da sie im Vergleich zu deutschen Arbeitskräften zumeist weniger qualifiziert waren, erhielten die ausländischen Beschäftigten weniger Lohn und besetzten Arbeitsplätze, für die deutsche Mitarbeiter nicht oder nur unter hohen Lohnanreizen zu bekommen waren. Diese »Unterschichtung« ermöglichte gleichzeitig den deutschen Erwerbstätigen den Aufstieg in qualifiziertere und höher bezahlte Positionen. So stiegen zwischen 1960 und 1970 etwa 2,3 Millionen Deutsche von Arbeiter- in Angestelltenpositionen auf.[291]

Im Jahr 1973 hatte das Betonwerk in Hirschau über 140 Beschäftigte. Produktionsleiter Manfred Paetz unternahm mehrere Reisen nach Italien, Jugoslawien und in die Türkei, um vor Ort Arbeitskräfte zu rekrutieren. Vor allem in der Türkei gestaltete sich dies sehr abenteuerlich. Paetz erinnert sich: »Ich war in Istanbul und suchte nach Maurern. Mein Kontaktmann vom Arbeitsamt kam aus Mössingen und versammelte Interessenten in einer Halle. Er sagte: ›Pass auf, ich habe Backsteine und Mörtel da. Lassen wir die Leute doch einmal ein bisschen mauern.‹ Dann haben wir auch gleich gesehen: Der eine hatte nie in seinem Leben eine Kelle in der Hand gehabt. Der andere hat nicht mal gewusst, wie man den Speis drauf macht. Der eine hat dann dem anderen die Mauer weggeschoben, damit er Platz hatte. Und so ging das dann los ... Das Schlimme kam aber eigentlich nachher, als ich dann Ja oder Nein sagen musste. Da habe ich Riesenprobleme mit den Nein-Leuten bekommen. Die haben mich bedrängt, in die Enge getrieben, bis ich schließlich um Hilfe gerufen habe und die Polizei kommen musste. Die Leute hatten nur ein Ziel: nach Deutschland zu kommen, um Unterhalt für ihre Familien zu verdienen.«[292]

Wer eingestellt wurde, kam meistens alleine nach Deutschland, während die Familie im Heimatland zurückblieb. Die rekrutierten Gastarbeiter mussten auf dem Betriebsgelände untergebracht werden: In Tübingen standen über der Kantine entsprechende Unterkünfte zur Verfügung. In Hirschau wurden 1972 zwei Gastarbeiterheime errichtet. Diese sind nach einer Pause in den 1980er Jahren bis heute in Benutzung, inzwischen durch Mitarbeiter aus Ungarn, Tschechien und Polen.

Umsatz- und Produktentwicklung bis zur rechtlichen Selbstständigkeit 1987

Nachdem die Fertigung von Spannbetonträgern von Tübingen nach Hirschau verlegt worden war, befand sich seit 1973 endgültig die gesamte Betonwarenproduktion am neuen Standort. Das Betonwerk in Hirschau erlebte während der 1970er Jahre ein dynamisches Wachstum: Zahlreiche Baumaßnahmen wurden ausgeführt und für die erweiterte Produktpalette zusätzliche Produktionshallen errichtet. Geleitet wurde das Betonwerk von einem »Dreigestirn«, bestehend aus dem Prokuristen Heinz Dettling, Manfred Paetz, dem Verantwortlichen für die Produktion, und Helmut Nill, verantwortlich für Verkauf, Organisation und den kaufmännischen Bereich. Peter Kemmler, der sich seit den 1970er Jahren stärker auf den Ausbau des Baustoffhandels konzentrierte, erarbeitete mit Dettling, Nill und Paetz die generelle Linie und wirkte intensiv an den grundlegenden Entscheidungen über Investitionsvorhaben bezüglich der Gebäude und Maschinen mit. Im Tagesgeschäft agierte das Führungsteam des Betonwerks aber sehr selbstständig.[293]

Mit den neuen Produktionshallen und der schrittweisen Neuanschaffung von Maschinen wurde die Produktpalette permanent erweitert und dem Markt angepasst. Seit Anfang der 1970er Jahre umfasste das Produktionsprogramm des Hirschauer Betonwerks drei grundlegende Schwerpunkte: Tiefbau, Hochbau und Garagen.

Im Tiefbaubereich produziert die Firma seit ihrer Anfangszeit bis zum heutigen Tag vor allem Rohre und Schächte für Abwasserkanäle in verschiedenen Größen und Produktionsverfahren. Eine kurzfristig während der 1960er Jahre in Hirschau aufgenommene Produktion von Bord- und Randsteinen wurde nach drei Jahren aber wieder aufgegeben. Heute leitet Jürgen Baudouin diesen Bereich.

Der Hochbaubereich umfasste vor allem Steine, Wände und Decken. Die ursprünglich mit einem Bodenfertiger im Freien durchgeführte Steinproduktion wurde Mitte der 1970er Jahre zunächst in eine Produktionshalle verlegt. Trotz teuer angeschaffter moderner Maschinen wurde einige Jahre später die Steinfertigung wegen zu geringer Absatzmöglichkeiten über die eigene Handelsorganisation und schlechter Zukunftschancen zementgebundener Mauersteine endgültig eingestellt. Die Produktion im Hochbaubereich konzentrierte sich damit seit Beginn der 1980er Jahre auf Wand- und Deckenelemente. Die Leitung dieses Bereichs wurde kürzlich von dem langjährigen Leiter Albert Ott an seinen Nachfolger Martin Schneider übergeben.

Ein wichtiges Produkt, dessen Herstellung erst auf dem größeren Gelände in Hirschau möglich war, sind seit 1972 die Fertiggaragen. Mit ihnen konnte sich Beton Kemmler ein neues Kundensegment erschließen, nämlich die privaten Bauherren. Nach jahrzehntelanger Aufbauarbeit durch Bernd Steinhilber wird dieser Bereich heute von Herbert Fischer geleitet.

Ursprünglich sollten die in Hirschau hergestellten Produkte über die Filialen des Baustoffhandels vertrieben werden. Daher blieb das Betonwerk trotz eines eigenen Standorts und eigener Führung in Hirschau anders als Kemmlit zunächst Teil der Kemmler Baustoffe GmbH Tübingen. Die ursprünglich enge Verbindung zwischen Baustoffhandel und Betonwerk löste sich aber im Lauf der 1970er und 1980er Jahre. Das Betonwerk baute für seine technisch komplexen und daher besonders beratungsintensiven Produkte einen eigenen Vertrieb mit Außendienstmitarbeitern auf. Als Konsequenz aus dieser so zunächst nicht erwarteten Entwicklung wurde das Hirschauer Betonwerk 1987 als Firma Beton Kemmler GmbH & Co. KG rechtlich selbstständig.[294]

170 Das Baustoffunternehmen Kemmler

Das 16 Hektar große Werksgelände von Beton Kemmler in Tübingen-Hirschau

Beton Kemmler heute

In den ersten zehn Jahren seiner rechtlichen Selbstständigkeit musste sich Beton Kemmler an den vielfältigen Wandel von Markt und Technologie anpassen und die Produktion auf High-Tech-Fertigungsanlagen umstellen. Dafür investierte die Firma umfangreich in Gebäude und Maschinen, vor allem in Krananlagen, Robotertechnik für die Produktion, neue Produktionshallen sowie zahlreiche Umbauten der bestehenden Gebäude und Anlagen. Und auch ein personeller Wechsel vollzog sich. Mit Heinz Dettling und Manfred Paetz traten zwei der drei Mitglieder des langjährigen Führungsteams in den Ruhestand. Helmut Nill wurde Geschäftsführer von Beton Kemmler. Die Angebotspalette wurde um neue Produkte erweitert und die Vertriebsorganisation weiter ausgebaut.

Die Neubaukrise konfrontierte Beton Kemmler ab Mitte der 1990er Jahre mit massiven Markteinbrüchen, besonders in den Jahren 1995/96 und 2001/02. Zunächst wurde in Hirschau versucht, dieser Entwicklung mit der Einführung flexibler Arbeitszeiten zu begegnen, doch im Jahr 2001 ließ sich ein Personalabbau nicht mehr vermeiden. Betroffen waren 42 von zu diesem Zeitpunkt 290 Mitarbeitern, für die ein Sozialplan vereinbart wurde.

Das Managementteam von Beton Kemmler Anfang der 1990er Jahre:
Helmut Nill, Bernd Steinhilber, Manfred Paetz, Jürgen Baudouin, Albert Ott und
Rainer Spitzbarth (von links nach rechts)

Das Führungsteam von Beton Kemmler setzte vor diesem Hintergrund immer konsequenter auf die Strategie, sich auf die Herstellung komplizierter und kundenindividuell gefertigter Produkte zu konzentrieren. Einfache Massenprodukte wurden als zu wettbewerbsintensiv und zu ertragsschwach eingeschätzt und deswegen aufgegeben – zum Beispiel die Mauersteinfertigung. Im Tiefbaubereich stellte Beton Kemmler weiterhin Stahlbetonrohre sowie Schachtsysteme her. Im Hochbaubereich verlegte sich die Firma verstärkt auf individuell hergestellte Fertigteile: Wände, Decken, Treppen und vorübergehend sogar Dachelemente. Diese werden als komplette Bausysteme für die Bereiche Wohn- und Gewerbebau angeboten. Damit bedient Beton Kemmler den langfristig zunehmenden Trend hin zum rationellen Bauen mit industriell vorgefertigten Teilen, mit denen sich die Bauzeit verkürzen, der Personaleinsatz an der Baustelle senken, die Abhängigkeit von Witterungseinflüssen verringern und schließlich die Genauigkeit und Qualität des Rohbaus deutlich erhöhen lässt.

Ein schönes Beispiel für die Bauweise mit Fertigteilen gibt ein Auftrag des Studentenwerks Karlsruhe/Pforzheim: Im Herbst 2002 übernahm Beton Kemmler den kompletten Rohbau zweier Studentenwohnheime in Pforzheim, die bereits im August 2003 bezogen werden konnten. Die bis zu sieben Tonnen schweren Wand-, Decken- und Dachelemente wurden in Hirschau in den Produktionshallen mittels variabler Schalungen auf Maß angefertigt und »just in time« an die Baustelle geliefert, wo sie von einer

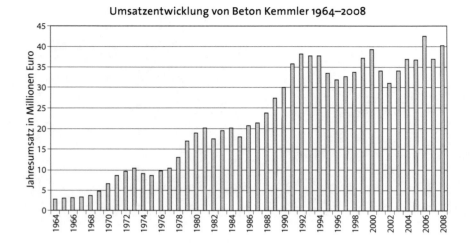

Umsatzentwicklung von Beton Kemmler 1964–2008

Montagefirma sofort verarbeitet wurden – durchschnittlich 35 Massiv-Bauteile pro Tag. Die gegenüber einer konventionellen Bauweise halbierte Bauzeit führte dazu, dass das Studentenwerk die Wohnheime bereits ein Semester früher als geplant vermieten konnte. Die hohe Zufriedenheit der Kunden führte zu weiteren ähnlichen Projekten, und inzwischen sind Studentenwohnheime zu einer echten Spezialität von Beton Kemmler geworden. Im Herbst 2009 wurden Fertigteile aus Hirschau für ein solches Wohnheim in Offenburg geliefert, dessen Rohbau bereits acht Wochen nach Auftragsvergabe fertiggestellt werden konnte.

Ein weiteres Großprojekt, auf das man bei Beton Kemmler besonders stolz ist, war der Bau des Parkhauses der Neuen Stuttgarter Messe, auf dem der Name Bosch leuchtet. Für diesen Bau entwickelte Prokurist Heinz Wendler eine über der Autobahn A 8 schwebende Bodendecke, auf der Messebesucher ihre Autos parken können. Deren 25 000 Quadratmeter große Fläche besteht aus mehr als 2 000 in Hirschau gefertigten Platten, die von August 2005 bis Juni 2006 mit mehr als 250 Lastzügen an den Bauort geliefert wurden.

Auch im Bereich der Fertiggaragen schlug Beton Kemmler einen neuen Weg ein: von der kastenförmigen Serienfertiggarage hin zur individuellen Maßanfertigung. Um den Kunden die vielfältigen Möglichkeiten hinsichtlich Größe und Gestaltung der Garagen plastisch vor Augen zu führen, eröffnete die Firma im Jahr 2003 neben dem Verwaltungsgebäude in Hirschau eine Musterausstellung für Betongaragen, die 2009 zur größten

Für die Garage kPark erhielt Beton Kemmler einen iF product design award

Garagenausstellung Deutschlands ausgebaut wurde. Im November 2009 erhielt Beton Kemmler für sein Produkt »kPark«, ein variables Garagensystem mit begrünter Dach- und Rückwandfläche und transparenter Optik, einen »iF product design award«.

Ende 2007 ging der Geschäftsführer Helmut Nill nach 50 Arbeitsjahren bei Kemmler in den Ruhestand. Er konnte seinem Nachfolger Martin Heimrich das Unternehmen mit einem im Jahr 2006 erzielten Rekordumsatz von 42,5 Millionen Euro übergeben. Beton Kemmler ist heute der Marktführer für Decken und Wände in Baden-Württemberg und befindet sich auch bei Garagen und Rohren in guter Marktposition. Die hohe Qualität seiner Produkte, die große Flexibilität beim Eingehen auf Kundenwünsche gepaart mit einer selbst entwickelten Vertriebsstärke und Termintreue ermöglichen es Beton Kemmler, die Herausforderungen des rückläufigen Neubaumarktes erfolgreich zu meistern.

Aus der Keimzelle des gesamten Baustoffunternehmens Kemmler, der Zementwarenproduktion in der Dußlinger Pulvermühle, hat sich heute in Tübingen-Hirschau ein selbstständiger und wettbewerbsfähiger Geschäftsbereich mit 220 Mitarbeitern entwickelt.

Das Managementteam von Beton Kemmler im Jahr 2009: M. Schneider, H. Fischer, H. Kiener, M. Heimrich, J. Baudouin, E. Binder, H. Wendler, R. Spitzbarth (von links nach rechts)

2. »Sanitäreinrichtungen für höchste Ansprüche«: Kemmlit Bauelemente GmbH

Der Vertrag, den Pflumm & Kemmler über die Generalvertretung für Eternit-Produkte Anfang der 1930er Jahre abgeschlossen hatte, war mit Beginn des Zweiten Weltkriegs von der Eternit AG gekündigt und nach Kriegsende nicht wieder erneuert worden. Dennoch spielte die Spezialisierung für Asbestzementprodukte weiterhin eine wichtige Rolle für die Entwicklung der Firma Pflumm & Kemmler, stellte sie doch die Grundlage für die Entstehung von zwei der vier Geschäftsbereiche der heutigen Unternehmensgruppe dar, nämlich der Kemmler Industriebau GmbH und der Kemmlit Bauelemente GmbH.

Bereits vor 1939 hatte Hans Kemmler durch die Tübinger Schlosserei Zwanger als Subunternehmer aus Eternit-Platten und Profilrahmen Trennwände für den Sanitärbereich herstellen lassen. Nach der Währungsreform im Sommer 1948 entstand daraus eine neue Produktion, die auf dem Gelände in der Reutlinger Straße in einer eigenen Halle untergebracht wurde. Für den Vertrieb der »Kemmlith-Trennwand« sorgten seit Anfang der

1950er Jahre mehrere Vertreter. Die ersten bearbeiteten Gebiete waren Freiburg, Würzburg, Mainz, Mannheim, München und Stuttgart. Dort wurde Hans Kemmlers Bruder Oskar, nachdem er den Betrieb seines Sandwerks eingestellt hatte, der erste Vertreter für Kemmlith-Trennwände.

Die Gründung der Kemmlit GmbH und Umzug nach Dußlingen

Anfang der 1960er Jahre fasste Peter Kemmler den Entschluss, neben der Betonwaren- auch die Trennwandproduktion entscheidend auszubauen. Im ersten Schritt sorgte er für eine neue Führung. 1962 übernahm Heinz Duppel, der bis dahin

Die Anfänge von Kemmlit: eine Mitarbeiterin beim Streichen der Profilrahmen

verantwortlich für die Eternit-Abteilung war, die Leitung der Kemmlith-Produktion. Wie die Führungskräfte des Betonwerks arbeitete Duppel weitgehend selbstständig und sprach lediglich die wichtigen Entscheidungen mit Peter Kemmler ab.

Während der 1960er Jahre wurde die Produktpalette maßgeblich erweitert. Bis dahin war nur der sogenannte Typ A hergestellt worden, ein Kabinensystem mit Trennwänden aus einer 10 Millimeter starken Eternit-Platte in einem Stahlrahmen, das aufgrund seiner Unverwüstlichkeit noch heute in vielen öffentlichen Gebäuden zu sehen ist. Zum eigentlichen Schlüsselprodukt für die Erweiterung der Marktanteile wurde seit 1961 der Typ B aus einer 8 Millimeter starken Kragotex-Platte. Ebenfalls noch in die 1960er Jahre fiel eine zusätzliche Ergänzung des Angebots: Im Rahmen einiger größerer Aufträge bei der Ausstattung von Hallenbädern etwa in Troisdorf, Neuss und Salzgitter bediente man die von Kunden geäußerte Nachfrage nach zu den Kabinensystemen passenden Garderobenschränken, die zunächst aus Typ B mit einem Aluminiumrahmen gefertigt wurden.

Auch der Vertrieb wurde intensiviert. Das bisherige System mit Vertretern in bestimmten, voneinander abgegrenzten Gebieten, deren akquirierte

Heinz Duppel

Aufträge dann vom Standort Tübingen aus beliefert wurden, wurde durch den Aufbau einer deutschlandweiten Verkaufsorganisation ergänzt. Die fünf neu eingerichteten Verkaufsbüros in Mannheim, Dortmund, Hamburg, Hannover und München dienten nicht nur zur Koordinierung der Vertreter in der entsprechenden Region, sondern auch als Zwischenlager zur besseren Versorgung der Monteure mit den auf Montagepaletten eingeschweißten Trennwänden.

Da es sich bei den Trennwandsystemen um innovative, vom übrigen Leistungsprogramm der Firma sehr verschiedene Produkte handelte, entschied sich Peter Kemmler in der zweiten Hälfte der 1960er Jahre dazu, Kemmlith zu einer eigenen Marke auszubauen, die von einer selbstständigen Tochtergesellschaft vertreten werden sollte. Diese gründeten Peter und Hans Kemmler 1966 als Kemmlit Bauelemente GmbH, für die Peter Kemmler ein eigenes Logo entwerfen ließ. 1969 wurde Kemmlit als eigenes Warenzeichen eingetragen – das ursprünglich im Produktnamen geführte »h« am Ende fiel weg.

Um den Bekanntheitsgrad der Marke und der Produktpalette zu steigern und Kontakte zu Interessenten und Kunden zu knüpfen, besuchte Kemmlit seit Mitte der 1970er Jahre regelmäßig verschiedene Fachmessen: die INTERBAD in Hamburg, Stuttgart und Düsseldorf, die S + B Sportstätten und Bäderbau in Köln sowie die DEUBAU in Essen und die BAU in München.

Anfang der 1970er Jahre stieß auch die Kemmlit-Produktion in Tübingen endgültig an ihre räumlichen Grenzen. Peter Kemmler, der nach dem Aufbau des Betonwerkes in Hirschau ohnehin beabsichtigte, mittelfristig auch die Kemmlit-Produktion an einen eigenen Standort zu verlegen und das Tübinger Grundstück ausschließlich für den Baustoffhandel zu nutzen, begann mit der Suche nach einem geeigneten Gelände und wurde in einem neuen Gewerbegebiet in Dußlingen fündig. Das Grundstück liegt auf einer Anhöhe über Dußlingen mit schöner Aussicht auf die schwäbische Alb. Es wird heute von einem Wohngebiet und einem Schulzentrum eingerahmt.

VIER SÄULEN 177

Das neu gebaute Kemmlit-Werk in Dußlingen im Jahr 1972

Die Trennwand-Produktion in der 9 000 Quadratmeter großen Halle in Dußlingen

1972 erfolgte der komplette Umzug sowohl der Produktion als auch der Verwaltung der Kemmlit Bauelemente GmbH von Tübingen nach Dußlingen, die unter der Leitung Heinz Duppels fortan ähnlich dem Betonwerk ein selbstständiger Geschäftsbereich mit spezialisiertem Managementteam wurde. Mit Kemmlits Umzug kehrte das Unternehmen nach mehr als einem halben Jahrhundert wieder an seinen Ursprungs- und Gründungsort Dußlingen zurück.

Kemmlit seit Beginn der 1990er Jahre: Umstrukturierung, Innovation und Design

Im Gegensatz zu den Handelshäusern, deren Marktgebiet weiterhin auf Baden-Württemberg beschränkt blieb, expandierte Kemmlit in ganz Deutschland und auch ins Ausland. Nach der Wiedervereinigung 1990 trat Kemmlit anders als Kemmler Baustoffe den Weg in die neuen Bundesländer an und eröffnete in Trebbin bei Berlin ein weiteres Verkaufsbüro. Bei der Standortsuche und der Einrichtung des eigenen Gebäudes wurde Marc Kemmler, der zu dieser Zeit in Berlin an seiner Dissertation arbeitete, zum ersten Mal im Dienst des Familienunternehmens aktiv.

1992 ging nach 30 Jahren an der Spitze von Kemmlit Heinz Duppel in den Ruhestand. Sein Nachfolger wurde der bereits seit 1987 als Geschäftsführer amtierende Heinz Schenk. Kemmlit rundete sein Produktionsprogramm ab: die Produktpalette umfasste nun Trennwand-, Schrank-, Waschplatz- und Sitzbank-Systeme in jeweils verschiedenen Ausführungen. Dazu kamen Wandverkleidungen, Türen und Zargen aus verschiedenen Materialien sowie ein Kindergartenprogramm mit dem Namen Bambino.

Gegen Ende der 1990er Jahre geriet Kemmlit in eine schwierige Situation, deren Ursachen teils marktbedingt, teils aber auch hausgemacht waren. Im Zuge einer notwendigen umfassenden Restrukturierung entschieden Peter und Marc Kemmler sich dafür, angesichts der nun vorhandenen modernen Kommunikationsmöglichkeiten die bestehende Struktur der über ganz Deutschland verteilten Verkaufsbüros aufzulösen. Außerdem wollte man zukünftig auf angestellte Monteure verzichten und diese als Subunternehmer verselbstständigen. Eine weitere wichtige Grundsatzentscheidung war auch der Entschluss, sich bis auf weiteres in erster Linie auf den deutschen Markt zu konzentrieren. Das Resultat dieser Maßnahmen war ein verbesserter organisatorischer Ablauf, da doppelte Arbeitsgänge in Verkaufsbüros und Zentrale nun vermieden werden konnten. Über die Verselbstständigung

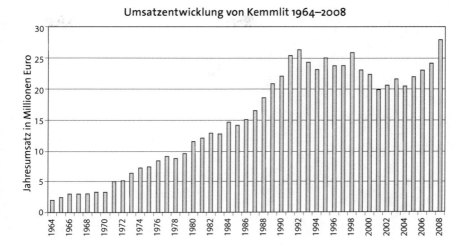

Umsatzentwicklung von Kemmlit 1964–2008

der Monteure hinaus konnten allerdings auch schmerzhafte Kündigungen nicht vermieden werden, und es kam schließlich zu einer Reduzierung der direkt bei Kemmlit beschäftigten Mitarbeiteranzahl von 200 auf 120.

Im Zuge der Neuausrichtung kam es weiterhin zu einem Wechsel in der Geschäftsführung: Nach einem Übergangsjahr, in dem Marc Kemmler mit maßgeblicher Unterstützung durch den Restrukturierungsexperten Michael Beck das Unternehmen führte, folgte Kurt Binder im Jahr 2001 Heinz Schenk als Geschäftsführer nach. Ein stabiler Faktor in diesen schwierigen und bewegten Jahren bei Kemmlit war Franz Rieber, der als Prokurist und Stellvertreter des Geschäftsführers bis zu seiner Pensionierung 2008 große Verantwortung trug.[295]

Dass die Krise bei Kemmlit auch einen marktbedingten Hintergrund hatte, zeigte sich bald nach dem erfolgreichen Umbau. In kurzen Abständen mussten zwei der Hauptwettbewerber Insolvenz anmelden. Vor diesem Hintergrund konnte Kemmlit seinen Marktanteil in Deutschland deutlich steigern und schaffte 2008 mit 27 Millionen Euro einen neuen Umsatzrekord. Kemmlit ist heute beinahe doppelt so groß wie der nächste große Wettbewerber und damit mit weitem Abstand deutscher Marktführer. Diese über Jahrzehnte gewachsene Marktposition erreichte die Firma vor allem durch ein flächendeckendes Vertriebs- und Montagenetz in ganz Deutschland sowie durch eine langfristig aufgebaute Qualitätsführerschaft.

Kemmlit-Trennwände gelten nämlich als nahezu unverwüstlich. Marc Kemmler erzählt in diesem Zusammenhang von einem Kemmlit-Fachbe-

Typ A, die erste Kemmlit-Trennwand, die aufgrund ihrer Unverwüstlichkeit mitunter heute noch zu sehen ist

rater, der vor kurzem zum Besuch in ein Hallenbad gebeten wurde, in dem vor etwa 20 Jahren eine Kemmlit-Umkleideanlage eingebaut worden war. Der Bauverantwortliche des Hallenbades begrüßte ihn mit den Worten: »Sie haben ein großes Problem: Außer einigen korrodierten Metallteilen ist die von Ihnen gelieferte Anlage noch wie neu!« Der Kunde kaufte daraufhin nur die Ersatzteile und einige ergänzende Produkte. Sicherlich werden dieser und viele ähnliche Fälle bei Kemmlit auch mit einem weinenden Augen gesehen. Doch es überwiegt der Stolz auf die Qualität der eigenen Produkte, die jahrzehntelang Chlorwasser und scharfen Reinigungsmitteln ebenso trotzen wie bisweilen unsanfter Benutzung.[296]

In den vergangenen Jahren setzte Kemmlit zunehmend auf den weiteren Ausbau seiner Marktführerschaft durch Innovationen und Design. Die Produkte sollten zukünftig nicht nur höchsten Qualitätsansprüchen genügen, sondern auch ein herausragendes Design bieten. Gemeinsam mit den renommierten Architekten Wolfram Wöhr aus München und Jörg Mieslinger aus Stuttgart entwickelte Kemmlit deshalb das NOXX-Trennwandsystem. Es besteht aus glattflächigen Kabinenfronten und wahlweise je nach Anwendungsbereich aus einem melaminharzbeschichteten Holzwerkstoff, aus Aluminium oder erstmals bei Kemmlit auch aus farbigem Glas. 2006 erhielt Kemmlit für NOXX den »AIT Innovationspreis« und den »iF product design award«, einen der weltweit bedeutendsten Designpreise. Ein Jahr später wurde NOXX vom Bundesministerium für Wirtschaft und Technologie auch für den »Designpreis der Bundesrepublik Deutschland 2007« nominiert.

Weitere Designpreise für Produktneuheiten folgten: In Zusammenarbeit mit den Berliner Architekten Regine Leibinger und Frank Barkow entwickelte Kemmlit das »cell«-Trennwandsystem, das in den Varianten

Die Glas-Trennwand NOXX, mit der Kemmlit erstmals Designpreise gewann

Für softcell wurde Kemmlit mit dem bedeutenden Designpreis iF gold award 2008 ausgezeichnet

»softcell« und »hardcell« in verschiedenen Materialien von Aluminium bis zu Edelstahl angeboten wird. Sowohl die »softcell«- als auch die »hardcell«-Systemvariante wurden 2007 mit dem »reddot design award« ausgezeichnet. Im März 2008 bekam Kemmlit für das »softcell«-Trennwandsystem, dessen Design sich an in der Natur vorkommenden weichen und wabenartigen Zellstrukturen orientiert, zudem den begehrten »iF gold award«. Dieser Preis, der jedes Jahr in einem zweiten Auswahlverfahren den besten Produktneuheiten unter den Trägern des »iF design award« in Hannover verliehen wird, gilt weltweit als der »Oscar« unter den Designpreisen.

Die »Designoffensive« der Jahre nach 2000 hatte aber noch einen weiteren positiven Effekt. Im Jahr 2009 wurde Kemmlit für seine Geschäftsphilosophie, nach der Kabinensysteme für den Sanitärbereich nicht nur ein funktionaler, sondern auch ein ästhetischer Teil der Gesamtarchitektur sein sollen, zum dritten Mal in Folge mit dem Gütesiegel »TOP 100« ausgezeichnet und gehört damit zu den innovativsten mittelständischen Unternehmen Deutschlands.

Lothar Späth überreichte 2008 das Gütesiegel TOP 100 für Kemmlit an Vertriebsleiter Thomas Bopp, Marketingleiter Uwe Beckmann und Geschäftsführer Kurt Binder (von links nach rechts)

Kemmlit besitzt aufgrund seiner starken Marktposition und der Steigerung des Bekanntheitsgrades der Marke durch die jüngsten Erfolge im Designbereich langfristig sehr gute Entwicklungsperspektiven. Dies nicht zuletzt auch deswegen, weil Kemmlit den überwiegenden Anteil seines Umsatzes im Renovierungsbau – etwa durch Sanierungen von Hallenbädern und Schulen sowie Modernisierungen von Gaststätten – erzielt und daher nur begrenzt vom Neubaugeschäft abhängig ist.

3. »Dächer und Wände für Hallen«: Kemmler Industriebau GmbH

Nach dem Ende des Zweiten Weltkriegs nahm Pflumm & Kemmler den Vertrieb von Asbestzement-Artikeln wieder auf, auch wenn es nicht mehr zu einem exklusiven Vertragsverhältnis mit Eternit wie der Generalvertretung in den 1930er Jahren kam. Dennoch entwickelten sich neben Kemmlit in Tübingen und Stuttgart zwei sogenannte »Eternit-Abteilungen«. Diese beiden Abteilungen belieferten zunächst Kunden aus dem Dachdecker- und Zimmerhandwerk mit Eternit-Produkten. Später erarbeitete man sich dann mit Ausführungen von Fassaden-, Wand- und Dachverkleidungen einen eigenen Markt.

Von der Eternit-Abteilung zur Kemmler Industriebau GmbH

Seit 1953 befasste sich Heinz Duppel, der erst kurz zuvor aus polnischer Kriegsgefangenschaft zurückgekehrt war, während der er sich im Selbststudium zum Bautechniker weitergebildet hatte, in Tübingen schwerpunktmäßig mit dem Eternit-Verkauf. Der flexible und vielseitig einsetzbare Baustoff Asbestzement konnte vor allem in Form der Eternit-Wellplatte sowohl für Dachkonstruktionen als auch für Wandverkleidungen verwendet werden und stieß auf große Nachfrage. Die Tätigkeit der Eternit-Abteilungen bestand während der 1950er Jahre zunächst überwiegend darin, Verlegefirmen zu beliefern. Nur wenige Dachdeckerfirmen konnten oder wollten aber mit dem modernen Baustoff Asbestzement arbeiten. Pflumm & Kemmler begann daher bereits während der 1950er Jahre, in Zusammenarbeit mit Subunternehmern Fertigleistungen anzubieten. Vor allem spezialisierten sich die beiden Abteilungen auf die Ausführung von Asbestzement-Dächern. Unter Hugo Sauter wurde in Stuttgart während der 1950er Jahre sogar ein spezielles, auch von der Eternit AG anerkanntes System für Dächer aus Eternit mit einer Neigung bis zu 3 Grad entwickelt.

Auf der Suche nach geeigneten Mitarbeitern für die Weiterentwicklung der Eternit-Abteilungen stieß Peter Kemmler Ende 1960 in einer Fachzeitschrift auf ein interessantes Stellengesuch. In einer Annonce bot sich Walter Köpschall, der seit 1955 in Diensten der Eternit AG stand, als Fachmann für Asbestzement an. Angesichts der ungewissen Situation in West-Berlin gegen Ende der 1950er Jahre hatte der gebürtige Berliner Köpschall beschlossen, mit seiner Familie in die Bundesrepublik zu ziehen.[297] Nach einem Treffen mit Hans und Peter Kemmler wurde Köpschall eingestellt und übernahm im Januar 1961 die Leitung der Eternit-Abteilung in Tübingen, die sich gerade in einem Veränderungsprozess befand. Das Hauptgeschäft bestand zwar immer noch in der Dachausführung, Mitte der 1960er Jahre kamen aber bereits erste Fassadenverkleidungen dazu. Die Montagearbeiten selbst wurden jedoch noch, wie bis dahin üblich, durch Subunternehmer ausgeführt.

Anfang der 1970er Jahre war der Auftragsumfang vor allem im Bereich des Fassadenbaus allein mit Subunternehmern nicht mehr zu bewältigen. Walter Köpschall begann daher 1971 mit dem Aufbau eigener Fassadenko-

Walter Köpschall

lonnen und stellte zunächst einen bisherigen Subunternehmer ein, der zusätzlich einige Mitarbeiter mitbrachte.[298] Damit war der Arbeitskräftebedarf allerdings bei weitem noch nicht gedeckt. Angesichts des zu diesem Zeitpunkt nahezu leergeräumten Arbeitsmarktes griff Klaus Schiebel, seit 1965 projektverantwortlicher Mitarbeiter in der Eternit-Abteilung, zum Mittel der Direktrekrutierung: »Ich habe mich nach Kneipen umgesehen, von denen man wusste, dass dort Jugoslawen verkehren. Dann habe ich mich abends in diese Kneipen begeben und einen ausgegeben. Ich habe das gemacht wie die alten Soldatenanwerber ...«, berichtet Schiebel schmunzelnd.[299]

Bereits Mitte der 1970er Jahre beschäftigte die Tübinger Eternit-Abteilung bis zu 50 Fassadenmonteure, bei denen es sich überwiegend um jene jugoslawischen Gastarbeiter handelte. Neben den Dachobjekten, die weiterhin nur von Subunternehmern ausgeführt wurden, konnte mit dem aufgestockten eigenen Montagepersonal die Geschäftstätigkeit vor allem mit Fassadenobjekten seit Ende der 1960er Jahre zunehmend auf das ganze Bundesgebiet ausgeweitet werden.

Anfang der 1980er Jahre standen die Abteilungen in Tübingen und Stuttgart vor einem tiefgreifenden Wandel. Die »Asbest-Krise« brachte den bis dahin sehr beliebten Baustoff Eternit zunehmend in Verruf. Seit 1970 wurde die Asbestfaser offiziell als krebserregend eingestuft, im Jahr 1979 wurde mit Spritzasbest das erste Asbestprodukt verboten. Trotz der sukzessiven Umstellung der Eternit-Produktion auf asbestfreie Materialien kam es zu einem Rückgang der Nachfrage nach Fassadenverkleidungen mit Faserzementplatten. Die Ausführungen durch eigene Monteure wurden deshalb eingestellt und der Personalbestand der Abteilung wieder entsprechend reduziert.

Einen Weg aus der »Asbest-Krise« erarbeiteten sich die beiden inzwischen in »Industriebau« umbenannten Abteilungen schließlich mit dem Eternit

Die Eternit-Fassade eines Hochhauses aus den 1970er Jahren

Eine von Kemmler gebaute Tennishalle mit Profilblech-Verkleidung

Klaus Schiebel

ersetzenden Material Profilblech. Dieses vielseitig einsetzbare Material kommt heute überall zum Einsatz, wo große Hallen gebaut werden. An derartigen Gewerbebau-Objekten hat sich inzwischen eine sehr differenzierte Arbeitsteilung herausgebildet. Gewerbebau-Architekten suchen angesichts der sehr unterschiedlichen und komplexen Anforderungen an die Dächer und Wände von geplanten Hallenbauwerken nach Spezialisten, die ihnen dieses Geschäft von der Planung bis zur Ausführung zuverlässig abnehmen können. Und genau hier liegt die über Jahrzehnte gewachsene Kompetenz des Industriebaus bei Kemmler.

Unter Klaus Schiebel, der ab 1992 als Nachfolger von Walter Köpschall die Leitung der Tübinger Abteilung übernommen hatte, wurden die beiden Industriebau-Abteilungen im Jahr 2005 organisatorisch zusammengeführt. Zwei Jahre später wurden beide Einheiten dann Teil der Ausgründung Kemmler Industriebau GmbH. Was zu diesem Schritt führte, war die zuvor bei Kemmler bereits mehrfach praktizierte Grundidee, selbstständig agierende Unternehmen mit eigenständigem Management und Verantwortung für eine eigene Bilanz zu schaffen.

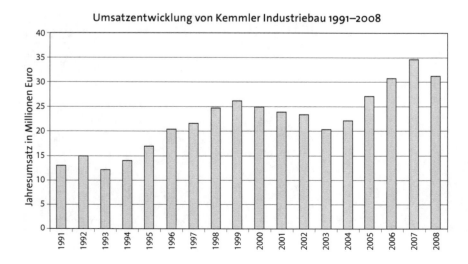

Klaus Schiebel übergab im Jahr 2006 nach beinahe 50 Jahren erfolgreicher Tätigkeit bei Kemmler die Verantwortung für die neue Gesellschaft an ein von ihm über lange Jahre gezielt aufgebautes Führungstrio: Walter Martini hat bei Kemmler Industriebau heute die Gesamtverantwortung inne und steuert den Betrieb gemeinsam mit den beiden Niederlassungsleitern Karl Schurr in Tübingen und Michael Petschel in Fellbach.

Die Leistungsschwerpunkte von Kemmler Industriebau sind komplexe Lösungen für Wände und Dächer an Objekten wie Gewerbe- und Produktionshallen, Logistikcentern, Einkaufszentren und Messehallen. In jüngster Vergangenheit übernahm beispielsweise das Stuttgarter Team mit Unterstützung aus Tübingen die Ausführung der Fassaden an den neuen Stuttgarter Messehallen als den bis dahin größten Auftrag in der Geschichte dieses Geschäftsbereichs. Auch die blauen Fassaden von IKEA-Möbelhäusern in ganz Deutschland, die Ausstellungshalle für den russischen Raumgleiter Buran im Technikmuseum Speyer, Bauhaus-Baumärkte in Oslo und Reykjavik sowie ein riesiges Gipskartonplattenwerk für Knauf in Südspanien sind aktuelle Beispiele für die Leistungspalette des Spezialbauunternehmens.

Mit 30 hoch qualifizierten und technisch versierten Mitarbeitern wird eine rund 100 Mann starke Montagemannschaft der langjährigen Partnerfirmen an den verschiedenen Baustellen gesteuert. Kemmler Industriebau ist heute im Markt der Dächer und Wände für Hallen aus Profilblechen einer der drei größten Anbieter in Deutschland.

Das Managementteam von Kemmler Industriebau im Jahr 2009: Michael Petschel, Walter Martini und Karl Schurr (von links nach rechts)

Eine der neuen Stuttgarter Messehallen, deren Fassaden Kemmler Industriebau konstruiert und montiert hat

4. »Ihr Spezialist für alle Baustoffe«: Kemmler Baustoffe GmbH

Bis Mitte der 1950er Jahre hatte in der Wertschöpfungskette vom Produzenten zum Verarbeiter der Baustoffhandel gegenüber der Baustoffindustrie eine eher untergeordnete Rolle gespielt. Auf traditionell regional orientierten Märkten konnten die Baustoffproduzenten ihre Produkte in der Regel direkt an den Verarbeiter absetzen und benötigten den Handel als Mittler nicht. Ausnahmen stellten lediglich hochwertige Spezialbaustoffe wie Fliesen dar, die nicht überall zu produzieren und zu beziehen waren. Nach dem Zweiten Weltkrieg profitierte die gesamte Baubranche zunächst von einem stark wachsenden Markt mit hoher Nachfrage. Mit zunehmender Spezialisierung errichtete die Baustoffindustrie immer größere und kapitalintensivere Produktionsstätten, die einen größeren Absatzmarkt benötigten, um rentabel zu arbeiten. Die Erschließung und Bearbeitung dieser größeren Absatzmärkte war von der Industrie selbst kaum mehr zu leisten, sodass der Baustoffhandel seine Position als Branche in den Jahrzehnten seit 1950 stark ausbauen konnte, nicht zuletzt auch weil ihm immer bessere logistische Möglichkeiten für den Transport von Waren zur Verfügung standen.

Die Funktionen des Baustoffhandels hatte Peter Kemmler zum Thema seiner im Herbst 1960 an der Universität Tübingen eingereichten Diplomarbeit gemacht. Er sah im Baustoffhandel den Bereich, in dem das Familienunternehmen Kemmler in den kommenden Jahrzehnten am stärksten wachsen konnte. Als er Ende der 1950er Jahre nach dem schweren Unfall seines Vaters die Leitung des Unternehmens übernahm, war die Firma außer in Tübingen nur an den Standorten Stuttgart und Münsingen tätig. Peter Kemmler setzte in den folgenden Jahren im Geschäftsbereich Baustoffhandel gezielt auf Wachstum. Dies bedeutete zum einen Expansion durch den Aufbau von Filialen, um das bestehende Absatzgebiet zu erweitern und zu verdichten. Zum anderen entschied sich Kemmler für eine Strategie der Spezialisierung auf bestimmte Produktbereiche, um die Kundenbedürfnisse besser bedienen zu können und damit seinem Unternehmen eine bessere Marktstellung zu verschaffen.

Die Spezialisierung im Produktbereich Fliesen

In der unmittelbaren Nachkriegszeit hatte das Fliesensortiment bereits eine gewisse Zahl von Wandfliesen, unglasierten Steinzeug-Bodenfliesen, Spaltklinkerplatten sowie Solnhofer Wand- und Bodenplatten umfasst. Angesichts steigender Nachfrage im Zuge des Wiederaufbaubooms wurde nach Eternit die Abteilung Fliesen als zweite spezialisierte Abteilung vom allgemeinen Baustoffhandel abgetrennt. Die Fliesen bezog man zunächst hauptsächlich von inländischen Herstellern, seit 1963 wurden die ersten Wandfliesen aus Italien eingeführt – der erste Schritt zum Fliesenimport.

Mit der Spezialisierung ging neben einer Erweiterung des Sortiments vor allem eine Verbesserung der Präsentation einher. Bis Anfang der 1960er Jahre waren die Fliesen den Kunden direkt am Stellplatz der jeweiligen Sorten in den Lagerhallen gezeigt worden. Als ersten Schritt zu einer ansprechenden Präsentation wurde in einer Lagerhalle auf dem Tübinger Gelände ein kleiner Musterraum eingerichtet, an dessen Innenwänden die aktuellen Fliesensorten fest verlegt waren. 1969 entstand im Hauptverwaltungsgebäude dann ein neuer Musterraum, der Empfang und Information der Kunden in einem angenehmeren Rahmen ermöglichte, als dies in der Lagerhalle der Fall gewesen war.

Doch dies genügte Peter Kemmler nicht: »Ich wollte die Fliese als ästhetisches Produkt in einem großzügigen Raum in anspruchsvoller Atmosphäre präsentieren, um den potenziellen Kunden ein breites Sortiment plastisch

Eine der ersten Fliesen-Ausstellungen bei Kemmler Baustoffe in Böblingen in den 1970er Jahren

und zum Anfassen vor Augen zu führen. Meine grundsätzliche Überlegung war, dass es sich bei der Fliese um ein Produkt handelt, das den Kunden nicht über eine Abbildung im Katalog näher gebracht werden kann. Die Oberfläche, die Struktur und der Farbeindruck können nur an einer echten Fliese erfasst werden.«[300]

Kemmler wollte also Fliesen großflächig präsentieren, weswegen die geplante Fliesen-Ausstellung auch erst nach dem endgültigen Wegzug der Betonwaren- und der Kemmlit-Produktion aus Tübingen nach Hirschau und Dußlingen realisiert werden konnte. Maßgeblich unterstützt von seiner Frau Renate, die bei der Gestaltung aller Ausstellungen federführend mitwirkte, entwickelte Peter Kemmler ein in der Branche bis dahin einmaliges Konzept der Fliesen-Ausstellung. Dafür wurden auch eigens Musterschrankanlagen zur großflächigen Präsentation entworfen, welche Kemmlit für die Schwesterfirma Kemmler Baustoffe herstellte. Ab 1974 wurde für die Fliesenabteilung auf dem Tübinger Betriebsgelände zur Eisenbahnstraße hin ein neues Büro- und Ausstellungsgebäude errichtet, in dem sich das ambitionierte Präsentationskonzept endlich realisieren ließ.

Der gesteigerte Privatbedarf an Fliesen im Zuge der Do-it-yourself-Welle und vor allem die Herausforderung durch die seit den 1970er Jahren verstärkt entstehenden Baumärkte machte Mitte der 1980er Jahre eine Anpassung des Konzepts notwendig. Peter Kemmler erinnert sich: »Als immer mehr Baumärkte auch Fliesen angeboten haben, entwickelte sich ein eigenes Marktsegment für Billigfliesen. Es stand also immer mehr die Frage im Raum, ob wir die gesamte Bandbreite des Fliesenmarktes von preiswert bis teuer bedienen wollten. Das Textilhaus Breuninger, das ich ohnehin als Handelsunternehmen bis zum heutigen Tag sehr faszinierend finde, bot zu dieser Zeit bereits ein breites Angebot an Bekleidung ebenfalls von einem Billig- bis zu einem Exquisitbereich an und war für mich in dieser Frage Vorbild. Wir entschieden uns, unsere hochwertige und anspruchsvolle Fliesen-Ausstellung durch einen Fliesen-Markt zu ergänzen, in dem wir ein breites Sortiment an Fliesen nach dem Vorbild von Aldi auf Paletten in einfachstem Ambiente zu günstigen Preisen zur Selbstbedienung anbieten.«[301]

Renate und Peter Kemmler bei der Feier seines 65. Geburtstags mit dem Führungskreis im Jahr 2002

Auf diese Weise konnte Kemmler seinen Kunden ein Sortiment bieten, das von Fliesenhändlern und Baumärkten im Wettbewerb bis heute weder in der Breite noch in seiner Präsentationsform erreicht wird: preiswerte Fliesen in »Cash & Carry«-Präsentation zur Selbstbedienung im Kemmler Fliesen-Markt und hochwertige Fliesen in der ästhetisch ansprechend gestalteten, großflächig angelegten Fliesen-Ausstellung.[302]

Expansion durch Filialisierung

Hans Kemmler hatte nach dem Zweiten Weltkrieg 1949 in Stuttgart die erste Filiale der Firma Pflumm & Kemmler gegründet. Kurz vor seinem Unfall folgte in Münsingen ein weiterer Standort. Nachdem Peter Kemmler die Leitung des Unternehmens übernommen hatte, setzte er in den kommenden Jahrzehnten auf eine Strategie des Wachstums in konzentrischen Kreisen um Tübingen herum. Er erinnert sich: »Die Niederlassungsgründung in Stuttgart hatte zu unserer Zufriedenheit funktioniert und war insofern ein gutes Beispiel. Die Grundidee, die ich mit der Filialisierung verfolgte, war, dass es aus der Distanz nur schwer möglich ist, die Kunden

Die Werbefassade der 2009 frisch renovierten Fliesen-Ausstellung in Stuttgart-Bad Cannstatt direkt gegenüber der Hanns-Martin-Schleyer-Halle

Die Fliesen-Ausstellung in Stuttgart-Bad Cannstatt, die auf 2 000 Quadratmetern über 1 000 Fliesen-Sorten zeigt

vor Ort gut zu bedienen. Um nicht Gefahr zu laufen, Märkte zu verlieren, bauten wir neue Standorte auf. Absatzgebiete, die wir ohnehin bereits im Außendienst bearbeiteten, konnten wir auf diese Weise durch ein Lager in der Nähe logistisch verdichten und unsere Kunden besser bedienen.«[303]

Die Methode der Filialisierung bestand in der Regel darin, bereits existierende Baustoffhandlungen zu erwerben. Die Mitarbeiter wurden übernommen und aus diesem Kreis in den meisten Fällen auch der Niederlassungsleiter rekrutiert. In den Jahren nach der Übernahme wurden die Betriebe zu Kemmler-Niederlassungen ausgebaut, das Sortiment angepasst und Fliesen-Ausstellungen eingeführt. Dies bedeutete häufig erhebliche Investitionen in neue Gebäude, und vielfach mussten die Standorte auch auf neues Gelände umziehen.

Neben dem Ausbau der bestehenden Standorte Stuttgart und Münsingen forcierte Peter Kemmler in den 1960er und 1970er Jahren die dynamische Expansion von Kemmler Baustoffe, das seit 1967 ein eigenständiger Geschäftsbereich in Form einer GmbH war. Der Erwerb der Firma Rudolf Fidler diente 1962 der Erweiterung der bereits bestehenden Niederlassung in der Mercedesstraße in Stuttgart-Bad Cannstatt. Bis 1981 kamen zu Stuttgart und Münsingen weitere zehn Standorte dazu, in der Mehrzahl Übernahmen bereits bestehender Baustoffhandlungen, aber auch zwei komplette Neugründungen. Beinahe parallel zur Erweiterung der Stuttgarter Niederlassung verlief der Aufbau eines Standortes in Böblingen, der 1962 durch die Übernahme der Baustoffhandlung Ludwig Liebig entstand. Weitere Übernahmen folgten 1964 mit der Filiale der Firma Eppler aus Dornstetten in Oberndorf, der Firma Karl Schweizer in Nürtingen 1968 sowie der Firma Breimesser 1971 in Hechingen. 1973 beteiligte sich Kemmler an der alteingesessenen Metzinger Baustoffhandlung Bail, deren Geschäftsführer Karl Gölz für die Realisierung des Umzugs auf neues Gelände einen starken Partner suchte.

Als vollständige Neugründungen entstanden die Kemmler-Niederlassungen in Donaueschingen 1966 und in Balingen 1972. Während Balingen dazu diente, ein bereits von Tübingen aus bearbeitetes Absatzgebiet zu verdichten, handelte es sich bei Donaueschingen um eine gezielte Expansion in ein neues Absatzgebiet. Walter Neidhart und Ewald Fässle, zwei Mitarbeiter einer Tuttlinger Baustoffhandlung, die sich beruflich verändern wollten, waren an Peter Kemmler mit dem Vorschlag herangetreten, im Einzugsbereich des Bodensees eine neue Baustoffhandlung aufzubauen. Nach gemeinsamen Überlegungen über einen geeigneten Standort auf der Landkarte fiel die Wahl schließlich auf Donaueschingen. Zum einen

Die erste Stuttgarter Kemmler-Niederlassung in Untertürkheim Anfang der 1950er Jahre

Die größte Baustoffhandlung im Raum Stuttgart: Kemmler Baustoffe in Fellbach im Jahr 2009

Kemmler Baustoffe in Nürtingen beim Neckar-Hochwasser im Jahr 1978

geschah dies, weil sich dort keine nennenswerte Konkurrenz befand und ein preiswertes Gelände erworben werden konnte, zum anderen weil dieser Standort durch den geplanten Bau der Bodenseeautobahn eine günstige Verkehrsanbindung versprach.[304] Donaueschingen ist insofern ein besonderes Beispiel, als Neidhart, der nach dem Ausscheiden Fässles 1979 die Donaueschinger Niederlassung allein führte, die Leitung 1985 an seinen Sohn Claus-Werner übergab, dessen beide Kinder der Familientradition folgend auch bei Kemmler in Donaueschingen tätig sind.

Den Schlusspunkt der ersten Expansionsphase bis 1981 bildeten die Niederlassungen in Horb, Altensteig und Herrenberg. Peter Kemmler eröffnete 1977 gemeinsam mit dem Bauunternehmen Gebr. Marquardt, das bis dahin als Nebengeschäft einen Baustoffhandel betrieben hatte, eine Niederlassung in Horb. Im gleichen Jahr übernahm Kemmler den Teilbetrieb Baustoffhandel der Firma Joel Walz, den diese neben einer Bauunternehmung betrieb. In Herrenberg übernahm Kemmler 1981 die Niederlassung der in Böblingen-Dagersheim ansässigen Firma Buck, deren Inhaber sich aus dem Baustoffhandel zurückziehen wollte.

Was danach folgte war, wie Peter Kemmler betont, »keine gedankliche, sondern lediglich eine faktische Pause bei der strategischen Filialisierung, ganz einfach weil uns in den kommenden Jahren kein geeigneter Betrieb zum Kauf angeboten wurde«.[305] Erst im Jahr 2000 fand die Expansion mit

Annette und Marc Kemmler im Jahr 2004 bei der Eröffnung der Fliesen-Ausstellung in Schorndorf mit Niederlassungsleiter Wolfgang Fischer (rechts im Bild), Oberbürgermeister Winfried Kübler und seiner Frau Irmel

der Übernahme der Firma Rehfuss in Ulm ihre Fortsetzung. Nach wenigen Monaten zog die Filiale unter Rudi Holder, der als Niederlassungsleiter von Kemmler Münsingen in Personalunion auch den neuen Standort übernahm, in einen neu gebauten Betrieb nach Neu-Ulm um. Mit der Neu-Ulmer Niederlassung und ihrem nach Bayern reichenden Absatzgebiet wurde Kemmler Baustoffe erstmals im angrenzenden Bundesland tätig – ein Schritt, den viele im schwäbischen Familienunternehmen Kemmler als sehr bedeutend wahrnahmen.

Im Jahr 2001 begann mit der Übernahme der Ötisheimer Filiale der Firma Mühl die Erschließung des Raums Pforzheim. Wie zuvor in Ulm folgte auch hier nach kurzer Zeit der Umzug in einen eigenen Neubau auf besser geeignetem Gelände am Nordrand von Pforzheim. Im Dezember 2004 wurde die Pforzheimer Filiale der Firma Bergle übernommen und in Kemmler Baustoffe eingegliedert. Der zusätzliche Standort im Südwesten Pforzheims ermöglicht eine bessere Versorgung der Kunden am anderen Ende dieser verkehrsdichten Großstadt und im angrenzenden Nordschwarzwald.

Der weiteren Verdichtung des Stuttgarter Marktes diente der Aufbau neuer Standorte durch die Übernahme des Bereichs Baustoff- und Flie-

Expansion nach Bayern: Das Weber Baustoffzentrum in Diedorf bei Augsburg

senhandel der Firma Maier am Tor in Schorndorf im März 2003 und die Neugründung einer Niederlassung in Stuttgart-Stammheim im Jahr 2006. Durch die Übernahme der Firma Werner Weber in Aalen im Frühjahr 2005 expandierte Kemmler Baustoffe ein Jahr zuvor bereits in den an Schorndorf anschließenden Raum Ostalb.

Einen weiteren großen Schritt hinein in das Nachbarbundesland Bayern bedeutete im Frühjahr 2008 die Beteiligung von Kemmler Baustoffe am Weber Baustoffzentrum in Diedorf bei Augsburg. Im Jahr 1914 hatte Adolf Christian Weber eine Baustoffgroßhandlung in Augsburg-Pfersee gegründet. Seit 1978 befindet sich das Weber Baustoffzentrum am Westrand von Augsburg in Diedorf. Die Firma Weber wurde von den jeweils mit 50 Prozent beteiligten Vettern Gerhard und Ulrich Oberländer betrieben. Als Gerhard Oberländer altersbedingt seinen Anteil verkaufen wollte, konnte sich Kemmler Baustoffe gegen den ebenfalls interessierten Baywa-Konzern durchsetzen und den Anteil übernehmen. Ausschlaggebendes Argument für den Zuschlag war nicht nur das ausgereifte Managementsystem von Kemmler, sondern vor allem auch die bei allen Filialisierungen und Übernahmen zuvor praktizierte Philosophie eines Familienunternehmens, welche auch die bisherigen Gesellschafter von Weber überzeugte. Ulrich Oberländer ist weiterhin Gesellschafter und Geschäftsführer des Weber Baustoffzentrums, das im Raum Augsburg über eine starke Marktposition verfügt und ein bis in den Großraum München reichendes Absatzgebiet bearbeitet.

Durch den Prozess der Filialisierung verfügt Kemmler Baustoffe heute über ein dichtes Niederlassungsnetz von 21 Handelshäusern. Dadurch be-

Eine Übersichtstabelle der Niederlassungen von Kemmler Baustoffe

Niederlassung	Gründung/ Übernahme	Umsatz 2008 in Mio. €	Mitarbeiter 2008	Niederlassungsleiter
Tübingen	1907	36,0	176	J. Blau
Stuttgart-Bad Cannstatt	1949	5,6	34	A. Merazzi
Münsingen	1956	8,9	25	Z. Vincekovic
Böblingen	1962	18,4	65	E. Pfeiffer
Oberndorf	1964	7,8	24	J. Thiel, ab 2010 S. Bechtold
Donaueschingen	1966	27,6	67	C.-W. Neidhart
Nürtingen	1968	18,1	53	T. Hönig
Hechingen	1971	5,7	17	O. Schilling
Balingen	1972	17,1	60	B. Rinn, ab 2010 J. Thiel
Fellbach	1973	31,5	71	P. Höcklen
Metzingen	1973	17,2	80	L. Gauch
Altensteig	1977	4,9	19	R. Miller
Horb	1977	9,4	31	R. Haigis
Herrenberg	1981	10,3	26	R. Braitmaier
Neu-Ulm	2000	13,3	40	R. Holder
Pforzheim-Nord	2001	10,7	42	A. Bross
Schorndorf	2003	12,8	41	W. Fischer
Pforzheim-Süd	2004	3,5	13	A. Bross
Aalen	2005	9,8	41	F. Schaffenrath
Stuttgart-Stammheim	2006	4,5	15	A. Serra
Diedorf bei Augsburg	2008	28,9	60	U. Oberländer
Gesamt:	21 Niederlassungen	302,0	1000	

stehen Größenvorteile gegenüber nicht filialisierten Baustoffhandlungen nicht nur beim Einkauf, sondern in nahezu allen Bereichen. Die einzelnen Abteilungen der Handelshäuser werden über gemeinsame Arbeitskreise durch die Bereichsleitungen koordiniert. Auf diese Weise ist ein gemeinsamer Marktauftritt gewährleistet. Ein weiterer Vorteil der großen Anzahl an Standorten besteht in der Möglichkeit zu internem Wettbewerb und Benchmarking, worauf im folgenden Kapitel noch eingegangen wird.

Baustoffhandel als »Multispezialist«: Die Divisionalisierung von Kemmler Baustoffe

Die zweite strategische Hauptstoßrichtung von Peter Kemmler war neben der Expansion die Spezialisierung. Um in dieser Richtung weiter voran-

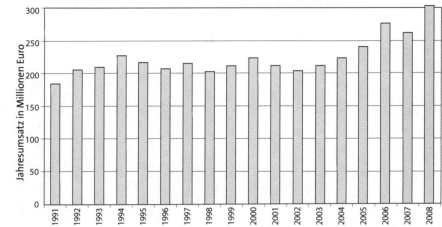

Umsatzentwicklung von Kemmler Baustoffe 1991–2008

zugehen, wurde Ende der 1980er Jahre bei Kemmler Baustoffe eine Divisionalisierung vorgenommen. Noch 1969 hatten neben der allgemeinen Baustoffabteilung – deren Hauptumsatzträger bis dahin der Handel mit Zement war – nur zwei spezialisierte Abteilungen bestanden: zum einen die Eternit- und zum anderen die Fliesen-Abteilung. Seit 1974 verfügten die Standorte Tübingen und Metzingen zusätzlich jeweils über eine Abteilung Bauelemente, die sich mit Handel und Montage von Toren, Türen und Fenstern befasste. Diese Abteilungen wurden 1998 wieder aufgegeben, da sie aufgrund vieler Reklamationen nur sehr wechselhaften Erfolg hatten und vor allem weil dieser handwerklich orientierte Bereich nicht filialisierbar war.

Um besser auf die spezifischen Bedürfnisse der unterschiedlichen Kundengruppen und Gewerke eingehen zu können, wurde Kemmler Baustoffe ab 1987 organisatorisch in sechs Divisionen gegliedert, die bei Kemmler Bereiche heißen: Fliesen, Tiefbaustoffe, Hochbaustoffe, Ausbaustoffe, Dachbaustoffe und Gartenbaustoffe. Jeder Verkäufer sollte sich voll auf eine Kundengruppe und den entsprechenden Sortimentsbereich spezialisieren können. Dieses Organisationsprinzip war zu jener Zeit im deutschen Baustoffhandel noch kaum verbreitet und stellte für die weitere Entwicklung der Firma eine entscheidende Weichenstellung dar. Die Divisionalisierung brachte für Kemmler Baustoffe wesentliche Wettbewerbsvorteile und daraus resultierend Marktanteilsgewinne. Mit hohem Kapitaleinsatz wurden seit Ende der 1980er Jahre die bestehenden Niederlassungen nach dem

Der Führungskreis von Kemmler Baustoffe bei Peter Kemmlers 50-jährigem Jubiläum im Jahr 2006

Konzept des »Multi-Spezialisten« um- und ausgebaut. Dies bedeutete Investitionen in nahezu allen bis dahin bestehenden 15 Niederlassungen, die unter anderem für Grundstückserweiterungen, neue Garten-Ausstellungen, Fliesen-Ausstellungen und Fliesen-Märkte sowie für neue und größere Lagerhallen notwendig waren.

Die Firma Kemmler Baustoffe gliedert sich heute organisatorisch in die verschiedenen Handelshäuser, die den Bereichen entsprechend in Abteilungen untergliedert sind. Nach dem Vorbild des von Peter Kemmler bereits seit den 1970er Jahren eingeführten regelmäßig tagenden Arbeitskreises Fliesen wurden weitere Arbeitskreise für jeden der sechs Bereiche gebildet, deren Mitglieder die jeweiligen Abteilungsleiter aller Niederlassungen sind. Seit 1993 neu installierte Bereichsleitungen definieren für alle Standorte eine gemeinsame Strategie. Ein wichtiges Kriterium bei der Auswahl der Bereichsleiter und von deren Stellvertretern ist für Marc Kemmler neben Führungskompetenz auch die Kundennähe. Deshalb handelt es sich dabei überwiegend um Niederlassungsleiter, die im täglichen Kundenkontakt stehen und mit diesem Know-how ausgestattet die zusätzlichen Aufgaben als Bereichsleiter oder stellvertretender Bereichsleiter für alle Handelshäuser übernehmen.

Die Matrixorganisation von Kemmler Baustoffe trägt wesentlich dazu bei, den gemeinsamen Marktauftritt aller Handelshäuser zu realisieren. Für die Festlegung der Unternehmenspolitik ist als übergeordnetes Managementorgan die Führungskonferenz verantwortlich. Sie besteht im Jahr 2009 aus den Geschäftsführern Marc Kemmler, Philipp Julien und Claus-Werner Neidhart sowie den Prokuristen Peter Höcklen und Rainer Braitmaier. Daneben wurden seit Mitte der 1990er Jahre übergreifende Fachfunktionen aufgebaut, deren Dienste allen Niederlassungen und Bereichen zur Verfügung stehen. Viele Führungskräfte übernehmen damit also neben ihren regionalen Aufgaben als Leiter einer Niederlassung eine weitere Gesamtaufgabe als Leiter oder stellvertretender Leiter eines Bereichs oder einer Fachfunktion. Zum einen wird damit erreicht, dass die regional Verantwortlichen auch für das Gesamtunternehmen denken und umgekehrt, sodass sich eine Verzahnung der verschiedenen Dimensionen der Organisation ergibt. Zum anderen konnte so die Entstehung einer zentralen Bürokratie in Form eines »Krawatten-Silos« voller marktferner Experten in Tübingen vermieden werden. Kemmler Baustoffe besitzt gewissermaßen eine »dezentrale Zentrale«. Und schließlich wird es, wie Marc Kemmler bemerkt, »allen Führungskräften durch die verschiedenen Hüte, die sie tragen, niemals langweilig«.

1993 trat Kemmler Baustoffe der Einkaufskooperation Interbaustoff bei, um eigene Größenvorteile beim Einkauf mit den Vorteilen der Kooperation zu verbinden. 2003 fusionierte Interbaustoff mit der Einkaufskooperation Interpares/Mobau zur Eurobaustoff, unter deren 492 Mitgliedern aus dem gesamten deutschsprachigen Raum Kemmler Baustoffe der größte Gesellschafter ist. Alle Handelshäuser von Kemmler Baustoffe werden beim Einkauf vom jeweiligen Bereichsleiter verantwortlich vertreten und koordiniert. Zusätzlich besteht unter der Leitung von Heinz Blankenhorn seit 1993 ein zunächst in Münsingen, später in Tübingen angesiedelter zentraler Einkauf für Produkte, deren Preise sich je nach Marktlage und Nachfragemenge kurzfristig ändern können.

An die Stelle der früheren Versandabteilungen der einzelnen Niederlassungen trat ein gemeinsames modernes Logistik-Konzept aller Handelshäuser. Hier setzte man auf den klaren Grundsatz, die gesamte Beschaffungslogistik durch die Lieferanten selbst oder durch Speditionen abwickeln zu lassen und den eigenen Fuhrpark ausschließlich für die Distributionslogistik, also für die Verteilung der Ware an Kunden zu verwenden. Für den internen Warenverkehr vor allem im Bereich Fliesen richtete

Matrixorganisation von Kemmler Baustoffe mit Niederlassungen, Bereichen und Fachfunktionen

Führungskonferenz													
	Bereiche							**Fachfunktionen**					
Niederlassungen	Tiefbau	Hochbau	Ausbau	Dachbau	Gartenbau	Fliesen		F	P	E	IT	L	V	M
								Finanz- und Rechnungswesen, Controlling	Personal, Zentrale Dienste	Einkauf	EDV	Logistik	Vertrieb	Marketing, Werbung
Aalen														
Altensteig														
Balingen														
Böblingen														
Diedorf														
Donaueschingen														
Fellbach														
Hechingen														
Herrenberg														
Horb				Abteilungen der Niederlassungen										
Metzingen														
Münsingen														
Neu-Ulm														
Nürtingen														
Oberndorf														
Pforzheim Nord/Süd														
Schorndorf														
Stuttgart-Bad Cannstatt														
Stuttgart-Stammheim														
Tübingen														

Geschäftsführer Claus-Werner Neidhart den Kemmler-Nachtverkehr ein. Dieser Nachtverkehr wurde zunächst hauptsächlich durch selbstständige Dienstleister gewährleistet, seit 2003 aber mit eigenen Lkw durchgeführt. Seit dem Jahr 2000 besteht Logistik als eigene Fachfunktion, die Neidhart neben seiner Verantwortung als Niederlassungsleiter in Donaueschingen leitet. Das heutige Logistik-Konzept ermöglicht eine dezentrale Lagerhaltung mit verschiedenen Sortimentsschwerpunkten in den einzelnen Niederlassungen. Bei Bedarf können entsprechende Waren über Nacht an den Nachfrageort gebracht werden. Wird beispielsweise in Pforzheim eine bestimmte Fliese von Kunden nachgefragt, die in Donaueschingen gelagert ist, so kann eine Lieferung am nächsten Tag garantiert werden.

Durch die Divisionalisierung und den Ausbau der Lager- und Logistikfunktion ist Kemmler Baustoffe heute in der Lage, schnell und individuell auf Kundenwünsche einzugehen. Marc Kemmler erklärt dies an einem Beispiel: »Ein Stammkunde, der ein Gipsergeschäft führt, unterhält heute angesichts der großen Bandbreite der benötigten Produkte kein großes eigenes Lager mehr. In der nahe gelegenen Niederlassung von Kemmler Baustoffe findet er nicht nur ein umfassendes Sortiment aller von ihm benötigten Artikel. Er findet dort auch einen spezialisierten Berater, der ihn im Außendienst besucht, bei dem er persönlich, telefonisch oder elektronisch

»Boxenstopp« im Lager von Kemmler Baustoffe

Bestellungen aufgeben kann und der ihm jederzeit technische Details, Muster oder auch Produktdemonstrationen liefert.«

Die umfassende Logistikleistung von Kemmler Baustoffe, die in dem seit etwa 40 Jahren verwendeten Werbeslogan »Ihr Spezialist für alle Baustoffe« zum Ausdruck kommt, wird deutlich, wenn man dieses Beispiel gedanklich fortführt: »Den Hauptteil der vom Kunden bestellten Waren lassen wir von einem Speditions-Lkw direkt vom Hersteller pünktlich zum vereinbarten Zeitpunkt auf die Baustelle liefern. Da manchmal erst am Vortag absehbar ist, dass das Wetter für die anstehenden Arbeiten geeignet sein wird, ist es für die Arbeit des Gipsermeisters vorteilhaft, dass wir in der Lage sind, solche Lieferungen über Nacht zu organisieren. Zusätzlich benötigte Ergänzungslieferungen kommen mit einem Kemmler-Lkw aus der nächstgelegenen Niederlassung. Viele unserer Kunden pendeln aber zwischen ihren verschiedenen Baustellen und fahren dabei häufig bei Kemmler Baustoffe vorbei, um die benötigten Produkte dort abzuholen.«

Auch diesen spontanen Bedarf kann Kemmler Baustoffe aufgrund seiner großen Lager bedienen, wie Marc Kemmler weiter erklärt: »Wie beim Boxenstopp eines Formel-Eins-Rennfahrers – ein Bild, das wir gern gebrauchen – versorgt unsere Mannschaft den Gipsermeister mit allem Material und Werkzeug, das er für den reibungslosen Arbeitsablauf an seinen verschiedenen Baustellen braucht. Wir arbeiten daran, solche Boxenstopps bei Kemmler in einer Zeit von unter zehn Minuten abzuwickeln.«[306]

Eine gleichermaßen spezialisierte Dienstleistung wie der im Beispiel geschilderte Gipsermeister im Bereich Ausbau erhält auch ein Fliesenleger in den Fliesen-, ein Dachdecker in den Dachbau-, ein Hochbau-Unternehmer in den Hochbau-, ein Tief- und Straßenbau-Unternehmer in den Tiefbau- und ein Garten- und Landschaftsbauer in den Gartenbau-Abteilungen an allen Standorten. Auch Privatkunden, mit denen Kemmler Baustoffe etwa 20 Prozent seines Umsatzes erzielt, profitieren von der spezialisierten Dienstleistung, dem umfangreichen Sortiment von über 100 000 Artikeln und dem großen Lagerbestand im Wert von zuletzt über 20 Millionen Euro.

Das strategische Ziel von Kemmler Baustoffe ist es erklärtermaßen, wie Marc Kemmler betont, »mindestens so stark zu sein wie der stärkste Wettbewerber im jeweiligen Bereich«.[307]

VII. Erfolgsfaktoren

Das Familienunternehmen Kemmler heute
(Fünfte Generation)

1. Baukrise 1995 – Marc Kemmler startet

»Seit du in der Firma bist, läuft es schlecht.« Mit diesem Satz scherzte Peter Kemmler noch Jahre später darüber, dass der Eintritt seines Sohnes Marc in das Unternehmen mit einer drastischen Krise der gesamten Branche zusammenfiel.

Marc Kemmler (geboren 1966) studierte 1985 zunächst ein Semester an der Wissenschaftlichen Hochschule für Unternehmensführung in Koblenz und danach Wirtschaftswissenschaften an der Universität Mannheim. Nach Abschluss seines Studiums im Jahr 1990 zog er nach Berlin, um dort an seiner Dissertation zu arbeiten. 1993 wurde Marc Kemmler an der Universität Tübingen mit einer Arbeit über die Entstehung der Treuhandanstalt promoviert. Für die Recherche hatte er 1991 für einige Monate in der Treuhand-Zentrale gearbeitet und dort an Gutachten über Fortführungs- und Privatisierungspläne ehemaliger Volkseigener Betriebe mitgewirkt.[308]

Auch die beiden jüngeren Kinder von Peter Kemmler, Tilman (geboren 1967) und Fee (geboren 1970) entschieden sich nach ihren betriebswirtschaftlichen Studienabschlüssen für kaufmännische Berufe. Nachdem Tilman Kemmler für einige Jahre als Assistent von Lothar Späth bei Jenoptik in Jena tätig war, sammelte er von 1996 bis 1999 im Familienunternehmen in Tübingen weitere praktische Erfahrungen, bevor er seine Ausbildung mit einem MBA-Programm am International Institute for Management Development (IMD) in Lausanne abschloss. Daran anschließend arbeitete er bei der Unternehmensberatung McKinsey & Company in London, bevor er seine Karriere beim Pharmagroßhändler Celesio AG in Stuttgart weiterführte, wo er heute als Leiter der Unternehmensentwicklung tätig ist.

Fee Holz-Kemmler studierte Wirtschaftswissenschaften in Berlin und Paris. In ihrer anschließenden Doktorarbeit beschäftigte sie sich mit der Wirtschaftsentwicklung Südafrikas.[309] Sie lebt heute mit ihrer Familie in Berlin und arbeitet in der Immobilienbranche.

Lehrjahre in Krisenzeiten

Nach seinem Eintritt in das Familienunternehmen erlebte Marc Kemmler in den Jahren 1993 und 1994 zunächst eine Zeit, in der die Firma, wie er sich erinnert, »noch rund lief«.[310] Nichts deutete darauf hin, dass im folgenden Jahr 1995 der Wohnungsneubau drastisch einbrechen und die gesamte Baustoffbranche mit dem tiefsten Einschnitt seit Beginn des Wiederaufbaus nach dem Ende des Zweiten Weltkriegs konfrontieren sollte. Der Wohnungsbau ist von besonderer Bedeutung für die gesamte Baubranche, macht er doch etwa 50 Prozent des gesamten Bauvolumens aus.[311] Somit wirken sich Auf- und Abwärtsentwicklungen des Wohnungsbaus besonders stark auf die Wachstumsentwicklungen der gesamten Baubranche und auch eines Baustoffunternehmens wie Kemmler aus. Der Einbruch im Wohnungsneubau löste eine anhaltende Rezession aus, in deren Zug die realen Bauinvestitionen von 1994 bis 2005 um rund 25 Prozent zurückgingen und der Anteil der Bauwirtschaft am Bruttoinlandsprodukt von 14 auf 9 Prozent abnahm.[312] Als Folge davon sanken die Anzahl der Beschäftigten im Bauhauptgewerbe Baden-Württembergs um 41 Prozent von 147 000 im Jahr 1995 auf 86 000 im Jahr 2005 sowie die Jahresumsätze um 26 Prozent von 12,2 Milliarden Euro auf 9 Milliarden Euro.[313]

Der Wohnungsneubau in Baden-Württemberg als bis dahin für Kemmler wichtigstes Marktsegment ging bereits Ende der 1960er Jahre erstmals merklich zurück. Wie im Schaubild zu erkennen, erreichte er im Jahr 1973 mit über 119 000 Baufertigstellungen seinen Höhepunkt nach dem Zweiten Weltkrieg. Danach setzte ein Abwärtstrend ein, und nach einer kurzen Erholungsphase fiel die Anzahl der Baufertigstellungen ab 1985 sogar unter den Wert von 1952 und erreichte 1988 den absoluten Tiefpunkt seit Beginn der 1950er Jahre. Danach erholte sich der Wohnungsneubau im Zuge des kurzfristigen Wiedervereinigungsbooms und erreichte im Jahr 1994 wieder eine Zahl von über 100 000 fertiggestellten Wohneinheiten in Baden-Württemberg. Im Jahr 1995 jedoch kam es – kurz nach Marc Kemmlers Eintritt in das Familienunternehmen – erneut zum Einbruch, und in den folgenden Jahren sank das Neubauvolumen unaufhaltsam. In Baden-

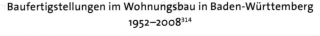
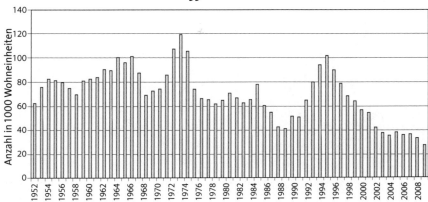

Württemberg nahm die Zahl der fertiggestellten Wohnungen zwischen 1994 und 2008, wie das Schaubild zeigt, um drei Viertel ab.

Für das Führungsteam von Kemmler stellte sich die schwierige Frage, wie man auf die veränderte Marktsituation reagieren sollte, um das Überleben des Unternehmens zu sichern. Peter Kemmler hatte sich bereits Mitte der 1980er Jahre nach der Halbierung der Baufertigstellungen in Baden-Württemberg seit 1973 auf ein endgültiges Ende des Nachkriegsbooms eingestellt. Er war folglich positiv überrascht, als sich der Wohnungsneubau zwischen 1988 und 1994 als unmittelbare, jedoch kurzfristige Folge der Wiedervereinigung wieder verdoppelte. Zwar beurteilte er diesen Anstieg als vorübergehend, dennoch begann auch er angesichts der guten Zahlen nach einigen Jahren der Aufwärtsentwicklung seine eigene Prognose infrage zu stellen. Als jedoch 1995 der erneute Einbruch erfolgte, sah er sich in seinen Annahmen letztendlich bestätigt und machte mit dem ihm eigenen nüchternen Blick für Realitäten seinem Führungskreis deutlich, dass es sich nicht um eine kurzfristige Delle, sondern um eine drastische strukturelle Veränderung der Marktsituation für das gesamte Unternehmen handle, auf die man sich für die kommenden Jahre einstellen müsse. Angesichts schmalerer Erträge entschied man sich bei Kemmler dafür, zwar Kosten einzusparen, aber die über Jahre gewachsene Mannschaft nicht zu schwächen, sondern im Gegenteil nach wie vor in großem Umfang Nachwuchs auszubilden. Um den Kurs der langfristigen Weiterentwicklung des Unternehmens auch in dieser krisenhaften Marktsituation fortzusetzen,

Marc Kemmler

wurde außerdem weiterhin aktiv investiert – anders als bei vielen Firmen im Branchenumfeld. Peter und Marc Kemmler waren sich mit dem Führungskreis einig, den über Jahrzehnte bewährten Innenfinanzierungsmechanismus durch Abschreibungen nicht durch ein Zurückfahren der Investitionen zu unterbrechen.

Für Marc Kemmler bedeutete der Einbruch des Wohnungsneubaus Mitte der 1990er Jahre, dass er sich gleich zu Beginn seiner Tätigkeit für das Familienunternehmen mit einer Strukturkrise auseinandersetzen musste: »Es war eine schwierige Zeit. Jedes Jahr ging das Neubauvolumen weiter zurück. Gut, dass wir nicht ahnten, dass wir einen Rückgang von 75 Prozent vor uns hatten – manchmal ist es gut, wenn man nicht weiß, was kommt. Alle Mitarbeiter waren unter dauernder Anspannung, viele Zahlen hatten ein Minus-Vorzeichen. Wir standen also unter einem hohen Anpassungsdruck. In solchen Phasen muss man wirksames Management lernen. Das ist wohl wie Sturmsegeln: Auch wenn man vorher schon segeln kann, muss man sich schnell verbessern oder man erleidet Schiffbruch. Diesen Lernprozess hat unser ganzes Managementteam aus heutiger Sicht bemerkenswert gut bewältigt. Und zwar während um uns herum in der Branche und vor allem bei unseren Kunden viele in Konkurs gingen. Für mich als Neueinsteiger waren das harte, aber sehr lehrreiche Jahre. Und unser Glück war, dass wir den fehlenden Wohnungsneubau durch Zuwächse im Renovierungsgeschäft kompensieren konnten. Dazu war unser Unternehmen aufgrund der Divisionalisierung und der fortwährenden Investitionen in Lagererweiterungen, die wir auch während der Krise trotz schwacher Gewinne maximal fortgesetzt haben, besser in der Lage als viele unserer Wettbewerber im Baustoffhandel.«[315]

Marc Kemmlers Tätigkeit im Familienunternehmen begann bei Kemmler Baustoffe im Einkauf. Vor allem die Lieferantenverhandlungen nach dem Beitritt von Kemmler Baustoffe zur Einkaufskooperation Interbau-

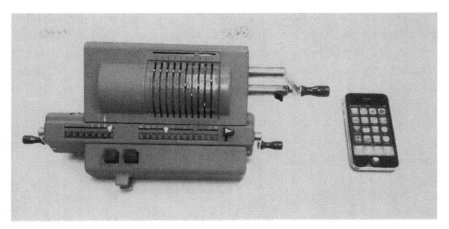

Die Arbeitswerkzeuge der vierten und fünften Generation – Rechenmaschine und iPhone

stoff 1993 boten ihm die Möglichkeit, sowohl die Firma und ihre Produkte als auch den Markt und die Branche näher kennenzulernen. Da er während seiner Anfangszeit im Unternehmen vor allem einen Mangel an Information ausgemacht hatte, kümmerte sich Marc Kemmler gleichsam als »Gesellenstück« in den folgenden Jahren intensiv um die Entwicklung und Einführung eines neuen EDV-Systems für alle Handelshäuser der Kemmler-Gruppe.

Der Impuls zur Einführung von Computern war wie bei vielen Unternehmen etwa zehn Jahre zuvor vor allem aus der Finanzbuchhaltung gekommen. Mit dem Eintritt Marc Kemmlers hielt, wie er sich heute erinnert, »die Informatik Einzug auf der Ebene der Geschäftsführung. Mein Vater war und ist bis heute absoluter Computer-Analphabet. Dennoch kaufte er mir und meinen Geschwistern sofort einen Apple-Computer, als das *TIME Magazine* 1982 den Computer zum Mann des Jahres gekürt hatte, um uns die Möglichkeit zu geben, uns frühzeitig mit der Computertechnologie vertraut zu machen. Das hat mir später sehr geholfen.« Das reservierte Verhältnis Peter Kemmlers zur rasant fortschreitenden Informationstechnologie hat sich bis heute gleichsam als jährlich wiederkehrender »running gag« zwischen ihm und seinem Sohn Marc erhalten, und zwar in Form der immer wieder gestellten Frage des Vaters, ob es denn wirklich notwendig sei, »schon wieder Geld für neue Computer auszugeben«.[316]

Marc Kemmler beurteilte eine zunächst angedachte Weiterentwicklung des bis dahin bestehenden individuell für Kemmler programmierten

Warenwirtschaftssystems als zu risikoreich und falsch. Er entschied sich stattdessen dafür, nach einer Standard-Softwarelösung für alle Niederlassungen von Kemmler Baustoffe zu suchen. Das neue EDV-System wurde schließlich durch Anpassung der ursprünglich für den Sanitär-Großhandel bestimmten Standard-Software SANGROSS an die Bedürfnisse von Kemmler Baustoffe entwickelt, da eine geeignete Software für den filialisierten Baustofffachhandel nicht verfügbar war. Die mit diesem neuen EDV-System realisierte Vernetzung über einen Zentralrechner mit Standleitungen in alle Niederlassungen ermöglichte erstmals einen ungehemmten Informationsfluss und volle Transparenz innerhalb von Kemmler Baustoffe. Damit wurde eine wichtige Voraussetzung für internen Wettbewerb und die Weiterentwicklung des Managementsystems geschaffen.

Marc Kemmler boten sich anhand dieses EDV-Projekts umfassende Einblicke in die Organisationsstrukturen des Unternehmens sowie erste Möglichkeiten zu deren Optimierung. Vor allem konnte er sich die Bedeutung des Schlüsselthemas Information bewusst machen, das, wie er sagt, »mich und die Firma in den folgenden Jahren nicht mehr losgelassen und massiv beschäftigt hat«. Für Kemmler Baustoffe als Handelsunternehmen und Logistikdienstleister fließt bei etwa einer halben Million Rechnungen mit über zwei Millionen einzelnen Rechnungspositionen pro Jahr neben den bewegten Waren ein riesiger Strom an Daten durch das Unternehmen. Diese Daten sollen, so Marc Kemmler, »nicht nur gesammelt werden, sondern müssen auch zu Informationen für die Mitarbeiter aufbereitet werden, anhand derer das Handeln verbessert werden kann«. Für ihn ist die Menge an Informationen, die im Niederlassungsnetz von Kemmler Baustoffe gesammelt werden können, und vor allem die »Art und Weise, wie wir mit diesen Informationen umgehen, heute ein echter Wettbewerbsvorteil«.[317]

Weitere prägende Erfahrungen machte Marc Kemmler Ende der 1990er Jahre auch bei Kemmlit. Obwohl sein Schwerpunkt im Bereich Baustoffhandel lag, hatte er sich in den ersten Jahren seiner Tätigkeit natürlich auch mit den anderen Geschäftsbereichen der Kemmler-Gruppe befasst und stand in ständigem Austausch mit den jeweiligen Geschäftsführern und Führungskräften. Die einschneidende Markt- und Strukturkrise bei Kemmlit Ende der 1990er Jahre machte eine Verlagerung seines Tätigkeitsschwerpunkts notwendig. Kaum war die Krise bei Kemmlit gemeistert, brach im Jahr 2001 der Markt bei Beton Kemmler unerwartet ein. Sein gerade erworbenes Know-how hinsichtlich Kapazitätsanpassung und Krisenmanagement konnte Marc Kemmler damit auch hier in enger Zusammenarbeit mit dem dortigen Geschäftsführer Helmut Nill zur Anwendung bringen.

Diese in den ersten zehn Jahren seiner Tätigkeit im Familienunternehmen erworbenen Erfahrungen im konstruktiven Umgang mit Krisen empfindet Marc Kemmler rückblickend betrachtet als Vorteil: »Ich hatte aus heutiger Sicht wirklich Glück, dass meine Lehrjahre in der Firma Krisenjahre waren. Als typisches Kind der Generation Golf bin ich privat in einer Rundum-sorglos-Gesellschaft aufgewachsen. Als Unternehmer war ich dagegen von Anfang an mit schwierigen Situationen konfrontiert und musste lernen, damit richtig umzugehen. Auf diese Weise bin ich heute einfacher in der Lage, mich auf Turbulenzen einzustellen und sie als Herausforderung zu sehen – ganz im Sinne von Max Frisch, der einmal gesagt hat: ›Krise kann ein produktiver Zustand sein. Man muss ihr nur den Beigeschmack der Katastrophe nehmen.‹ In diesem Sinn versuchen wir im Kemmler-Führungskreis zu arbeiten. Gerade in einer Situation wie der gegenwärtigen Finanz- und Wirtschaftskrise des Jahres 2009 halte ich es daher für wichtig, vor einer Krise keine Angst zu haben. Respekt ja, aber auf keinen Fall Angst. Und Angst müssen wir bei Kemmler angesichts unserer organisch gewachsenen personellen und finanziellen Stärken auch nicht haben. Wir können aus unserer Unternehmensgeschichte lernen, dass wir in Krisenzeiten immer Marktanteile gewonnen haben. Insofern ist auch die Art und Weise, wie wir mit schwierigen Situationen umgehen, wohl ein Erfolgsfaktor.«[318]

2. Das Kemmler-Managementsystem wird weiterentwickelt

Was hat ein Unternehmen wie Kemmler langfristig überlebensfähig gemacht? Ein wesentlicher Schlüssel liegt sicherlich in der Art und Weise, wie das Unternehmen über die Generationen hinweg geführt worden ist. Als Peter Kemmler in jungen Jahren die Leitung des Unternehmens übernahm und es durch die folgenden Jahrzehnte führte, widmete er der Personalpolitik besonders große Sorgfalt. Im Sinne echter Delegation übertrug er seinen Führungskräften Verantwortung. Vertrauen in seine Mitarbeiter bildete die Basis seiner Arbeitsweise. Damit schuf Peter Kemmler seit den 1960er Jahren eine über Jahrzehnte stabile Managementsituation und etablierte im Unternehmen eine auf ständiger Kommunikation mit seinem Führungskreis beruhende gemeinsame Kultur des Denkens.

Diese Managementstrukturen bewährten sich nun im Zeichen der schwierigen Marktsituation. Die Neubaukrise seit 1995 und die damit einhergehenden Ertragsprobleme machten ein umfassendes Nachdenken des Kemmler-Führungskreises notwendig. Es ging darum, das Unternehmen an die veränderte Marktsituation anzupassen und nach Verbesserungsmöglichkeiten zu suchen.

Dieser Prozess führte zu einem Meilenstein in der Entwicklung des Kemmler-Managements: Zum ersten Mal in der Geschichte des Unternehmens traf man die Entscheidung, externe Berater zu engagieren. Auf Vorschlag des Geschäftsführers Helmut Nill, der eine Empfehlung von einem Branchenkollegen erhalten hatte, wurde 1997 von Czipin & Partner aus Salzburg ein mehrmonatiges Projekt zur Produktivitätsverbesserung bei Beton Kemmler durchgeführt. Im Zuge dessen analysierte ein Projektteam dieses österreichischen Beratungsunternehmens vor Ort in Tübingen-Hirschau zunächst den Ist-Zustand der Arbeitsabläufe mittels Befragungen, Beobachtungen und gezielter Messungen und formulierte anschließend Vorschläge zur Steigerung der Produktivität. Ziel war das Erkennen und Reduzieren von »verlorenen Zeiten«, also von unproduktiver und damit verschwendeter Arbeitszeit. Von den Ergebnissen positiv beeindruckt, fällten Peter und Marc Kemmler den Entschluss, in einem Anschlussprojekt 1998 mit Czipin & Partner auch Kemmler Baustoffe im Hinblick auf Produktivitätsverbesserungen unter die Lupe zu nehmen. Die Projekte lieferten wesentliche Anregungen nicht nur zur Steigerung der Produktivität, sondern auch zur Optimierung der Struktur des Managements vor allem in Fragen der Information und der Kommunikation. Marc Kemmler berichtet: »Die Projekte mit Czipin & Partner bei Beton Kemmler und bei Kemmler Baustoffe brachten uns im Führungskreis zu der Erkenntnis, dass zur Verbesserung unserer eigenen Produktivität detaillierte Messungen von Arbeitsabläufen und Ablaufstandards unbedingt notwendig waren. ›Miss es oder vergiss es!‹ ist seither ein fester Grundsatz in unserer Organisation.«[319]

Die Ergebnisse dieser beiden ersten größeren externen Beratungsprojekte der Unternehmensgeschichte hatten also spürbare Verbesserungen im Management hinterlassen. Es war daher naheliegend, die Suche fortzusetzen und weiter Ausschau nach Konzepten zu halten, die anderswo erfolgreich waren, und diese auf ihre Tauglichkeit für Kemmler zu prüfen. Als wichtigste Quellen für die Weiterentwicklung des Kemmler-Managementsystems erwiesen sich in den folgenden Jahren der Managementdenker Fredmund Malik aus St. Gallen, der Pionier für fehler- und verschwendungsfreies Arbeiten Toyota sowie der vertriebsstarke Schraubenhändler Würth aus Künzelsau.

Grundsätze, Aufgaben und Werkzeuge wirksamen Managements

Das 1999 erschienene Buch *Führen, Leisten, Leben* von Fredmund Malik[320] – vor allem seine präzise Darstellung, nach welchen Grundsätzen, an welchen Aufgaben und mit welchen Werkzeugen ein Manager arbeiten muss, der Wirkung erzielen will – faszinierte Marc Kemmler sofort, weil er darin viele Anknüpfungspunkte an das bereits seit Jahrzehnten im eigenen Unternehmen praktizierte Management erkannte. Malik entwickelt in dem inzwischen in viele Sprachen übersetzten Standardwerk ein kybernetisches Managementmodell. Sein Gedankengebäude basiert auf seinem Vorbild, dem Pionier der modernen Managementlehre Peter F. Drucker, auf den Arbeiten des Begründers der Managementkybernetik Stafford Beer sowie auf dem in den 1960er Jahren von Hans Ulrich entwickelten St. Galler Managementmodell.

Malik begreift Management nicht als Wissenschaft oder Kunst, sondern als den Beruf des Resultate-Erzielens, in dem es um den Umgang mit und das Meistern von Komplexität geht. Vor allem aber betont er, dass Management ein Beruf ist, der nicht auf Naturbegabung beruht, sondern der gelernt werden muss und kann. Malik geht davon aus, dass richtiges und gutes Management an seiner Wirksamkeit ausgerichtet ist und universelle Gültigkeit in allen Branchen und Ländern besitzt.

Marc Kemmler gelang es im Jahr 2001, den vielgefragten Fredmund Malik für ein viertägiges Seminar für den Kemmler-Führungskreis am Bodensee zu gewinnen. Der nachhaltige Eindruck, den Malik bei allen Teilnehmern dieses Seminars hinterlassen hat, wirkt bis zum heutigen Tage nach. Nicht verwunderlich, denn besonders die erfahrenen und schon lange in der Kemmler-Gruppe tätigen Führungskräfte erkannten in Maliks Modell vieles von dem wieder, was sie bei Kemmler schon lange zu realisieren versuchten. Peter Kemmler hatte mit dem Führungskreis seit langem Methoden praktiziert, die in vollem Einklang mit Maliks Konzeption stehen. Gerade deshalb konnte hier bei der Weiterentwicklung des Kemmler-Managements nun nahtlos angeschlossen werden.

Maliks Buch wurde in den folgenden Jahren zu einer »Bibel« des Kemmler-Führungskreises. Beispielsweise erhält jede neue Führungskraft ein Exemplar von *Führen Leisten Leben* inklusive Hörbuchfassung. Die Beschäftigung mit Malik findet bis heute ihre intensive Fortsetzung mit dem Besuch von Seminaren des Malik Management Zentrums durch Mitglieder des Führungskreises. Alle Führungskräfte werden außerdem von Marc Kemmler immer wieder mit aktuellen Aufsätzen als Anregung für weiterführendes Nachdenken und für Diskussionen versorgt.

Arbeit ist Tätigkeit plus Verbesserung

Bereits seit Mitte der 1990er Jahre stellte der Führungskreis intensive Überlegungen zur Verbesserung der Produktivität an. Das Projekt mit Czipin & Partner hatte zwar wichtige neue Erkenntnisse hinsichtlich »verlorener Zeiten« gebracht, jedoch kaum Methoden zur eigenständigen kontinuierlichen Verbesserung. Das Schließen dieser Lücke hängt eng mit dem Eintritt Kurt Binders als Geschäftsführer von Kemmlit im Jahr 2001 zusammen. Binder hatte im Rahmen seiner vorherigen Tätigkeit in der Geschäftsleitung von Electrolux intensive Erfahrungen mit dem Toyota-Produktionssystem und Kaizen gesammelt. Das Wort »Kaizen« bedeutet im Japanischen »Veränderung zum Besseren«. Marc Kemmler selbst hatte sich bereits in den 1990er Jahren mit »Lean Management« und der »Six-Sigma«-Initiative von Jack Welch bei General Electric befasst, die dem Kaizen-Ansatz von Toyota konzeptionell ähnlich sind. Mit der praktischen Umsetzung bei Kemmler war er allerdings noch nicht weit gekommen.

Nach einer Phase der fruchtbaren Zusammenarbeit mit dem Kaizen-Experten Klaus Bieber vom deutschen Kaizen-Institut erhielten Kemmler und Binder bei dem schwäbischen Vorzeigeunternehmen Fischer Dübel im nahe gelegenen Tumlingen den Rat, sich Kaizen direkt vor Ort in Japan anzusehen, nämlich beim Erfinder der Kaizen-Methode Toyota selbst. Daraufhin reisten Kemmler und Binder im Jahr 2003 ins japanische Toyota City und lernten dabei einen der Kaizen-Altmeister, Hitoshi Takeda, persönlich kennen. Mit einiger Mühe gelang es, den vielgefragten Berater und Buchautor als Lehrer für Kemmler zu gewinnen. Takeda begleitet seitdem jedes Jahr eine Reihe von Workshops an verschiedenen Kemmler-Standorten. Einmal im Jahr bewertet Takeda die besuchten Kemmler-Standorte nach einem Katalog qualitativer Kategorien. Mit dieser Bewertung ist es heute möglich, die Qualität der Arbeitsprozesse bei Kemmler zu messen und Verbesserungen, aber auch Defizite sichtbar zu machen. Dazu war das klassische kaufmännische Berichtswesen von Kemmler, das auf monetären Größen basierte, vorher nicht in der Lage.

Die Ergebnisse der ständigen Auseinandersetzung mit Kaizen bei Kemmler werden im Rahmen der internen Öffentlichkeitsarbeit als mehrfach im Jahr erscheinender »Kaizen Report« allen Mitarbeitern zur Kenntnis gebracht, um den Gedanken eines gemeinsam verfolgten kontinuierlichen Verbesserungsprozesses zu verdeutlichen und immer wieder auf die wichtigste Zielsetzung hinzuweisen: »Kemmler muss zu einer Arbeitsweise finden, die weitestgehend fehler- und verschwendungsfrei ist.«[321]

Ein Kaizen-Workshop zur Verbesserung der Steuertafel für Produktionsaufträge bei Kemmlit mit Hitoshi Takeda, Paul Dörr und Franz Rieber (von rechts nach links)

Kaizen ist eine Hauptaufgabe für Führungskräfte bei Kemmler. Das gemeinsame Ziel ist die Realisierung einer lernenden »Null-Fehler-Organisation«, in der alle Mitarbeiter intensiv zusammenwirken, um die auf Japanisch als »Muda« bezeichnete Verschwendung mitsamt ihren Ursachen dauerhaft abzustellen.

Der langjährige Toyota-Führungsmann und Wegbereiter der Kaizen-Methode Taiichi Ohno identifizierte in Organisationen sieben Arten von Verschwendung: Fehler bei Produkten und Dienstleistungen, Überproduktion von nicht benötigten Gütern, Lagerbestände von Gütern, die auf Weiterverarbeitung oder Lieferung warten, unnötige Verarbeitungsschritte, unnötige Bewegungen von Menschen, unnötiger Transport von Gütern sowie als letzten Punkt Wartezeiten von Mitarbeitern auf benötigtes Werkzeug zur Beendigung einer Arbeit oder auf eine vorgelagerte Aktivität.[322] So differenziert hatte man bei Kemmler die in Organisationen allgegenwärtige Verschwendung bis dahin nicht betrachtet. Diese neue Sichtweise setzte im Unternehmen dann aber vieles in Bewegung.

Im Zentrum von Kaizen bei Kemmler steht der Grundsatz: »Nimm keine Fehler an, mache selbst keine Fehler und gib keine Fehler weiter!« Gemäß der Maxime »Arbeit ist Tätigkeit plus Verbesserung« bedeutet dies für alle Führungskräfte bei Kemmler, innerhalb ihres Wirkungsbereichs jeden Tag auf die dauerhafte Verbesserung der Arbeitsweise ihrer Mitarbeiter hinzuwirken und damit in vielen kleinen Schritten zu einer nachhaltigen Verbesserung des gesamten Unternehmens und seiner Leistung für die Kunden beizutragen.

Peter Kemmler ist trotz seiner langen Erfahrung als Unternehmer heute immer wieder aufs Neue überrascht, welche tiefgreifenden Verbesserungen sich durch Kaizen überall im gesamten Unternehmen erreichen lassen. Er hält inzwischen persönlich die Einführung von Kaizen für die wichtigste Neuerung der Organisation seit der Einführung des Computers.[323]

Verkaufen ist unsere Passion

Bei der Suche nach Anregungen, wie die Firmen der Kemmler-Gruppe ihre traditionell im Mittelpunkt stehenden Vertriebsaktivitäten zusätzlich verbessern könnten, wurden Marc Kemmler und der Führungskreis auch in unmittelbarer Nähe fündig: Im kaum mehr als 100 Kilometer von Tübingen entfernten Künzelsau hatte Reinhold Würth 1954 im Alter von 19 Jahren die Schraubenhandlung seines Vaters übernommen und zu einer global operierenden Unternehmensgruppe im Bereich der Befestigungs- und Montagetechnik mit Jahresumsätzen im Milliardenbereich ausgebaut.[324] Die Würth-Gruppe eignete sich insofern besonders als Inspirationsquelle für die Weiterentwicklung von Management und Vertrieb bei Kemmler, da sie sich in einer dem Baustoffhandel nicht unähnlichen Branche bewegt und bereits frühzeitig Prinzipien wie kontinuierliche Verbesserung, gezieltes Benchmarking sowie Wachstumsausrichtung der gesamten Organisation äußerst erfolgreich praktiziert hatte.[325] Seit Mitte der 1990er Jahre besuchte Marc Kemmler zahlreiche Vorträge, Vorlesungen und Veranstaltungen von Reinhold Würth und setzte sich durch ausgiebige Lektüre vor allem von Würths Buch *Erfolgsgeheimnis Führungskultur* intensiv mit dieser Erfolgsgeschichte und den ihr zugrunde liegenden Methoden auseinander.[326] Zur Optimierung der eigenen Verkaufsorganisation bot es sich nach Ansicht von Marc Kemmler an, einige Prinzipien von Würth zu adaptieren und für die Zwecke von Kemmler einzusetzen.

Den wesentlichen Ansatzpunkt für die Verbesserung der Vertriebsarbeit bei Kemmler stellt heute die intensive Arbeit am Kundenkontakt dar. Marc Kemmler führt dazu aus: »Wir sehen den Kundenkontakt wie einen

Theaterauftritt auf einer Bühne und fragen uns: Wie sieht das Drehbuch aus? Wie sehen die Requisiten aus – im Sinne von: Was hat der Kemmler-Verkäufer dabei? Muster, Handkoffer, Unterlagen, um das Sortiment zu zeigen. Und nicht zu vergessen: den Auftragsblock. Wir versuchen, ganz banale Dinge zu perfektionieren, indem wir Standards entwickeln. Zum Beispiel: Wie sieht unser Kostüm aus, also wie ist unser Verkäufer angezogen? Herren-Oberhemd, Jacket, am besten eine Krawatte und in jedem Fall immer das Kemmler-Namensschild. Besonders wichtig ist die Informationsversorgung des Verkäufers. Wie sieht seine Kundenliste aus? Hat er alle Informationen, die er braucht, um den Kunden bestmöglich bedienen zu können?«[327]

Ein wesentliches Ergebnis dieser Verbesserungsarbeit ist die Einführung eines regelmäßigen Führungsgesprächs für jeden Verkäufer, welches bei Kemmler Vertriebs-Informations-und-Aktions-Gespräch, kurz VIA-Gespräch, genannt wird. Hier geht es darum, so Marc Kemmler, herauszuarbeiten, »wie der einzelne Verkäufer in den vergangenen vier Wochen gearbeitet hat. Daraus kann dann im Sinne eines Regelkreises erarbeitet werden, wie in den kommenden vier Wochen gearbeitet werden soll.«[328]

Seit 2008 besteht in der Organisation von Kemmler Baustoffe eine eigene Fachfunktion Vertrieb, die von den beiden Niederlassungsleitern Rainer Braitmaier und Andreas Merazzi geleitet wird. Das Jahresmotto für 2009 »Kemmler kämpft!« und die damit verbundene Zielsetzung, die Vertriebsarbeit im Außendienst zu intensivieren und so die Anzahl der Kundenkontakte wesentlich zu steigern, ist auf erarbeitete Grundlagen in dieser neu aufgebauten Fachfunktion Vertrieb zurückzuführen.

Am Beispiel der Umsetzung des »Kemmler kämpft!«-Programms lässt sich veranschaulichen, dass der mit Kaizen eingeschlagene Weg der kontinuierlichen Verbesserung hin zur »Null-Fehler-Organisation« auch eine wichtige Voraussetzung für die Verbesserung des Vertriebs darstellt: Gemäß der gemeinsam vereinbarten Zielsetzung soll die Zeit, die ein Kemmler-Mitarbeiter mit Außendienstfunktion auf Reisen durchschnittlich bei Kunden verbringt, deutlich gesteigert werden. Da aufgrund des Kostendrucks durch die gesamtwirtschaftliche Lage die Einstellung zusätzlichen Personals momentan nicht überall realisierbar ist, kann dieses Ziel vor allem durch eingesparte Zeit im Innendienst erreicht werden. Durch Eliminierung von Fehlern im Rahmen von Kaizen können die internen Abläufe und Prozesse so verbessert werden, dass die dadurch eingesparte Zeit dem Kundenkontakt im Außendienst gewidmet werden kann.

Marc Kemmler führt dazu aus: »Verkaufen ist unsere Passion. Und wir versuchen, alles zu beseitigen, was uns dabei behindert. Wir wollen bei Kemmler Baustoffe mit unserer Baustoff-Logistik das Problem unserer Kunden immer besser lösen. Das bedeutet, dass wir unsere Kunden mit einer zuverlässigen Just-in-time-Versorgung mit Baustoffen an der Baustelle bedienen wollen. Ähnlich dem bei uns immer wieder als Bild herangezogenen Boxenstopp in der Formel Eins. Und unsere hervorragend ausgebildeten Kollegen im Verkauf sind die Verbindungsleute und Berater unserer Kunden und bereiten mit ihrer Kundenbeziehung den Weg. Gleiches wie für Kemmler Baustoffe gilt natürlich für die Schwesterfirmen Beton Kemmler, Kemmlit und Kemmler Industriebau. Auch dort arbeiten wir im Rahmen der Vertriebsarbeit ganz intensiv daran, unsere Fähigkeit, die jeweiligen Kundenprobleme zu lösen, immer weiter zu verbessern und so unsere Kunden mit unserer Leistung zu überzeugen.«[329]

Willensbildung als Grundpfeiler des Kemmler-Managementsystems

Das Kemmler-Managementsystem, wie es auf dem Schaubild zu sehen ist und heute bei Kemmler praktiziert wird, wurde über Jahrzehnte stetig weiterentwickelt. Im Zentrum stehen die Willensbildung im Rahmen des Zielsetzungs- und Planungsprozesses, flankiert von den Pfeilern Information und Kommunikation. Als stabilisierende Querstreben für diese Grundpfeiler fungieren der Unternehmensentwicklungsplan als Willensbuchhaltung, das Aufgaben und Verantwortlichkeiten regelnde Organigramm sowie die in dem Regelwerk KEMMLEX festgehaltenen Standards und Regeln. Marc Kemmler betont in diesem Zusammenhang: »Unser heute praktiziertes Kemmler-Managementsystem ist kein statisches Konstrukt. Ganz im Sinne der kontinuierlichen täglichen Verbesserung diskutieren wir fortlaufend in unserem mittlerweile über 40 Personen umfassenden engeren Führungskreis und setzen uns mit der Frage auseinander, wie wir unser Management eigenständig weiterentwickeln können.«[330]

Eine der wichtigsten Aufgaben wirksamer Führung besteht nach Fredmund Malik darin, für Ziele zu sorgen. Die klar definierte Aufgabe und nicht so sehr der Vorgesetzte soll demnach den Mitarbeiter führen. Die Aufgabe des Vorgesetzten ist es wiederum, die klare Definition der zu lösenden Aufgaben und der anzustrebenden Ziele gemeinsam mit seinen Mitarbeitern zu betreiben. Dieser gemeinsame Willensbildungsprozess der

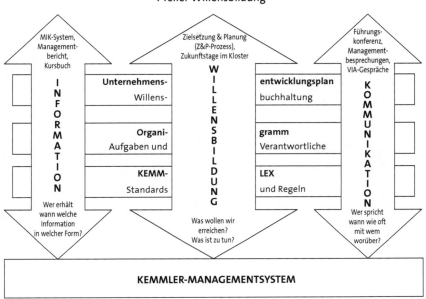

Das Kemmler-Managementsystem mit dem zentralen Pfeiler Willensbildung[331]

Führungskräfte und Mitarbeiter hat bei Kemmler heute zentrale Bedeutung. Es geht dabei darum, die Mitarbeiter an der Festlegung dessen, was das Unternehmen und die einzelnen Organisationseinheiten in Zukunft erreichen wollen und was hierfür zu tun ist, aktiv zu beteiligen.

Eine besondere Rolle spielt in diesem Zusammenhang eine von Kurt Binder bei Kemmlit erstmals 2003 entwickelte Methode der Zielsetzung und Planung, nämlich die Institution der Zukunftstage im Kloster: An einem Ort abseits des Tagesgeschäfts beraten und beschließen verschieden zusammengesetzte Führungsrunden von Kemmlit, Beton Kemmler und Kemmler Industriebau sowie die Führungskonferenz und die Arbeitskreise der einzelnen Bereiche von Kemmler Baustoffe über gemeinsame Zielsetzungen und Verbesserungsmöglichkeiten für das kommende Geschäftsjahr. Im Mittelpunkt steht dabei die Beantwortung der Frage: »Welche Schwerpunkte müssen wir vor dem Hintergrund der aktuellen Lage und unserer langfristigen Politik für die nächste Geschäftsperiode setzen?« Die Antworten auf diese Frage werden im Hinblick auf die von Malik genannten sechs Schlüsselgrößen für die Gesundheit eines Unternehmens erarbeitet: Marktstellung, Innovationsleistung, Produktivitäten, Attraktivität für gute Leute, Liquidität und Gewinn.[332]

Das Team von Kemmler Industriebau bei einem Zukunftstag im Kloster Kirchberg im Jahr 2009

Marc Kemmler sieht die Willensbildung und den dabei zu vollziehenden gemeinsamen Denk- und Entscheidungsprozess als echten Erfolgsfaktor: »Das Denken macht den Unterschied. Was wir nicht gemeinsam gedacht haben, können wir nicht gemeinsam tun. Deswegen ist bei uns das Team der Star. Wenn bei einer wichtigen Entscheidung jemand aus dem Führungskreis anderer Meinung ist, überlege ich nochmals genau. Und suche dann wieder das Gespräch, bis wir möglichst eine gemeinsame Entscheidung gefunden haben.«[333]

Wichtig in diesem Zusammenhang ist, dass ergänzend zur Willens*bildung* auch Willens*buchhaltung* betrieben wird. Denn es hat, wie Marc Kemmler erklärt, »keinen Sinn, das Rad immer wieder neu zu erfinden«. Als »Kondensat der Willensbildung« wurde bei Kemmler ein Unternehmensentwicklungsplan eingeführt und seither schrittweise verfeinert. In diesem Planungssystem werden die Ergebnisse der Zukunftstage in komprimierter Form festgehalten und dienen so als Programm für die Umsetzung und als Anknüpfungspunkt für die zukünftige Willensbildung.

Seit 2008 findet die gemeinsame Willensbildung bei Kemmler Baustoffe auch in einem Jahresmotto für alle Mitarbeiter ihren Ausdruck. In Form einer durch die Figur »Kemmlix« visuell vermittelten Botschaft stand das Jahr 2008 unter dem Motto »Kemmler kann's!« Die für 2009 gewählte Bot-

Kemmlix veranschaulicht bei Kemmler das Jahresmotto

schaft »Kemmler kämpft!« formuliert vor allem das bereits dargestellte Ziel einer Intensivierung der Vertriebsarbeit im Außendienst. Da hier weitere Verbesserung aus Sicht des Führungskreises erforderlich und möglich ist, setzt auch das Jahresmotto 2010 wieder an der Vertriebsarbeit an: Es lautet »Kemmler kommt!« und Kemmlix, der eine Schöpfung von Marc Kemmlers Schwiegervater Axel von Criegern ist, schreitet auf dem Weg zum Kunden gut gerüstet voran.

Die Zielvorstellung der Führungskonferenz von Kemmler Baustoffe für das Jahr 2010 hat Marc Kemmler kurz vor Weihnachten 2009 in einem »Kemmler kommt 2010!« überschriebenen Vortrag den 150 Niederlassungs-, Bereichs- und Abteilungsleitern mit auf den Weg gegeben. Damit ist der Zielsetzungs- und Planungsprozess für das Jahr 2010 eröffnet, und die gemeinsame Willensbildung geht in eine neue Runde.

Auf dem Weg zur Selbststeuerung

Information und Kommunikation sind die beiden äußeren Pfeiler des Kemmler-Managementsystems und wurden besonders in den letzten Jahren ganz wesentlich weiterentwickelt. Zunächst bei Beton Kemmler, dann auch bei Kemmler Baustoffe, Kemmlit und Kemmler Industriebau wurden regelmäßige Managementbesprechungen installiert. Bei Kemmler Baustoffe entstand zum Beispiel aus dem Lenkungskreis für das Czipin-Projekt

Die Führungskonferenz von Kemmler Baustoffe bei einem Zukunftstag im Kloster Kirchberg im Jahr 2009: Marc Kemmler, Rainer Braitmaier, Philipp Julien, Peter Höcklen und Claus-Werner Neidhart (von links nach rechts)

die sogenannte »Mittwochsrunde«, aus der später die Führungskonferenz hervorging. Dieses Gremium setzte sich aus Ludwig Kautt, Claus-Werner Neidhart, Peter Höcklen, Rainer Braitmaier und Marc Kemmler zusammen. Hinzu kam Philipp Julien, der aus dem Lebensmittelhandel zu Kemmler stieß und dessen erste Aufgabe die Umsetzung der mit den Czipin-Beratern erarbeiteten Maßnahmen war. Nach der Verabschiedung Kautts in den Ruhestand im Jahr 2000 blieb diese Besetzung bis zum heutigen Tag stabil. Arbeitsschwerpunkt der »Mittwochsrunde« mit den Czipin-Beratern war die Festlegung von Standardabläufen für alle Prozesse des Baustoffhandels. Um diese Neuerungen in allen Handelshäusern umsetzen zu können, wurden dort sogenannte »Donnerstagsrunden« installiert, in denen wöchentlich donnerstags von 9 bis 10 Uhr die Niederlassungsleiter mit ihren jeweils sechs Abteilungsleitern zusammenkommen. Beide Gesprächsroutinen sind heute fester Bestandteil des Managementsystems bei Kemmler Baustoffe.

Parallel zu den eingeführten regelmäßigen Gesprächsrunden entstand auch ein Berichtswesen, das über die Jahre durch Entwicklung von Standards im Rahmen des Regelwerks KEMMLEX ausgebaut und verfeinert wurde. Im Kemmler-Managementsystem ist damit klar geregelt, »wer wann mit wem worüber spricht«. Wichtig ist, dass ergänzend zu dieser Regelung der Kommunikation auch der Inhalt, also die zugehörige Information, klar strukturiert ist, und zwar im Sinne der Frage: »Wer erhält wann welche Information in welcher Form?«

Seit Mitte der 1990er Jahre arbeitete Marc Kemmler in intensiven Gesprächen mit den Niederlassungs- und Abteilungsleitern von Kemmler Baustoffe an der Entwicklung eines »Cockpits« für die Steuerung einer Niederlassung. Rasch wurde dabei das Problem identifiziert, dass es an Zahlenmaterial für die Beurteilung von Erfolg und Produktivität der Abteilungen sowie für einen unternehmensinternen Vergleich fehlte. Gleichsam als »Röntgenbild« wurde bei Kemmler Baustoffe deshalb ein monatlicher Managementbericht eingeführt, der für jede Abteilung jeder Niederlassung Umsätze, Roherträge und Spannen im Detail wiedergibt. Ergänzt werden diese monatlichen Berichte um Sonderauswertungen zu Produktivitäten – ausgedrückt als Verhältnis von Personalkosten und Rohertrag – und außerdem um die zugehörigen Betriebsergebnisse. Das ebenfalls monatsweise erstellte Kursbuch der Unternehmensgruppe Kemmler fasst schließlich alle wesentlichen Informationen zur Geschäftsentwicklung aller vier Schwesterfirmen für den Führungskreis zusammen.

Für die praktische Arbeit mit Kennzahlen wurde ergänzend zum Warenwirtschaftssystem das Management-Informationssystem MIK eingeführt, zuerst bei Kemmler Baustoffe, dann auch bei den Schwesterfirmen Kemmlit und Beton Kemmler. Dieses System ermöglicht ad hoc die grafische Darstellung von Kennzahlen und damit einen leichten und visuellen Zugriff auf alle Informationen des Unternehmens. Die ständige Zugriffsmöglichkeit auf das gemeinsame System durch jede Abteilung schuf die Möglichkeit zum Selbst-Controlling nach dem Motto »Bei Kemmler ist jeder sein eigener Controller«. Durch den Zugriff auf ein gemeinsames Informationssystem entstehen auf diese Weise Transparenz und interner Wettbewerb. Dieser findet zwischen den einzelnen Abteilungen sowohl bei Beton Kemmler als auch bei Kemmlit statt. Auch bei Kemmler Industriebau stehen die Standorte Tübingen und Stuttgart in einem gesunden und sportlichen Wettstreit.

Besonders ausgeprägt ist das Benchmarking aber bei Kemmler Baustoffe mit über 120 Abteilungen in seinen 21 Handelshäusern. Die Einführung einer Profit-Center-Rechnung in Form der Abteilungs-Ergebnis-Rechnung seit 1998 schuf die Grundlage dafür. In der »Kemmler-Ampel« werden Daten der Abteilungs-Ergebnis-Rechnung nach Niederlassungen in ihrer absoluten und prozentualen Entwicklung im Vergleich zum Vorjahr zusammengestellt. Mittels grafischer Symbole – rote, orange, gelbe und grüne Kreise, die ergänzend noch mit Symbolen wie einem Pluszeichen, einem lächelnden oder traurigen Gesicht versehen werden – kann die Gesamtentwicklung jeder einzelnen Niederlassung im Ganzen sowie der einzelnen Abteilungen visuell schnell erfasst werden. Auf diese Weise sind heute ganz im Sinne eines »Open-Book-Managements« alle Mitarbeiter einer Niederlassung genau über die Ergebnissituation ihres Betriebs im Vergleich zu allen übrigen Handelshäusern von Kemmler Baustoffe im Bilde. Dies ermöglicht es ihnen, eigenständig Verbesserungsbedarf zu erkennen und entsprechende Maßnahmen in Angriff zu nehmen.

Ein weiteres Beispiel für den bei Kemmler praktizierten »sportlichen Umgang mit Kennzahlen« ist der 2003 eingeführte Wettbewerb »Tour de Kemmler« um das »Gelbe Trikot«. Diese Auszeichnung wird an diejenige Niederlassung und an jeweils eine Abteilung je Bereich verliehen, die prozentual und im Vergleich zum Vorjahr die größte Steigerung des Rohertrags in Euro erzielt haben. Benchmarking ist bei Kemmler Baustoffe mit den Worten Marc Kemmlers »inzwischen zu einem echten Betriebssport geworden«. Die Mitarbeiter werden täglich angeregt, der Frage nachzugehen, warum Kollegen in einer anderen Niederlassung in einer bestimmten Kennzahl bessere Ergebnisse erzielen. Die dahinterstehende Grundidee lautet: »Egal wie gut du bist, in mindestens einer Kennzahl sind Kollegen besser als du. Warum?« Viele wichtige Verbesserungsideen für die tägliche Arbeit entspringen diesem internen Benchmarking. Marc Kemmler erläutert dazu: »Die Mitarbeiter lernen dazu, die Organisation verbessert sich – das meinen wir bei Kemmler mit Kaizen. Und die Ergebnisse dieses Prozesses begeistern mich immer wieder von neuem.« [334]

Der interne Wettbewerb ist aber auch ein wesentliches Element, um Selbststeuerung zu realisieren. Dies führt uns in den Bereich der Kybernetik, der Wissenschaft von der Steuerung komplexer Systeme, deren zentrales Anliegen Selbststeuerung ist. Der Leitgedanke des Kemmler-Managementsystems besteht darin, im Sinne eines kybernetischen Managements die Fähigkeit aller Organisationseinheiten des Unternehmens zur Selbststeuerung zu verwirklichen. Fredmund Malik beschreibt es als Grundprinzip des kybernetischen Managements, ein komplexes System so zu organisieren, dass es sich weitgehend selbst organisieren, selbst regulieren und selbst evolvieren kann.[335]

Marc Kemmler greift in diesem Zusammenhang gerne das Beispiel der Reflexe des menschlichen Körpers auf, der »einen ihm zugeworfenen

Die Sieger der »Tour de Kemmler 2008« bei der Verleihung der Gelben Trikots durch die Geschäftsführer im Kloster Bebenhausen

Schlüsselbund auffängt, ohne darauf zu warten, dass das Gehirn den expliziten Befehl ›Fang den Schlüsselbund auf!‹ formuliert hat. Wir setzen bei Kemmler auf Selbststeuerung, weil wir nur so die gewachsene Komplexität und die Vielfalt der Aufgaben meistern können. Unsere Unternehmensgruppe besteht aus vier Geschäftsbereichen, die alle auf verschiedenen Märkten tätig sind und dort mit jeweils spezifischen Problemen konfrontiert werden. Allein die 21 Niederlassungen von Kemmler Baustoffe bearbeiten völlig verschiedene regionale Märkte mit unterschiedlichen Problemlagen. Für unseren Führungskreis ist diese Komplexität nur beherrschbar, wenn wir uns darauf konzentrieren, das Funktionieren unserer Organisation und die dafür erforderlichen Systembedingungen zu regeln, um auf diese Weise sich selbst steuernde Einheiten zu schaffen.«[336]

Ziel der Entwicklung des Kemmler-Managementsystems ist es also, dass das Unternehmen aus vielen sich selbst steuernden Organisationseinheiten besteht, die mit den gleichen Führungstechniken arbeiten und durch eine gemeinsame Führungskultur darauf programmiert sind, sich ständig zu verbessern. Jede Einheit formuliert dabei ihre eigenen Ziele, plant deren Umsetzung und vergleicht nach dem Prinzip des kybernetischen Regelkreises den realisierten Prozess mit den zuvor fomulierten Zielen und Plänen, führt also einen Soll-Ist-Vergleich durch. Wesentlich ist dabei, dass die Mitarbeiter die dabei gewonnenen Erkenntnisse nicht nur für sich verarbeiten, sondern diese mittels eines gemeinsamen Informationsnetzwerkes und geregelter Kommunikationswege an ihre Kollegen weitergeben. Das Unternehmen wird so zur lernenden Organisation, die immer besser in der Lage ist, ihre Aufgaben gegenüber den Kunden in einer immer komplexeren Umwelt zu erfüllen.

3. Erfahrene Mitarbeiter gewinnen Stammkunden

Jedes Unternehmen hat eine Unternehmenskultur. Diese ist keineswegs ein konstantes Faktum, sondern sie entsteht im Sinne eines historischen Prozesses aus Tradition und Gegenwart des Unternehmens und bildet gleichzeitig die Basis für zukünftige Entwicklungen. Unternehmenskultur bezeichnet die Gesamtheit der in einem Unternehmen vorhandenen gemeinsamen Werte, Einstellungen und Normen und ist damit ein grundlegendes Muster von gewachsenen Voraussetzungen für das Denken und Handeln aller Unternehmensmitglieder. Für den amerikanischen Organisationspsychologen Edgar Schein können Unternehmen als soziale Systeme nur durch ihre Kultur intern ihre Mitglieder integrieren und externen Druck bewältigen. Schein unterscheidet verschiedene Ebenen der

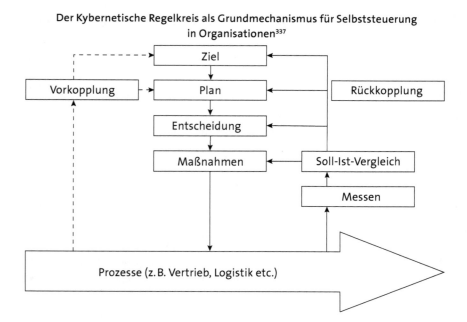

Der Kybernetische Regelkreis als Grundmechanismus für Selbststeuerung in Organisationen[337]

Unternehmenskultur, vor allem differenziert er grundlegend zwischen sichtbaren und unsichtbaren Elementen.[338]

Da jedes Unternehmen eine soziale Organisation ist, stellt sich somit überhaupt nicht die Frage, ob ein Unternehmen eine Unternehmenskultur hat. Die Frage muss stattdessen lauten, ob und wie diese von allen Mitgliedern der Organisation wahrgenommen wird und welche Auswirkungen die wahrgenommene Kultur auf das Verhalten des Einzelnen hat. Dies verdeutlicht auch, dass man Unternehmenskultur nicht kaufen oder herstellen kann – zumindest nicht den maßgeblichen, weil handlungsbeeinflussenden unsichtbaren Anteil. Man kann sich der bestehenden Kultur allenfalls bewusst werden und versuchen, diese positiv im Hinblick auf den Unternehmenszweck zu nutzen. Oder wie Peter F. Drucker es ausdrückt: »Don't change culture; use it.«[339] Fredmund Malik sieht Unternehmenskultur in einem engen und untrennbaren Zusammenhang mit gutem und richtigem Management. Nach Malik ist richtige Unternehmenskultur eine »Kultur der Wirksamkeit, der Leistung, der Professionalität und der Verantwortung«.[340] In Marc Kemmlers Worten ist es »genau diese von Malik beschriebene Unternehmenskultur, die wir bei Kemmler anstreben«.[341]

Unternehmenskultur als Erfolgsfaktor

Auf der sichtbaren Ebene ist Unternehmenskultur einfach wahrnehmbar: In den verschiedenen Handelshäusern von Kemmler Baustoffe wie auch bei Beton Kemmler, Kemmlit und Kemmler Industriebau finden sich Elemente sichtbarer Unternehmenskultur in Form gemeinsam verwendeter Logos, Farben oder Kleidung. Auch in der Architektur, also hinsichtlich ihres Außenauftritts, ähneln sich die Kemmler-Standorte. Ungleich wichtiger ist jedoch die unsichtbare Ebene. Denn Unternehmenskultur muss, will sie identifikationsstiftend und -fördernd wirken, weit über diese sichtbare Ebene hinausgreifen und in den Köpfen der Mitarbeiter verankert sein.

Ganz elementar für die Kultur eines Unternehmens sind zwei Aspekte: Zum einen die Einheit gemeinsamen Managementwissens, welches in der Kemmler-Gruppe in Form des Kemmler-Managementsystems realisiert ist, das einen Werkzeugkasten von Führungstechniken bereitstellt und zu einer gemeinsamen und wirksamen Führungskultur im gesamten Unternehmen beiträgt. Zum anderen ist die hinter dem Unternehmen stehende Zielsetzung von enormer Bedeutung, oder anders gesagt: das zugrunde liegende Wertesystem.

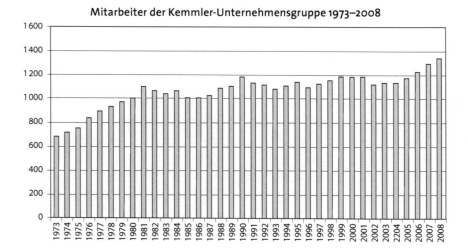

Mitarbeiter der Kemmler-Unternehmensgruppe 1973–2008

Das Familienunternehmen Kemmler folgt gerade nicht dem weit verbreiteten Streben nach unbedingter kurzfristiger Gewinnmaximierung, sondern setzt sich das langfristig angelegte Ziel nachhaltigen Wirtschaftens. Nicht einseitige Orientierung an Interessen bestimmter Anspruchsgruppen im Sinne des verbreiteten Shareholder-Value-Denkens steht im Vordergrund, sondern die nachhaltige Entwicklung des Unternehmens und die Weitergabe in der Generationenfolge. Mit anderen Worten: Es geht um die Fähigkeit des Unternehmens, langfristig zu überleben.

Marc Kemmler dazu: »Weder mein Vater noch ich haben uns jemals die Frage nach dem monetären Wert unseres Unternehmens gestellt. Wir sind Unternehmer; nicht, um kurzfristig Gewinne zu maximieren, sondern durch nachhaltiges Wachstum die Substanz unseres Familienunternehmens zu erhalten, um es gesund an die nächste Generation weitergeben zu können. Und wenn wir das erreichen wollen, dann müssen wir uns immer wieder klarmachen, dass es der Zweck unseres Unternehmens ist, Kunden zu finden. Ich habe oft den berühmten Satz von Peter Drucker im Kopf: ›The aim of an organization is to create a customer.‹ Dem ist nichts hinzuzufügen.«[342]

Mitarbeiterorientierung: Ausbildung und Personalentwicklung

Da das Kemmler-Managementsystem auf kontinuierliche Verbesserung der Arbeitsweise des Unternehmens durch alle Mitarbeiter angelegt ist, kommt der Ausbildung und der Personalentwicklung eine elementare Be-

Peter Kemmler begrüßt die neuen Auszubildenden im Rahmen der Einführungstage 2008

deutung zu. Bei Kemmler hat man ein Interesse an Lebenslaufbahnen der Mitarbeiter, die von der Ausbildung an ihre gesamte berufliche Karriere im Unternehmen verbringen sollen. Auf diese Weise gelingt es, offene Stellen auch im Führungsbereich in aller Regel aus dem eigenen Nachwuchs zu besetzen. Die Auszubildenden sind somit im wahrsten Sinne des Wortes die »Zukunft des Unternehmens«.[343]

Kemmler ist traditionell ein Ausbildungsunternehmen. Die Firmen der Kemmler-Gruppe bieten jungen Frauen und Männern Ausbildungsgänge in den Berufen Groß- und Außenhandelskaufmann, Industriekaufmann, Einzelhandelskaufmann, Informatiker, Bauzeichner, Mechatroniker, Fachkraft für Lagerlogistik sowie Betonfertigteilbauer an. Auszubildende sind bei Kemmler keine Arbeitskräfte zum »Kopieren und Kaffeekochen«, sondern werden – dem Ausbildungsmotto »Lernen in und von der Praxis« folgend – vom ersten Ausbildungsjahr an in enger Zusammenarbeit mit erfahrenen Kollegen als vollwertige Mitarbeiter in das Tagesgeschäft eingebunden. Besonders hervorzuheben ist, dass die Auszubildenden von Beginn an Kundenkontakt haben.

Zum Auftakt gibt es für alle neuen Auszubildenden Einführungstage in Tübingen, an denen gemeinsames Kennenlernen, Betriebsführungen und Informationen über das Unternehmen auf dem Programm stehen. Seit einigen Jahren begrüßt dabei Peter Kemmler persönlich die neuen Berufsanfänger im Betrieb. 2009 haben 83 junge Frauen und Männer ihre Ausbildung bei Kemmler begonnen – der größte Jahrgang bisher. Im ersten Lehrjahr werden von den Auszubildenden mehrere Abteilungen des Unternehmens durchlaufen. Erst danach erfolgen die Spezialisierung und die feste Zuordnung zu einer bestimmten Abteilung. Neben der praktischen Ausbildung durch erfahrene Mitarbeiter erhalten alle Auszubildenden in begleitenden Schulungen im Rahmen der »Kemmler Akademie« umfassendes Fachwissen durch Kemmler-Führungskräfte und externe Trainer vermittelt. Auch die Persönlichkeitsentwicklung gehört zur Ausbildung: In einem »Knigge-Training« werden Umgangsformen vermittelt. Am Ende dieses Kurses bringen die Auszubildenden ihr neu erworbenes Wissen in einem simulierten mehrgängigen Geschäftsessen zur Anwendung.

Mit dem Abschluss der Ausbildung und der Übernahme der Auszubildenden ist die »Kemmler Akademie« jedoch keineswegs zu Ende: Ein Basisseminar im dritten Lehrjahr über Persönlichkeitsstrukturen und deren Auswirkungen auf die Kommunikation mit Kunden bildet vielmehr erst den Auftakt für die bei Kemmler praktizierte stete Weiterbildung aller Mitarbeiter in den verschiedensten Themenbereichen.

Jeder erfahrene Mitarbeiter wirkt bei Kemmler regelmäßig als Ausbilder für die Nachwuchskräfte. Der Mix der Generationen und die damit verbundene Notwendigkeit des ständigen Vermittelns, Hinterfragens und Weiterentwickelns der eigenen Arbeitsweise verhindert die Entstehung verkrusteter Strukturen. »Jede Generation bringt dabei ihre spezifischen Fähigkeiten in das Unternehmen mit ein«, betont Marc Kemmler in diesem Zusammenhang. »Und durch das ständige Zusammenarbeiten erfahrener und junger auszubildender Mitarbeiter bleibt das Unternehmen selbst jung und dynamisch.«[344]

Mit einer langfristig orientierten Personalpolitik, die auf einen fairen menschlichen Umgang setzt, die die Verantwortlichkeit jedes einzelnen Mitarbeiters stärken soll und die lebenslange Laufbahnen bei Kemmler fördert, kann das Unternehmen seine primäre Zielsetzung erfüllen: den Kunden so zu seiner Zufriedenheit zu bedienen, dass aus ihm ein Stammkunde wird.

Die Basis dieser bei Kemmler bereits über Generationen praktizierten Mitarbeiterorientierung bildet ein positives Menschenbild. So hob bereits

Johannes Kemmler am Ende seiner Unternehmensgeschichte hervor, er habe viel seinen Mitarbeitern zu verdanken, die ihn »immer reichlich unterstützt haben«.[345] Marc Kemmler ist fest davon überzeugt, »dass unsere Mitarbeiter motiviert und leistungsbereit in den Betrieb kommen. Wenn wir dort das richtige Umfeld bieten, dann können sie ihre Fähigkeiten auch voll entfalten. Das ist für jeden Menschen in seinem Berufsleben erstrebenswert. Und das spüren unsere Kunden.«[346]

Es kommt auf das Vertrauen an

Dreh- und Angelpunkt jeder Unternehmenskultur sind die Personalentscheidungen.[347] Sie prägen die Unternehmenspolitik, denn es kommt auf die handelnden Führungspersonen an. Die durchgängig hohen Ausbildungsquoten von 16 Prozent – doppelt so hoch wie der Branchendurchschnitt und dreimal so hoch wie der Durchschnitt aller deutschen Unternehmen – sowie die hohe Zahl an Hauskarrieren bei Kemmler sprechen für eine langfristig angelegte Personalpolitik, die bereits unter Peter Kemmler praktiziert wurde. So begannen etwa Helmut Nill und Klaus Schiebel gemeinsam 1958 ihre Lehre bei der Firma Pflumm & Kemmler und durchliefen verschiedene Abteilungen, bis Nill schließlich Geschäftsführer von Beton Kemmler und Schiebel Leiter der Abteilung Industriebau wurde. Ludwig Kautt arbeitete nach Tätigkeiten in verschiedenen Bereichen bei Pflumm & Kemmler seit 1963 zunächst als Sachbearbeiter, wurde dann Verkaufsleiter des Außendienstes, wuchs in die Geschäftsleitung hinein und wurde schließlich faktisch – auch wenn er den offiziellen Titel nie führte – zum ersten Geschäftsführer des Baustoffhandels.

Peter Kemmler setzte in seiner Arbeit als Unternehmer konsequent auf die Prinzipien Verantwortung und Vertrauen, und sein Sohn Marc Kemmler führt diesen Kurs entschieden fort. Dieses von Vertrauen und Eigenverantwortung geprägte Klima hat – wie unter anderem die Niederlassungsleiter Bernd Rinn und Peter Höcklen aus ihrer Erfahrung berichten – zur Folge, dass das selbst erfahrene Vertrauen an die Mitarbeiter weitergegeben und so zur Voraussetzung für eigenverantwortliches Handeln aller Unternehmensmitglieder wird. Bernd Rinn, der 1972 die Balinger Niederlassung von Kemmler Baustoffe aufbaute und bis zum heutigen Tag führt, bezeichnet Vertrauen und die »offene Tür« des Vorgesetzten als Führungsgrundsatz, den er völlig verinnerlicht und in seiner operativen Arbeit stets eingesetzt hat.[348] Ludwig Kautt sieht rückblickend Ver-

»Es kommt auf das Vertrauen an«:
Peter Kemmler und Ludwig Kautt

trauen sogar als »das Wichtigste überhaupt« an.[349]

Helmut Nill begründet die große Bedeutung gewachsener Vertrauensbeziehungen wie folgt: In einem von Angst geprägten Klima bestehe die Gefahr, dass Führungskräfte aus Furcht vor Fehlentscheidungen wichtige Entscheidungen verzögerten oder überhaupt nicht träfen. Gerade die »vertrauensvolle Zusammenarbeit« zwischen Führungskräften und Inhaberfamilie ist für Nill deshalb »eines der Erfolgselemente des Familienunternehmens Kemmler«.[350]

Der Sinn der gemeinsamen Arbeit

Ein wichtiger Faktor von Unternehmenskultur ist auch die Frage der Sinngebung. Marc Kemmler führt dazu aus: »Die meisten unserer Mitarbeiter arbeiten anders als in vielen Großbetrieben nah am Kunden. Sie erleben ihre Arbeit als für die vielen Stammkunden notwendig und damit auch als sinnvoll. Eben weil sie merken, dass sie die Kundenprobleme lösen können. Sei es mit unserer Baustoff-Logistik, mit einer fix und fertig montierten Kemmlit-Trennwandanlage, mit einer Dach- und Wandkonstruktion von der Planung bis zur Ausführung für eine Industriehalle oder mit Betonfertigteilen, die Bauzeit sparen. Weiterhin wissen wir bei Kemmler alle, dass durch unsere gemeinsame Arbeit Mitarbeitereinkommen in Höhe von über 40 Millionen Euro jährlich erwirtschaftet werden, was ja die finanzielle Lebensgrundlage für über 1300 Familien schafft. Darüber hinaus erleben wir es als sinnstiftend, dass das Unternehmen und die Mitarbeiter zusammen einen wesentlichen Beitrag zum Gemeinwesen leisten. Summiert man nämlich die Steuern des Unternehmens, die Beiträge zu den Sozialkassen von Unternehmen und Mitarbeitern und die privaten Steuern der Mitarbeiter, so ergibt sich ein jährlicher Betrag, der deutlich im zweistelligen Millionenbereich liegt. Bei Kemmler rechnen wir diesen Betrag gerne in Straßenkilometer oder Kindergartenplätze um, die davon gebaut oder unterhalten werden können. Auf diese Weise wird deutlich, dass wir gemeimsam Positives in unserem Umfeld bewirken. Wir empfinden es als sinnvoll, dass unser Tun über den Dienst am Kunden hinaus auch eine soziale, die Gesellschaft unterstützende Funktion hat. Insofern sehen wir Steuern auch nicht als Übel, sondern als notwendigen Beitrag unserer Organisation zum Gemeinwesen, in dem wir leben.«[351]

4. Eigenkapital ist Trumpf

Seit Peter Kemmler die Leitung von Pflumm & Kemmler als Nachfolger seines verunglückten Vaters Hans übernahm, entwickelte sich die ursprüngliche Einzelfirma mit den Tätigkeitsbereichen Handel, Produktion und Ausführung zur Baustoff-Unternehmensgruppe mit den Teilfirmen Kemmler Baustoffe, Kemmlit Bauelemente (beide seit 1967), Beton Kemmler (seit 1987) und Kemmler Industriebau (seit 2007), deren Einzelentwicklungen bereits detailliert beschrieben wurden.

Ohne Rückschläge verlief diese Entwicklung allerdings nicht: Eine erste Delle in der Wachstumskurve ergab sich Mitte der 1970er Jahre als direkte Folge der »Ölkrise«, die 1973 zum ersten Mal in der Geschichte der Bundesrepublik zu einem Rückgang des Bruttoinlandsprodukts führte und das Ende des »Goldenen Zeitalters« mit ungebrochenem Wirtschaftswachs-

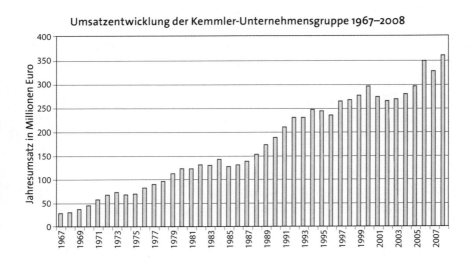

Umsatzentwicklung des Bauhauptgewerbes in Baden-Württemberg 1950–2008[352]

1995: Systematikwechsel, kein Wert

tum seit Beginn der Nachkriegszeit einläutete. Auf die Baustoffbranche wirkte sich diese Wirtschaftskrise mit zeitlicher Verzögerung aus. 1974 und 1975 ging der Jahresumsatz von Kemmler zurück und erreichte erst 1976 wieder das Niveau von 1973. Eine weitere Delle in der Wachstumsentwicklung von Kemmler erkennt man außerdem Mitte der 1980er Jahre. Dieser Rückschlag wurde verursacht durch die staatliche Einschränkung der Steuersparmöglichkeiten im Rahmen der sogenannten »Bauherrenmodelle«. Ein ähnliches Beispiel für die Auswirkungen von Gesetzesänderungen auf die Baubranche war in jüngster Zeit der Wegfall der Eigenheimzulage zum Ende des Jahres 2006 im Zusammenspiel mit der angekündigten Mehrwertsteuererhöhung zum Jahresbeginn 2007. In der Folge kam es durch Vorzieheffekte zu einer kurzfristigen Steigerung des Wohnungsbaus und auch des Jahresumsatzes von Kemmler im Jahr 2006, dafür aber anschließend wieder zu einem merklichen Rückgang 2007. Trotz jeweils kurzfristiger Umsatzrückgänge und auch trotz der bereits beschriebenen schweren Krise im Wohnungsneubau seit 1995 entwickelte sich der Jahresumsatz der Kemmler-Gruppe entlang einem langfristigen Wachstumspfad und erreichte im Jahr 2008 rund 360 Millionen Euro.

Bis zur Krise im Wohnungsneubau Mitte der 1990er Jahre deckt sich diese Entwicklung mit der einer ebenfalls wachsenden Branche. Betrachtet man nämlich mit dem Bauhauptgewerbe den wichtigsten Abnehmer für eine Baustoff-Unternehmensgruppe, so erkennt man eine ähnliche Wachstumsentwicklung bis zum Wiedervereinigungsboom Anfang der 1990er Jahre. Doch dann unterscheiden sich die Entwicklungskurven beträcht-

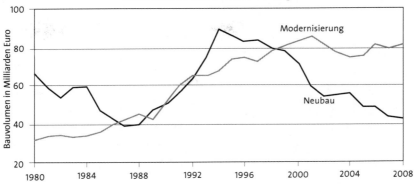

Entwicklung des Bauvolumens im deutschen Wohnungsbau unterschieden nach Neubau und Modernisierung[353]

lich: Während sich der Jahresumsatz des Bauhauptgewerbes seitdem in einer starken Abwärtsentwicklung befindet, konnte die Kemmler-Gruppe in den letzten Jahren die seit 1995 anhaltende Baukrise bewältigen und ihre Wachstumsentwicklung fortsetzen.

Traditionell wird die Bauwirtschaft in drei Bereiche eingeteilt: Wohnungsbau, Wirtschaftsbau und öffentlicher Bau. In jedem dieser drei Sektoren unterscheidet man wiederum zwischen Neubau und Renovierungsbau. In allen drei Sektoren verschob sich in den vergangenen Jahren der Schwerpunkt vom Neubau in Richtung Renovierung und Modernisierung. Besonders drastisch zeigte sich diese Entwicklung seit Mitte der 1990er Jahre im Wohnungsbau. Das ursprüngliche Verhältnis von zwei Dritteln Neubau und einem Drittel Renovierungsbau kehrte sich völlig um.

Den Markteinbruch im Wohnungsneubau zu kompensieren gelang Kemmler Baustoffe vor allem deshalb, weil der Anteil des Umsatzes mit dem Renovierungsbau deutlich erhöht werden konnte und heute den Hauptteil des Geschäfts ausmacht. Da bereits Ende der 1980er Jahre im Zuge der Divisionalisierung Abteilungen mit Renovierungsschwerpunkt wie Dachbau und Ausbau geschaffen wurden, konnte Kemmler Baustoffe sich dieser Entwicklung gut anpassen. Für die Gesamtentwicklung kamen zudem die kontinuierlichen überdurchschnittlichen Investitionen in die Baustofflager sowie zusätzliche Umsätze aus neu erworbenen Betrieben positiv zum Tragen.

Beton Kemmler, das besonders von den Einbrüchen im Wohnungsbau Mitte der 1990er Jahre und nochmals 2001 betroffen war, setzt heute im

Entwicklung der Eigenkapitalquote der Kemmler Unternehmensgruppe 1972–2008

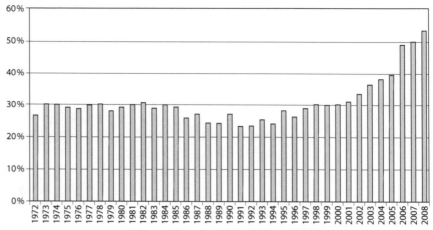

Hochbaubereich auf individuell gefertigte Bauteile, die als komplettes Bausystem für den Rohbau – Keller, Wände, Decken, Treppen und Garagen – angeboten werden, und konnte durch intensive Vertriebsarbeit die Schrumpfung des Neubaumarkts mit Zugewinnen von Marktanteilen kompensieren.

Kemmlit arbeitet schon seit langem überwiegend im Renovierungsbau. Kemmler Industriebau ist zwar überwiegend im Neubaubereich tätig, hat sich aber mit Dächern und Wänden für Hallen ein spezifisches Marktsegment erschlossen, das in ganz Deutschland bearbeitet werden kann, und so weiteres Wachstum ermöglicht. Insgesamt kommt heute der Umsatz der Kemmler-Gruppe zu über zwei Dritteln aus dem Renovierungsbau.

Ein wichtiger positiver Folgeeffekt der Wachstumsentwicklung der Kemmler-Unternehmensgruppe ist eine deutliche Steigerung der Eigenkapitalquote in den letzten zehn Jahren. Hier finden die verschiedenen zuvor beschriebenen Verbesserungsaktivitäten ihren Niederschlag, durch die es insgesamt gelungen ist, die Ertragskraft des Unternehmens zu steigern. Mit Stolz blickt man bei Kemmler darauf, dass diese Verbesserung gerade in der lang anhaltenden Neubaukrise seit 1995 gelungen ist – entgegen der Entwicklung des Gesamtmarktes.

Die Jahresüberschüsse wurden bei Kemmler – ganz der langfristigen Strategie eines gesunden Familienunternehmens folgend – überwiegend nicht ausgeschüttet und sowohl für fortlaufende Investitionen als auch für die weitere Stärkung der Eigenkapitalbasis verwendet. Gerade in den Jahren seit 1990 konnte die Eigenkapitalquote trotz der krisenhaften Marktsituation Mitte der 1990er Jahre sukzessive auf 53 Prozent im Jahr 2008 gesteigert werden. Damit erreicht Kemmler einen Wert, der mehr als doppelt so hoch liegt wie der Durchschnittswert der Eigenkapitalquote aller deutschen Unternehmen von zuletzt 24 Prozent.[354]

Eigenkapital ist Trumpf. Aber warum? Marc Kemmler erklärt: »Wir sind als Unternehmen überdurchschnittlich stark eigenfinanziert, besitzen nahezu alle Immobilien selbst und bezahlen per saldo keine Zinsen, sondern können diese ersparten Zinsen in weitere Investitionen stecken.«[355]

Schon Johannes Kemmler hatte während seiner Zeit an der Spitze der Firma die Eigenkapitalquote von 41 auf 68 Prozent gesteigert. Nach schwierigen Jahren infolge des Zweiten Weltkriegs und Hans Kemmlers Unfall legte Peter Kemmler – auch beeinflusst durch sein Schlüsselerlebnis mit dem Direktor der Deutschen Bank – besonderen Wert auf den Aufbau eines Innenfinanzierungsmechanismus: Kontinuierliche Investitionen auf hohem Niveau führen zu hohen Abschreibungen und stärken gleichzeitig die Ertragskraft des Unternehmens. In einem sich verstärkenden positiven Kreislauf können daraufhin weiter hohe Investitionen aus generierten Abschreibungen und thesaurierten versteuerten Gewinnen finanziert werden. »Der Akku lädt sich auf, und die Substanz wächst. Diesen Innenfinanzierungsmechanismus betrachten wir heute als Teil des genetischen Codes unseres Unternehmens«, bemerkt Marc Kemmler dazu.

Und er verweist auf den besonderen Vorzug einer hohen Eigenkapitalquote, nämlich auf die Fähigkeit, selbstbestimmt handeln zu können: »Wie wertvoll unsere hohe Eigenkapitalquote gerade in Zeiten einer Finanzkrise für unsere tägliche Arbeit ist, kann man an einem einfachen Beispiel zeigen: Hätten wir nämlich statt unserer 53 Prozent nur die in der deutschen Wirtschaft durchschnittliche Eigenkapitalquote von 24 Prozent, dann müssten wir über die Hälfte unseres Eigenkapitals fremdfinanzieren. Damit hätten wir bei allen Fragen Banken als Fremdinvestoren und faktische Miteigentümer am Tisch sitzen, die in wesentlichen Entscheidungen ein Mitspracherecht geltend machen würden. Für uns als Familienunternehmen Kemmler ist es aber wichtig, dass wir von Banken unabhängig und damit in unseren unternehmenspolitischen Entscheidungen frei sind. Wenn wir heute beschließen wollen, in zusätzliche Lagerkapazitäten zu investieren und dafür eine Halle zu bauen, dann diskutieren wir in unserem Führungskreis nur darüber, ob es sinnvoll ist, dies zu tun. Solange wir dabei unseren Eigenkapitalrahmen nicht verlassen, brauchen wir uns über die Finanzierbarkeit einer von uns als sinnvoll erachteten Investition nicht den Kopf zu zerbrechen und können schnell handeln. Unsere Führungskräfte müssen sich nicht um zeitaufwändiges und nervenaufreibendes Liquiditätsmanagement kümmern, sondern haben die Freiheit zur sachlich richtigen unternehmerischen Entscheidung. Sie können sich bei Kemmler ganz ihrer Hauptaufgabe widmen, nämlich die Kundenprobleme zu lösen und auf diese Weise die Marktstellung unseres Unternehmens weiter zu verbessern. Unsere Eigenkapitalsituation ist damit der Garant dafür, dass wir unsere Zukunftschancen entschlossen wahrnehmen können. Und das ist ein echter Erfolgsfaktor.«[356]

Auf einen weiteren positiven Effekt der Eigenkapitalsituation des Unternehmens verweist Marc Kemmler abschließend: »Ich informiere inzwischen unsere Mannschaft ganz bewusst über unsere gesunde Finanzierung. Dadurch erfahren unsere Mitarbeiter das Unternehmen in einer Welt, die immer unüberschaubarer und unsicherer zu werden scheint, als einen Ort der Sicherheit, in dem sie ihr gesamtes berufliches Leben verbringen können. Dies erhöht die ohnehin hohe Identifikation unserer Mitarbeiter mit dem Unternehmen.«[357]

VIII. Zukunftschancen

Gerade mittelständische, inhabergeführte Familienunternehmen sind kaum von der Person des Unternehmers und von der Unternehmerfamilie zu trennen. Während der Industrialisierung entstanden die meisten Unternehmen zunächst als Familienunternehmen, in denen der Gründer als alleiniger Leiter die zentrale Rolle spielte. Der Familie kam bei diesen Unternehmensgründungen unterstützende Funktion zu, Verwandte fungierten als Kapitalgeber oder übernahmen bestimmte Arbeiten im Rahmen des Betriebsablaufes. Die bürgerliche Familie als eigentlich vorkapitalistische Institution mit ihren festgelegten und nicht hinterfragten Hierarchien, ihrem Gemeinschaftsgefühl und ihrem Kanon an Tugenden wie Fleiß, Sparsamkeit und Bildung brachte idealtypisch alle Voraussetzungen für wirtschaftlichen Erfolg mit und diente damit der Industrialisierung als Voraussetzung, Antrieb und Vehikel. Familienbewusstsein wurde zu einer wichtigen Motivationsquelle für unternehmerisches Handeln und Unternehmertum. Die Ausrichtung an einem überindividuellen und generationenüberspannenden Familieninteresse führte in vielen Fällen zu einer auf Überlebensfähigkeit und nachhaltiges Wachstum abzielenden Unternehmenspolitik.[358]

Erfolgreiche Familienunternehmen sind, wie Florian Langenscheidt und Peter May im Vorwort des *Lexikons der deutschen Familienunternehmen* ausführen, keineswegs »Dinosaurier längst vergangener Epochen«, sondern »moderne, zukunftsfähige, durch langfristiges Denken geprägte Firmen, die sich den Herausforderungen der Globalisierung und Digitalisierung längst gestellt haben«. Gerade vor dem Hintergrund der gegenwärtigen globalen Finanz- und Wirtschaftskrise werden Familienunternehmen nun häufig gerade deswegen als vorbildlich bezeichnet, weil sie nicht dem Postulat der Shareholder-Value-Doktrin folgen und allein auf

»quarterly results« fokussiert sind, sondern – gleichsam als »Festung der Verantwortung und Moral« – für Nachhaltigkeit, Kontinuität und Tradition stehen und Werte wie Verantwortung und Menschlichkeit verkörpern.[359]

Bis zum heutigen Tag ist die Familie Kemmler zu 100 Prozent Eigentümer der Firma und übt durch Familienmitglieder in Geschäftsführung und Beirat den maßgeblichen Einfluss auf die Unternehmenspolitik aus. Gleichzeitig ist es gelungen, ein erfolgreiches Managementteam aufzubauen, das nicht aus Familienmitgliedern besteht.

Die Kemmler-Gruppe ist im Hinblick auf die zu erwartenden zukünftigen Veränderungen der Baustoffbranche gut aufgestellt. Peter Kemmler sieht es in diesem Zusammenhang als echten Vorteil an, »dass es sich bei Baustoffen immer um ein lokales Geschäft handelt, welches deswegen von den Problemen der Globalisierung nur am Rande betroffen ist«. Auch schnelllebige Modetrends, Währungsprobleme sowie rasante technische Entwicklungen spielen im Baustoffmarkt kaum eine Rolle. Trotz eines insgesamt im besten Fall lediglich stagnierenden Marktes in der Baubranche sehen Peter und Marc Kemmler für ihr Unternehmen in Zukunft interessante Wachstumsmöglichkeiten, da die Firmen der Kemmler-Gruppe ihr Marktgebiet in Deutschland weiter ausbauen können.[360]

Dazu kommen zwei von Peter und Marc Kemmler erwartete Entwicklungen des zukünftigen deutschen Baumarktes: Zum einen wird die deutsche Bevölkerung künftig verstärkt in städtischen Regionen und weniger in ländlichen Gebieten wohnen, weil dort Infrastruktur und Dienstleistungsangebote in der gewünschten Form bei kurzen Wegen zur Verfügung stehen. Dieser Umstand und der Trend zu kleineren Haushalten werden zu weiterem Neubaubedarf in den nächsten Jahren führen.[361]

Zum anderen sehen Peter und Marc Kemmler in dem immer wichtiger werdenden Thema Klimawandel für die Baustoffbranche eine Marktchance. Etwa 40 Prozent des Weltenergieverbrauchs geschehen in Gebäuden, weshalb die energetische Sanierung des Gebäudebestands eine immer größere Bedeutung erlangen wird. Angesichts vieler nicht sanierungsfähiger älterer Häuser ist abzusehen, dass diese immer häufiger durch neue Gebäude ersetzt werden. Auch dies wird einen längerfristigen Bedarf an Neubauten nach sich ziehen. »Bis zur Jahrhundertmitte werden wir in Deutschland nur noch in Passivhäusern wohnen«, ist sich Marc Kemmler sicher. »Deutschland muss also noch einmal neu gebaut werden, was mittel- und langfristig für ein Baustoffunternehmen wie uns eine große Aufgabe und auch Chance bedeutet.«[362] Während der Endredaktion dieses Buches wurde diese Annahme Marc Kemmlers nicht nur bestätigt, sondern noch übertroffen. Im November 2009 beschloss die EU strikte Energiesparziele, wonach ab Ende 2020 private Neubauten so gut wie keine Treibhausgase mehr emittieren dürfen. Für öffentliche Gebäude gilt diese Vorgabe sogar bereits zwei Jahre früher. Zusätzlich sollen die EU-Staaten die Umwandlung bestehender Gebäude in Nullenergiehäuser vorantreiben. Für Marc Kemmler ist dieser Entschluss »für die gesamte Branche und unsere Zukunft als Unternehmen von gewaltiger Bedeutung. Meine Aufgabe in der Firma ist es, zusammen mit dem Führungskreis intensiv nachzudenken, wie wir diese Weichenstellung in den kommenden Jahren richtig in Unternehmenspolitik umsetzen können.«[363]

Die Bedeutung des Baustoffhandels in der Wertschöpfungskette zwischen Hersteller und Verarbeiter wird außerdem nach Meinung Peter Kemmlers weiterhin zunehmen: Der Trend zu Renovierung und Sanierung wird zu tendenziell kleineren Baustellen und damit auch zu komplexeren Aufträgen führen, sodass die Lager- und Logistikfunktionen des Handels immer wichtiger werden. Dazu sind auf lange Sicht am besten größere Baustoffhändler mit entsprechenden Skalen- und Spezialisierungsvorteilen wie Kemmler Baustoffe in der Lage. Konsequenz dieser Entwicklung wird ein bereits in den letzten Jahren beobachtbarer, sich künftig noch verstärkender Konzentrationsprozess der gesamten Branche sein, der es dem kleineren mittelständischen und nicht filialisierten Baustoffhändler mit kritischer Betriebsgröße zunehmend schwieriger machen wird, im Wettbewerb zu bestehen.

Auf den Trend zum intelligenten Bauen mit industriell vorgefertigten Teilen, bei dem neben Bauzeit auch Energiekosten gespart werden können, hat sich Beton Kemmler aufgrund seiner strategischen Ausrichtung im Hochbau- und im Garagenbereich bestens eingestellt. Der Sanierungsbedarf im Bereich öffentlicher Infrastruktur bietet auch für den Tiefbau gute Marktchancen. Mit seinem Angebot von Sanitärraumlösungen für höchste Ansprüche ist Kemmlit bereits Marktführer in Deutschland. Kemmler Industriebau hat sich mit seinem speziellen Angebot von Dächern und Wänden für Hallen einen auch in Zukunft interessanten Markt erschlossen, der in ganz Deutschland bearbeitet werden kann.

Vor dem Hintergrund wissenschaftlicher Erkenntnisse aus dem PIMS-Forschungsprogramm[364] über die Lebenszyklen von Branchen sieht Marc Kemmler den gesamten Baustoffsektor in einem Stadium der Reife angekommen. Bei konstantem oder leicht sinkendem Marktvolumen wird die

Anzahl der Marktteilnehmer in permanenten »Ausscheidungsturnieren« abnehmen, bis sich im »Endspiel« eine konstante Branchenstruktur von sieben plus/minus zwei Marktteilnehmern im jeweils relevanten Markt herausbildet. Diese verbleibenden Wettbewerber werden aufgrund ihrer über viele Jahre unter Beweis gestellten Anpassungs- und Überlebensfähigkeit langfristig weiter koexistieren. Für sein Unternehmen komme es daher darauf an, sich als so »überlebensfähig zu erweisen, dass wir das Endspiel erreichen und in der Lage sind, die Langfristchance auf Wachstum auch auf unseren bestenfalls stagnierenden Märkten wahrzunehmen. Um zu überleben, braucht ein Unternehmen vor allem Anpassungsfähigkeit, die letztlich eine Frage des richtigen Denkens und des richtigen Managementsystems ist. Unsere wichtigste Zielgröße ist die Zufriedenheit unserer Stammkunden. Wir haben erkannt, dass wir als Unternehmen zwar nicht jedes Jahr wachsen, aber uns doch ständig verbessern können. Weil wir das inzwischen beherrschen, verbessern wir uns schneller als viele Wettbewerber und erarbeiten uns durch unsere Art zu denken und an uns zu arbeiten weitere Wettbewerbsvorteile.«[365]

Für Kemmler Baustoffe, Beton Kemmler, Kemmlit und Kemmler Industriebau ergeben sich aus diesen Entwicklungen Zukunftschancen. Grundsätzlich ist die gesamte Unternehmensgruppe heute im Sine der von Johannes Kemmler bereits 1941 formulierten Worte »auf eine Grundlage gestellt, dass man ohne besondere Mühe mit jeder anderen Firma den Wettbewerb aufnehmen kann«.[366] Neben der selbstverständlichen Pflicht zum rentablen Arbeiten sieht Peter Kemmler für die Zukunft nicht nur die Chance, sondern auch geradezu eine Verpflichtung zum Wachstum: »Wir müssen weiter wachsen, um unsere Kunden in den verschiedenen Märkten noch besser bedienen zu können.«[367]

Diese Darstellung der ersten 125 Jahre der Firma Kemmler kann keineswegs eine abgeschlossene Geschichte sein. Im Gegenteil: Sie ist lediglich als Zwischenbilanz eines sich dynamisch entwickelnden Familienunternehmens zu verstehen. Wenn an dieser Stelle nun der Vorhang fällt, so doch nur mit den Worten: Fortsetzung folgt.

Anhang

Anmerkungen

1 Zur »Rosinen«-Anekdote Johannes Kemmlers siehe Interview mit Peter und Marc Kemmler 16.12.2006.
2 Firmenarchiv Kemmler, Manuskript »Geschichte der Firma Pflumm & Kemmler, Tübingen, von 1884–1940« von Johannes Kemmler, S. 15 f. Das gesamte Manuskript ist abgedruckt im Dokumentenanhang, Nr. 5.
3 Ebd., S. 19.
4 Gall, Lothar: *Krupp. Der Aufstieg eines Industrieimperiums.* Berlin 2000, S. 7: Als mögliche Perspektiven nennt Gall die Produkte und deren materielle Verwertung, den inneren Aufbau und seine Entwicklung, den Blick auf Arbeiter, Angestellte und Management, die Frage nach Rohstoffbasis, Lieferanten und eingesetzten Techniken sowie deren Entwicklung und schließlich die Einordnung des Handelns und seiner Antriebskräfte und Motive in die nationalen sowie internationalen Rahmenbedingungen.
5 Berghoff, Hartmut: *Moderne Unternehmensgeschichte. Eine themen- und theorieorientierte Einführung.* Paderborn 2004, S. 22–29, sowie die Einleitung seiner Habilitationsschrift Berghoff, Hartmut: *Zwischen Kleinstadt und Weltmarkt. Hohner und die Harmonika 1857–1961. Unternehmensgeschichte als Gesellschaftsgeschichte.* Paderborn u. a. 1997, S. 13–33.
6 Siehe dazu auch Berghoff, Hartmut: *Zwischen Kleinstadt und Weltmarkt. Hohner und die Harmonika 1857–1961. Unternehmensgeschichte als Gesellschaftsgeschichte.* Paderborn u. a. 1997, S. 18–30.
7 Siehe dazu May, Peter: »Familienunternehmen erfolgreich führen. Über die Inhaberstrategie zur Unternehmensstrategie«. In: May, Peter/Rieder, Gerold (Hrsg.): *Familienunternehmen heute. Jahrbuch 2009.* Bonn-Bad Godesberg 2008, S. 12 f., sowie Schäfer, Michael: *Familienunternehmen und Unternehmerfamilien. Zur Sozial- und Wirtschaftsgeschichte der sächsischen Unternehmer 1850–1940,* S. 8 f. Zu den Werken Chandlers vgl. exemplarisch Chandler, Alfred D.: *The Visible Hand. The Managerial Revolution in American Business.* Cambridge Mass./

London 1977 sowie Chandler, Alfred D.: *Scale and Scope. The Dynamics of Industrial Capitalism*. Cambridge Mass./London 1990.
8   Vgl. Langenscheidt, Florian/May, Peter (Hrsg.): *Lexikon der deutschen Familienunternehmen*. Köln 2009, S. 8f. Zu einem ähnlichen Ergebnis kommt auch eine im Jahr 2007 von der Stiftung Familienunternehmen in Zusammenarbeit mit dem Institut für Mittelstandsforschung Bonn durchgeführte Studie über die volkswirtschaftliche Bedeutung von Familienunternehmen. Danach sind 95 Prozent aller deutschen Unternehmen Familienunternehmen, erwirtschaften 42 Prozent aller Unternehmensumsätze und stellen 57 Prozent aller sozialversicherungspflichtigen Beschäftigungsverhältnisse; vgl. Stiftung Familienunternehmen (Hrsg.): *Die volkswirtschaftliche Bedeutung der Familienunternehmen*. Bearb. v. Institut für Mittelstandsforschung Bonn. Stuttgart 2007.
9   Vgl. Langenscheidt, Florian/May, Peter (Hrsg.): *Lexikon der deutschen Familienunternehmen*. Köln 2009, S. 7, der Eintrag über Kemmler findet sich auf S. 467f.
10 Berghoff, Hartmut: »Historisches Relikt oder Zukunftsmodell? Kleine und mittelgroße Unternehmen in der Wirtschafts- und Sozialgeschichte der Bundesrepublik Deutschland«. In: Ziegler, Dieter (Hrsg.): *Großbürger und Unternehmer. Die deutsche Wirtschaftselite im 20. Jahrhundert*. Göttingen 2000, S. 266 ff. Zur Definition von Familienunternehmen siehe auch Klein, Sabine B.: *Familienunternehmen. Theoretische und empirische Grundlagen*. 2. Aufl. Wiesbaden 2004, S. 17 f., sowie May, Peter: »Familienunternehmen erfolgreich führen. Über die Inhaberstrategie zur Unternehmensstrategie«. In: May, Peter/Rieder, Gerold (Hrsg.): *Familienunternehmen heute. Jahrbuch 2009*. Bonn-Bad Godesberg 2008, S. 12–24, speziell S. 18.
11 Landes, David: *Die Macht der Familie. Wirtschaftsdynastien in der Weltgeschichte*. München 2006.
12 Zum gesamten Abschnitt sowie zur Geschichte des Königreichs Württemberg allgemein siehe Mann, Bernhard: *Kleine Geschichte des Königreichs Württemberg 1806–1918*. Leinfelden-Echterdingen 2006 sowie *Das Königreich Württemberg 1806–1918. Monarchie und Moderne*. Katalog zur Großen Landesausstellung vom 22.9.2006 bis 4.2.2007. Stuttgart 2006.
13 Kolorierter Holzschnitt nach Wilhelm von Breitschwert, aus: »Allgemeine Illustrierte Zeitung«, 1864. Vgl. dazu Blattner, Evamarie/Wiegmann, Karlheinz (Hrsg.): *Stadtbild – Weltbild. Tübinger Stadtansichten des 16. bis 19. Jahrhunderts*. Tübingen 2009, S. 166.
14 Zum Thema Industrialisierung vgl. Tenfelde, Klaus: »Industrialisierung«. In: Dülmen, Richard von (Hrsg.): *Fischer Lexikon Geschichte*. Aktualisierte, vollständig überarbeitete und erweiterte Aufl. Frankfurt a. M. 2003, S. 222–237, dazu Hahn, Hans-Werner: *Die Industrielle Revolution in Deutschland*. München 1998 (Enzyklopädie deutscher Geschichte Bd. 49), S. 1–3, sowie Pierenkemper, Toni:

Gewerbe und Industrie im 19. und 20. Jahrhundert. München 1994 (Enzyklopädie deutscher Geschichte Bd. 29), S. 5–8.
15 *Das Königreich Württemberg 1806–1918. Monarchie und Moderne*. Katalog zur Großen Landesausstellung vom 22.9.2006 bis 4.2.2007. Stuttgart 2006, S. 332.
16 Zum Industrialisierungsprozess Württembergs vgl. Winkel, Harald: »Vom Armenhaus zum Musterländle. Historische Betrachtungen zu einem aktuellen Thema«. In: *Zeitschrift für Württembergische Landesgeschichte* 50 (1991), S. 305–316, Megerle, Klaus: *Württemberg im Industrialisierungsprozess Deutschlands. Ein Beitrag zur regionalen Differenzierung der Industrialisierung*. Stuttgart 1982, S. 180 ff., sowie Hippel, Wolfgang von: »Wirtschafts- und Sozialgeschichte 1800 bis 1918«. In: *Handbuch der baden-württembergischen Geschichte*. Im Auftr. der Kommission für geschichtliche Landeskunde in Baden-Württemberg hrsg. v. Hansmartin Schwarzmaier. Bd. 3: »Vom Ende des Alten Reiches bis zum Ende der Monarchien«. Stuttgart 1992, S. 662 ff.
17 Setzler, Wilfried/Schönhagen, Benigna/Binder, Hans-Otto: *Kleine Tübinger Stadtgeschichte*. Tübingen 2006, S. 140–143.
18 Farblitografie Tübingen aus der Vogelschau um 1870, gez. Wilhelm von Breitschwert, lith. H. Müller. Vgl. Blattner, Evamarie/Wiegmann, Karlheinz (Hrsg.): *Stadtbild – Weltbild. Tübinger Stadtansichten des 16. bis 19. Jahrhunderts*. Tübingen 2009, S. 166.
19 *Beschreibung des Oberamts Tübingen*. Hrsg. v. Königlichen statistisch-topographischen Bureau. Stuttgart 1867, S. 158 ff.
20 Gfrörer, Wilhelm (Hrsg.): *Der Kreis Tübingen*. Stuttgart 1988, S. 139 f.
21 Rauch, Udo/Zacharias, Antje (Hrsg.): *... und grüßen Sie mir die Welt! Tübingen – eine Universitätsstadt auf alten Postkarten*. Tübingen 2007, S. 111 ff.
22 Setzler, Wilfried/Schönhagen, Benigna/Binder, Hans-Otto: *Kleine Tübinger Stadtgeschichte*. Tübingen 2006, S. 148–155.
23 Gfrörer, Wilhelm (Hrsg.): *Der Kreis Tübingen*. Stuttgart 1988, S. 139 f.
24 *Das Königreich Württemberg. Eine Beschreibung nach Kreisen, Oberämtern und Gemeinden*. Hrsg. v. Kgl. Statistischen Landesamt. Zweiter Band. Schwarzwaldkreis. Stuttgart 1905, S. 562 f.
25 Ein 1907 angelegtes Feuerversicherungsbuch nennt 13 Besitzer von Fabrikanlagen, darunter neben der Zementfabrik Michael Pflumms unter anderem eine Kartonagenfabrik von Ernst Rilling, eine Dampfziegelei von Johann Georg Finkbeiner oder die Irus-Werke von Jakob Rilling. Vgl. *Dußlingen 888–1988. Aus Vergangenheit und Gegenwart einer schwäbischen Gemeinde im Steinlachtal*. Hrsg. v. d. Gemeinde Dußlingen. Tübingen 1988, S. 163 f.
26 Zum gesamten folgenden Abschnitt über Erbauung und Betrieb der Pulvermühle bis Ende 1864 vgl. ausführlich *Dußlingen 888–1988. Aus Vergangenheit und Gegenwart einer schwäbischen Gemeinde im Steinlachtal*. Hrsg. v. d. Ge-

meinde Dußlingen. Tübingen 1988, S. 159–162. Zum entsprechenden behördlichen Schriftverkehr vgl. zusätzlich Staatsarchiv Ludwigsburg E 177 I Nr. 2695, zum Wiederaufbau nach den Explosionen 1863/1864 vgl. Staatsarchiv Sigmaringen, Wü 65/36 T 1–2 Nr. 395.

27 Jakob Rilling (geb. 14.4.1818, gest. 3.9.1874), Zimmermann und Werkmeister aus Dußlingen sowie Teilhaber der Pulvermühle, ist nicht identisch mit dem Mechaniker und Fabrikanten Jakob Rilling (geb. 29.1.1840, gest. 11.12.1906), der seit 1865 in Dußlingen mit seinen Brüdern Michael und Johannes einen handwerklichen Betrieb zur Herstellung von Wasserrädern und Einrichtungen für ländliche Getreidemühlen besaß. Nach dem Kauf der »Oberen Mühle« in Dußlingen wurde dieser Betrieb 1867 dorthin verlegt, bevor er 1904 nach dem Ausscheiden der Brüder von Jakob Rilling wieder nach Dußlingen in die Bahnhofstraße verlagert wurde. Nach dem Tod Jakob Rillings 1906 führten seine Söhne Karl, Ernst und Paul den Betrieb weiter und begannen mit der industriellen Fertigung moderner Schrot- und Mahlmühlen mit selbst gefertigten Kunstmahlsteinen in einer modernen Mahlsteinfabrik mit anhängigem Sägewerk. Seit 1911 führte die Firma den Namen »Iruswerke Dußlingen J. Rilling & Söhne«. Zur Familien- und Firmenentwicklung vgl. *Dußlingen 888–1988. Aus Vergangenheit und Gegenwart einer schwäbischen Gemeinde im Steinlachtal.* Hrsg. v. d. Gemeinde Dußlingen. Tübingen 1988, S. 358–365.

28 Zu Plänen und Unterlagen zu den genannten Bauvorhaben Rillings vgl. Staatsarchiv Sigmaringen, Wü 65/36 T 1–2 Nr. 397.

29 Zur Entwicklung der Zementindustrie siehe den historischen Abriss über die Entwicklung des Zements auf der Internetseite des Verbands der Deutschen Zementindustrie: http://www.vdz-online.de/316.html (Stand 29.1.2010), speziell bezogen auf die Entwicklung in Württemberg vgl. Albrecht, Helmuth: »Vom Caementum zum Zement. Die Geschichte der Zementindustrie im Alb-Donau-Raum«. In: Albrecht, Helmuth: *Kalk und Zement in Württemberg. Industriegeschichte am Südrand der Schwäbischen Alb.* Ubstadt-Weiher 1991, S. 117–230 (speziell S. 125–129).

30 Zu den Mühlen als ältestem Industriezweig Dußlingens vgl. auch *Dußlingen 888–1988. Aus Vergangenheit und Gegenwart einer schwäbischen Gemeinde im Steinlachtal.* Hrsg. v. d. Gemeinde Dußlingen. Tübingen 1988, S. 151–159.

31 Die Anzeige ist abgedruckt in *Tübinger Chronik* 40 (1884), Nr. 146, Dienstag 24. Juni 1884 sowie Nr. 151, Sonntag, 29. Juni 1884.

32 Siehe die Ausgaben der *Tübinger Chronik* 40 (1884), Nr. 170, Dienstag 22. Juli 1884 sowie Nr. 172, Donnerstag 24. Juli 1884. Auf den Konkurs Rillings weist auch Johannes Kemmler in seinem Manuskript »Geschichte der Firma Pflumm & Kemmler, Tübingen, von 1884–1940«, S. 1, hin.

33 *Tübinger Chronik* 40 (1884), Nr. 209, Freitag 5.9.1884 (nochmals abgedruckt Nr. 213).

34 *Tübinger Chronik* 40 (1884), Nr. 218, Dienstag 16.9.1884.
35 Ebd., Nr. 237, Mittwoch 8.10.1884.
36 Ebd., Nr. 262, Donnerstag 6.11.1884.
37 *Tübinger Chronik* 41 (1885), Nr. 4, Dienstag 6.1.1885.
38 Siehe die Anzeigen in der *Tübinger Chronik* 41 (1885), Nr. 4, Dienstag 6.1.1885 sowie Nr. 23, Donnerstag 29.1.1885.
39 Siehe das Kaufbuch der Gemeinde Dußlingen sowie das zugehörige Unterpfandsprotokollbuch (Gemeindearchiv Dußlingen B 346 sowie B 292).
40 Auch der zweite Kaufvertrag (abgedruckt im Dokumentenanhang, Nr. 1) findet sich im entsprechenden Kaufbuch der Gemeinde Dußlingen (Gemeindearchiv Dußlingen B 346). Der Vorbehalt des Pfandrechts durch Wilhelm Bachner bis zur vollständigen Bezahlung des »Kaufschillings« durch den Käufer Michael Pflumm ist am 8. Mai 1885 im zugehörigen Unterpfandsprotokollbuch niedergeschrieben (Gemeindearchiv Dußlingen B 292).
41 Legt man zehn gleiche Jahresraten von 2100 Mark zugrunde, so ergibt sich ein Gesamtkaufpreis inklusive Zinsen von 36120 Mark. Geht man aber davon aus, dass Pflumm in den ersten neuen Jahren nur die Mindestrate von 200 Mark und den Restkaufpreis erst im zehnten Jahr bezahlte, so beträgt der Gesamtkaufpreis inklusive Zinsen 39540 Mark. Die Realität liegt vermutlich in einem Bereich zwischen diesen beiden Endpreisen und damit annähernd beim von Bachner bezahlten Gesamtpreis von 38050 Mark. So ergibt sich beispielsweise für eine fiktive Zahlungsreihe von 200 Mark in den ersten fünf Jahren, gefolgt von einer Rate von 1000 Mark im sechsten, 2000 Mark im siebten, 3000 Mark im achten, 4000 Mark im neunten und einer Schlussrate von 10000 Mark im zehnten Jahr ein Gesamtkaufpreis inklusive Zinsen von 38820 Mark.
42 Das Darlehen wird genannt in der ersten Inventur der Firma zum 31.12.1886 (Firmenarchiv Kemmler).
43 Zur Entwicklung der Firma in Dußlingen dienen für die folgenden Abschnitte als wesentliche Quelle das bereits erwähnte Manuskript »Geschichte der Firma Pflumm & Kemmler, Tübingen, von 1884–1940« von Johannes Kemmler sowie die Inventuren der Jahre 1886 und 1887 im Firmenarchiv Kemmler.
44 Siehe *Tübinger Chronik* 41 (1885), Nr. 84, Sonntag 12.4.1885, Nr. 90, Sonntag 19.4.1885 sowie Nr. 96, Sonntag 26.4.1885.
45 Staatsarchiv Sigmaringen Wü 30/23 Acc. 70/2006 Nr. 1–7, Handelsregister Tübingen. Siehe auch *Tübinger Chronik* 42 (1886), Nr. 135, Samstag 12. Juni 1886.
46 Dies wird erwähnt in Firmenarchiv Kemmler, Manuskript »Geschichte der Firma Pflumm & Kemmler, Tübingen, von 1884–1940« von Johannes Kemmler, S. 2.
47 Zur Finanzierung vgl. Kocka, Jürgen: *Unternehmer in der deutschen Industrialisierung*. Göttingen 1975, S. 65ff. Auf das Beispiel Sachsen bezogen vgl.

Schäfer, Michael: *Familienunternehmen und Unternehmerfamilien. Zur Sozial- und Wirtschaftsgeschichte der sächsischen Unternehmer 1850–1940.* München 2007, S. 62 ff. Zum allgemeinen Zusammenhang von Pietismus und Industrialisierung in Württemberg vgl. Scharfe, Martin: »Pietistische Moral im Industrialisierungsprozess«. In: Gladigow, Burkhard (Hrsg.): *Religion und Moral.* Düsseldorf 1976, S. 27–47, sowie Scharfe, Martin: »Protestantismus und Industrialisierung im Königreich Württemberg«. In: *Forschungen und Berichte zur Volkskunde in Baden-Württemberg 1974–1977.* Hrsg. v. Irmgard Hampp und Peter Assion. Stuttgart 1977, S. 149–162.

48 Vgl. die Inventur zum 31.12.1901 im Firmenarchiv Kemmler.

49 Siehe Situationsplan der Pulvermühle von 1887 sowie einen Lageplan der Pulvermühle 1898 (Staatsarchiv Sigmaringen Wü 65/36 T 7 Nr. 521). Welche Anlagen vom Vorbesitzer übernommen wurden, kann aus den Plänen der Pulvermühle aus den 1870er Jahren erschlossen werden (siehe Staatsarchiv Sigmaringen, Wü 65/36 T 1–2 Nr. 397).

50 Siehe dazu diverse Anzeigen in der *Tübinger Chronik* 41 (1885), Nr. 84, Sonntag 12. April 1885, ferner Nr. 90, Sonntag 19. April 1885 und Nr. 96, Sonntag 26. April 1885.

51 Siehe dazu exemplarisch die Anzeige der »Portlandcement-Fabrik Blaubeuren Gebrüder Spohn« (*Tübinger Chronik* 45 (1889), Nr. 36, Dienstag 12.2.1889) oder einige Jahre später der gemeinsamen »Verkaufsstelle der Cementwerke in Blaubeuren (*Tübinger Chronik* 50 (1894), Nr. 40, Montag 18.2.1894).

52 Siehe Firmenarchiv Kemmler, Manuskript »Geschichte der Firma Pflumm & Kemmler, Tübingen, von 1884–1940« von Johannes Kemmler, S. 2.

53 Siehe *Tübinger Chronik* 42 (1886), Nr. 73, Sonntag 28. März 1886, ferner Nr. 85, Sonntag 11. April 1886, Nr. 96, Sonntag 25. April 1886, Nr. 101, Sonntag 2. Mai 1886, Nr. 113, Sonntag 16. Mai 1886, Nr. 125, Sonntag 30. Mai 1886, Nr. 136, Sonntag 13. Juni 1886, Nr. 147, Sonntag 27. Juni 1886, Nr. 161 Mittwoch 14. Juli 1886 sowie Nr. 171, Sonntag 25. Juli 1886.

54 Vgl. Situationsplan von 1893 im Firmenarchiv Kemmler sowie Lageplan der Pulvermühle 1898 (Staatsarchiv Sigmaringen Wü 65/36 T 7 Nr. 521).

55 Staatsarchiv Ludwigsburg E 177 I Nr. 4346.

56 Gemeindearchiv Dußlingen, A 290: In der Beantwortung verschiedener Anfragen des Schultheißenamtes Dußlingen vom 27.6.1895 gibt Pflumm die Wasserkraft der Mahlmühle mit 10 sowie die der Zementmühle mit 4 Pferdestärken an. Als dauerhafte Beschäftigte nennt er einen Müller mit Lehrling in der Mahlmühle sowie zwei Zementmüller, darüber hinaus noch saisonal von März bis Dezember sechs Steinbrecher und neun Zementarbeiter.

57 Vgl. die entsprechenden Rechnungen aus den Jahren 1898 und 1899 in Stadtarchiv Reutlingen, Ortsarmenpflege, Nr. 496, Beilage Nr. 272, sowie Bestand

Gemeindearchiv Betzingen, Nr. 1249 (Beilagen zur Gemeindepflegerechnung, Ausgaben 1898–1899, Nr. 278 sowie 285), ebenso die 1901 an die Gemeinde Poltringen gestellte Rechnung (Firmenarchiv Kemmler, Dok. 1997, Kemmler-Gruppe). Johannes Kemmler bezeichnet das Tiefbauamt der Stadt Reutlingen als wichtigsten Abnehmer von Zementrohren. Vgl. Firmenarchiv Kemmler, Manuskript »Geschichte der Firma Pflumm & Kemmler, Tübingen, von 1884–1940« von Johannes Kemmler, S. 5.

58 Siehe exemplarisch *Tübinger Chronik* 48 (1892), Nr. 160, Dienstag 12.7.1892. Die gleiche Anzeige findet sich in den folgenden beiden Jahren: *Tübinger Chronik* 49 (1893), u. a. Nr. 117, Sonntag 21.5.1893 sowie *Tübinger Chronik* 50 (1894), u. a. Nr. 98, Sonntag 29.4.1894.

59 Schrader, Mila/Voigt, Julia: *Bauhistorisches Lexikon. Baustoffe, Bauweisen, Architekturdetails.* Suderburg-Hösseringen 2003, S. 284.

60 *Tübinger Chronik* 58 (1902), Nr. 50, Sonntag 1.3.1902, ebenso Nr. 57, Montag 10.3.1902, Nr. 68, Samstag 22.3.1902, Nr. 73, Samstag 30.3.1902, Nr. 81, Mittwoch 9.4.1902, Nr. 84, Samstag 12.4.1902 sowie Nr. 97, Montag 28.4.1902.

61 Firmenarchiv Kemmler, Manuskript »Geschichte der Firma Pflumm & Kemmler, Tübingen, von 1884–1940« von Johannes Kemmler, S. 3 f.

62 Zur Beschäftigung ausländischer Arbeiter in der Industrie während des Kaiserreichs vgl. Herbert, Ulrich: *Geschichte der Ausländerpolitik in Deutschland. Saisonarbeiter, Zwangsarbeiter, Gastarbeiter, Flüchtlinge.* Bonn 2003, S. 45–73.

63 Firmenarchiv Kemmler, Manuskript »Geschichte der Firma Pflumm & Kemmler, Tübingen, von 1884–1940« von Johannes Kemmler, S. 10.

64 Stadtarchiv Reutlingen, Ortsarmenpflege, Nr. 1225, Beilagen 28–32.

65 Siehe dazu Schröder, Reinhard: »Vom Kalkstein zum Kalk. Die Geschichte der Kalkindustrie im Alb-Donau-Raum seit dem 19. Jahrhundert«. In: Albrecht, Helmuth: *Kalk und Zement in Württemberg. Industriegeschichte am Südrand der Schwäbischen Alb.* Ubstadt-Weiher 1991, S. 231–280 (speziell S. 236–242) sowie Hepach, Wolf D.: *Fünf Generationen – Ein Werk. Schwenk 1847–1997.* Ulm 1997, S. 36 f.

66 Firmenarchiv Kemmler, Manuskript »Geschichte der Firma Pflumm & Kemmler, Tübingen, von 1884–1940« von Johannes Kemmler, S. 10.

67 Ebd., S. 7.

68 Ebd., S. 8.

69 Zur gesamten Frage der Normierung des Produktes Zement sowie der Verbandsbildung und Kartellierung vgl. Albrecht, Helmuth: »Vom Caementum zum Zement. Die Geschichte der Zementindustrie im Alb-Donau-Raum«. In: Albrecht, Helmuth: *Kalk und Zement in Württemberg. Industriegeschichte am Südrand der Schwäbischen Alb.* Ubstadt-Weiher 1991, S. 117–230 (speziell S. 157–164), Verein Deutscher Zementwerke e. V. (Hrsg.): *Verein Deutscher Zementwerke: 125 Jahre*

Forschung für Qualität und Fortschritt. Düsseldorf 2002, sowie Frochte, Heribert: *Die Zementindustrie im Kartellrecht. Eine rechtshistorische Untersuchung*. Münster 1994.

70 *Beschreibung des Oberamts Tübingen*. Hrsg. v. Königlichen statistisch-topographischen Bureau. Stuttgart 1867, S. 478 f.

71 Wankheim hatte damit im Bereich des Oberamts Tübingen mit 6,0 den dritthöchsten Wert für Pferde pro 100 Einwohner (hinter Bebenhausen mit 6,3 und Jettenburg mit 6,1) sowie mit 73,8 den fünfthöchsten Wert für Rinder pro 100 Einwohner (hinter Weilheim 108,0, Bebenhausen 85,2, Mähringen 84, 5 und Immenhausen 80,6). Vgl. *Beschreibung des Oberamts Tübingen*. Hrsg. v. Königlichen statistisch-topographischen Bureau. Stuttgart 1867, Tabelle I (o. Seitenzahl).

72 *Beschreibung des Oberamts Tübingen*. Hrsg. v. Königlichen statistisch-topographischen Bureau. Stuttgart 1867, S. 481: Laut dem Bericht besaßen die wohlhabendsten Einwohner bis zu 40 Morgen, der durchschnittliche Wankheimer 15 Morgen, die ärmsten dagegen nur etwa ½ bis 1½ Morgen Land.

73 Zum gesamten Kontext vgl. Interview mit Peter Kemmler 16.12.2006 sowie ein im Familienkreis überliefertes Gedicht zum 70. Geburtstag von Johannes Kemmler.

74 Für diesen Hinweis danke ich dem Ahnenforscher Rüdiger Kemmler aus München herzlich.

75 Zum Eintritt Johannes Kemmlers siehe seine eigenen Ausführungen in Firmenarchiv Kemmler, Manuskript »Geschichte der Firma Pflumm & Kemmler, Tübingen, von 1884–1940« von Johannes Kemmler, S. 4 f.

76 Siehe dazu Kocka, Jürgen: *Unternehmer in der deutschen Industrialisierung*. Göttingen 1975, S. 73 ff., sowie Sombart, Werner: *Der moderne Kapitalismus*. Bd. 2. 5. Aufl. München u. Leipzig 1922, S. 110 ff.

77 Siehe dazu Firmenarchiv Kemmler, Manuskript »Geschichte der Firma Pflumm & Kemmler, Tübingen, von 1884–1940« von Johannes Kemmler, S. 5. Zur Einstellung der Mahlmühle vgl. auch die Bekanntmachung in *Tübinger Chronik* 58 (1902), Nr. 112, Freitag 16.5.1902.

78 Der Text der Arbeitsordnung vom 13.1.1902 findet sich im Gemeindearchiv Dußlingen, A 291 sowie in der geänderten Fassung vom 25.9.1907 im Stadtarchiv Tübingen, E 102/275. Siehe auch Dokumentenanhang, Nr. 2.

79 Siehe amtliche Muster für Arbeitsordnungen (Staatsarchiv Sigmaringen, Wü 65/36 T 6 Nr. 436).

80 Siehe dazu auch Boelcke, Willi A.: *Sozialgeschichte Baden-Württembergs 1800–1989. Politik, Gesellschaft, Wirtschaft*. Stuttgart 1989, S. 79–83 sowie 232–235.

81 Firmenarchiv Kemmler, Manuskript »Geschichte der Firma Pflumm & Kemmler, Tübingen, von 1884–1940« von Johannes Kemmler, S. 5, sowie Gemeindearchiv Dußlingen, A 290 und 291.

82 Vgl. die Arbeitsordnungen der genannten Firmen im Staatsarchiv Sigmaringen, Wü 65/36 T 6 Nr. 439.
83 Siehe Stadtarchiv Tübingen E 102/267 (Clemens & Decker) sowie E 102/286 (Himmelwerk).
84 Firmenarchiv Kemmler, Manuskript »Geschichte der Firma Pflumm & Kemmler, Tübingen, von 1884–1940« von Johannes Kemmler, S. 7 f.
85 Siehe dazu auch Boelcke, Willi A.: *Sozialgeschichte Baden-Württembergs 1800– 1989. Politik, Gesellschaft, Wirtschaft.* Stuttgart 1989, S. 232–235.
86 Weber, Alfred: *Schriften zur Industriellen Standortlehre.* Hrsg. v. Hans G. Nutzinger. Marburg 1988. (speziell S. 36–66).
87 Firmenarchiv Kemmler, Manuskript »Geschichte der Firma Pflumm & Kemmler, Tübingen, von 1884–1940« von Johannes Kemmler, S. 8 f.
88 Gewerbeänderungsregister der Stadt Reutlingen vom 1. April 1900 bis 31. März 1904, S. 250, Ziffer 119 (Auskunft Stadtarchiv Reutlingen vom 18.10.2007).
89 *Das Königreich Württemberg. Eine Beschreibung nach Kreisen, Oberämtern und Gemeinden.* Hrsg. v. Kgl. Statistischen Landesamt. Zweiter Band. Schwarzwaldkreis. Stuttgart 1905, S. 384: Das Statistische Landesamt verweist auf zahlreiche Zementfabriken im Gebiet des Oberamtes Reutlingen, vor allem in Gomaringen, Ohmenhausen, Pfullingen, Reutlingen und Willmandingen. Zusätzlich weisen die amtlichen Adressbücher Reutlingens aus den ersten Jahren des 20. Jahrhunderts zahlreiche bereits etablierte Baumaterialienhandlungen auf.
90 Vgl. dazu exemplarisch den Schriftverkehr bezüglich der Betriebsverlagerung nach Tübingen (Stadtarchiv Tübingen A 150/3719).
91 Rauch, Udo/Zacharias, Antje (Hrsg.): *... und grüßen Sie mir die Welt! Tübingen – eine Universitätsstadt auf alten Postkarten.* Tübingen 2007, S. 44–55.
92 Stadtarchiv Tübingen, A 150/189 (Zeitungsausschnitt *Tübinger Chronik* 6.4.1910 »Die Wasserkraftanlage und Industrialisierung Tübingens«).
93 Siehe dazu Setzler, Wilfried/Schönhagen, Benigna/Binder, Hans-Otto: *Kleine Tübinger Stadtgeschichte.* Tübingen 2006, S. 155–159, sowie zum Güterbahnhof speziell Rauch, Udo/Zacharias, Antje (Hrsg.): *... und grüßen Sie mir die Welt! Tübingen – eine Universitätsstadt auf alten Postkarten.* Tübingen 2007, S. 110.
94 Rauch, Udo (Hrsg.): *Zwischen Ammer und Neckar. Das Tübinger Stadtbild im Wandel.* Tübingen 1994, S. 24.
95 Siehe Sannwald, Wolfgang: *Die Geschichte von Gomaringen.* 2. Band des Gomaringer Heimatbuchs. Gomaringen 1988, S. 274 f., sowie Rebeg, Frank: *Biographisches Handbuch der württembergischen Landtagsabgeordneten 1815–1933.* Stuttgart 2001, S. 1005. Vgl. auch einen Zeitungsartikel zum 80. Geburtstag Wendlers in Stadtarchiv Tübingen, A 150/950.
96 Stadtarchiv Tübingen, A 150/3563. Siehe dazu auch eine Anzeige Wendlers in *Tübinger Chronik* 67 (1911), Nr. 44, Mittwoch 22.2.1911.

97 Vgl. den Eintrag im Betriebsverzeichnis der Gemeinde Dußlingen (Staatsarchiv Sigmaringen Wü 65/36 T 6 Nr. 421).

98 So bot die Stadt Tübingen via *Tübinger Chronik* zum Beispiel im Januar 1904 »im Industrie- und Universitätsviertel eine Anzahl von Bauplätzen« zum Verkauf an (*Tübinger Chronik* 60 (1904), Nr. 25, Montag 1.2.1904).

99 Stadtarchiv Tübingen, A 150/180.

100 Zu dieser Postkarte eines unbekannten Künstlers siehe Rauch, Udo/Zacharias, Antje (Hrsg.): *... und grüßen Sie mir die Welt! Tübingen – eine Universitätsstadt auf alten Postkarten*. Tübingen 2007, S. 64.

101 Vgl. dazu exemplarisch *Tübinger Chronik* 61 (1905), Nr. 164, Montag 17.7.1905, ferner Nr. 166, Mittwoch 19.7.1905, Nr. 170, Montag 24.7.1905, Nr. 172, Mittwoch 26.7.1905, Nr. 174, Freitag 28.7.1905, Nr. 175, Montag 31.7.1905, Nr. 178 Dienstag 2.8.1905, Nr. 180, Freitag 4.8.1905 usw.

102 Dies geht hervor aus dem frühesten überlieferten Briefwechsel zwischen Pflumm und Tübingens Oberbürgermeister Haußer (Stadtarchiv Tübingen A 150/3719, siehe auch Dokumentenanhang, Nr. .3).

103 *Das Königreich Württemberg. Eine Beschreibung nach Kreisen, Oberämtern und Gemeinden*. Hrsg. v. Kgl. Statistischen Landesamt. Zweiter Band. Schwarzwaldkreis. Stuttgart 1905, S. 563.

104 Zu dem Schreiben siehe Dokumentenanhang, Nr. 4.

105 Zu Vertragsentwürfen, Schriftverkehr zwischen Pflumm und der Stadt Tübingen sowie allgemein zum gesamten Vorgang der Betriebsverlagerung nach Tübingen vgl. Stadtarchiv Tübingen, A 150/3719.

106 Siehe *Tübinger Chronik* 62 (1906), Nr. 197 und 198, 24.8. und 25.8.1906.

107 Firmenarchiv Kemmler, Manuskript »Geschichte der Firma Pflumm & Kemmler, Tübingen, von 1884–1940« von Johannes Kemmler, S. 13.

108 Ersichtlich aus den Meldescheinen der Familien Johannes Kemmler und Michael Pflumm, vgl. Stadtarchiv Tübingen, A 530/52 sowie 84.

109 *Tübinger Chronik* 63 (1907), Nr. 148, Donnerstag 27.6.1907 (ebenso Nr. 150, Samstag 29.6.1907 und Nr. 152, Dienstag 2.7.1907).

110 Ebd., Nr. 181, Montag 5.8.1907 (ebenso Nr. 182–186, Dienstag bis Samstag 6.–10.8.1907).

111 Vgl. den Artikel der *Tübinger Chronik* 8.11.1909 über eine Sitzung des Gemeinderates zusammen mit dem Bürgerausschuss: »Sodann wurde die Anlage des Industriegleises für das Gaswerk definitiv beschlossen. Prinzipiell hatte man sich schon s. Z. dafür ausgesprochen und 28 300 M dafür vorgesehen. Die Kosten werden sich auf 22–23 000 M reduzieren lassen. Das Gleis zweigt etwa rechtwinklig von dem jetzt außer Betrieb befindlichen Gleis der Hauptbahn ab, überschreitet die Reutlinger Straße und führt zum neuen Gaswerk. Dieses hat eine Kohlenbeifuhr von ca. 500 Eisenbahnwagen jährlich. Die Firma Pflumm

soll einen Gleisanschluß bekommen, wie s. Z. versprochen wurde. Später kann es sich im Bedürfnisfall auch noch um weitere Anschlüsse und Ausdehnung handeln.« (enthalten in Stadtarchiv Tübingen, A 150/188).

112 Der Briefwechsel findet sich in Stadtarchiv Tübingen, A 150/3719.
113 Auch dieser Vorgang ist dokumentiert in Stadtarchiv Tübingen, A 150/3719.
114 *Tübinger Chronik* 70 (1914), Nr. 17, Donnerstag 21.1.1914.
115 Firmenarchiv Kemmler, Manuskript »Geschichte der Firma Pflumm & Kemmler, Tübingen, von 1884–1940« von Johannes Kemmler, S. 13 f.
116 Stadtarchiv Tübingen E 102/275.
117 Hinweise auf Arbeitskämpfe bei Pflumm & Kemmler finden sich weder in den Aufzeichnungen des Kartells der Vereinigten Gewerkschaften (Auskunft des Archivs der sozialen Demokratie AdsD der Friedrich-Ebert-Stiftung, Bonn vom 19.12.2007) noch im einschlägigen Bestand der Polizeidirektion Tübingen (Stadtarchiv Tübingen, PolDir 210). Zum gesamten Abschnitt vgl. DGB Tübingen (Hrsg.): Arbeitertübingen. Zur Geschichte der Arbeiterbewegung in einer Universitätsstadt. Tübingen 1980, S. 76–190.
118 Michael Schäfer hat dies für sächsische Unternehmer im hier behandelten Zeitraum nachgewiesen. Vgl. Schäfer, Michael: *Familienunternehmen und Unternehmerfamilien. Zur Sozial- und Wirtschaftsgeschichte der sächsischen Unternehmer 1850–1940.* München 2007, S. 80 f.
119 Handelsregister Amtsgericht Stuttgart HRA 380 107. Siehe auch die Bekanntmachung in *Tübinger Chronik* 64 (1908), Nr. 233, Montag 5.10.1908.
120 Vgl. die Bilanzen zum 31.12.1907, 31.12.1909 sowie die Bilanz zur Geschäftsübergabe zum 20.11.1910 im Firmenarchiv Kemmler.
121 Zum Übergabeprozess vgl. Firmenarchiv Kemmler, Manuskript »Geschichte der Firma Pflumm & Kemmler, Tübingen, von 1884–1940« von Johannes Kemmler, S. 14.
122 Handelsregister Amtsgericht Stuttgart HRA 380 107. Vgl. dazu auch *Tübinger Chronik* 67 (1911), Nr. 9, Donnerstag 12.1.1911.
123 Vgl. Mann, Bernhard: *Kleine Geschichte des Königreichs Württemberg 1806–1918.* Leinfelden-Echterdingen 2006, S. 216.
124 Johannes Kemmler selbst weist darauf hin, dass es sich bei seinen Gläubigern mit Ausnahme der Hypothekenbank nur um Verwandte gehandelt habe. Vgl. Firmenarchiv Kemmler, Manuskript »Geschichte der Firma Pflumm & Kemmler, Tübingen, von 1884–1940« von Johannes Kemmler, S. 17.
125 Unter dieser Bezeichnung führte das Tübinger Adressbuch ab 1912 den in der Christophstraße wohnhaften Michael Pflumm.
126 Dies geht hervor aus dem im ersten Jahrzehnt des 20. Jahrhunderts verwendeten Briefkopf, vgl. Stadtarchiv Tübingen, A 150/3719 sowie Firmenarchiv Kemmler.

127 Diese hatte Pflumm erst am 24. Mai 1907 während des Baus der Fabrikanlage beim Oberamt Tübingen beantragt. Vgl. Staatsarchiv Ludwigsburg, E 177 I Nr. 4343.
128 Firmenarchiv Kemmler, Manuskript »Geschichte der Firma Pflumm & Kemmler, Tübingen, von 1884–1940« von Johannes Kemmler, S. 14 f.
129 Erkennbar ist dies auf dem Briefpapier der Firma seit 1910, auf dem explizit auf das Alleinverkaufsrecht für den Balinger Zement in den genannten Gebieten hingewiesen wird.
130 Firmenarchiv Kemmler, Manuskript »Geschichte der Firma Pflumm & Kemmler, Tübingen, von 1884–1940« von Johannes Kemmler, S. 17 f.
131 Vgl. Steinhart, Margarete: *Balingen 1918–1948. Kleinstadt im Wandel*. Balingen o. J., S. 99–105, sowie »750 Jahre Stadt Balingen 1255–2005«. Hrsg. v. Stadtverwaltung Balingen. Balingen 2005, S. 247 f., dazu schriftliche Auskunft des Stadtarchivs Balingen vom 4.2.2008.
132 Firmenarchiv Kemmler, Manuskript »Geschichte der Firma Pflumm & Kemmler, Tübingen, von 1884–1940« von Johannes Kemmler, S. 14.
133 Interview Peter Kemmler 2.4.2009.
134 Setzler, Wilfried/Schönhagen, Benigna/Binder, Hans-Otto: *Kleine Tübinger Stadtgeschichte*. Tübingen 2006, S. 161–165.
135 Feldman, Gerald D.: »Die sozialen und politischen Grundlagen der wirtschaftlichen Mobilmachung Deutschlands 1914–1916«. In: Ders.: *Vom Weltkrieg zur Wirtschaftskrise. Studien zur deutschen Wirtschafts- und Sozialgeschichte 1914–1932*. Göttingen 1984, S. 16.
136 Zum gesamten Abschnitt vgl. Berghoff, Hartmut: *Moderne Unternehmensgeschichte. Eine themen- und theorieorientierte Einführung*. Paderborn 2004, S. 194–198, sowie Ullmann, Hans-Peter: *Das Deutsche Kaiserreich 1871–1918*. Frankfurt am Main 1995, S. 236–244.
137 Vgl. *Festschrift zur 50-Jahr-Feier des Bundes Deutscher Baustoffhändler*. Braunschweig 1953, S. 35–38.
138 Zum Stellungskrieg vgl. *Enzyklopädie Erster Weltkrieg*. Hrsg. v. Gerhard Hirschfeld, Gerd Krumeich, Irina Renz in Verbindung mit Markus Pöhlmann. Paderborn 2003, S. 820–822 (Schützengraben) sowie 865–867 (Stellungskrieg).
139 Vgl. dazu exemplarisch Hauptstaatsarchiv Stuttgart, M 201 Bü 231 (Zweitfertigung des Kriegstagebuches der Württ. Pionierkompanie 116 58. Inf. Div. mit Kriegsrangliste 13.3.1916–12.1.1917).
140 Vgl. Firmenarchiv Kemmler, Manuskript »Geschichte der Firma Pflumm & Kemmler, Tübingen, von 1884–1940« von Johannes Kemmler, S. 15 f., sowie Hauptstaatsarchiv Stuttgart M 17/1 Bü 993.
141 *Die Württemberger im Weltkriege. Ein Geschichts-, Erinnerungs- und Volksbuch*. Ehrenamtlich bearbeitet von Otto v. Moser Generalleutnant. Stuttgart 1927, S. 40.

142 Vgl. dazu den Artikel von Oesterle, Kurt: »›Wo der Krieg zum Weltkrieg wurde‹. Ein Besuch in dem französischen Dorf Thiepval, im neunzigsten Jahr nach der Somme-Schlacht«. In: *Schwäbisches Tagblatt*, 24. Juni 2006, S. 31.

143 Die Lieferung von Zementröhren an die Front lässt sich in den Archiven nicht nachweisen. Die Lieferorte Verdun und Nisch beruhen auf den Angaben Johannes Kemmlers, vgl. Firmenarchiv Kemmler, Manuskript »Geschichte der Firma Pflumm & Kemmler, Tübingen, von 1884–1940« von Johannes Kemmler, S. 16.

144 Vgl. Berghoff, Hartmut: *Moderne Unternehmensgeschichte. Eine themen- und theorieorientierte Einführung.* Paderborn 2004, S. 196f., sowie Buchheim, Christoph: »Vom alten Geld zum neuen Geld. Währungsreformen im 20. Jahrhundert«. In: Spree, Reinhard (Hrsg.): *Geschichte der deutschen Wirtschaft im 20. Jahrhundert.* München 2001, S. 141–144.

145 Vgl. Firmenarchiv Kemmler, Manuskript »Geschichte der Firma Pflumm & Kemmler, Tübingen, von 1884–1940« von Johannes Kemmler, S. 16. Mit »Abschaum des Volkes« bezieht sich Kemmler sicherlich auf die Arbeiter- und Soldatenräte, die sich in der revolutionären Situation des Jahres 1918 überall in Deutschland gebildet hatten. In Bayern kam es durch Arbeiter-, Bauern- und Soldatenräte im April 1919 zur Ausrufung einer Räterepublik, die jedoch Anfang Mai von Freikorps blutig niedergeschlagen wurde.

146 Firmenarchiv Kemmler, Manuskript »Geschichte der Firma Pflumm & Kemmler, Tübingen, von 1884–1940« von Johannes Kemmler, S. 17.

147 Vgl. den entsprechenden Abschnitt zur Entwicklung der Kapitalstruktur im folgenden Teilkapitel.

148 Buchheim, Christoph: »Vom alten Geld zum neuen Geld. Währungsreformen im 20. Jahrhundert«. In: Spree, Reinhard (Hrsg.): *Geschichte der deutschen Wirtschaft im 20. Jahrhundert.* München 2001, S. 144–148.

149 Die Anteilsscheine von 1930 sowie von 1937 finden sich im Firmenarchiv Kemmler, Dok. 1997, Bd. Dokumente. Zum GWG allgemein vgl. »Fortschritt und Tradition. 100 Jahre GWG Tübingen 1899–1999«. Hrsg. v. d. GWG – Gesellschaft für Wohnungs- und Gewerbebau Tübingen mbH. Text von Wencke Meteling und Gerhard Breuninger. Tübingen 2000.

150 Firmenarchiv Kemmler, Manuskript »Geschichte der Firma Pflumm & Kemmler, Tübingen, von 1884–1940« von Johannes Kemmler, S. 17.

151 Stadtarchiv Tübingen, A 75/173, § 435.

152 Firmenarchiv Kemmler, Dok. 1997, Bd. Bau- und Lagepläne.

153 Rauch, Udo/Zacharias, Antje (Hrsg.): *… und grüßen Sie mir die Welt! Tübingen – eine Universitätsstadt auf alten Postkarten.* Tübingen 2007, S. 25ff.

154 Die Anzeige ist abgedruckt im *Adressbuch der Oberamts- und Universitätsstadt Tübingen* aus dem Jahr 1926.

155 Firmenarchiv Kemmler, Manuskript »Geschichte der Firma Pflumm & Kemmler, Tübingen, von 1884–1940« von Johannes Kemmler, S. 17.
156 Vgl. die verschiedenen Stichworte zum Komplex Dach in: Schrader, Mila/Voigt, Julia: *Bauhistorisches Lexikon. Baustoffe, Bauweisen, Architekturdetails.* Suderburg-Hösseringen 2003, S. 58–66.
157 Oberparleiter, Karl: *Funktionen und Risiken des Warenhandels.* 2., neubearb. u. erw. Aufl. Wien 1955.
158 Zur Ausbreitung des Lkw-Verkehrs während der Weimarer Republik im Allgemeinen vgl. Lippert, Frank: »Ökonomische Dimensionen des Lkw-Verkehrs in der Weimarer Republik. Zur Interdependenz von industrieller Rationalisierung und logistischer Flexibilisierung in den 1920er Jahren«. In: *Zeitschrift für Unternehmensgeschichte* 42 (1997), S. 185–216.
159 Interview mit Peter und Marc Kemmler 16.12.2006.
160 Vgl. Tübinger Adressbuch 1930 bzw. 1934.
161 Zum gesamten Abschnitt um die »Randstein-Affaire« siehe Stadtarchiv Tübingen, A 150/3172.
162 Zum Schreiben Kemmlers vom 9.4.1932 siehe Dokumentenanhang, Nr. 6.
163 Zu den Streitigkeiten um die Auftragsvergabe durch die Stadt Tübingen im Jahr 1932 vgl. Stadtarchiv Tübingen, A 150/1050.
164 Auf ihrem im Jahr 1932 verwendeten Briefpapier verweist die Firma Pflumm und Kemmler auf eine Generalvertretung für Eternit-Rohre in ganz Württemberg und Hohenzollern sowie eine Vertretung für Eternit-Tafeln und Eternit-Platten für Südwestwürttemberg und Hohenzollern (vgl. Stadtarchiv Tübingen, A 150/1050). Im Firmenarchiv Kemmler finden sich die Daten 25. Januar und 1. Februar 1933 für zwei Verträge zwischen Pflumm & Kemmler und der Eternit AG (Dok 1987, Bd. 1). Hans Kemmler gab in seinem Entnazifizierungsverfahren an, seine Firma habe bereits seit 1930 »ein Alleinverkaufsrecht in Eternit« besessen. Im Protokoll des zuständigen Säuberungsausschusses wird festgestellt, dass »nach den vorgenommenen Erhebungen« die Firma Pflumm & Kemmler seit 1933 ein Alleinverkaufsrecht für Eternit-Platten gehabt habe (Vgl. Staatsarchiv Sigmaringen, Wü 13 T 2 Nr. 2152). Daraus könnte man schließen, dass die Firma Pflumm & Kemmler ab 1930, spätestens ab 1932 die Generalvertretung für Eternit-Rohre hatte und dieses dann 1933 auf andere Erzeugnisse, vor allem Eternit-Platten und Eternit-Tafeln, ausgeweitet wurde.
165 Vgl. dazu Stadtarchiv Tübingen, A 150/1050: Werbeprospekt für Eternit-Druckrohre sowie das im Jahr 1932 verwendete Briefpapier der Firma Pflumm & Kemmler als Generalvertretung für Durasbest-Eternit-Erzeugnisse in Württemberg.
166 Zum gesamten Vorgang siehe Stadtarchiv Tübingen, A 150/1050.
167 Zu Tübingen im Nationalsozialismus vgl. Setzler, Wilfried/Schönhagen, Benigna/Binder, Hans-Otto: *Kleine Tübinger Stadtgeschichte.* Tübingen 2006,

S. 175–180, sowie ausführlich Schönhagen, Benigna: *Tübingen unterm Hakenkreuz. Eine Universitätsstadt in der Zeit des Nationalsozialismus.* Stuttgart 1991.
168 Firmenarchiv Kemmler, Manuskript »Geschichte der Firma Pflumm & Kemmler, Tübingen, von 1884–1940« von Johannes Kemmler, S. 19.
169 Vgl. Firmenarchiv Kemmler, Manuskript »Geschichte der Firma Pflumm & Kemmler, Tübingen, von 1884–1940« von Johannes Kemmler, S. 19. Von der Gründung des Stuttgarter Verkaufsbüros berichtet auch die Dokumentation der Stuttgarter Niederlassung zum 60. Geburtstag Hans Kemmlers aus dem Jahr 1969.
170 Vgl. dazu auch die Auskunft der Firma Pflumm & Kemmler an das Steueramt aus dem Jahr 1941 (Stadtarchiv Tübingen, A 582/3563).
171 Vgl. die Angaben in der Entnazifizierungsakte Johannes Kemmlers bezüglich erworbener Grundstücke (Staatsarchiv Sigmaringen, Wü 13 T 2 Nr. 2166) sowie Schriftverkehr mit dem Tübinger Gemeinderat betreffend der Errichtung eines Zweifamilienhauses in der Moltkestraße (Stadtarchiv Tübingen, A 150/2023).
172 Interview mit Peter und Marc Kemmler 16.12.2006.
173 Ebd.
174 1890 gründete Thomas Alva Edison, der unzählige Patente auf dem Gebiet der Elektrotechnik angemeldet hatte, die Edison General Electric Company. Zwei Jahre später fusionierte die Firma mit ihrem größten Konkurrenten, der Thomson-Houston-Company, zu General Electric, dessen Leitung Charles A. Coffin übernahm. 1896 gehörte General Electric zu den ersten zwölf im Dow-Jones-Index gelisteten Unternehmen. Der Stammsitz der Firma lag in Schenectady, New York (seit 1974 Fairfield, Connecticut).
175 Die Fisher Body Co. wurde 1908 als Stellmacherbetrieb gegründet. Schon 1910 begann die Firma, Karosserien für die aufsteigenden Automobilkonzerne wie Ford oder Cadillac zu bauen. General Motors erwarb 1919 die Kapitalmehrheit, seit 1930 stellte Fisher Body nur eine GM-Division dar.
176 Gemmer Manufacturing wurde in Indiana gegründet und siedelte 1907 nach Detroit um, wo Lenkräder für verschiedene Automobilhersteller gebaut wurden.
177 Zu den von Hans Kemmler an der Universität Frankfurt a. M. besuchten Veranstaltungen vgl. das Frankfurter Studienbuch Hans Kemmlers im Familienarchiv Kemmler sowie die Vorlesungsverzeichnisse der Universität Frankfurt aus den Jahren 1929–1931 (Universitätsarchiv Frankfurt).
178 Zu Oswald Lehnich vgl. Raberg, Frank: »Wirtschaftspolitiker zwischen Selbstüberschätzung und Resignation. Oswald Lehnich, Württembergischer Wirtschaftsminister«. In: Kissener, Michael/Scholtyseck, Joachim (Hrsg.): *Die Führer der Provinz: NS-Biographien aus Baden und Württemberg.* Konstanz 1997, S. 333–359.

179 Vgl. das Tübinger Studienbuch Hans Kemmlers sowie das Doktordiplom der Rechts- und Wirtschaftswissenschaftlichen Fakultät der Universität Tübingen vom 29. Juli 1933 im Familienarchiv Kemmler. Zur Dissertation vgl. Kemmler, Hans: *Struktur und Organisation der deutschen Zement-Industrie. Möglichkeiten einer positiven Kartellpolitik.* Stuttgart 1933.
180 Die Verträge sind enthalten in Firmenarchiv Kemmler, Dok. 1997, Bd. Dokumente.
181 Interview mit Peter und Marc Kemmler 16.12.2006.
182 Zum bürgerlichen Bildungsideal vgl. Schulz, Andreas: *Lebenswelt und Kultur des Bürgertums im 19. und 20. Jahrhundert.* München 2005 (Enzyklopädie Deutscher Geschichte Bd. 75).
183 Siehe dazu Buchheim, Christoph: »Zur Natur des Wirtschaftsaufschwungs in der NS-Zeit«. In: *Zerrissene Zwischenkriegszeit. Wirtschaftshistorische Beiträge. Knut Borchardt zum 65. Geburtstag.* Hrsg. v. Christoph Buchheim u. a. Baden-Baden 1994, S. 97–119.
184 Dieser Begriff wird gebraucht in einem Artikel »Kameradschaftsabend der Firma Pflumm & Kemmler« in der *Tübinger Chronik* vom 11.12.1935, enthalten in Firmenarchiv Kemmler, Dok. 1997, Bd. Dokumente.
185 *Reichsgesetzblatt* 1934, Teil I, Nr. 74 (S. 568).
186 Zu den Verordnungen vgl. *Reichsgesetzblatt* 1937, Teil I, Nr. 77 (S. 728) sowie *Reichsgesetzblatt* 1939, Teil I, Nr. 144 (S. 1425).
187 *Reichsgesetzblatt* 1938, Teil I, Nr. 202 (S. 1677f.).
188 Vgl. dazu Schulze-Fielitz, Günther: *Die Bauwirtschaft im Kriege.* Berlin 1941.
189 *Festschrift zur 50-Jahr-Feier des Bundes Deutscher Baustoffhändler.* Braunschweig 1953, S. 47–55.
190 Dies geht hervor aus der Entnazifizierungsakte Hans Kemmlers (Staatsarchiv Sigmaringen, Wü 13 T 2 Nr. 2152).
191 Siehe Staatsarchiv Sigmaringen, Wü 140 T 2 Nr. 908.
192 Vgl. ein gesondertes, nach Sparten und Produkten aufgegliedertes Statistikheft für die Jahre 1934 bis 1943 im Firmenarchiv Kemmler.
193 Auf diesen Status weist hin Schönhagen, Benigna: *Tübingen unterm Hakenkreuz. Eine Universitätsstadt in der Zeit des Nationalsozialismus.* Stuttgart 1991, S. 354.
194 Stadtarchiv Tübingen, A 75/189.
195 Zu Julius Wüst und der Himmelwerk AG vgl. Mayr, Max: *Julius Wüst und das Himmelwerk.* Tübingen 1963, sowie Hartmann, Heinrich: *Mensch und Werk. 75 Jahre Himmelwerk AG Tübingen.* Tübingen 1954.
196 Siehe dazu Schönhagen, Benigna: *Tübingen unterm Hakenkreuz. Eine Universitätsstadt in der Zeit des Nationalsozialismus.* Stuttgart 1991, S. 316. Zur Freundschaft zwischen Hans Kemmler und Julius Wüst siehe auch Interview mit Peter und Marc Kemmler 25.3.2007.

197 Zur gesamten Thematik vgl. Herbert, Ulrich: *Geschichte der Ausländerpolitik in Deutschland. Saisonarbeiter, Zwangsarbeiter, Gastarbeiter, Flüchtlinge.* Bonn 2003, S. 129–189. Speziell mit russischen und polnischen Arbeitskräften sowie den Existenzbedingungen der Zwangsarbeiter beschäftigt sich Schäfer, Annette: *Zwangsarbeiter und NS-Rassenpolitik. Russische und polnische Arbeitskräfte in Württemberg 1939–1945.* Stuttgart 2000.
198 Zu Zwangsarbeitern in Tübingen vgl. *Fremde Arbeiter in Tübingen 1939–1945.* Projektgruppe »Fremde Arbeiter« am Ludwig-Uhland-Institut für empirische Kulturwissenschaft Universität Tübingen. Tübingen 1985, sowie Schönhagen, Benigna: *Tübingen unterm Hakenkreuz. Eine Universitätsstadt in der Zeit des Nationalsozialismus.* Stuttgart 1991, S. 352–358.
199 Im Nachlass Hans Kemmlers findet sich eine vom Gauwohnungskommissar ausgegebene Baukarte zur Errichtung eines Behelfsheimes für Kriegsgefangene und Zwangsarbeiter aufgrund des Führererlasses vom 9.9.1943. Vgl. auch Stadtarchiv Tübingen, A 150/5169. Eine im Stadtarchiv Tübingen vorhandene Namensliste der russischen Zivilarbeiter (Stadtarchiv Tübingen, M 216/11.1) wurde dem Internationalen Suchdienst (ITS) in Bad Arolsen zur Überprüfung gegeben. Es konnten jedoch nur einige biografische Informationen ermittelt werden (Schreiben des IST Bad Arolsen 27.1.2009). Hinweise auf die Dauer der Beschäftigung bei Pflumm & Kemmler oder den heutigen Aufenthaltsort lagen nicht vor.
200 Siehe dazu die entsprechenden Baugesuche mit Plänen im Firmenarchiv Kemmler, Dok. 1997, Bd. Bau- und Lagepläne, sowie *Fremde Arbeiter in Tübingen 1939–1945.* Projektgruppe »Fremde Arbeiter« am Ludwig-Uhland-Institut für empirische Kulturwissenschaft Universität Tübingen. Tübingen 1985, S. 53.
201 Vgl. Stadtarchiv Tübingen, A 150/5157.
202 Vgl. *Fremde Arbeiter in Tübingen 1939–1945.* Projektgruppe »Fremde Arbeiter« am Ludwig-Uhland-Institut für empirische Kulturwissenschaft Universität Tübingen. Tübingen 1985, sowie *Vorbei und nicht vergessen. Ehemalige polnische Zwangsarbeiter in Tübingen als Gäste in Tübingen 12.–19. Mai 1991.* Hrsg. v. Kulturamt der Stadt Tübingen und dem Förderverein zur Erforschung der Heimatgeschichte des Nationalsozialismus im Landkreis Tübingen. Tübingen 1992.
203 Eine entsprechende Anfrage beim Internationalen Suchdienst (ITS) in Bad Arolsen blieb ohne Ergebnis.
204 Beschäftigtenzahlen nach Stadtarchiv Tübingen, A 150/3666 sowie A 150/61.
205 Vgl. dazu *Fremde Arbeiter in Tübingen 1939–1945.* Projektgruppe »Fremde Arbeiter« am Ludwig-Uhland-Institut für empirische Kulturwissenschaft Universität Tübingen. Tübingen 1985, S. 74–77.
206 Zur gesamten Thematik vgl. Spiliotis, Susanne-Sophia: »Zeit der Verantwortung. Zur Geschichte der Zwangsarbeiterentschädigung durch die deutsche

Privatwirtschaft«. In: Seidel, Hans-Christoph/Tenfelde, Klaus (Hrsg.): *Zwangsarbeit im Europa des 20. Jahrhunderts. Bewältigung und vergleichende Aspekte.* Essen 2007, S. 103–114, sowie Goschler, Constantin: »Die Auseinandersetzung um die Entschädigung der Zwangsarbeiter zwischen Kaltem Krieg und Globalisierung«. In: Seidel, Hans-Christoph/Tenfelde, Klaus (Hrsg.): *Zwangsarbeit im Europa des 20. Jahrhunderts. Bewältigung und vergleichende Aspekte.* Essen 2007, S. 115–130. Vgl. ferner Lillteicher, Jürgen: *Profiteure des NS-Systems? Deutsche Unternehmen und das »Dritte Reich«.* Im Auftrag der Stiftung Denkmal für die ermordeten Juden Europas, Berlin, in Zusammenarbeit mit dem Fonds »Erinnerung und Zukunft« der Stiftung »Erinnerung, Verantwortung und Zukunft«. Berlin 2006.

207 Vgl. Setzler, Wilfried/Schönhagen, Benigna/Binder, Hans-Otto: *Kleine Tübinger Stadtgeschichte.* Tübingen 2006, S. 188. Eine genaue Übersicht der Luftangriffe auf Tübingen enthält der Bestand A 150/5405 im Stadtarchiv Tübingen.

208 Bild aus Stadtarchiv Tübingen, D 150/620–000/19 (US-Amerikanische Luftaufklärungsaufnahme vom 18. April 1945, gescannt im September 2003 nach einer Vorlage des Kampfmittelbeseitigungsdienstes Stuttgart).

209 Vgl. Stadtarchiv Tübingen, A 150/5405. Zu dem Luftangriff und Tübingen im Jahr 1945 allgemein vgl. Werner, Hermann: *Tübingen 1945. Eine Chronik.* Bearb. u. mit e. Anh. vers. von Manfred Schmid. Stuttgart 1986, S. 30 f.

210 Diese Angabe findet sich in der Entnazifizierungsakte Hans Kemmlers, vgl. Staatsarchiv Sigmaringen, Wü 13 T 2 Nr. 2152.

211 Vgl. die vertragliche Abmachung zwischen Johannes und Hans Kemmler vom 28.7.1947 in Firmenarchiv Kemmler, Dok. 1997, Bd. Dokumente.

212 Zu den wichtigsten Aspekten der Zusammenbruchsgesellschaft nach 1945 vgl. Kleßmann, Christoph: *Die doppelte Staatsgründung. Deutsche Geschichte 1945–1955.* 5., überarb. u. erw. Aufl. Bonn 1991, S. 37–65.

213 Setzler, Wilfried/Schönhagen, Benigna/Binder, Hans-Otto: *Kleine Tübinger Stadtgeschichte.* Tübingen 2006, S.189–200.

214 Siehe dazu Boelcke, Willi A.: *Wirtschaftsgeschichte Baden-Württembergs von den Römern bis heute.* Stuttgart 1987, S. 449–454.

215 Amtsblatt 1946, Nr. 10, S. 89 ff. Enthalten in Staatsarchiv Sigmaringen, Wü 140 T 1 Nr. 547.

216 Zum Text der Rechtsanordnung über die Organisation der Wirtschaft vom 15.6.1946 (Amtsblatt 1946 Nr. 10, S. 87 ff.) vgl. Staatsarchiv Sigmaringen, Wü 140 T 1 Nr. 547.

217 Zum Aufbau des Landeswirtschaftsamtes vgl. die Überlieferungsgeschichte des entsprechenden Bestandes im Staatsarchiv Sigmaringen, Wü 140 T 2.

218 Vgl. dazu den Bericht des Referats Baustoffe über die Tätigkeit der Baustoffindustrie in Württemberg-Hohenzollern im Jahr 1948 vom 20.1.1949 in Staatsarchiv Sigmaringen, Wü 140 T 2 Nr. 1079.

Anmerkungen 263

219 Interview mit Peter und Marc Kemmler 25.3.2007 sowie Interview mit Peter Kemmler 19.3.2009.
220 Staatsarchiv Sigmaringen, Wü 140 T 2 Nr. 908. Siehe auch Dokumentenanhang, Nr. 7.
221 Vgl. dazu ein Schreiben der Direction de la Production Industrielle Baden-Baden an das Elektrizitätswerk Tübingen vom 14.3.1947, in dem unter Verweis auf die Beschlagnahmung der Firma Pflumm & Kemmler zur Fabrikation von Leichtbauplatten für verschiedene militärische Bedürfnisse im Jahr zuvor die Zuteilung des notwendigen elektrischen Stroms gefordert wird (Staatsarchiv Sigmaringen, Wü 140 T 2 Nr. 908).
222 Diese Vorgänge sind dokumentiert in Verteilungsberichten der Landesdirektion der Wirtschaft, Referat Baustoffe, vgl. Staatsarchiv Sigmaringen, Wü 140 T 2 Nr. 952.
223 Staatsarchiv Sigmaringen, Wü 140 T 2 Nr. 952.
224 Ebd., Nr. 908.
225 Ebd., Nr. 913.
226 Ebd., Nr. 908.
227 Ebd.
228 Ebd., Nr. 1026.
229 Zum gesamten Lagebericht vgl. Staatsarchiv Sigmaringen, Wü 140 T 2 Nr. 911.
230 Nach der Begründung des Bundeslandes Baden-Württemberg am 27. Juni 1952 wurde dieser schließlich in Verband der Baustoffgroßhändler in Baden-Württemberg e. V. umbenannt. Angaben nach Materialien aus dem Archiv des Verbands Baustoff-Fachhandel Süd, Stuttgart.
231 Staatsarchiv Sigmaringen, Wü 140 T 2 Nr. 1024. Siehe auch Dokumentenanhang, Nr. 9.
232 Staatsarchiv Sigmaringen, Wü 140 T 2 Nr. 908.
233 Ebd., Nr. 1044.
234 Ebd., Nr. 913.
235 Ebd., Nr. 1072.
236 Siehe dazu auch Schaubild 6.
237 Siehe dazu Kleßmann, Christoph: *Die doppelte Staatsgründung. Deutsche Geschichte 1945–1955.* 5., überarb. u. erw. Aufl. Bonn 1991, S. 78–92.
238 Zum Entnazifizierungsverfahren in der französischen Besatzungszone vgl. Henke, Klaus-Dietmar: *Politische Säuberung unter französischer Besatzung. Die Entnazifizierung in Württemberg-Hohenzollern.* Stuttgart 1981. Zu den Entnazifizierungsinstitutionen vgl. auch die Überlieferungsgeschichte der Wü 13 T 1, Wü 14 T1 sowie Wü 15 T 1 im Staatsarchiv Sigmaringen.
239 Kleßmann, Christoph: *Die doppelte Staatsgründung. Deutsche Geschichte 1945–1955.* 5., überarb. u. erw. Aufl. Bonn 1991, S. 90f.

240 Staatsarchiv Sigmaringen, Wü 13 T 2 Nr. 2166.
241 Schreiben des Bundesarchivs vom 17.7.2008.
242 Abgedruckt in Dokumentenanhang, Nr. 8.
243 Zur Entnazifizierung Hans Kemmlers vgl. Staatsarchiv Sigmaringen, Wü 13 T 2 Nr. 2152 sowie die entsprechenden Unterlagen im Firmenarchiv Kemmler.
244 Vgl. die Abschrift des Spruchkammerbescheids vom 7.10.1948 in den Privatunterlagen Hans Kemmlers.
245 Interview mit Peter und Marc Kemmler 25.3.2007.
246 Auskunft des Berlin Document Center im Bundesarchiv Berlin vom 17.7.2008.
247 Zur Entnazifizierung Oskar Kemmlers vgl. Staatsarchiv Ludwigsburg, EL 902/20 Bü 84571.
248 Zum gesamten Vorgang um das Sandwerk Oskar Kemmlers in Stuttgart vgl. Hauptstaatsarchiv Stuttgart, EA 6/003 Nr. 2310.
249 Zur Währungsreform vgl. Buchheim, Christoph: »Vom alten Geld zum neuen Geld. Währungsreformen im 20. Jahrhundert«. In: Spree, Reinhard (Hrsg.): *Geschichte der deutschen Wirtschaft im 20. Jahrhundert*. München 2001, S. 150–153.
250 Staatsarchiv Sigmaringen, Wü 140 T 2 Nr. 1079.
251 Interview mit Heinz Duppel 29.1.2008.
252 Interview mit Peter und Marc Kemmler 7.5.2007.
253 Ebd.
254 Interview mit Peter Kemmler in *Kemmler aktuell* Ausgabe 2007/1 (enthalten im Dokumentenanhang, Nr. 11).
255 Interview mit Peter Kemmler 12.2.2009.
256 Interview mit Peter und Marc Kemmler 7.5.2007.
257 Interview mit Heinz Duppel 29.1.2008.
258 Bild aus Stadtarchiv Tübingen, D 150/620-000/12 (Luftaufnahmen Befliegung 1956).
259 Interview mit Peter und Marc Kemmler 21.5.2007.
260 Siehe dazu auch Stadtarchiv Tübingen, ZGS 0007 Kemmler (Artikel *Schwäbisches Tagblatt* 20.10.1984).
261 Vgl. dazu Metz, Rainer: »Expansion und Kontraktion. Das Wachstum der deutschen Wirtschaft im 20. Jahrhundert«. In: Spree, Reinhard (Hrsg.): *Geschichte der deutschen Wirtschaft im 20. Jahrhundert*. München 2001, S. 70–89 sowie Abelshauser, Werner: *Deutsche Wirtschaftsgeschichte seit 1945*. Bonn 2005, speziell S. 275–314.
262 Interview mit Peter Kemmler in: *Kemmler aktuell* Ausgabe 2007/1.
263 Interview mit Peter und Marc Kemmler 25.3.2007.
264 Zum Unternehmerbild Schumpeters vgl. Berghoff, Hartmut: *Moderne Unternehmensgeschichte. Eine themen- und theorieorientierte Einführung*. Pader-

born 2004, S. 36f., sowie im Original Schumpeter, Joseph A.: *Kapitalismus, Sozialismus und Demokratie*. 8., unveränderte Aufl. Tübingen u. a. 2005.
265 Interview mit Peter Kemmler 5.5.2009.
266 Interview mit Peter Kemmler 9.2.2009. Vgl. dazu auch Stadtarchiv Tübingen, A 582/7197.
267 Interview mit Peter Kemmler 9.2.2009.
268 Vgl. dazu Metz, Rainer: »Expansion und Kontraktion. Das Wachstum der deutschen Wirtschaft im 20. Jahrhundert«. In: Spree, Reinhard (Hrsg.): *Geschichte der deutschen Wirtschaft im 20. Jahrhundert*. München 2001, S. 70–89, sowie Abelshauser, Werner: *Deutsche Wirtschaftsgeschichte seit 1945*. Bonn 2005, speziell S. 408–436.
269 Vgl. dazu exemplarisch die Interviews mit Karl Gölz 12.11.2007, Bernd Rinn 26.11.2007 und Fritz Nübling 22.11.2007.
270 Interview mit Peter Kemmler in: *Kemmler aktuell* Ausgabe 2007/1.
271 Siehe Luhmann, Niklas: *Vertrauen. Ein Mechanismus der Reduktion sozialer Komplexität*. 3. Aufl. Stuttgart 1989, speziell S. 23 ff.
272 Siehe dazu exemplarisch die Interviews mit Fritz Nübling 22.11.2007, Bernd Rinn 27.11.2007 sowie Ludwig Kautt 11.12.2007.
273 Interview mit Peter und Marc Kemmler 21.5.2007.
274 Interview mit Peter Kemmler 12.2.2009.
275 Interview mit Peter und Marc Kemmler 7.5.2007.
276 Interview mit Fritz Nübling 22.11.2007.
277 Interview mit Peter Kemmler 12.2.2009.
278 Das von May entwickelte INTES-Prinzip ist ein integriertes Strategiekonzept für Familienunternehmen und deren Inhaber. Dazu sowie zu dem behandelten Phasenmodell siehe den bereits erwähnten Aufsatz May, Peter: »Familienunternehmen erfolgreich führen. Über die Inhaberstrategie zur Unternehmensstrategie«. In: May, Peter/Rieder, Gerold (Hrsg.): *Familienunternehmen heute. Jahrbuch 2009*. Bonn-Bad Godesberg 2008, S. 12–24, ferner die verschiedenen Beiträge in May, Peter (Hrsg.): *Das INTES-Handbuch Familienunternehmen*. Bonn-Bad Godesberg 2008.
279 Das Schaubild ist abgedruckt in May, Peter: »Familienunternehmen erfolgreich führen. Über die Inhaberstrategie zur Unternehmensstrategie«. In: May, Peter/Rieder, Gerold (Hrsg.): *Familienunternehmen heute. Jahrbuch 2009*. Bonn-Bad Godesberg 2008, S. 17.
280 Interview mit Peter Kemmler 12.2.2009.
281 Interview mit Marc Kemmler 2.12,2009.
282 Ebd.
283 Siehe Konsortialvertrag vom 1. Dezember 1998.
284 Interview mit Peter und Marc Kemmler 17.12.2007.

285 Zum Kaufvertrag siehe Firmenarchiv Kemmler, Dokumentation 1987, Bd. 9 (Kemmler Betonwerk Hirschau 1962–1987).
286 Interview mit Peter und Marc Kemmler 17.12.2007 sowie Interview mit Heinz Dettling 12.11.2007.
287 Interview mit Peter und Marc Kemmler 17.12.2007.
288 Siehe dazu Plumpe, Werner: Kapital und Arbeit. Konzept und Praxis der industriellen Beziehungen im 20. Jahrhundert. In: Spree, Reinhard (Hrsg.): Geschichte der deutschen Wirtschaft im 20. Jahrhundert. München 2001, S. 178–199.
289 Interview mit Helmut Nill 13.11.2007.
290 So bezeichnet von Herbert, Ulrich: Geschichte der Ausländerpolitik in Deutschland. Saisonarbeiter, Zwangsarbeiter, Gastarbeiter, Flüchtlinge. Bonn 2003, S. 211.
291 Zur Ausländerpolitik der 1950er und 1960er Jahre insgesamt siehe Herbert, Ulrich: Geschichte der Ausländerpolitik in Deutschland. Saisonarbeiter, Zwangsarbeiter, Gastarbeiter, Flüchtlinge. Bonn 2003, S. 202–229.
292 Interview mit Manfred Paetz 13.12.2007.
293 Interview mit Helmut Nill 13.11.2007.
294 Interview mit Peter und Marc Kemmler 17.12.2007.
295 Interview mit Marc Kemmler 21.3.2009.
296 Interview mit Marc Kemmler 23.10.2009.
297 Interview mit Walter Köpschall 19.11.2007.
298 Ebd.
299 Interview mit Klaus Schiebel 10.12.2007.
300 Interview mit Peter und Marc Kemmler 15.1.2008.
301 Ebd.
302 Zur Entwicklung von Fliesen-Ausstellung und Fliesen-Markt vgl. Interview mit Peter und Marc Kemmler 15.1.2008.
303 Interview mit Peter Kemmler 23.10.2007.
304 Interview mit Peter und Marc Kemmler 23.10.2007.
305 Interview mit Peter Kemmler 19.12.2009.
306 Zum gesamten Beispiel des Gipsermeisters vgl. Interview mit Marc Kemmler 15.7.2009.
307 Interview mit Marc Kemmler 23.10.2009.
308 Zur Dissertation siehe Kemmler, Marc: *Die Entstehung der Treuhandanstalt. Von der Wahrung zur Privatisierung des DDR-Volkseigentums.* Frankfurt am Main 1994.
309 Vgl. Holz-Kemmler, Fee: *Der Weg zum Neuen Südafrika: der historische Prozess der Apartheid vor dem Hintergrund gruppenspezifischer Entwicklungen.* Frankfurt am Main u. a. 2001, sowie Holz-Kemmler, Fee: *Die Determinanten des In-*

vestitionsklimas im neuen Südafrika und ihre Auswirkungen auf ausländische Direktinvestitionen. Frankfurt am Main u.a. 2001.
310 Interview mit Marc Kemmler 2.12.2009.
311 Siehe dazu Dopfer, Thomas: *Der westdeutsche Wohnungsmarkt. Ein dynamisches Teilmarktmodell.* München 2000, S. 5 ff.
312 Vgl. Bundesverband Baustoffe – Steine und Erden (Hrsg.): *Konjunkturperspektiven 2008.* Berlin 2008, S. 12.
313 Daten nach Statistischem Landesamt Baden-Württemberg, Lange Reihen 1950 bis 2007, Stand 10/2008.
314 In den Baufertigstellungen erfasst sind sowohl Wohn- als auch Nichtwohngebäude inklusive Baumaßnahmen an bestehenden Gebäuden. Zu den Daten vgl. Statistisches Landesamt Baden Württemberg: Lange Reihen in Baden-Württemberg 1950 bis 2007, Stuttgart 2008 (CD-ROM).
315 Interview mit Marc Kemmler 23.10.2009.
316 Interview mit Marc Kemmler 15.7.2009.
317 Ebd.
318 Ebd.
319 Interview mit Marc Kemmler 23.10.2009.
320 Malik, Fredmund: *Führen Leisten Leben. Wirksames Management für eine neue Zeit.* Neuausgabe Frankfurt am Main 2006.
321 Interview mit Marc Kemmler 16.6.2009.
322 Vgl. Ohno, Taiichi: *The Toyota Production System: Beyond Large Scale Production.* Portland, Oregon 1988, S. 19–20.
323 Interview mit Marc Kemmler 2.12.2009.
324 Zur Unternehmensgeschichte Würths siehe ausführlich die Studie Grau, Ute/Guttmann, Barbara: *Reinhold Würth. Ein Unternehmer und sein Unternehmen.* Künzelsau 2005.
325 Zum gesamten Zusammenhang vgl. Venohr, Bernd: *Wachsen wie Würth. Das Geheimnis des Welterfolges.* Frankfurt am Main 2006.
326 Würth, Reinhold: *Erfolgsgeheimnis Führungskultur. Bilanz eines Unternehmers.* 2. Aufl. Künzelsau 1994.
327 Interview mit Marc Kemmler 23.10.2009.
328 Ebd.
329 Ebd.
330 Interview mit Marc Kemmler 23.10.2009.
331 Die gedankliche Grundlage für diese Skizze lieferte das Corporate-Operating-System Dieter Krämers. Vgl. »Die Perfektion des Banalen – Lernen von Würth«, Vortrag von Dieter Krämer am 25. November 2009 in Köln, S. 33.
332 Malik, Fredmund: *Management. Das A und O des Handwerks.* Frankfurt am Main 2005, S. 155–157.
333 Interview mit Marc Kemmler 15.7.2009.

334 Interview mit Marc Kemmler 16.6.2009.
335 Vgl. Malik, Fredmund: *Führen Leisten Leben. Wirksames Management für eine neue Zeit*. Neuausgabe Frankfurt am Main 2006, S. 28.
336 Zum gesamten Abschnitt vgl. Interviews mit Marc Kemmler 15.7.2009 sowie 23.10.2009.
337 Vgl. dazu »Die Perfektion des Banalen – Lernen von Würth«, Vortrag von Dieter Krämer am 25. November 2009 in Köln, S. 33.
338 Schein, Edgar H.: *Organizational Culture and Leadership. A Dynamic View*. San Francisco u. a. 1985.
339 Malik, Fredmund: *Management. Das A und O des Handwerks*. Frankfurt am Main 2005, S. 211.
340 Zu den für den gesamten Abschnitt relevanten Ausführungen Maliks über Unternehmenskultur vgl. Malik, Fredmund: *Management. Das A und O des Handwerks*. Frankfurt am Main 2005, S. 211–227.
341 Interview mit Marc Kemmler 23.10.2009.
342 Interview mit Marc Kemmler 21.3.2009.
343 Zu Ausbildung in der Kemmler-Gruppe siehe *Kemmler aktuell* Ausgaben 2003/2, 2006/1, 2007/1, 2008/1 sowie 2008/2.
344 Interview mit Marc Kemmler 15.7.2009.
345 Firmenarchiv Kemmler, Manuskript »Geschichte der Firma Pflumm & Kemmler, Tübingen, von 1884–1940« von Johannes Kemmler, S. 19.
346 Interview mit Marc Kemmler 23.10.2009.
347 Zu diesem Abschnitt vgl. Malik, Fredmund: *Management. Das A und O des Handwerks*. Frankfurt am Main 2005, S. 216–218 sowie 222–224.
348 Interview mit Bernd Rinn 27.11.2007.
349 Interview mit Ludwig Kautt 11.12.2007.
350 Interview mit Helmut Nill 13.11.2007.
351 Interview mit Marc Kemmler 23.10.2009.
352 Baugewerblicher Jahresumsatz in Millionen Euro, ab 1968 ohne Umsatz-/Mehrwertsteuer, daher nur eingeschränkt mit Vorjahren vergleichbar, für 1995 keine Daten aufgrund eines Systematikwechsels. Zu den Daten vgl. Statistisches Landesamt Baden-Württemberg: Lange Reihen in Baden-Württemberg 1950 bis 2007, Stuttgart 2008 (CD-ROM).
353 Daten und Grafik nach Eurobaustoff.
354 Zu der nach Angaben der Bundesbank errechneten durchschnittlichen Eigenkapitalquote aller deutschen Unternehmen von 24 Prozent vgl. IKB-Report November 2009, S. 7.
355 Interview mit Marc Kemmler 2.12.2009.
356 Ebd.
357 Ebd.

358 Vgl. dazu auch Kocka, Jürgen: »Familie, Unternehmer und Kapitalismus. An Beispielen aus der frühen deutschen Industrialisierung«. In: Reif, Heinz (Hrsg.): *Die Familie in der Geschichte*. Göttingen 1982, S. 163–186, sowie Budraß, Lutz: *Lenze, Hameln und die Welt. Die Geschichte eines Familienunternehmens.* Hameln 2004, S. 10–12.
359 Vgl. Langenscheidt, Florian/May, Peter (Hrsg.): *Lexikon der deutschen Familienunternehmen*. Köln 2009, S. 8 f.
360 Zum folgenden Absatz vgl. Interview mit Peter Kemmler 5.5.2009.
361 Siehe dazu auch die Ergebnisse der im März 2009 veröffentlichten Studie des Eduard Pestel Instituts »Wohnungsmangel in Deutschland? Regionalisierter Wohnungsbedarf bis zum Jahr 2025« von Matthias Günther und Lothar Hübl.
362 Interview mit Marc Kemmler 15.7.2009.
363 Vgl. FAZ vom 19.11.2009 sowie Interview mit Marc Kemmler 2.12.2009.
364 Siehe dazu exemplarisch Buzzell, Robert D./Gale, Bradley T.: *The PIMS Principles. Linking Strategy To Performance*. New York 1987.
365 Interview mit Marc Kemmler 15.7.2009.
366 Firmenarchiv Kemmler, Manuskript »Geschichte der Firma Pflumm & Kemmler, Tübingen, von 1884–1940« von Johannes Kemmler, S. 19.
367 Interview mit Peter Kemmler 15.6.2009.

Zeittafel

1848/49

Am 18. Mai wird in der Paulskirche in Frankfurt am Main die deutsche Nationalversammlung eröffnet. Die ausgearbeitete Verfassung und die bürgerliche Revolution scheitern im Verlauf des folgenden Jahres schließlich nach der Ablehnung der Kaiserwahl durch den preußischen König Friedrich Wilhelm IV. am 28. April 1849.

1850

Am 17. Februar wird Michael Pflumm in Gomaringen-Hinterweiler geboren.

1871

Am 18. Januar wird nach dem Sieg im Deutsch-Französischen Krieg der preußische König Wilhelm I. im Spiegelsaal des Schlosses von Versailles zum Deutschen Kaiser ausgerufen.
　Im selben Jahr, am 16. August, wird Johannes Kemmler in Wankheim geboren.

1885

Am 16. März erwirbt Michael Pflumm die Pulvermühle in Dußlingen und nutzt die vom Vorbesitzer übernommenen Anlagen als Mahlmühle für Getreide sowie zur Herstellung von Romanzement und Schiefersteinen.

1886

Am 9. Juni gründet Michael Pflumm die »Firma M. Pflumm, Dußlingen«. Im Zuge der Verbreitung des Portlandzements nimmt Michael Pflumm die Produktion von Zementwaren, vor allem von Röhren auf und baut die Pulvermühle in den folgenden Jahren zur Zementwarenfabrik aus.

1901

Nach der Heirat mit Pflumms Tochter Margarethe am 29. Juli tritt der Kaufmann Johannes Kemmler in die Firma seines Schwiegervaters ein. Kemmler sorgt für eine bessere Organisation der Firma und stellt erste Standortüberlegungen an.

1906

Im Februar kauft Pflumm ein Industriegelände mit Gleisanschluss in der Reutlinger Straße in Tübingen und errichtet dort eine Zementwarenfabrik.

1908

Michael Pflumm und Johannes Kemmler gründen unter der gemeinschaftlichen Firma »Pflumm & Kemmler, Tübingen« eine Zementwarenfabrik und Baumaterialienhandlung.

1909

Am 16. Mai kommt Hans Kemmler als drittes Kind von Johannes und Margarethe Kemmler in Tübingen zur Welt.

1910

Zum Jahresende scheidet Michael Pflumm aus der Firma aus, die Johannes Kemmler fortan alleine weiterführt.

1914

Nach der Ermordung des habsburgischen Thronfolgerpaares in Sarajevo am 28. Juni kommt es nach einer schnellen Abfolge wechselseitiger Kriegserklärungen zum Ersten Weltkrieg.

Johannes Kemmler gelingt es, den Rückgang der Bautätigkeit während des Krieges durch Lieferung von Betonröhren an das Militär, unter anderem nach Verdun und Nisch, zu kompensieren und seine Firma am Leben zu erhalten.

1918/19

Mit der Abdankung von Kaiser Wilhelm II. am 9. November endet die Monarchie in Deutschland. Der Sozialdemokrat Philipp Scheidemann ruft die Republik aus. Am 28. Juni 1919 unterzeichnet die im Januar gewählte Reichsregierung trotz heftigen Protests den Versailler Vertrag, am 11. August 1919 tritt die Weimarer Reichsverfassung in Kraft.

1923

Die Einführung der Rentenmark am 15. November beendet die Hyperinflation in Deutschland.

Mit vorsichtiger Unternehmenspolitik hatte Johannes Kemmler seinen Betrieb durch Weltkrieg und Inflation geführt. Seit Mitte der 1920er Jahre expandiert die Firma.

1925

Das Betriebsgelände wird durch Zukauf erweitert, neue Produktionsanlagen werden errichtet. Die Anschaffung des ersten Lastwagens leitet die Motorisierung der Firma ein und führt zu einer erheblichen Erleichterung des Transports, bei dem die Firma bis dahin hauptsächlich auf Pferdefuhrwerke angewiesen war. Die Modernisierung des Transportwesens schafft damit überhaupt erst die Voraussetzung, den Absatzmarkt der Zementwarenfabrikation wie auch des Baustoffhandels zu erweitern.

1930

Im März scheitert die Reichsregierung unter Reichskanzler Hermann Müller (SPD) an der Frage der Erhöhung der Beitragssätze zur Arbeitslosenversicherung. Als Folge der Weltwirtschaftskrise steigt die Arbeitslosenzahl von 1,3 Millionen im Herbst 1929 auf über sechs Millionen Anfang 1933.

Die Firma Pflumm & Kemmler beginnt mit dem Vertrieb von Eternit-Produkten und kann sich nach kurzer Zeit ein Alleinverkaufsrecht für Eternit-Rohre in Württemberg sichern.

1933

Im Januar unterzeichnet die Firma Pflumm & Kemmler einen Vertrag mit der Eternit AG, der ihr die Generalvertretung für Eternit-Produkte für das Vertragsgebiet Württemberg inklusive Hohenzollern und Sigmaringen (mit Ausnahme des Oberamtes Ulm) zusichert.

Nach den Präsidialkabinetten Brüning, von Papen und Schleicher wird Adolf Hitler am 30. Januar zum Reichskanzler ernannt. Innerhalb kürzester Zeit werden Parteien und Gewerkschaften verboten.

1934

Am 5. Mai heiraten Hans Kemmler und Ilse Hörger. Sie bekommen vier Kinder: Klaus, Peter, Wolfgang und Eva.

1936

Mit der Eröffnung eines Verkaufsbüros in Stuttgart 1936 expandiert die Firma Pflumm & Kemmler nun auch räumlich.
In Berlin finden im Sommer die Olympischen Spiele statt.

1939

Noch vor Beginn des Zweiten Weltkriegs übergibt Johannes Kemmler die Leitung des Unternehmens an seinen Sohn Hans Kemmler.
Mit dem deutschen Angriff auf Polen am 1. September beginnt der Zweite Weltkrieg.

1945

Am 17. April wird das Firmengelände bei einem Luftangriff beinahe vollständig zerstört.
Nach der bedingungslosen Kapitulation des Deutschen Reiches am 8. Mai endet der Zweite Weltkrieg.

1948

Im Zeichen eines kontingentierten Marktes unter französischer Besatzungsherrschaft gelingt es Hans Kemmler, seine Firma als Produzenten von Zementwaren sowie als Baustoffgroßhändler wieder zu etablieren.
Am 21. Juni beseitigt die Währungsreform den aus der nationalsozialistischen Wirtschaftspolitik und Kriegsfinanzierung resultierenden Geldüberhang und schafft damit eine der Voraussetzungen für das westdeutsche »Wirtschaftswunder«.
Die Firma Pflumm & Kemmler beginnt mit der Herstellung von WC-Trennwänden aus Eternit unter dem Namen Kemmlit.

1949

Am 23. Mai wird das Grundgesetz für die Bundesrepublik Deutschland offiziell verkündet. Am 14. August finden die ersten Bundestagswahlen statt, am 15. September wird Konrad Adenauer zum ersten Bundeskanzler der Bundesrepublik Deutschland gewählt.
Im selben Jahr wird die Hans Kemmler Baustoff-GmbH als erste echte Niederlassung der Firma Pflumm & Kemmler gegründet und nimmt in Stuttgart-Untertürkheim den Betrieb auf.

1954

Die Hans Kemmler Baustoff-GmbH zieht auf ein von der Bundesbahn gepachtetes Gelände in der Mercedesstraße in Stuttgart-Bad Cannstatt um.

Durch einen Sieg über Ungarn wird die Nationalmannschaft der Bundesrepublik Deutschland am 4. Juli in Bern Fußballweltmeister.

1956

Hans Kemmler erwirbt das Gipsergeschäft Münz & Metzger in Münsingen, um durch den neuen Standort die neu eingeführte Werkfernverkehrssteuer zu umgehen und das Transportgeschäft von Gipssteinen ins Blautal fortzuführen. Nach dem schweren Unfall seines Vaters im Mai tritt Peter Kemmler im Alter von 19 Jahren in das Familienunternehmen ein.

1957

Nach Regelung der Saarfrage durch die Regierungen Frankreichs und der Bundesrepublik wird zum 1. Januar der Geltungsbereich des Grundgesetzes auf das Saarland ausgedehnt. Am 25. März unterzeichnen die Regierungen von Belgien, Frankreich, Italien, Luxemburg, Niederlande und der Bundesrepublik Deutschland die Römischen Verträge und begründen die Europäische Wirtschaftsgemeinschaft.

1961

Am 13. August sperrt die DDR die Zugangswege nach West-Berlin und beginnt mit dem Bau der Mauer.

1962

Peter Kemmler kauft die Firma Rudolf Fidler in der Daimlerstraße in Stuttgart-Bad Cannstatt und erweitert damit die Stuttgarter Niederlassung. Im selben Jahr übernimmt Kemmler die Baustoffhandlung Ludwig Liebig in Böblingen, die 1967 auf neu erworbenes Gelände in Böblingen-Hulb umzieht. Ebenfalls 1962 begründet die Firma Pflumm & Kemmler das Betonwerk in Hirschau.

1963

Am 11. Oktober gibt Konrad Adenauer seinen Rücktritt als Bundeskanzler mit Wirkung vom 15. Oktober bekannt. Sein Nachfolger wird Ludwig Erhard.

1964

Kemmler übernimmt die Filiale der Firma Eppler aus Dornstetten in Oberndorf und baut sie zu einer weiteren Niederlassung aus.

1966

In Donaueschingen erfolgt die erste Gründung einer Niederlassung »auf der grünen Wiese«.

Am 27. Oktober entscheidet sich die FDP, aus der gemeinsamen Bundesregierung mit der CDU/CSU auszuscheiden. Hintergrund sind Meinungsverschiedenheiten über die zu treffenden politischen Maßnahmen angesichts der sinkenden Steuereinnahmen infolge der ersten wirtschaftlichen Rezession der Nachkriegszeit. Am 1. Dezember kommt es zur Bildung einer Großen Koalition aus CDU/CSU und SPD unter Bundeskanzler Kurt Georg Kiesinger.

1967

Die Einzelfirma Pflumm & Kemmler wird zur Unternehmensgruppe Kemmler umgewandelt. Diese besteht zunächst aus der Kemmler Baustoffe GmbH sowie der Kemmlit Bauelemente GmbH.

1968

Peter Kemmler kauft die Baustoffhandlung von Karl Schweizer am Nürtinger Güterbahnhof. Im Jahr 1970 erfolgt der Umzug der Niederlassung nach Nürtingen-Zizishausen.

Am 30. Mai 1968 verabschiedet der Bundestag die Notstandsverfassung, deren politische Diskussion von heftigen außerparlamentarischen Protesten begleitet war.

1969

Auf dem Firmengelände in der Reutlinger Straße in Tübingen lässt Peter Kemmler einen ersten Musterraum für Fliesen einrichten, der Empfang und Information der Kunden in einem einladenderen Rahmen als bisher ermöglicht.

Nach der Bundestagswahl am 29. September kommt es zur Bildung einer Koalition aus SPD und FDP unter Bundeskanzler Willy Brandt.

1971

Aus der Übernahme der Firma Breimesser entsteht die Niederlassung in Hechingen.

1972

Das Kemmlit-Werk in Dußlingen wird fertiggestellt, sodass das Tübinger Firmengelände in der Reutlinger Straße nunmehr ausschließlich dem expandierenden Baustoffhandel zur Verfügung steht. Im selben Jahr entsteht in Balingen eine weitere Niederlassung von Kemmler Baustoffe.

Am 27. April scheitert im Bundestag das konstruktive Misstrauensvotum der CDU/CSU-Opposition gegen Bundeskanzler Willy Brandt mit dem Ziel, den CDU-Vorsitzenden Rainer Barzel zum Bundeskanzler zu wählen und die Ratifizierung der sogenannten Ostverträge mit der Sowjetunion und Polen zu verhindern. Im September finden in München die Olympischen Sommerspiele statt.

1973

Am 28. März verstirbt Hans Kemmler. Im selben Jahr entsteht durch Beteiligung Kemmlers an der alteingesessenen Firma Bail in Metzingen eine weitere Niederlassung. Ebenso beginnt der Aufbau der neuen Niederlassung in Fellbach.

Am 17. Februar und 9. Mai verabschiedet die Bundesregierung zwei Stabilitätsprogramme. Durch die weltweite Öl- und Wirtschaftskrise erleidet die Stabilitätspolitik jedoch einen Rückschlag.

1974

Auf dem Tübinger Gelände entsteht zur Eisenbahnstraße hin ein neues Ausstellungsgebäude, in dem Peter Kemmler sein ambitioniertes Konzept großflächiger und ästhetisch gestalteter Fliesen-Ausstellungen entwickelt, das in den folgenden Jahren in allen Niederlassungen von Kemmler Baustoffe eingeführt wird.

Am 6. Mai tritt Bundeskanzler Willy Brandt nach Bekanntwerden der Spionagetätigkeit seines Referenten Günter Guillaume zurück. Sein Nachfolger wird Helmut Schmidt. Im Juni und Juli findet in der Bundesrepublik die Fußballweltmeisterschaft statt, bei der die Mannschaft der Bundesrepublik zum zweiten Mal Weltmeister wird.

1977

Weitere Niederlassungen von Kemmler Baustoffe entstehen in Altensteig und Horb.

1981

Kemmler übernimmt die Niederlassung der Firma Buck in Herrenberg.

1982

Nach dem Scheitern der sozial-liberalen Koalition wird der CDU-Vorsitzende Helmut Kohl vom Bundestag am 1. Oktober zum Bundeskanzler gewählt.

1987

Das Betonwerk in Hirschau wird als Beton Kemmler GmbH die dritte Teilfirma der Unternehmensgruppe Kemmler. Eine wichtige organisatorische Weichenstellung vollzieht sich bei Kemmler Baustoffe: Im Zuge einer Divisionalisierung entstehen die Bereiche Tiefbau, Hochbau, Ausbau, Dachbau, Gartenbau und Fliesen.

Am 19. Oktober erleben die internationalen Börsen am »Schwarzen Montag« die größten Kursstürze seit Jahrzehnten.

1989/90

Mit der Öffnung der Grenzen am 9. November 1989 beginnt der Vereinigungsprozess der beiden deutschen Staaten, an dessen Ende die neuen Bundesländer am 3. Oktober 1990 der Bundesrepublik beitreten.

1992

Durch die Unterzeichnung des Vertrags von Maastricht wird die Europäische Union (EU) begründet, der zu diesem Zeitpunkt außer der Bundesrepublik Deutschland elf weitere europäische Staaten angehören. Im Jahr 2009 besteht die EU aus 27 Mitgliedstaaten.

1993

Dr. Marc Kemmler (geb. 1966) tritt in das Familienunternehmen ein.

1998

Am 27. Oktober wird nach der Bildung einer Koalition aus SPD und Bündnis 90/Die Grünen Gerhard Schröder vom Bundestag zum Bundeskanzler gewählt.

1999

Zum 1. Januar wird der Euro in elf Mitgliedstaaten der Europäischen Union als neues Zahlungsmittel zunächst als Buchgeld eingeführt.

2000

Kemmler erwirbt die Firma Rehfuss in Ulm. Im folgenden Jahr zieht die Niederlassung um auf ein neu erworbenes Gelände in Neu-Ulm.

Durch das Platzen der »Internet-Blase« erleben die internationalen Börsen einen Absturz, der durch die Terroranschläge am 11. September 2001 im folgenden Jahr noch verstärkt wird.

2001

Kemmler übernimmt die Firma Mühl in Ötisheim bei Pforzheim. Im Jahr 2004 folgt mit der Übernahme der Niederlassung der Firma Bergle Baustoffe ein zweiter Standort in Pforzheim.

2002

Zum 1. Januar 2002 wird in elf Mitgliedstaaten der Europäischen Union der Euro auch als Bargeld eingeführt.

Mit seinem 65. Geburtstag übergibt Peter Kemmler die Geschäftsführung offiziell an seinen Sohn Marc Kemmler. Damit wird das Baustoffunternehmen Kemmler in fünfter Generation von einem Familienmitglied geführt.

2003

Kemmler Baustoffe übernimmt den Baustoff- und Fliesenhandel des insolventen Traditionsunternehmens Maier am Tor in Schorndorf.

2005

Kemmler Baustoffe erwirbt die insolvente Firma Werner Weber in Aalen.

Nach der Bundestagswahl am 18. September bildet sich eine Große Koalition aus CDU/CSU und SPD unter Bundeskanzlerin Angela Merkel.

2006

Kemmler Industriebau GmbH wird zur vierten Teilfirma der Unternehmensgruppe Kemmler. In Stuttgart-Stammheim wird die 20. Niederlassung von Kemmler Baustoffe gegründet.

Im Juni und Juli findet in Deutschland die Fußballweltmeisterschaft statt, leider ohne Weltmeistertitel für die deutsche Mannschaft.

2008

Im Frühjahr entsteht durch eine Beteiligung von Kemmler am Weber Baustoffzentrum in Diedorf bei Augsburg die erste Kemmler-Niederlassung mitten in Bayern.

Der Zusammenbruch der US-Bank Lehman Brothers am 15. September zieht die tiefste internationale Finanz- und Wirtschaftskrise seit dem Zweiten Weltkrieg nach sich.

2009

Nach den Bundestagswahlen am 27. September bildet sich eine Koalition aus CDU/CSU und FDP unter Bundeskanzlerin Angela Merkel.

2010

Am 16. März jährt sich der Abschluss des Kaufvertrags für die Pulvermühle durch Michael Pflumm. Das Baustoffunternehmen Kemmler ist damit 125 Jahre alt.

Die Standorte des Baustoffunternehmens Kemmler in Baden-Württemberg und Bayern

Dokumente

1. Kaufvertrag für die Pulvermühle vom 16. März 1885

Am 16. März 1885
Wilhelm Bachner, ledig, vollj.
Aus Stuttgart
Verkauft an
Michael Pflumm, Bauer aus Hinterweiler:
Gebäude.

−.343	1 Ar 43 M.	ein 1.stock. Wohnhaus mit gewölbten Kellern
−.A	1 Ar 39 M.	ein 1.stock. Waschhausanbau
−.B	45 M.	früher Wohnhaus
	80 M.	Scheuer
	41 M.	Wagenremise
−.C	24 M.	Stallung
	40 M.	Remise
	39 M.	Remise
−.D	1 Ar 61 M.	Mahlmühle mit vorhandener Betriebseinrichtung
−.E	2 Ar 85 M.	
	2 Ar 05 M.	
		für 2.stock. Zementgebäude mit vorhandener Betriebseinrichtung
−.F	18 M.	
	70 M.	früher Maschinenhaus
		ein 1.stock. Hanfreibe-Gebäude mit Anbau u. vorhandener Betriebseinrichtung
−.G	16 M.	
		ein 1.stock. Abtritt u. Trockenschuppen vor den Zementöfen
−.H		ein 1.stock. doppelter Kalkbrennofen (Portland+Zementofen)
	20 Ar 49 M.	Hofraum bei diesen Gebäuden, in der Wiesaz, die frühere Pulvermühle, neben der Gönninger Straße bis zur Wiesaz

Güter.

– 5414.	23. Ar	64. M.	Acker
– 5416.	8. –	01. –	Acker
	1. –	78. –	Grasrain
– 5417.	11. –	57. –	Acker
		66. –	Grasrain
–5418/3.	11. –	01. –	Acker
		34. –	Weide
– 5418/1.	11. –	07. –	Acker
		27. –	Weide
– 5419.	7. –	22. –	Acker und Wasser
	----------	----------	
	75. –	57.	
– 5420.	9 Ar	75 M.	Acker
– 5422.	2. –	71. –	Gemüsegarten
– 5423.	56. –	57. –	Acker und Wasser
– 5428.	19. –	94. –	Acker
– 5429.	42. –	00. –	Acker
	3. –	37. –	Weide und Wasser
– 5430.		56. –	Weide
– 5431.	11. –	17. –	Acker
		11. –	Weide
– 5436.		69. –	Fußweg
	----------	----------	
	146.	87.	
	75.	57	
	----------		2 Hk. 22 A. 44 M.

um die Gebäude herum gelegen
Alles zusammen für
31 500 M.
unter folgenden Bedingungen:
1. es wird für kein Maß garantiert, die Liegenschaft wird so verkauft wie solche Jakob Rilling besessen hat und Franz Bachner verpfändet war;
2. von dem Kaufschilling muss bis Jakobi [Jakobstag, 25. Juli, Anm. d. Verf.] des Jahres 1/3 bar bezahlt werden, das Übrige in 10 g. Jahreszielern nach Belieben aber nicht unter 200 M. jedoch ohne Kündigung.
Werden 1 000 Mark abbezahlt, so hat eine 4-wöchige Kündigung vorauszugehen.
Die Verzinsung fängt mit 4 % am 15. März 1885 an.
Am 16. n. m. findet die Übergabe statt.
Bis zur völligen Bezahlung wird sich das Pfändungsrecht vorbehalten.

3. Vom 1. April 1885 an gehen die Steuern und das Brandkassengeld auf den Käufer über.
4. Die Kosten vom Einschreiben, Accise, Einsch. Geb. Güterb., Kosten Pfandvorbehalt hat der Käufer zu tragen.

Wilhelm Bachner
Michael Pflumm
Ratsschreiber Wucherer

Text aus: Gemeindearchiv Dußlingen, B 346

2. Arbeitsordnung der Zementwarenfabrik M. Pflumm vom 13. Januar 1902

Arbeitsordnung der Cementwaren-Fabrik von M. Pflumm in Dußlingen.

I. Allgemeine Bestimmungen.
§ 1.
Nachstehende Arbeitsordnung ist aufgrund der § 134a ff. der Gewerbe-Ordnung erlassen worden und vertritt die Stelle eines zwischen dem Arbeitgeber und jedem Arbeiter abgeschlossenen Arbeitsvertrags.

§ 2.
Jeder Arbeiter ist bei Aufnahme der Arbeit verpflichtet, seine Legitimationspapiere sowie die Quittungskarte zur Invaliden-Versicherung abzugeben.

§ 3.
Bei der Aufnahme hat der Arbeiter gegenwärtige Arbeitsordnung, von welcher ihm ein Exemplar zugestellt wird, einzusehen und zu unterschreiben. Er verpflichtet sich durch die Unterschrift zu unbedingter Anerkennung und genauer Beobachtung der Hausordnung.

§ 4.
Mit dem Eintritt übernimmt der Arbeiter ferner die Verpflichtung, die Weisungen seiner Vorgesetzten pünktlichst zu befolgen und die ihm übertragene Arbeit mit Fleiß und Sorgfalt auszuführen.
Der Arbeiter erhält dagegen den bei seiner Aufnahme oder später festgesetzten Tag- oder Stunden- bezw. Akkordlohn.

II. Die Arbeitszeit.

§ 5.

Die regelmäßige Arbeitszeit dauert 11 Stunden. Sie beginnt morgens um 6 Uhr und endigt abends 7 Uhr. Am Samstag abends 6 Uhr. Die Pausen sind auf die Zeit von 9–9 ½ Uhr vormittags, 12–1 Uhr mittags und 4–4 ½ Uhr nachmittags festgesetzt.

§ 6.

Jugendliche Arbeiter werden in der Fabrik nicht beschäftigt.

III. Der Arbeitslohn.

§ 7.

Der Arbeitslohn beruht auf gegenseitiger Vereinbarung. Akkordlohn wird womöglich vor Inangriffnahme der betreffenden Arbeit festgestellt.

§ 8.

Der Arbeitslohn wird 14tägig je von Montag bis Samstag einschließlich berechnet und an letzterem Tag sowohl für Taglohn als für Akkordarbeit unter Abzug der gesetzlichen Beiträge zur Kranken- und Invaliditätskasse, geleistete Vorschüsse etc. ausbezahlt.

Die Ausbezahlung des Lohnes geschieht in barem Gelde und wird jedem Arbeiter in einem Beutel, auf dem der Betrag berechnet ist, im Comptoir übergeben.

§ 9.

Von dem verdienten Lohn wird solange ein Fünftel einbehalten, bis eine Kaution, welche der Höhe eines durchschnittlichen Wochenlohns entspricht, geleistet ist. Dieselbe dient zur Sicherung gegen rechtswidrige Lösung des Vertragsverhältnisses im Sinne des § 11 dieser Arbeitsordnung.

IV. Auflösung des Arbeitsverhältnisses.

§ 10.

Die Auflösung des Arbeitsverhältnisses kann in den ersten 14 Tagen nur nach eintägiger Aufkündigung, später nur nach 14 Tagen vorher an einem Zahltag erklärter Kündigung erfolgen. Im übrigen gelten bezügl. der Auflösung des Arbeitsverhältnisses vor Ablauf der vertragsmäßigen Zeit und ohne Aufkündigung der §§ 123 und 124 der Gewerbeordnung.

§ 11.

Für den Fall rechtswidriger Auflösung des Arbeitsverhältnisses verwirkt der Arbeiter seinen rückständigen Lohn bis zum Betrag des durchschnittlichen Wochenlohnes.

Der verwirkte Lohnbetrag fließt in die in § 22 genannte Kasse.

V. Ordnungsvorschriften.

§ 12.
Jeder Arbeiter hat ausnahmslos pünktlich zur bestimmten Zeit seine Arbeit aufzunehmen und werden wiederholte Verspätungen und zu frühes Verlassen bestraft.

§ 13.
Ist ein Arbeiter am Erscheinen bei der Arbeit durch Krankheit, besondere Familienverhältnisse und dergl. verhindert, so hat er hievon alsbald unter Angabe der Gründe Anzeige zu machen. Wenn eine vorhergehende Anzeige nicht möglich ist, so muß dieselbe sobald als möglich, spätestens aber wenn der Ausgebliebene wieder zur Arbeit kommt, nachgeholt werden.
    Urlaub ist spätestens Tags zuvor einzuholen.
    Unnötiges Umherlaufen, müßiges Zusammenstehen und Schwatzen während der Arbeitszeit, Lärmen und Fluchen, sowie das Besorgen von Arbeiten für Privatzwecke ist verboten.

§ 15.
Vorsichtiges Umgehen mit Feuer und Licht wird den Arbeitern zur besonderen Pflicht gemacht. Tabakrauchen in den Geschäftsräumen, sowie die Zusichnahme von Genußmitteln während der Arbeitszeit ist strengstens untersagt.
    Betrunkene werden von der Arbeit ausgeschlossen und weggewiesen.

§ 16.
Beleidigungen und Thätlichkeiten bei Arbeitern gegeneinander sind verboten.

§ 17.
Das Verunreinigen der Wände, Thüren, Treppen, Aborte sind verboten, ebenso ist untersagt das Einkritzeln von Buchstaben und Namen auf Waren etc.

§ 18.
Trifft einen Arbeiter ein Unfall, wenn auch nur von geringerer Bedeutung, so ist hievon sofort auf dem Kontor Kenntnis zu geben.

§ 19.
Die Maschinen, Werkzeuge, Gerätschaften etc. hat der Arbeiter stets in gutem Zustande und Ordnung zu erhalten.
    Jeder Arbeiter ist für das ihm übertragene Werkzeug verantwortlich. Das Wegnehmen von Werkzeugen, Zeichnungen etc. ist verboten.

VI. Ordnungsstrafen.

§ 20.

Verfehlungen gegen vorstehende Ordnungsvorschriften (§ 12–19) werden mit Geldstrafen bis zur Hälfte des durchschnittlichen Tagesarbeitsdienstes [sic!] geahndet, Thätlichkeiten gegen die Mitarbeiter, erhebliche Verstöße gegen die guten Sitten, sowie gegen die zur Aufrechterhaltung der Ordnung des Betriebes, zur Sicherung eines gefahrlosen Betriebes oder zur Durchführung der Bestimmungen der Gewerbeordnung erlassenen Vorschriften können jedoch mit Geldstrafen bis zum vollen Betrag des durchschnittlichen Tagesarbeitsverdienstes belegt werden.

§ 21.

Die Geldstrafen werden vom Geschäftsinhaber oder dessen Stellvertreter angesetzt und den Bestraften mit Angabe der Veranlassung sofort zur Kenntnis gebracht.

§ 22.

Die Geldstrafen kommen von der nach § 9 gesammelten Kaution, welche stets auf ihrer Höhe zu erhalten ist, in Abzug und fließen in eine besondere Kasse zu Gunsten hilfebedürftiger Arbeiter.

§ 23.

Gegenwärtige Arbeitsordnung ist im Einverständnis mit sämtlichen Arbeitern der Fabrik aufgestellt und tritt am 15. Februar 1902 in Kraft.

Dußlingen, 13. Januar 1902
M. Pflumm.

Text aus: Gemeindearchiv Dußlingen, A 291, sowie Stadtarchiv Tübingen, E 102/275

3. Schreiben von Michael Pflumm an Tübingens Oberbürgermeister Hermann Haußer vom 30. Dezember 1905 über die Verhandlungen über Verlegung des Betriebs nach Tübingen

Sehr geehrter Herr Oberbürgermeister!

Im Besitze Ihres Geehrten vom 29. crt. [Abk. für courant (frz.), d. h. laufender Monat, Anm. d. Verf.] habe ich von Ihrer gefl. Mitteilung bestens Notiz genommen & danke Ihnen dafür verbindlich.

Es liegt mir natürlich fern diese Sache zu benützen, um dadurch einen Druck auf andere Gemeinden auszuüben, denn es ist mir mit der Verlegung des Betriebes nach Tübingen eine sehr ernste Sache. Voraussetzung natürlich ist, dass der Platz nicht so teuer zu stehen kommt, dass die Rentabilität in Frage gestellt würde. Da ich eben deshalb mein Geschäft zu verlegen gedenke, um demselben eine grössere Ausdehnung geben zu können, so dürfte es zweifellos auch in wirtschaftlicher Hinsicht für die Stadt von Nutzen sein.

Wenn Sie nun in der Lage sein werden, an Hand des Situationsplanes weitere Auskunft geben zu können, so stehe ich gerne zur Verfügung, nur möchte ich höfl. bitten mich dies 1 od. 2 Tage vorher wissen zu lassen, da ich sonst nicht gerade hier sein könnte.

Indem ich für Ihre grosse Mühe & freundliches Entgegenkommen nochmals meinen wärmsten Dank sage zeichne
hochachtungsvoll & ergebenst!

M. Pflumm

Text aus: Stadtarchiv Tübingen, A 150/3719

4. Schreiben von Michael Pflumm an Tübingens Oberbürgermeister Hermann Haußer vom 23. Januar 1906 über den Vertragsentwurf für den Kauf des Geländes in der Reutlinger Straße

Sehr geehrter Herr Oberbürgermeister!

Wegen Abwesenheit war ich leider verhindert auf Ihr sehr geehrtes Schreiben vom 12. crt. früher zurückzukommen & bitte daher um gütige Entschuldigung.

Aus dem neuerdings gemachten Anerbieten erblicke ich gerne einen weiteren Beweis des Entgegenkommens, das Sie mir bisher in so hohem Masse gezeigt haben & sage Ihnen hiermit meinen verbindlichsten Dank dafür.

Ich möchte indes, weil es doch wesentlich günstiger ist, es bei dem ersten Vorschlag mit dem Wiesentausch bewenden lassen.

Nun zum Vertrage selbst.

Da sind verschiedene Punkte, die ich zum Teil nicht annehmen kann, zum Teil anders modifiziert haben möchte.

Vor allen lege ich grossen Wert auf einen sofortigen Gleisanschluss & sollte mit Bestimmtheit gesagt werden können, wann solcher spätestens vollzogen ist. Länger als ½ Jahr sollte es keinenfalls anstehen. Von einer provisorischen Anlage möchte ich in Anbetracht der grossen Kosten vor allen Fällen absehen.

Ferner möchte ich darüber Gewissheit haben, wie hoch sich die Beitragskosten zu dem Geleise belaufen. Ich könnte mich nur zu einem einmaligen Betrag & zwar nicht mehr als Mk. 1000– verstehen.

Was den Bauplatz betrifft, so gefällt mir das rot gezeichnete Projekt am besten, auf jeden Fall möchte ich das gegenüberliegende gelbe nicht. Dabei möchte ich bedingen, dass Nordwärts dem Güterbahnhof zu freies Gelände bleibt, also nicht bebaut werden darf, weil ich Wert darauf lege, dass das Geschäft vom Personengleis aus gut gesehen werden kann.

§ 12 wünsche ich wie folgt zu ändern: Pflumm ist verpflichtet seinen Wohnsitz & seinen Geschäftsbetrieb, soweit er mit dem Mühlenbetrieb nicht zusammenhängt, nach Tübingen zu verlegen.

Den Satz Wohnhausbau betreffend bitte ich wegzulassen. Es ist zwar beabsichtigt ein solches zu erstellen, wenn man die Gegend für geeignet findet, aber binden möchte ich mich nicht.

Die Conventionalstrafe von Mk. 10000– bitte ich in Wegfall zu bringen.

§ 13 wegen ev. Gründung eines Zweiggeschäfts, das zwar nicht beabsichtigt ist, möchte ich mir ebenfalls freie Hand vorbehalten.

§ 15 bitte ich zu fassen: Pflumm räumt im Vertragswege der Stadtgemeinde Tübingen das Recht ein in der Nähe von [...] eine Gasfabrik zu errichten, alles übrige bitte ich fallen zu lassen.

Schliesslich möchte ich noch 2 Kardinalfragen berühren, die von ganz eminenter Tragweite für das Gedeihen des Unternehmers sind & die auch in gewissem Sinne der Stadtverwaltung nicht gleichgültig sein können, wenn dadurch die Rentabilität in Frage gestellt würde. Es ist dies die Kies & Arbeiterfrage; beides sollte in reichlichem Masse & billig vorhanden sein.

Ich befürchte aber, dass mit der fortschreitenden Bautätigkeit, sowohl die Arbeitskräfte als auch Kies rar werden, was zur Folge hätte, dass die Löhne, sowohl wie die Kiespreise steigen würden.

Darüber möchte ich Sie ergebenst um Ihre Ansicht bitten.

Ich empfehle mich Ihnen, Ihrer gefl. Nachricht mit Vergnügen in Bälde entgegensehend

Hochachtungsvoll & ergebenst!
M. Pflumm

Text aus: Stadtarchiv Tübingen, A 150/3719

5. Manuskript »Geschichte der Firma Pflumm & Kemmler, Tübingen, von 1884–1940« von Johannes Kemmler

Geschichte der Firma Pflumm & Kemmler, Tübingen

a) Pulvermühle
In Genkingen steht ein Haus, das man »auf der Wasserscheide heisst. Das Re-

genwasser des Giebeldachs fliesst zur einen Hälfte in die Donau und damit ins Schwarze Meer und zur anderen Hälfte in den Rhein und somit in die Nordsee. Das Wasser, das nach der Rheinseite fliesst, ist wohl die Spitze des Oberlaufs der Wiesaz; die Quelle selbst dürfte unterhalb Genkingen sein. Als Rinnsaal zwischen Roßberg und Stöffelberg, wo nach dem Pfarrer Casper in Dusslingen die Vorfahren derer von Pflumm hausten, die mit den Herren von Stöffel, also adelig waren, versippt gewesen sein sollen, ins Tal stürzend, treibt sie bald unterhalb Genkingen eine kleine Mühle. In Bronnweiler und Gomaringen schon zu einem grösseren Bach anschwellend, muss die Wiesatz mehreren Mühlen und einem Sägewerk ihre Kraft nutzbar machen. Ehe sie ihren kurzen Lauf vollendet, versorgt sie 3 weitere kleinere Werke mit Kraft, das letzte davon kurz vor der Mündung in die Steinlach zwischen der Hechinger- u. Gönningerstrasse ist die Pulvermühle.- Ehe es eine Dampfkraft oder Elektrizität gab, war man auf die Wasserkraft angewiesen und wo entsprechendes Gefälle war, wurden überall die Kräfte genützt. Daher kommt es, dass so viele Werke abseits von grösseren Plätzen- von Eisenbahnstationen, wo sie eigentlich hingehören, liegen. Dieses Los teilte auch die Pulvermühle. Sie bildete in einem hügeligen Gelände eine Einöde. Die nächste Eisenbahnstation ist Dusslingen, ¾ Stunden entfernt und immer bergauf gehend. In den 1860er Jahren wurde Pulver hergestellt, daher der Name Pulvermühle, den sie bis heutigen Tages noch hat. Sie soll 3 Mal in die Luft geflogen sein und jedes Mal seien Menschen ums Leben gekommen, weshalb sie schliesslich als solche nicht mehr in Betrieb gesetzt werden durfte. Infolgedessen wurde sie zu einer Getreide- und Romanzementmühle verbunden mit Schiefersteinfabrikation umgebaut, aber sie scheint nicht rentiert zu haben, denn der damalige Besitzer Rilling aus Dusslingen – er ist später nach Obersontheim gezogen und hat daselbst auch ein Zementgeschäft gegründet – ist im Jahre 1884 in Konkurs geraten. Aus diesem Konkurs hat der Grossvater Michael Pflumm, Bauer, geb. 17. Febr. 1850 in Hinterweiler Gemeinde Gomaringen, die Pulvermühle erworben und die Firma M. Pflumm, Dusslingen, gegründet. Aus dieser Firma ist dann, wie wir später sehen, die Firma Pflumm & Kemmler, Tübingen, entstanden. Dieser Großvater war der Vater von unserer Mutter Margarete Kemmler geb. Pflumm.

Es war schon eine gewagte Sache, mit verhältnismässig wenig Mitteln und ohne entsprechende Kenntnisse einen solch heruntergewirtschafteten Betrieb zu übernehmen. Doch es gelang. Was Pfl. an Fachkenntnissen abging, ersetzte er durch einen klaren Kopf, grossen Fleiss und äußerste Solidität. Dadurch verschaffte er sich Vertrauen und Kredit. Die Hypothekengläubigerin Brauerei Bachner-Waldhörnle, kam ihm sehr entgegen, und seine Freunde, die Pietisten, deren es in der Gegend viele gab, unterstützten ihn weitgehendst, besonders auch finanziell. So sicherte er sich bald eine zuverlässige Kundschaft, besonders auf den Härten, wohin das Mühlefuhrwerk kam, um Getreide abzuholen und Mehl abzuliefern. Für die

Schiefersteine, die wegen Frostgefahr nur von Frühjahr bis Ende Herbst hergestellt werden konnten, fand er auch immer Absatz, zumal es sich um eine kleine Produktion handelte. Auch den Romanzement, der damals noch begehrt war, weil man den Portland-Zement noch nicht kannte, brachte P. stets unter.

Bald kam der Portl.Zement auf; es entstanden nacheinander die Werke Blaubeuren, Ehingen, Allmendingen etc. und damit wurde dem Romanzement das Ende bereitet, d. h. er fand nur noch für die Schiefersteinfabrikation Verwendung. Der Schieferstein ist ein Gemisch von Romanzement und gebranntem Schiefer. Von den bei Hinterweiler liegenden Steinbrüchen wurde sowohl der Romanzement wie der Schieferstein bezogen. Der Romanzementstein wurde zu Faustgrösse geschlagen und mit Grußkohle in einem Schachtofen gebrannt. Da geschah es einmal, dass der Hammer, den der Arbeiter zum Steinklopfen benützte, mit den Steinen in den Ofen fiel. Was tat der Mann. Er stieg mit einer kleinen Leiter in den Schacht, u. wollte den Hammer holen. Wie er sich jedoch bückte, wurde er betäubt und fiel um, ein anderer bemerkte das und machte es ihm nach und so noch ein dritter. Alle 3 mussten tot heraufgezogen werden, – die aufströmenden Gase hatten sie vergiftet! Der Schiefer brennt ohne Zusatz von Kohle, denn er enthält bekanntlich etwas Öl. Aber der Rauch und Gestank ist namentlich bei Westwind ganz unerträglich. Der Schieferstein, der heute nur noch auf dem Lande verwendet wird, hat den Vorteil, dass er trocken ist, sein Nachteil ist aber, dass er schwer und nicht frostbeständig ist. Neben den vom Vorbesitzer übernommenen beiden Öfen (Romanzement und Schiefer) wurde noch ein Gipsofen von P. erstellt. Damit hatte man jedoch wenig Glück, denn es kam hin und wieder vor, dass der Gips getrieben hat, wodurch immer beträchtlicher Schaden entstand. Ob es an der Konstruktion des Ofens lag oder an der mangelhaften Bedienung des Ofens, konnte nicht festgestellt werden. Der Ofen musste mit Holzscheitern bedient werden. Die Steine kamen von Entringen, wo die Fuhrleute den cbm. zu RM. 5.-- anlieferten; heute eine Unmöglichkeit. Am Gipsofen versammelten sich nach Feierabend fast immer eine Anzahl Arbeiter, wo sie sich gegenseitig Geistergeschichten und sonstige wahre und erdichtete Geschichten erzählten. Ein Original, ein alter Mann, der Heiner, ehemaliger Fuhrmann, der als solcher früher viel in die Schweiz gefahren ist, mit einem grossen Kopf und Kotelettbart wie Ohm Krüger hatte immer welche Geschichten auf Lager. Von dem Wäldchen »Loile« zwischen Dusslingen und Hinterweiler wurde behauptet, dass dort nachts ein Geist gehe und als H. einmal gehörig gezecht hätte, sei er auf Grund einer Wette nachts um 12 Uhr mitten durch das Wäldchen gegangen und hätte immer geschrien: »Loiles Geist komm!« Der Geist sei nicht gekommen, dagegen sei ihm das Gruseln so gekommen, dass er niemals wieder so etwas tun würde.

Als mit der Erfindung des Portl.Zements die Herstellung von Zementwaren aufkam, war P. einer der ersten, der sich in hiesiger Gegend damit befasste. Zuerst stellte er Zementröhren her, die damals in liegenden Formen im Nassverfahren hergestellt wurden. Das Nassverfahren hatte den Nachteil, dass man nur 1 Stück täglich pro Form herstellen konnte. Um grössere Mengen herzustellen, brauchte man viele Formen, die nicht nur recht teuer waren, sondern auch viel Platz beanspruchten. Ein weiterer Nachteil war, dass die Ware eine wesentlich längere Lagerzeit brauchte als beim Trockenverfahren. Später nahm P. die Betonwerksteinfabrikation, hauptsächlich Treppenstufen, Fensterbänke, Gewände und Stürze, auf. Im Anfang wurden diese Steine nicht überarbeitet. Die Fachleute wie auch die Italiener die die Terrazzoarbeiten machten, kamen aus der Ulmer Gegend. Die Italiener mussten die Terrazzoböden sowohl wie die Spültische im Akkord machen. Wenn auch der Umsatz sich in bescheidenen Grenzen hielt, so kam P. doch gut vorwärts, denn er erzielte, weil fast keine Konkurrenz vorhanden war, gute Preise. Ein gutes Geschäft machte P. im Jahre 1898, als er die provisionsweise Vertretung des Zementwerks Münsingen für mehrere Oberämter bekam.

Der Versuch, Terrazzokörner selbst herzustellen und zu vertreiben, misslang. Gegen die grossen Ulmer Firmen konnte man nicht aufkommen. Einmal bestellte ein Italiener von Kiel eine Eilgutsendung, d. h. einen Waggon gegen Nachnahme. Der Schwindler, der nicht in der Lage war, die teure Fracht einzulösen, verweigerte die Annahme, auch in der Hoffnung, bei der Versteigerung auf billige Weise Terrazzo zu bekommen. Dies ist ihm auch vollständig gelungen. P. war um eine Erfahrung reicher geworden. Aus dem Terrazzogebäude wurde unsere Wohnung und parterre das neue Kontor (heute Schmoller-Wohngebäude). Man sieht, P. war ein rühriger Geschäftsmann, er ging viel auf Reisen, während seine Tochter Margrete, unsere Mutter, die Kontorarbeiten besorgte. Wenn P. auch manchmal teures Lehrgeld zahlen musste, so schadete es ihm doch nicht so sehr, denn die Zeit war ihm günstig. Als aber um die Jahrhundertwende die Konkurrenz wie die Pilze hervorschoss und die Preise infolgedessen immer mehr sanken, wurde der Daseinskampf auf der abgelegenen Pulvermühle immer gefährdeter. Man empfand zu sehr den Nachteil, dass das Geschäft nicht an einem grösseren Platz mit Kiesgelände und Bahnanschluss war. Namentlich war dies mein Eindruck, als ich im Jahre 1901 in das Geschäft eintrat. Wenn ich auch nicht sofort auf eine Verlegung des Betriebs hoffen konnte, so behielt ich eine solche stets im Auge. In solcher Absicht verhinderte ich einen Villenbau auf der anderen Seite der Gomaringer Strasse auf Stockacher Markung. Auch Erweiterungsbauten oder grössere Reparaturen kamen nicht mehr in Frage. Mit dieser Einstellung habe ich natürlich die Illusion einer zu hohen Bewertung des Anwesens zerschlagen und mir dadurch nicht überall Sympathie erworben. Da es aber für mich von vornherein feststand, dass ich die Pulvermühle nicht übernehmen würde, so kann man mir daraus keine egoistischen Beweggründe vorwerfen. Dass mein Standpunkt der richtige war, hat ja später die Erfahrung gezeigt. Weitere Maßnahmen, die ich zu treffen genötigt war, haben meine Popularität auch nicht gefördert. Eine der ersten Maßnahmen war die Umstellung der einfachen Buchführung auf doppelte Buchhaltung, dann das Mahnwesen, das es so gut wie gar nicht gab, wurde systematisch zum Leidwesen vieler durchgeführt. Es gab Kunden wie ------ Tübingen, die 4 Jahre lang nicht abgerechnet haben. Das Geld kam nun rascher herein und die Pumperei bei den Nachbarn, namentlich an Zahltagen, hörte auf. Das Rauchen, – die meisten rauchten Pfeife während der Arbeit, wurde verboten. Für die leeren Säcke kam ein Pfand in Anrechnung, ebenso für die Bierflaschen. Die Gipsfabrikation ebenso wie die Getreidemühle wurde wegen Unrentabilität eingestellt, letztere zum grossen Erstaunen der interessierten Bauernschaft. Die unglaublich niederen Löhne von 18–25 Pfg. pro Stunde habe ich sofort beträchtlich erhöht, verlangte dafür grössere Leistung. Alles geschah in verhältnismässig kurzer Zeit und oft nicht ohne Widerstand und Widerspruch.

Im Jahre 1902 teilte das Tiefbauamt Reutlingen mit, dass sämtliche Zementröhren (50 Zentimeter im Durchmesser) die im Jahre 1888 für die Dohle in der Schulstrasse geliefert wurden, zerbrochen seien und weil wir Garantie gegeben hätten, wir für den Schaden aufzukommen hätten. Das war ein Schlag ins Kontor! Schon sah man im Geist neben den hohen Kosten, die Ausschaltung der Lieferungen an den seither besten Abnehmer, ja sogar die Vernichtung des ganzen Zementrohrgeschäfts! Aber es wird in der Regel nicht so schlimm, wie es den Anschein hat. Mit Hilfe eines Stuttgarter Sachverständigen, eines Professors der Techn. Hochschule, wurde nachgewiesen, dass an dem Bruch nicht die Qualität der Röhren, da sie einwandfrei, sondern die mangelhafte Verlegungsweise bei dem schlechten Grund schuld sei. Damit lag die Schuld auf seiten des Bauamtes, das für keine Drainageleitung oder Einbetonierung auf Kämpferhöhe gesorgt hatte. Wir waren rehabilitiert, die Dohle liegt heute noch, trotz erhöhter Belastung durch den Autoverkehr. Wir hatten also keinen Nachteil durch diese Reklamation, im Gegenteil, wir profitierten noch insofern, als künftig unsere Rohre mit denen von Schwenk Ulm vorgeschrieben wurden. Reutlingen war unser grösster Abnehmer und so war dieser günstige Ausgang von grosser Bedeutung. Alle Zementröhren führte man auf Leiterwägen direkt auf die Baustellen. Bahnversand kannte man damals noch nicht, d. h. der erste Eisenbahnwagen wurde im Jahre 1902 für die Gemeinde Starzeln als ein besonderes Ereignis eingeladen.

Neben der Zementrohrherstellung wurde Gewicht auf die Kunststeinherstellung, deren neue Bearbeitung damals aufkam, gelegt. Die Ulmer Firmen wie Schwenk, Steinfabrik in Ulm und Steinfabrik Eislingen waren führend; gegen diese grossen Firmen aufzukommen, war schwer, nur kleinere Objekte konnten wir hereinholen. Diese Firmen waren uns gegenüber im Vorteil, sie hatten maschinelle Modellschreinerei, die wir damals noch nicht hatten, und gute technische Kräfte. Es war deshalb immer ein mühsames Kämpfen; wenn es uns gelang, einen Auftrag zu bekommen, dies nur da, wo wir bekannt waren. Als die Vergebung der Kunststeine für die Kirche in Stockach im Jahre 1904 in Frage kam, rechneten wir bestimmt mit dem Auftrag, aber weil nicht die Gemeinde, sondern fremde Unternehmer diese Steine als zu ihrem Akkord gehörend zu vergeben hatten, schien der Auftrag fraglich. Diese wollten uns den Vorzug geben, aber zu einem um RM. 10.—pro cbm niederen Preise als wir verlangten. Solche Preise hätten sie von der Steinfabrik Eislingen. Wir glaubten nicht an diese Behauptung; nach langem Hin und Her gingen wir aber doch auf diese Preise unter der Bedingung ein, dass die Unternehmer das Angebot in Original vorlegen müssten. Das Angebot konnten sie nicht vorlegen, denn es war wie ich von vornherein annahm, ein glatter Schwindel. Ich erklärte ihnen, wenn sie unsere Preise nicht zahlen, werden wir die Steine, namentlich den Grundstein nicht anliefern. Da die Gemeinde mit der Grundsteinlegung auch eine Feier veranstaltet hatte, und der Stein abends vorher noch nicht auf der Baustelle war, gab es beinahe einen Aufruhr. Nicht gegen die gewissenlosen, betrügerischen Maurer richtete sich der Unwille der Stockacher, sondern gegen uns als ihre Nachbarn und alte Bekannte. »Das gehört zum Handwerk«, mit diesen Worten unterstützte der Schultheiß diesen Betrug. Mir war damals eine solche Einstellung noch fremd, aber nach meinen späteren Erfahrungen muss ich sagen, dass der Schultheiss leider viel Wahres gesagt hat. Das nächste Jahr 1905 brachte uns die Kunststeinlieferung für das Oberamtsgebäude. Auch hier hatten wir gegen grosses Misstrauen anzukämpfen. Von Zeit zu Zeit kamen Baumeister, um den Werdegang zu kontrollieren, eines Tages kam der Baurat selbst mit einem Techniker. Als nach seiner Meinung nicht genug Steine fertig waren, fing er zu schimpfen an. Ich erklärte ihm, dass wir bis zum fälligen Termin noch genügend Zeit hätten, und solange der Termin nicht da sei, er kein Recht zu schimpfen hätte. Darauf übertrug er seinen Groll auf seinen Baumeister, den er vor mir wüst herunterriss; der Termin kam und die Steine wurden prompt geliefert und auch gut.

Im Jahre darauf, 1906, bot sich wieder Gelegenheit, sich in grösserem Umfang mit der Herstellung von Kunststeinen zu befassen. Nicht weniger als 350 cbm kamen für das Justizgebäude zur Vergebung, für uns eine kaum zu meisternde Aufgabe. Das grosse Quantum, u. die Nähe der Baustelle war zu verlockend, um sich eine solche Gelegenheit, sich dadurch einen Namen zu machen, entgehen zu lassen. Der Modellschreiner ist bei der Kunststeinfabrikation der wichtigste Mann, wenn dieser unpünktlich oder nicht hinreichend eingearbeitet ist, kann er sehr viel Schaden anrichten. Ehe ich das Angebot einreichte, besprach ich alle Möglichkeiten u. a. auch die, dass die Leute schliesslich einen im Stich lassen würden, wenn sie sähen, dass man sie dringend brauchte, mit dem damaligen Modellschreiner, einem gebürtigen Hinterweilerer und Bekannten vom Großvater. Als wir den Auftrag bekamen, war er der erste, der die Flinte wegwarf. Ob er nur mehr Lohn wollte, oder Angst vor der grossen Aufgabe hatte, ist mir nie klar geworden, wahrscheinlich war beides im Spiele. Für mich war der Mann erledigt. Seine späteren Versuche, beim Grossvater die Kündigung rückgängig zu machen, lehnte ich ab. Telefonisch gab ich eine Annonce im Schwarzw. Boten auf, nach 8 Tagen war Ersatz da und zwar ein ganz guter. Nachdem etwa 50 cbm Steine bis zum Aufschlagen fertig da lagen, kam der bauleitende Regierungsbaumeister und beanstandete die Farbe der Steine. Es war Maulbronnerimitation verlangt. Nun gibt gemahlener Maulbronnerstein plus Zement und Wasser noch keinen »Maulbronner« abgesehen davon, dass man nie Sandstein für überarbeitete Steine verwenden kann; man muss unbedingt Kalksteine benützen und durch Mischung verschiedener Farben dem Naturstein nahe zu kommen suchen. Ganz gelingt es selten und so war es auch mit unseren Steinen. Zunächst war das Lamento gross. Die Fabrikation wurde sofort gestoppt und es schien, als ob der Auftrag uns wieder entzogen würde. Neben dem entstandenen Schaden hätten wir auch noch die Blamage auf uns nehmen müssen. Doch hiess es auch hier wieder, es wird nicht so heiss gegessen wie gekocht wird. Wir mussten nach etwa 14 Tagen einen Musterstein dem Baudirektor vorführen und dieser hatte weder an der Farbe noch an der Ausführung etwas auszusetzen. Die Fabrikation kam nun in Gang; aber die vorhandenen Kräfte reichten nicht aus. Es mussten immer mehr Leute, speziell Facharbeiter eingestellt werden, so dass die Gefolgschaft sich auf annähernd 100 belief. Das Unterbringen dieser fremden Leute war schwer. Einen grossen Teil beherbergten und verpflegten wir selbst, was eine ungeheure Belastung für die Familie bedeutete. Viele kommunistisch eingestellte Elemente, besonders Steinhauer, waren darunter, die man nicht zufriedenstellen konnte. Einmal zogen sie mit der roten Fahne nach Dusslingen und streikten, als wir sie am dringendsten brauchten. Sie tranken, rauchten und schwatzten viel und arbeiteten wenig. Es war da eine ganz üble Gesellschaft beieinander, der wir bei den örtlichen Verhältnissen vollständig ausgeliefert waren. Auch der für diesen Bau eingestellte und verantwortliche Techniker war ein Versager. Wohl verstand er sein Fach, aber er hat mit den Leuten getrunken und sich somit in ihre Hände begeben. Zur Ehre der einheimischen Arbeiter muss gesagt werden, dass sie sich dem pöbelhaften Gebaren nicht anschlossen.

Nach vielen Schwierigkeiten kam endlich die Zeit, wo man mit dieser Lieferung fertig wurde. Die Bauleitung war im grossen ganzen zufrieden, dagegen war für uns der Abschluss nach den schlechten Erfahrungen mit den Leuten und dem dadurch hervorgerufenen Verlust ein recht unbefriedigter. Die Folge war, dass wir uns künftig nie mehr so stark mit dem Kunststeinmachen einliessen, insofern hat es sein gutes gewirkt. Alle jene Firmen, die sich viel mit dieser Materie befassten, sind mehr oder weniger pleite gegangen, darunter die Steinfabrik Ulm, Eislingen, Göppingen (Schwenk hat die Fabrikation eingestellt).

Im Jahre 1906 hatten wir eine grosse Wasserkathastrofe. In einer Mainacht regnete es von 10 Uhr an bis morgens in Strömen, so dass morgens das Tal der Wiesatz überschwemmt war. Das Wasser stand vor unserer Haustüre 30 cm hoch, an anderen Stellen über 1 m hoch und auf Pritschenwagen mussten wir uns ins Freie flüchten. Wenn am Kanal kein Dammbruch entstanden wäre, wären sicher sämtliche Gebäude wegrasiert worden. Durch den Dammbruch ist das Kanalwasser in das normale niedere Bett abgeflossen. Das war unsere Rettung. Glücklicherweise liess ich wenige Tage vorher die an einigen Stellen morsche Brücke reparieren und so hat sie diesem Ansturm standgehalten. Auch mit einer 2. Notbrücke, die ganz aus Holz war, hatten wir grenzenloses Glück. Einige Tage, nachdem wir die letzten Fuhren Steine für das Justizgebäude über diese Brücke mit grossen Lasten 4-spännig gemacht hatten, ist sie ohne jeden äußeren Anlass eingestürzt. Wäre es einige Tage früher geschehen, hätte ein grosses Unglück geschehen können.

Der Fuhrwerksbetrieb, es waren 3 Gespanne, verursachte viel Ärger und Sorge, sowohl was Knechte als Pferde anbelangt. Es war eine Seltenheit, einen zuverlässigen Fahrknecht zu bekommen, meistens waren es heruntergekommene Trunkenbolde und mit solchen Elementen zu schaffen, ist eine schwere Aufgabe. Einmal ging Sonntag nachts ein fürchterliches Geschrei los. Zwei der Knechte hieben, nachdem sie vorher miteinander gezecht hatten, auf den dritten ein, und rissen ihm seine Kleider buchstäblich vom Leibe. Splitternackt hat er im Winter sich nach Dusslingen flüchten müssen. Ein Fahrknecht hat seinen Arm in der Futterschneidmaschine bis auf einen kurzen Stumpen hinausgeschnitten, wieder einem anderen flog beim Holzmachen ein Holzscheit so an den Kopf, dass er sofort tot war. Ein anderer ist unterwegs, wahrscheinlich auch im Rausch, unter den Wagen gekommen und war sofort tot. Laufend hatte man mit diesen Knechten Unannehmlichkeiten. Dass bei solchen Menschen die Pferde schlecht behandelt wurden, braucht man nicht zu betonen. Stundenlang liessen sie die Pferde, ohne zu füttern oder zu tränken, vor den Wirtshäusern stehen, und wenn die Wagen leer waren, liessen sie die Pferde im Trab springen. Einmal kamen 2 schöne Pferde, die während der Feiertage keine Bewegung hatten, hinkend heim. Sie hatten Schwarzharnwinde und der herbeigerufene Tierarzt hatte, weil berauscht, nicht sofort den Harn geholt und als sein Assistent andern Tags kam, war es zu spät. Die Tiere verendeten unter qualvollen Schmerzen.- Ein Pferd stand einmal morgens nur auf 3 Beinen, weil das 4. von seinem Nachbarpferd geschlagen wurde.

Der Landjäger kam auch viel auf die Pulvermühle. Irgend etwas hatte er immer zu tun. Einmal erzählte der Großvater, dass ihm Mehl weggekommen sei und dass er den Müller im Verdacht habe. Er wollte aber keine Anzeige machen und sagte es nur im »Vertrauen«. Doch mit des Landjägers Mächten ist kein Bund zu flechten. Der Landjäger ging sofort auf den Verdächtigten los und hatte bald ein Geständnis erzielt. Der Müller musste das gestohlene Gut auf das Rathaus bringen und wurde ein paar Monate eingesperrt. Dem Grossvater war es peinlich, weil es ein Dusslinger war. Dem Delinquenten hat es aber nicht so sehr geschadet, denn später ist er Polizeidiener von Dusslingen geworden. Hier wurde der Bock zum Gärtner gemacht. Seinem Kollegen Amtsdiener ging es umgekehrt. Bei der Schultheißenwahl rief er vom Rathaus oben herunter: »Wählet den Hofmann!«, aber sein Rat wurde nicht von allen befolgt und der Gegenkandidat L. wurde gewählt. Bald verschwand der Amtsdiener vom Rathaus!

Unsere Italiener hatten die Gewohnheit, in der Wiesaz zu fischen. Dem Landjäger war dies bekannt, konnte sie aber nie erwischen. So opferte er einen Sonntag Vormittag, indem er sich auf der Stockacher Höhe ins Gebüsch setzte. Weil aber die Sonne scheinte, hat sein glänzendes Messingschloss ihn verraten. Die Italiener erkannten ihn sofort. Umsonst war sein Bemühen.

Der vielen Ratten, die sich in der leerstehenden Mühle befanden, muss ich noch Erwähnung tun. Als ich einmal nach längerer Zeit in die leer stehende Mühle mit einigen Leuten hineinkam, sprang eine unheimliche Menge Ratten auf und davon. Sie hatten alle Riemen und Säcke usw. gefressen.

Es war ein erschreckender Anblick. Wer weiss, was geschehen wäre, wenn ich allein gewesen wäre.

Auf der Pulvermühle hatte ich auch meinen ersten Zusammenstoß mit Velten, damals noch in Kornthal. Er hatte einen Vorschuss von RM. 800.– für eine Reparatur an einem Steinbrecher verlangt und kaum war das Geld abgesandt, hat er den Konkurs erklärt. Es schien, als ob der ganze Betrag in die Konkursmasse fallen sollte und deshalb machte ich V. Vorwürfe. Der Konkursverwalter liess sich schliesslich bewegen, die Reparatur auszuführen und so wurde das meiste Geld gerettet.

Vorübergehend wurden auf der Pulvermühle auch Plättchenboden ausgeführt, jedoch mit sehr schlechtem Erfolg. Ohne jede Kenntnis der Branche und ohne tüchtige Leger sollte man so etwas nicht mehr unternehmen. Nicht viel besser ging es mit den Steinholzböden, die wir auch eine Zeitlang ausgeführt haben. Damals war die Frage der Unterböden noch nicht gelöst. Deshalb kam es oft vor, dass die Böden in die Höhe gingen.

Landwirtschaft war auch mitverbunden. Ausser den 6 Pferden hatte man einige Kühe, Kleinvieh und Schweine. Die Versorgung dieser Tiere oblag einem Faktotum; aber es gab trotzdem allerlei Sorgen. Die Heuerntearbeiten kamen stets sehr ungelegen und hemmten oft den Hauptbetrieb.

Viel Mühe, Arbeit und Sorgen waren dem Umstand zuzuschreiben, dass das Anwesen ganz isoliert eine ungünstige Lage hatte und infolge des hügeligen Geländes keine harmonische Einheit bildete. Mensch und Ross waren mehr oder weniger geschunden. Mit Ausnahme Richtung Tübingen ging es überall bergauf und unter einer 50-Ztr.-Last, meist war es aber mehr, wurde nicht abgefahren. Von Genkingen kamen die Steine, die im Steinbrecher zerkleinert wurden. Es waren immer Fuhren von mindestens 100 Ztr. Nach Tübingen wurden auf 4 Wagen mit je 50–200 Ztr. mit einem Gespann geführt!

Die Arbeiter hatten 11 Stunden täglich einschliesslich Samstag zu arbeiten. Einen freien Samstag Mittag oder Urlaub kannte man nicht. Das Büro, wo ich anfangs allein, später mit einem Lehrling und noch später mit einem j. Mann tätig war, war natürlich mit dem Beginn der Arbeit morgens um 6 Uhr offen und weil man dauernd, auch während der Essenszeit gestört wurde, ging die Arbeit oft fast ohne Unterbrechung bis in den späten Abend hinein. Sonntags kamen die Kunden, um abzurechnen oder Bestellungen zu machen. Es brauchte lange, bis ich diesen Unfug abgestellt hatte.

Wenn man auf die Reise ging, so benützte man den 1. Zug, der um 4 Uhr morgens in Dusslingen abfuhr und mit dem letzten Zug, um 11 Uhr kam man nach Dusslingen, um meist bei schlechtem Weg in stockdunkler Nacht heimzulaufen.

Bei den Reisen handelte es sich in der Hauptsache um den Vertrieb von Portl. Zement und Zementrohren. Der Baustoffhandel war in D. noch unbedeutend.

Wie schon anfangs erwähnt, hatte man den provisionsweisen Verkauf des Münsinger Portl.Zements. 1903 ging Münsingen im Syndikat auf und dann gab es nur Verkauf auf feste Rechnung. Die besten Brocken nahm das Syndikat uns vorweg und so gab es mit diesem oft ein unliebsames Zusammenarbeiten.

Als dann das Balinger Zementwerksprojekt auftauchte, beteiligten wir uns nach vielen vorausgegangenen Schwierigkeiten an diesem Unternehmen unter der Bedingung, dass uns das Alleinverkaufsrecht für einen grösseren Bezirk übertragen wurde. Als dann das Werk in Betrieb kam, kamen allerlei Kinderkrankheiten ans Licht, worunter wir natürlich sehr zu leiden hatten. Doch darüber, weil es in die Tübinger Zeit fiel, später.

Anlässlich der Verlegung des Tübinger Güterbahnhofs in das Neckartal und der damit verbundenen Festlegung eines Industriegeländes, fand ich den Zeitpunkt für gekommen, an eine Verlegung des Betriebs zu denken. Die mit der Stadt Tübingen gepflogenen Verhandlungen führten zu einem günstigen Ergebnis. Wir konnten uns ein Grundstück von 126 ar mit Gleisanschluss zu einem billigen Preis sichern. Mit dem Bau wurde 1907 begonnen und im Jahre 1908 wurde der Betrieb soweit er nicht mit den Mühlen und Öfen zusammenhing, in Tübingen aufgenommen.

Die Pulvermühle ging, nachdem sie wiederholt verpachtet wurde, an den Major v. Schmoller, der sie jetzt noch besitzt, über.

7, aber für mich sehr schwere Jahre, habe ich auf der Pulvermühle zugebracht und ich war froh, als diese Zeit zu Ende war.

Ich will den Bericht über die Ära Pulvermühle nicht schliessen, ohne dem Großvater und Gründer des Unternehmens ein treues Andenken zu bewahren. Er war ein besonnener, edeldenkender, frommer Mann, der mir trotz mancher ernster Konflikte grösste Hochachtung abnötigte.

b) Tübingen.

Im Sommer 1908 wurde, nachdem das Fabrikgebäude auf dem von der Stadt Tübingen erworbenen Gelände erstellt war, das Geschäft in Tübingen eröffnet.

Bei der Verlegung des Betriebs nach T. war entscheidend: die verkehrsgünstige Lage der Stadt, die in jenen Jahren seitens der Stadt und des Staates geförderte Bautätigkeit, das billige Baugelände und der seitens der Stadt zugesagte Gleisanschluss, besonders aber das Vorhandensein des Kieses. Kies ist ein wertvolleres Material für die Betonwarenfabrikation als Kalksteinschotter und deshalb bevorzugten wir Tübingen gegenüber anderen Plätzen, wie etwa Reutlingen, das auch in Frage kam.

Bezüglich der Kiesfrage wurden jedoch unsere Wünsche auf die Dauer nicht befriedigt, denn mit dem Bau der Stauwerke ging die Kiesbaggerei, weil kein Kies vom oberen Neckar mehr nachgeschoben wurde, ein. Infolgedessen waren wir mehrere Jahre auf den Bezug von Kalksteinschotter aus den Brüchen von Rottenburg und Reusten angewiesen. Wie schon erwähnt, ist dieses Material nicht so günstig wie Kies und ausserdem war es recht schmutzig, so dass wir froh waren, als in Kirchentellinsfurt die Kiesbaggerei von Epple errichtet wurde. Der Kiesbezug von Kirchentellinsfurt kam natürlich teurer als von Tübingen und insofern stimmte unsere Rechnung später nicht mehr ganz.

Mit dem Bau der Fabrik wurden Architekt Bärtle hier und mit der maschinellen Einrichtung Ingenieur Ningelgen, Cannstatt, betraut, aber keiner von beiden war seiner Aufgabe gewachsen. B. wollte nichts wie Fenster einbauen, als ob es sich um ein Gewächshaus gehandelt hätte und nicht um eine Zementwarenfabrik, die nicht so viel Licht und Hitze braucht. Nachträglich musste eine grosse Zahl Fenster wieder zugemauert werden. N. versprach eine moderne Zementwarenfabrik mit automatischer Zementrohrherstellung, also selbsttätiges Arbeiten vom Einwurf des Kieses bis zum Ausschalen des Rohrs. Trotz langer Versuche gelang ihm nicht einmal die automatische Betonzubereitung, geschweige denn die Zementrohrherstellung. Die Folge war ein Prozess, den wir in der Hauptsache gewannen.

Wenn es nun damals nicht gelungen ist, die geplante automatische Herstellungsweise in Stand zu bringen und manches nicht so wurde, wie man es gewünscht hatte, so war gegenüber dem Dusslinger Betrieb doch ein wesentlicher Fortschritt zu verzeichnen. Man hatte alles auf einem Boden, übersichtlicher und näher beieinander; dann genügte 1 Pferdefuhrwerk. Der Gleisanschluss ersparte eine Menge Transportkosten und Zeit. Der ganze Betrieb konnte mühelos auf eine breitere Grundlage gestellt werden.

Ganz besonders konnte sich der Baustoffhandel, der bislang ganz unbedeutend war, entfalten.

Die Arbeiterfrage, die auf der Pulvermühle eine so grosse Rolle spielte, machte in T. keine Schwierigkeiten. Fast in jeder Beziehung stand man in T. besser als auf der Pulvermühle, und so atmete man förmlich auf, als man nach T. kam; denn nicht nur im Geschäft, sondern auch im Haushalt wurde einem die Arbeit erleichtert.

Mit der Verlegung des Betriebs nach Tübingen im Jahre 1908 wurde meinerseits der Versuch einer Beteiligung gemacht, es kam aber, trotzdem die Firma Pflumm

& Kemmler handelsgerichtlich eingetragen wurde, zu keiner Einigung. Erst im Jahr 1910 kam eine Einigung zustande, und zwar dergestalt, dass ich die Firma mit Geschäft in Tübingen durch Kauf endgültig übernahm. Da von 1908–1910 der Großvater P. alleiniger Inhaber der Firma P. & K. und von 1910 ab ich alleiniger Besitzer war, so entstand der merkwürdige Zustand, dass es eine Doppelfirma gab, die niemals einen Teilhaber hatte.

Das Jahr 1910 ist somit als das Gründungsjahr der Firma Pflumm & Kemmler, Tübingen, anzusehen.

Mit der Übernahme des Geschäfts ging ich daran, fast die ganze der von Ningelgen erstellten Anlage abzubauen bzw. abzureißen. Anstelle der Dampflokomobile wurde eine elektrische Anlage mit Transformator eingebaut. Für das grosse, viel Kraft erfordernde Walzwerk 100 cm ⌀ wurde ein Steinbrecher erstellt, die automatische Beschickung und Mischschnecke zum alten Eisen geworfen. An Stelle eines grossen, viel Platz beanspruchenden Elevators kam ein kleinerer herein. Die Transmissionen fielen ebenfalls weg.

Neu angeschafft wurde eine Rohrmaschine von Geislingen. Was ich aber mit dieser Maschine erlebte, würde reichlich Stoff für einen Roman geben. Nur soviel will ich sagen, dass sie 4 Jahre brauchte, bis sie funktionierte und dass 3 Prozesse, darunter ein Beleidigungsprozess, in denen Velten eine traurige Rolle spielte, mit verbunden waren. Nachdem endlich die Lösung, aber nicht vom Erfinder gefunden war, hat sich die Maschine bis heutigen Tages bewährt. Später kam eine Trumpfrohrmaschine, sowie die von Ettlingen dazu. Für das Mischen wurde die bewährte Eirich'sche Maschine angeschafft. In jener Zeit wurde so viel Wesens von der Pressluftstampfung gemacht und so liess ich mich auch dazu bewegen, eine solche Einrichtung anzuschaffen. Man erzielte wohl gute Ware, aber die Betriebskosten waren zu hoch, infolgedessen wurde diese Art Stampfung wieder aufgegeben.

1911 ist Andreas Apfel eingetreten. Er war vorher bei Noa Wendler und somit im Plattengeschäft bewandert. Durch ihn befassten wir uns zum zweiten Male mit dem Verlegen von Plättchen. A. war der erste Angestellte, der fast ausschliesslich reiste. Er war bis zu seinem im Jahre 1939 bis heute noch nicht aufgeklärten Tod einschliesslich 4 Jahre Weltkriegszeit 28 Jahre im Geschäft und hat sich durch sein tatkräftiges Eintreten für die Firma ein treues Andenken gesichert.

Die Jahre vor dem Weltkrieg zeichneten sich durch eine rege Bautätigkeit aus, was auch der Firma zugute kam. Es wurde die Loretto-Kaserne, der Frauenklinikanbau und die Hautklinik usw. gebaut, für welche Bauten wir neben anderen Materialien die Kunststeine zu liefern hatten. Bei Kriegsbeginn war bei der Kaserne und Hautklinik nur ein Teil angeliefert. Weil die guten Kräfte sofort eingezogen wurden, hatte man Mühe, mit den vorhandenen Kräften die Arbeit zu bewältigen. Wegen einer geringen Narbe an einem grossen Quader von ca. 40 Ztr. Gewicht für die Hautklinik hat der früher schon erwähnte Baurat in der Kriegszeit unter wüstem Geschimpfe einen Stein beanstandet. Wir nahmen den Stein zurück, u. brachten ihn ohne das Geringste daran zu machen, erst zurück, nachdem mehrmals reklamiert wurde. Als man mit diesem Stein kam, sagte der Baurat: »So jetzt ist er recht, warum geht's denn jetzt!« Ein ander Mal schimpfte er wegen einer Bagatelle an demselben Bau ganz maßlos und erklärte: »Dass Sie wissen, Sie bekommen von mir keinen Auftrag mehr.« Darauf ich: »Es ist gut, dass Sie mir das sagen, also habe ich auf Sie auch keine Rücksicht mehr zu nehmen und will nun sagen, was ich von Ihnen halte!« Ich habe nicht hinterm Berg gehalten, ihm alle seine Schikanen, auch den Fall von dem Stein genannt, und ihm erklärt, dass ich sein Gebaren an geeigneter Stelle in Stuttgart schildern werde. Darauf wurde er ganz kleinlaut und nahm alles zurück, mit dem Bemerken, er sei eben aufgeregt gewesen. Nachdem die angefangenen Bauten fertig waren, habe ich mich in der Kriegszeit mit Kunststeinen nicht mehr befasst. Die Geschäfte liessen sehr nach, lediglich Zementröhren waren noch gefragt. Weil immer mehr Leute eingezogen wurden, so hatte man schliesslich nur noch ein paar invalide Männer und Frauen. Die Zementröhren kamen in der Hauptsache an die Front u. a. nach Verdun und nach Nisch in Macedonien. Der letzte nach Nisch abgegangene Waggon hat sein Ziel nicht mehr erreicht, da inzwischen die Revolution ausgebrochen ist.

Nach 4-jährigem erbitterten Kampf gegen die ganze Welt und unermesslichen Opfern an Gut und Blut musste im November 1918 das deutsche Volk die Waffen strecken. Die Folgen waren furchtbar. Von den Feindmächten geknechtet, entrechtet und ausgesogen wie noch nie, lag das deutsche Volk am Boden. Im Innern lösten sich alle Bande der Ordnung. Der Abschaum des Volkes kam nach oben, allerdings nur für kurze Zeit, wenigstens in Württemberg. In anderen Ländern wie z. B. Bayern hat er sich länger gehalten und richtete ein fürchterliches Blutbad unter den Intellektuellen an. Nachdem die Ruhe wieder einigermassen hergestellt war, begann mit der entsetzlichen Inflation der deutsche Ausverkauf. Dieser endete mit der Stabilisierung der Mark im November 1923 auf der Grundlage von 1-Dollar = 4,2 Billionen Mark. Daran kann man feststellen, welche Werte dem deutschen Volk und jedem Einzelnen verloren gegangen sind. Die Inflation war beinahe noch schlimmer als der Krieg. Die meisten Menschen sind um Hab und Gut gekommen, nur das Ausland und die Schieber hatten den Nutzen. Als die Stabilisierung kam, war es höchste Zeit, denn viel länger hätte das deutsche Volk diesen Zustand nicht ertragen. Mit der Stabilisierung kam langsam wieder Ordnung und schon glaubte man wieder an einen Aufstieg des deutschen Volkes, denn die Bautätigkeit setzte wieder ein, besonders in den Jahren 1927 und 1928 war Hochbetrieb, um von da ab wieder einer rückläufigen Bewegung bis Hitler kam, Platz zu machen. Über 6 Millionen Arbeitslose hatte Deutschland im Jahre 1932.

Entsprechend der politischen und wirtschaftlichen Lage entwickelte sich auch das Geschäft, doch so, dass auch in den schlimmsten Zeiten noch ein Plus zu verzeichnen war.

Mit Ausnahme der Hypothekenbank habe ich meinen Gläubigern (es waren nur Verwandte) teils 65 %, teils 100 % aufgewertet, während meine Aussenstände bei der Stabilisierung restlos entwertet waren. Eine vorsichtige Politik in der Handhabung der Geschäfte bereitete mir bei der Stabilisierung und auch nachher keinerlei Schwierigkeiten. Mein Kreditbedürfnis wurde jederzeit anstandslos befriedigt. Allmählich ging ich an den weiteren Ausbau des Betriebs. Im Jahre 1926 wurde der Bau und die maschinelle Einrichtung für die Kabelsteinherstellung erstellt. 1925 wurden von der Stadt 53 ar zum Preis von RM. 500.– pro ar zugekauft. Das erste Lastauto wurde aus einem in Saarbrücken noch vorhandenen Kriegslager gekauft, nachdem der Fuhrwerksbetrieb seit dem Krieg ganz aufgegeben war. Dann kam der erste Personenwagen und die Garage, die man gleich für die Zukunft gebaut hat. Der Autoverkehr entwickelt sich immer mehr, so dass bei der Geschäftsübergabe 4 Lastwagen, 3 Anhänger und 5 Personenwagen vorhanden waren.

Im Jahr 1925 ist Prokurist Karl Fritz in die Firma eingetreten.

Im Bericht Pulvermühle wurde erwähnt, dass wir s. Zt. die Vertretung des Portl. Zementwerks Balingen für einen grösseren Bezirk übernommen haben, und dass wir dabei allerhand Schwierigkeiten hatten. Zu diesen Schwierigkeiten zählte vor allem die Tatsache, dass das Werk nachdem es anfangs einen tadellosen Zement herausbrachte, zu schwedern anfing und den Abraum mit verwendete. Dadurch entstand ein Treiberzement, das schlimmste was man sich denken kann. Ganze Lager mussten wir nach Feierabend, damit die Arbeiter und auch das Syndikat nichts davon erfahren soll, mit dem Vorarbeiter zusammenschlagen und wegführen lassen. Die Folge war, weil Balingen die Schuld immer uns zuschob, ein schwerer Zusammenstoss mit der Direktion. Allmählich kamen auch von anderer Seite dieselben Klagen und so sah sich die Direktion gezwungen, nachzugeben, aber das Verhältnis zwischen Direktion und uns blieb ein gespanntes. Der Direktor, der auch Hauptaktionär war, war ein Norddeutscher mit einer Jüdin verheirateter, arroganter, fürchterlich aufgeregter Mensch, der es in keiner Weise verstand, mit der Kundschaft umzugehen. Er war armer Leute Kind, wurde von reichen Leuten adoptiert, durfte studieren und wurde sogar Corpsstudent. Beim Syndikat hat er sich durch sein anmassendes Wesen auch sehr unbeliebt gemacht, was auch zu seinem Sturz beitrug. Um ein hohes Kontingent zu bekommen, hat er über das erlaubte Mass weit hinaus gebaut; das Syndikat ging aber auf seine Forderung nicht ein, hauptsächlich auch wegen seines unbedachten Auftretens zeigte das Syndikat nicht das geringste Entgegenkommen. Die teuren Bauten waren umsonst gemacht und so stimmte seine Rechnung nicht mehr. Nachdem er die Aktien an Schwenk verkauft hatte, ging er her und erschoss sich. Seine Frau, mit der er im Unfrieden lebte, hat sich ½ Jahr später vergiftet. Schwenk hat das Balinger Kontingent übernommen und das Werk abgebrochen. Das war das Ende des seitens der Balinger einst mit soviel Hoffnungen erstellten Zementwerkes!

Unter den vielen Zementwerksdirektorenbewerbern war u. a. auch ein Herr Schneider von den Friedrichsfelder Steinzeugwerken. Er kam aber, weil er ausser seinem Anzug nichts mitbringen konnte und das Werk hauptsächlich Geldleute brauchte, nicht in Frage. Mit diesem Herrn bin ich dann aber später doch in geschäftliche Berührung gekommen, insofern, als er Vertreter des Steinzeugröhrensyndikats wurde. Solange das Syndikat nicht bestand, bezogen wir die Waren vom Werk Schwandorf bei Nürnberg. Nach der Syndikatsgründung wurde der Friedrichsfelder Einfluss sehr gross, der 1. Direktor war von Friedrichsfeld und der Alleinvertreter bezw. Reisende war eben dieser Schneider. Wir haben nie etwas von Fr. bezogen, im Gegenteil, wir sind des öfteren im Wettbewerb miteinander gestanden und so hatten diese Herren für uns nicht viel übrig, besonders dieser Schneider.- Mit Heinr. Breunings Nachf. Stuttgart war Schn. besonders befreundet, (wahrscheinlich bekam er von dieser Firma einen Teil der Provision) und dieser Firma liess er oft unter Gewaltanwendung uns zugedachte Aufträge zukommen. Es war ein ganz übler Bursche, der es so wenig verstand, mit der Kundschaft umzugehen wie der Zementwerksdirektor Hübner, und eines schönen Tages wurde er trotz Friedrichsfelder Protektion vorzeitig in Ruhestand versetzt. Da fing er einen kleinen Baustoffhandel an und endete ganz kläglich (der »König von Friedrichsfeld«, wie er sich nannte).

Es wären noch mancherlei derartige unliebsame Fälle zu erwähnen, besonders auch seitens der Konkurrenz, der Kundschaft etc.; aber es würde zu weit führen, darauf näher einzugehen.

Die angeführten Fälle genügen, um zu zeigen, dass es oft nicht leicht war, sich durchzusetzen.

In starkem Maß wurde die Wirtschaft belebt durch die Machtergreifung von Adolf Hitler. Mit einem Schlag wurde die Arbeitslosigkeit beseitigt, in dem überall in grossem Stil Bauten in Angriff genommen wurden. Dass unser Betrieb dadurch in erster Linie profitierte, ist selbstverständlich. Nacheinander wurden Lastwagen mit Anhängern angeschafft, Hallen gebaut, verschiedene Rohrmaschinen teils gekauft, teils selbst gebaut.

Seit 1930 haben wir die Generalvertretung der Eternitwerke in Berlin für Württemberg. Dadurch dehnte sich der Kundenkreis auf ganz Württemberg aus.

Um bessere Fühlung mit den Behörden, Bauämtern und massgebenden Architekten zu haben, wurde im Jahre 1936 in Stuttgart ein Verkaufsbüro in der Panoramastrasse 1A eröffnet und Herr Prokurist Karl Fritz mit dessen Leitung betraut.

So ist bei meinem Weggang im Jahr 1939 der Betrieb auf eine Grundlage gestellt, dass man ohne besondere Mühe mit jeder anderen Firma den Wettbewerb aufnehmen kann. Viel habe ich dabei meinen Mitarbeitern besonders den Herren Fritz und Liebing zu verdanken, die mich immer reichlich unterstützt haben. Gedenken muss ich dabei besonders der fürs Vaterland Gefallenen:

Ludwig Röscheisen, Kaufmann,
Friedrich Lang, Maurer,
Karl Raiser, Modellschreiner,
Jakob Hägele, Fuhrmann,
und 3 junge Leute von Altingen,
deren Namen ich nicht mehr weiss.
Bei diesem Anlass muss ich auch des langjährigen Vorarbeiters

Jakob Digel
der von 1901–1937, also 36 Jahre in der Firma tätig war, und bald darauf gestorben ist, gedenken. Er hat seinen verantwortungsvollen Posten stets treu und gewissenhaft ausgefüllt.

Mit folgendem an meinen Sohn Hans gerichtetem Motto will ich schliessen: »Üb immer Treu und Redlichkeit bis an Dein kühles Grab, und weiche keinen Finger breit von Gottes Wegen ab!«

Tübingen, den 1. Mai 1941
Johannes Kemmler

Text aus: Firmenarchiv Kemmler

6. Brief von Johannes Kemmler an den Tübinger Gemeinderat vom 9. April 1932 über das Verhältnis der Firma Pflumm & Kemmler zu den städtischen Behörden

Bei der letzten Vergebung der Steinzeugrohre wurde lt. Bericht der Tübinger Chronik vom 30. III. 32 unserer Firma zur Auflage gemacht, die Bedingungen, die von den anderen Firmen unterzeichnet wurden, ebenfalls anzuerkennen. Aus dieser Darstellung konnte geschlossen werden, dass unsere Firma besonders schikanös der Stadt gegenüber sich verhalten würde und dass unser Verhalten über den Rahmen des Ueblichen gehen würde. Diese Annahme bestätigt sich aus verschiedenen Anfragen, die an uns in den letzten Tagen von der hiesigen Bürgerschaft gerichtet wurden. Wir sahen uns deshalb veranlasst, mit der Verkaufsgesellschaft der Deutschen Steinzeugwerke in dieser Angelegenheit Rücksprache zu nehmen. Aus der Antwort, die wir hier in Original beilegen, geht hervor, dass die übrigen hiesigen Firmen zu dem gleichen Vorbehalt wegen der Qualitätsansprüche verpflichtet waren. Damit ist ganz klar erwiesen, dass wir allein korrekt vorgegangen sind, während die anderen Firmen sich in leichtfertiger Weise nicht an die Vorschriften gehalten haben. Wir stellten also fest, dass unsere Firma sich allein vorschriftsmäßig verhalten hat und unser Vorbehalt berechtigt und notwendig war. Da in der Oeffentlichkeit der

Sachverhalt falsch dargestellt wurde, bitten wir, in der Tübinger Chronik die Richtigstellung zu veranlassen.

Bei dieser Gelegenheit möchten wir auch auf die kürzliche Vergebung der Zementrohrlieferung für die Waldhäuserstrasse zurückkommen.

Auf Grund der gestellten Bedingungen waren wir der Meinung, es handle sich um Kanalisationsrohre, die einem besonders hohen Druck ausgesetzt sind und haben deshalb ein Sonderangebot gemacht und dabei bemerkt, dass wir die vom Bauamt gestellten Bedingungen anerkennen.

Nun hat sich nachträglich herausgestellt, dass die Röhren nur für einfache Ueberfahrten bestimmt waren und keinen besonders hohen Druck beanspruchten. Für diesen Fall hätten die billigeren Röhren ohne weiteres genügt, jedenfalls steht fest, dass die Schäfer'schen Röhren um kein Jota besser sind, als die unsrigen. Es ist auch die Behauptung des Bauamts, dass unsere Röhren schlechter als diejenigen der Konkurrenten seien, falsch und müssen wir diese Beschuldigung des Bauamts ganz entschieden zurückweisen. Im Einverständnis des Herrn Oberbürgermeisters haben wir 1 Rohr 40 dm LW ausgewechselt, dasselbe befindet sich gleich unten am ersten Lager in der Waldhäuserstrasse. Es ist damit Interessenten Gelegenheit gegeben, am besten durch Abklopfen mit einem Stein oder Hammer sich davon zu überzeugen, dass unsere Rohre mindestens den Schäfer-Rohren ebenbürtig sind.

Dass ausgesprochen Sindelfinger Röhren nach Tübingen geliefert wurden, hat uns ganz besonders befremdet. Diese Firma, die schon viele Jahre Auslandszement, (früher französischen und in den letzten Jahren schweizer Zement) bezieht, und nichts nach unserer Arbeitslosigkeit fragt, wegen eines preislichen Vorteils, wodurch sie im Wettbewerb mit anderen Firmen einen großen Vorsprung hat, hat es durchgesetzt, dass der Sindelfinger Gemeinderat beschlossen hat, dass weder direkt noch indirekt, also auch nicht durch Händler, Zementröhren nach Sindelfingen von auswärts bezogen werden.

Derartige Maßnahmen sind übrigens allgemein üblich, nur in Tübingen nicht. Ueberall findet das heimische Gewerbe einen gewissen Schutz, nur in Tübingen nicht. Hier begegnet man den allergrößten Schwierigkeiten, wir möchten dabei nur an die s. zt. Randsteinlieferung erinnern. Was haben wir damals kämpfen müssen, bis wir zum Zuge kamen. Die Steine sind zum grossen Teil geliefert, und keiner der Herren Stadträte wird den damaligen Beschluss bereut haben. Die Steine sind erstklassig und können anstandslos nicht blos [sic!] in Nebenstrassen, sondern in jeder Strasse verwendet werden. Dabei spart die Stadt eine Menge Geld.

Eine grosse Ersparnis wäre auch bei Verwendung von ETERNIT-Druck-Röhren für Wasserleitungen erzielt worden; diese Rohre haben wir wiederholt angeboten und darauf hingewiesen, dass, sofern sie nicht in säurehaltigen Boden zu liegen kommen, ihre Lebensdauer, weil sie nicht rosten, unbegrenzt ist, dabei kommen sie etwa 25 % billiger, als die bisherigen Rohre. Obwohl wir dies wiederholt betont und darauf hingewiesen haben, dass schon eine große Anzahl Leitungen zur vollsten Zufriedenheit der Auftraggeber liegen, hat man sich nicht bemüht, der Sache näher zu treten, bzw. sie zu prüfen. Von der Konkurrenz werden natürlich die grössten Anstrengungen gemacht, das Aufkommen des ETERNIT-Rohres zu verhindern. Es wird ihr aber ebenso wenig gelingen, wie beim Stahlrohr, wo der Kampf seinerzeit ebensogross war. In letzter Zeit sind beim Werk wieder eine Anzahl Bestellungen eingegangen, z. B. lässt die Stadt Kempten mit Genehmigung des Bayer. Staatstechnikers, unter dessen Aufsicht in Haunsheim i. B. voriges Jahr eine Leitung von 6 km gelegt wurde, z. Zt. eine Leitung von 1500 mtr. in ETERNIT-Rohren von 300 mm LW erstellen.

Wenn man in Betracht zieht, wie andere Städte, nicht blos [sic!] Sindelfingen, sondern auch Stuttgart, wo auf unsere Anfrage erwidert wurde, dass sie in erster Linie einheimische Firmen berücksichtigen müsse, für ihr heimisches Gewerbe sorgen, können wir uns des Eindrucks nicht erwehren, dass unsere Firma auf dem hiesigen Rathaus wenig Entgegenkommen findet. Wegen einer Differenz von 15 Pfg., die wir gegenüber der Firma Steinhilber höher waren, sind wir nicht zum Zuge gekommen, obwohl das angefragte Quantum von 300 auf 600 mtr. erhöht wurde. Bei der Vergebung der Boden- und Wandplatten sind wir bei ganz gleichen Preisen ebenfalls leer ausgegangen, obwohl es sich um einen grossen Auftrag handelte und wir ein Hauptabnehmer des Elektrizitätswerkes waren, während die mit dem Auftrag bedachte Firma so gut wie keinen Strohm [sic!] bezogen hat.

Nach all dem Geschilderten möchten wir den Gemeinderat bitten, dass er dafür sorgt, dass die Vergebungsbehörden unserer Firma gegenüber künftig ein grösseres Wohlwollen entgegenbringen.

Hochachtungsvoll
Johannes Kemmler

Text aus: Stadtarchiv Tübingen, A 150/1050

7. Schreiben von Hans Kemmler an die Landesverwaltung Württemberg-Süd vom 17. Januar 1946 über Wiederaufbau des zerstörten Betriebs

Auf Ihre Anfrage teilen wir Ihnen mit, dass unser Betonwerk noch nicht in Betrieb ist. Unser Werk wurde stark fliegergeschädigt. Die Wiederinstandsetzungsarbeiten sind noch nicht abgeschlossen. Wir können unsere Produktion teilweise wieder aufnehmen, sofern wir die erforderlichen Rohstoffe, insbesondere Zement zugeteilt bekommen. Die volle Produktion werden wir bis April dieses Jahres erreichen können, vorausgesetzt dass wir bis dahin die Rohstoffe zugeteilt erhalten.

Wir geben Ihnen nachstehend die Artikel und Mengen der von uns im vergangenen Jahr monatlich hergestellten Baustoffe auf: (1944)

Zementröhren	mit	71 to.
Kabelformstücke		24 to.
Betonfertigteile für den Luftschutzbau		454 to.
Fertigbauteile für Massivbaracken		79 to.
Beton- u. Leichtbetonsteine für Wände und Decken		43 to.
Schlackenplatten		270 to.

Wir beabsichtigen die Produktion in
>   Zementröhren
>   Kabelformstücke
>   Schlackenbausteine
>   Holzzementdielen und
>   Sonstigen Betonwerksteinen sowie
>   Trennwandanlagen

wieder anlaufen zu lassen.

Hochachtungsvoll!
Pflumm & Kemmler

Text aus: Staatsarchiv Sigmaringen, Wü 140 T2 Nr. 908

8. Persönliche Stellungnahme von Hans Kemmler an den örtlichen Untersuchungsausschuss vom 13. August 1946 zu seinem Entnazifizierungsverfahren

Ergänzend zu meinem eingereichten Fragebogen erlaube ich mir noch folgende Ausführungen zu machen:

Ich habe mich mit 24 Jahren als Student der Volkswirtschaft zur Aufnahme in die Partei angemeldet, da ich mir auf Grund des Parteiprogramms eine soziale und wirtschaftliche Besserung versprochen hatte. Im übrigen jedoch war ich politisch völlig uninteressiert, trug nie ein Parteiabzeichen und stand nicht in persönlicher Verbindung mit der Parteileitung. Ein Parteibuch habe ich nie besessen. Jahre nach meiner Anmeldung erhielt ich erst eine Quittungskarte. Mit der Kreisleitung hatte ich wiederholt Differenzen und musste u. a. auch einmal eine Geldbuße bezahlen. Der Betrieb hat nie irgend eine nationalsozialistische Auszeichnung oder Anerkennung erhalten. Durch meine Parteizugehörigkeit habe weder ich, noch hat der Betrieb irgend welche Vorteile erhalten.

Die Umsätze waren in den Jahren

1927	RM	1 058 000.–
1928	RM	1 105 000.–
1937	RM	1 260 000.–
1938	RM	1 380 000.–

Mit der Kontingentverteilung von Baustoffen hatte ich überhaupt nie etwas zu tun. Ein Alleinverkaufsrecht hatten wir seit dem Jahr 1930 in Eternit. Alle anderen Baustoffe waren frei käuflich im Rahmen der Baustoff-Kartellverträge. Auf die Bewirtschaftung während des Krieges hatte ich keinen Einfluss. Im übrigen wurden während des Krieges keine Kontingente verteilt, sondern es wurden den Bauinteressenten Bezugsscheine ausgegeben und der Händler musste sich im freien Wettbewerb um Aufträge mit Bezugsberechtigten bemühen.

Mit der Gefolgschaft stehe ich im besten Einvernehmen. Der Stamm unserer Arbeiter ist schon 20–30 Jahre im Betrieb. Die Ausländer wurden gut behandelt (siehe Anlage; d. i. die schriftliche Aussage der polnischen Zwangsarbeiterin Wanda Wajda, Anm. d. Verf.). Nichtparteigenossen und Gegner des Nationalsozialismus wurden im Betrieb nicht benachteiligt, im Gegenteil es wurde ein Gefolgschaftsmitglied vor schwerster Bestrafung durch die Gestapo bewahrt (siehe Anlage; d. i. schriftliche Aussage des Arbeiters Gotthilf Frank).

Dr. Hans Kemmler

Text aus: Staatsarchiv Sigmaringen, Wü 13 T2 Nr. 2152

9. Schreiben von Hans Kemmler an die Landesdirektion der Wirtschaft vom 24. September 1946 über die Zulassung von Betonwerken

Ich erlaube mir als Obmann der Fachvereinigung zementverarbeitende Industrie Sie nochmals darauf hinzuweisen, dass unbedingt drauf Wert gelegt werden muss, eine Übersetzung der zementverarbeitenden Betriebe zu vermeiden. Von verschiedenen Mitgliedern wurde ich auf die grosse Gefahr aufmerksam gemacht, die darin liegt, dass z. Zt. eine grosse Anzahl von Firmen als zementverarbeitende Betriebe von Ihrer Dienststelle aus angesehen werden, die in Wirklichkeit keineswegs als Betonwerk zu bezeichnen sind. Sie sind mit mir der Auffassung, dass wir grundsätzlich nur die Firmen anerkennen können, die bisher der Wirtschaftsgruppe Steine und Erden angehört haben und dass jeder Betrieb, der beabsichtigt Betonwaren herzustellen, erst der Genehmigung der Landesdirektion der Wirtschaft bedarf. Ich bitte Sie aus diesem Grunde sofort Ihren Sachbearbeitern von dieser Entscheidung Kenntnis zu geben und die anerkannten Betonwerke festzulegen. Zuteilungen von Zement dürfen nur an die tatsächlich anerkannten Betonwerke gemacht werden gemäss der Dringlichkeit der herzustellenden Betonwaren und der Betriebsgrösse. Bei der Beurteilung der Anerkennung neuer Betriebe bitte ich dringend nicht von den derzeitigen Verhältnissen auszugehen. Es ist sehr wohl anzunehmen, dass sich die Marktverhältnisse kurzfristig vollkommen ändern und insbesondere Zementdachziegel in unserem Gebiet nicht mehr gefragt werden. Der Zementdachziegel hat sich in unserem Gebiet jedenfalls die lange zurückliegende Zeit über nicht durchsetzen können und ich bin der festen Überzeugung, dass sehr bald die Nachfrage nach Zementdachziegeln aufhören wird. Wenn auch von französischer Seite aus vor allem die Dachziegelproduktion gefördert werden soll, so bitte ich doch darauf hinzuweisen, dass beispielsweise Leichtbauplatten, Mauersteine, Terrazzo-Platten, Zementröhren, Kabelformstücke und Kaminsteine mindestens genauso dringend begehrt werden und die für die Herstellung dieser Produkte gut eingerichteten Betonwerke auch für ihre eigentliche Fertigung Zuteilungen bekommen sollen.

Ich halte mich als Obmann der Fachvereinigung verpflichtet, Sie zu bitten, eine sofortige Entscheidung herbeizuführen.

Hochachtungsvoll!
H. Kemmler

Text aus: Staatsarchiv Sigmaringen, Wü 140 T2 Nr. 1026

10. Peter Kemmler – Ein Porträt, Text von Marc, Tilman, Fee und Annette Kemmler zum 60. Geburtstag von Peter Kemmler im Mai 1997

Wenn Peter Kemmler jetzt 60 wird, dann ist seine Firma fast 90. Und die steuert er schon seit 40 Jahren. Eigentlich heißt es ja, dass die dritte Generation das Sach' wieder verkommen lässt. Aber das kann hier niemand behaupten. Im Gegenteil.

Er ist davon überzeugt, dass man als Kaufmann vor allem sein Mundwerk einsetzen muss, um etwas in Bewegung zu bringen. Argument an Argument reihend spricht er betont und klar, manchmal witzig und immer so, dass ihm zugehört und dass er verstanden wird. Nachgedacht hat er vorher. Und zwar, wie er zu sagen pflegt, mit dem Kopf und nicht mit dem Bauch.

Der Bauch kommt bei ihm aber auch immer wieder ins Spiel. Nämlich dann, wenn es ums schnelle Entscheiden geht. Denn präzise ausrechnen lässt sich im Geschäft eben beileibe nicht alles.

Peter Kemmler bemüht sich, immer freundlich zu sein. Gelegentlich merkt man ihm an, dass ihn das anstrengt. Aber der gute Wille ist nun einmal anstrengend.

Wer allerdings glaubt, seine Freundlichkeit für Nachgiebigkeit halten zu können, der täuscht sich. Peter Kemmler fühlt sich für sein Unternehmen verantwortlich. Er geht zwar Kompromisse ein, aber niemals faule.

Es ist erstaunlich leicht, an ihn heranzukommen. Er hat kein Vorzimmer, seine Tür steht meist offen, und auch sein Telefon nimmt er selber ab. Außerdem hat er für wichtige Themen immer sofort Zeit, denn seinen Terminkalender hält er bewusst leer. Die Kehrseite davon ist, dass er oft gerade da auftaucht, wo man ihn am wenigsten vermutet.

Seine Lieblingsfarben sind leicht zu erraten: grün-gelb und rot-grün. Auch für ein frisches Kemmlit-Blau hat er viel übrig.

Auf Briefe von Peter Kemmler können seine Mitarbeiter und Geschäftspartner lange warten. Er schreibt nämlich keine. Viel lieber greift er zum Telefon, seinem wichtigsten Arbeitswerkzeug. Und im Zweifel fährt er gleich selber hin, wenn es irgendwo brennt.

Wenn er mit dem Auto fährt, dann ist er oft ins Nachdenken so vertieft, dass er nicht mehr weiß, auf welchem Weg er ans Ziel gekommen ist. Gut, dass er nur selten weit von Tübingen weg fahren muss. Und die meisten seiner Wege kennt sein Auto schon auswendig.

Beim Problemlösen ist er ein Meister der Vereinfachung. Am liebsten malt er nämlich die Alternativen entweder pechschwarz oder aber schneeweiß. Die Farbtöne dazwischen blendet er dann aus. Vielen, die mit ihm zu tun haben, hilft das sehr beim Entscheiden. Ihm selber auch.

Peter Kemmler hat Glück, dass ihm sein Beruf keine Handarbeit abverlangt. Denn mit den Händen ist er nicht gerade sehr geschickt. Aber er hat ja Volkswirtschaft studiert. Und am besten hat er in der Vorlesung aufgepasst, in der es um die großen Vorteile der Arbeitsteilung ging. Demnach soll jeder nur das machen, was er am besten kann. Das praktiziert er seitdem konsequent, fast schon radikal. Und dass er dabei trotzdem nicht verhungert, das verdankt er wie so manches seiner Frau.

Mit Papier muss man bei ihm vorsichtig sein. Am besten, man gibt ihm von Original-Unterlagen nur Kopien. Denn entweder wirft er Papier sofort wieder weg, oder er muss es nachher lange suchen. Ordnung hält er nur im Kopf. Dass er dort etwas nicht wiederfindet, das ist eher unwahrscheinlich.

Wichtige Dinge, die erledigt er immer zuerst. Und sein Gespür für das Wichtige ist sehr ausgeprägt. Da täuscht er sich selten. Man mag das gelegentlich bedauern.

»Peter« kommt von »Fels«. Bockelhart, aber man kann drauf bauen.

Peter Kemmler weiß immer, um was es geht, wo der Kern des Problems ist. Und mit einer großen Geduld versucht er, seine Überzeugungen seinen Gesprächspartnern zu vermitteln. Doch er hört auch zu. Wenn er aber einmal eine Entscheidung getroffen hat, bedarf es kräftiger Argumente, um ihn von seiner Meinung wieder abzubringen. Das ist auch gut so. Denn ein Firmenchef darf nicht schwanken wie ein Rohr im Wind, weil sonst die Gefahr besteht, dass auch die anderen zu wackeln anfangen.

Kunst kommt für ihn von Können. Und das Können fasziniert ihn. Die Kunstwerke, mit denen er sich deshalb umgibt, können ihm gar nicht modern genug sein. Dafür muss er sie manchmal ein bisschen erklären.

Probleme löst Peter Kemmler am liebsten durch ausgiebiges Drüber-Schwätzen. Er umkreist dann sein Thema intensiv, mit großer Ausdauer und von allen Seiten. Und dabei siebt er so lange Lösungsmöglichkeit um Lösungsmöglichkeit aus, bis die beste übrig bleibt. Das kann etwas dauern, aber dafür geht danach alles sehr schnell.

Er wirkt in der Regel ruhig. Dennoch kann er sich, wie jeder engagierte Mensch, mächtig ärgern, wenn es nicht so geht, wie er will. Aber er lässt den Ärger meist nicht heraus. Und wenn er das doch tut, dann nur kurz.

Schlimme Laster hat er nicht. Im Gegenteil. Er lebt so gesund und diszipliniert, dass er einem fast schon leidtun könnte. Wenn man das Bücherlesen allerdings als Laster ansieht, dann hat er wohl doch eins. Aber dabei kann ja nichts passieren, außer dass einer klüger wird.

Auch das Trinken praktiziert Peter Kemmler nur in vernünftigen Maßen. Außer wenn es um Tee geht. Ihn da als Säufer zu bezeichnen, das ist sicher nicht übertrieben.

In der Schule waren seine Noten insgesamt keineswegs schlecht, außer in Mathematik. Da hat sein Stern nicht ganz so hell gestrahlt. Das hat aber nicht verhindert, dass er hervorragend beherrscht, was er bei Männern – und besonders bei Kaufmännern – für überlebenswichtig hält: Kopfrechnen.

Einen wichtigen Gegenpol bietet ihm da seine Frau. Denn ihre größten Stärken hat sie gerade in Bereichen, in denen man mit nüchternen Zahlen nicht mehr weiterkommt. Das bewundert er, ohne es so richtig zu verstehen. Eines hat er ihr allerdings nie ganz verziehen, nämlich dass sie ihm noch nicht mal ein kleines Zementwerk mit in die Ehe gebracht hat.

Überlegt man, was er wohl hätte sein mögen, dann ist die Antwort nicht schwer: in einem völlig freien und florierenden Markt der einzige Anbieter.

Peter Kemmler ist ein schwäbischer Unternehmer. Sparsam und vorsichtig, aber dann auch wieder wagemutig. Wenn man zu ihm kommt und für eine neue Aktivität Geld will, dann hat er zunächst mal keins. Schon aus Prinzip. Er ist davon überzeugt, dass eine der wichtigsten Tätigkeiten eines Unternehmers gerade das Unterlassen ist. Ist eine Idee aber wirklich gut, dann investiert er gezielt und ohne dabei nur zu kleckern. Und das kann er auch, weil er vorher klug gewirtschaftet hat.

Jubiläen versucht er am liebsten unter den Teppich zu kehren, wenn man ihn lässt. Wird die Firma Kemmler beispielsweise 90, dann ist das für ihn vor allem ein guter Anlass, um aufs 100-Jährige zu sparen.

Peter Kemmler ist ehrgeizig. Aber der Ehrgeiz hört bei ihm merkwürdigerweise genau da auf, wo er bei vielen erst so richtig anfängt, nämlich beim Sport.

Wenn man sich fragt, wo er wohl hätte leben wollen, dann ist auch diese Antwort ganz leicht. In Tübingen und um Tübingen und um Tübingen herum. Auf Reisen hat sich für ihn erwiesen, dass es etwas Schöneres einfach nirgends gibt. Als Tübingen kürzlich auch offiziell zu Deutschlands lebenswertester Stadt gewählt wurde, da hat das niemand weniger gewundert als ihn.

Ihm liegt das Selbstlob nicht. Damit fehlt ihm eigentlich eine für einen Unternehmer wesentliche Fähigkeit, die da heißt: Schaff' was Rechtes und rede darüber. Er geht vielmehr selbstbewusst davon aus, dass die Firma Kemmler weithin bekannt ist. Gerade wenn es um die Werbung geht, lässt sich mit dieser Einstellung eine Menge Geld sparen.

Peter Kemmler gehört zu den wenigen Menschen, die die Wahrheit suchen und nicht einfach glauben, dass sie diese schon gefunden hätten und bloß noch den anderen beibringen müssten. Beim Suchen stellt er alles, was er sieht, in Frage. Mit Ausnahme und der Überzeugung, dass es ganz sicher irgendwie weitergeht. Da ist er Optimist.

Trotzdem rechnet er auch immer mit dem Schlimmsten. Und diese eigenartige Mischung aus Skepsis im Detail bei gleichzeitigem Optimismus im Ganzen, die sorgt dafür, dass er nie abhebt und doch auch nie verzagt. Beides bedient er gekonnt: Bremse und Gaspedal.

Ein Motto hat Peter Kemmler nicht. Aber wenn er eines suchen müsste, dann hieße es wahrscheinlich so: »Ich kann, weil ich will, was ich muss.«

Text aus: Firmenarchiv Kemmler

11. Rede von Peter Kemmler gehalten am 20.12.2006 im Studio der Württembergischen Philharmonie in Reutlingen anlässlich der Feier zu seinem 50-jährigen Firmenjubiläum

Seit 1956, also sage und schreibe seit 50 Jahren, befasse ich mich mittlerweile mit Baustoffen beim Kemmler. Wie unglaublich lange dieser Zeitraum von 50 Jahren ist, kann ich mir am ehesten an der Tatsache klarmachen, dass 1956 die meisten von Ihnen noch im Froschteich, also noch gar nicht auf der Welt waren.

Ich möchte Ihnen kurz ins Gedächtnis rufen, dass die Firma Kemmler bereits 1884 auf der Pulvermühle bei Dußlingen ihren Anfang genommen hat. Mein Urgroßvater Michael Pflumm hatte damals die Pulvermühle erworben. Er war es auch, der parallel zum Betrieb der Getreidemühle begann, Romanzement herzustellen.

Mein Großvater Johannes Kemmler heiratete Margarethe Pflumm, die Tocher des Firmengründers, und trat 1901 in das Unternehmen Pflumm ein. 1908 zog die Firma von Dußlingen an den heutigen Standort in der Reutlinger Straße in Tübingen um. Sie wurde damals von Michael Pflumm und Johannes Kemmler als Firma »Pflumm und Kemmler« geführt.

Mein Großvater Johannes Kemmler, ein Bauernsohn aus Wankheim, hat die junge Firma 1910 alleine übernommen. Dabei hat er mit seinen Mitarbeitern erfolgreich die Probleme des Ersten Weltkriegs mit der anschließenden Inflation und auch die Zeiten der Weltwirtschaftskrise nach 1929 gemeistert.

1939, also kurz vor Ausbruch des Zweiten Weltkriegs, übernahm mein Vater Dr. Hans Kemmler die Geschäftsführung. Er hatte die Zeit des Zweiten Weltkriegs und die damit zusammenhängenden Probleme zu bewältigen. Am Ende des Krieges wurde die Firma Kemmler in der Reutlinger Straße durch Bomben, die eigentlich auf die nebenan liegenden Kasernen gezielt waren, vollständig zerstört. Nach dem Krieg musste mein Vater mit seinen Mitarbeitern also den zerstörten Betrieb erst einmal mühsam wieder aufbauen.

Wie Ihnen sicherlich bekannt ist, erlitt mein Vater Ende Mai 1956 einen schweren Unfall und war ab da querschnittsgelähmt. Durch diesen Schicksalsschlag konnte er seine Aufgaben in der Firma nur noch sehr eingeschränkt wahrnehmen. Ich selbst hatte damals gerade mein Abitur abgeschlossen. Notgedrungen musste ich ab dem Moment des Unfalls meinen Vater unterstützen. Mit 19 Jahren war ich noch blutjung und kaufmännisch völlig unerfahren. Plötzlich kamen unternehmerische Aufgaben auf mich zu – und ich hatte sie einfach zu erledigen. Aus heutiger Sicht ist erstaunlich, dass dies in der Regel problemlos geschah. Ich glaube, nach dieser eigenen Erfahrung sagen zu können, dass auch sehr junge Menschen große Verantwortung tragen können, wenn man sie entsprechend fordert.

Vor 50 Jahren sah der Baustoffmarkt noch völlig anders aus als heute. Wir müssen uns vorstellen, dass es damals zum Beispiel noch keine Gabelstapler gab, sie waren erst langsam im Kommen. Es gab auch noch lange keine Ladekrane auf den Lkws. Das bedeutete, dass jeder Baustoffumschlag immer mit harter Knochenarbeit verbunden war, mussten ja die schweren Produkte alle von Hand bewegt werden.

Die Lager- und Transportarbeiten wurden bei uns von »Ladetrupps« mit einem Kapo, der lesen und schreiben konnte, und zwei bis drei Hilfskräften, die meist nicht lesen und schreiben konnten, bewältigt.
Für diese Arbeiten waren nur robuste und starke Männer geeignet, die morgens vor Arbeitsbeginn in der Kantine mit den ersten Bieren die notwendige Kraft für die Tagesarbeit sammelten. Für uns ist heute unvorstellbar: 1956 gab es noch keine Elektronik und keine Computer. Die Rechenaufgaben mussten mit mechanischen Rechenmaschinen und Rechenschiebern bewältigt werden.

Die Baubranche hatte durch ihre schwere und zum Teil dreckige Arbeit bei Wind und Wetter überwiegend ein schlechtes Image. Andere Branchen konnten gegenüber uns in der Regel sauberere und besser bezahlte Arbeitsplätze bieten. Häufig sind gute Leute von uns von einer Stunde zur anderen zu vermeintlich besseren Arbeitsplätzen in andere Firmen gewechselt. Mit dem schlechten Image unserer Branche hatten wir deshalb lange Zeit große Mühe, gute Mitarbeiter zu gewinnen.

Fragen wir uns: Wie hat vor 50 Jahren die Firma Kemmler ausgesehen? Die Firma Kemmler hat damals etwa 175 Personen beschäftigt. Sie war auf dem alten Grundstück in der Reutlinger Straße in Tübingen angesiedelt und hatte lediglich eine Niederlassung in Stuttgart und einen weiteren kleinen Standort in Münsingen. Aus heutiger Sicht hat die Firma damals extrem viele Geschäftsaktivitäten nebeneinander betrieben.

Von Anfang an war die Firma Kemmler ein Betonwerk. Als ich in die Firma kam, bildete die Produktion von Betonwaren immer noch den geschäftlichen Schwerpunkt. Hauptprodukt waren 1956 Spannbetonträgerdecken mit der dazugehörigen Fertigung von Deckensteinen. Mit einer großen Steinfertigungsanlage wurden Hohlblocksteine hergestellt, deren Rohstoff Bims per Eisenbahn aus dem Neuwieder Becken antransportiert wurde. Traditionell wurden im Betonwerk außerdem Einmeter-Betonrohre, Betonschächte und Konusse sowie Kabelsteine produziert. Eine Fertigung von Terrazzoplatten mit dazugehöriger Kunststeinfertigung und dem notwendigen Formenbau gehörten seit jeher zum Produktionsprogramm. Als ich in die Firma kam, war obendrein gerade eine neu investierte Produktionsanlage für Holzwolle-Leichtbauplatten in Betrieb gegangen.

Ein wichtiger Produktionszweig war bereits die Trennwandfertigung von Kemmlit, in der vorwiegend der alte Typ A produziert wurde. Zu diesen Produktionen kamen voll ausgebaute Betriebswerkstätten. So hatten wir eine große Schreinerei, eine Schlosserei, eine Elektrowerkstatt und vor allem eine voll funktionsfähige Kraftfahrzeugwerkstatt. Kemmler hatte außerdem seit jeher einen eigenen Fliesenverlegebetrieb, in dem seinerzeit etwa 30 überwiegend bei Kemmler ausgebildete Fliesenleger beschäftigt waren. Eine zusätzliche wichtige Geschäftsaktivität bestand im Transport von Gipssteinen, die wir aus dem Gäu bei Wurmlingen mit sechs bis acht Lkws zur Verarbeitung in die Zementwerke von Schwenk und Heidelberger Zement ins Blautal fuhren.

Wie wir uns leicht ausmalen können, hat der Baustoffhandel neben diesen vielfältigen Geschäftsfeldern im Produktionsbereich eine vergleichsweise bescheidene Rolle gespielt. Das war für die Baustoffhandelsbranche in dieser Zeit nicht untypisch, denn der Baustoffhandel hatte insgesamt noch eine geringe Bedeutung. Die Baustoffhersteller waren nämlich traditionell klein und regional orientiert und haben ihre Produkte meist ohne Einschaltung des Handels direkt an die Verarbeiter vermarktet. Dies blieb bis Mitte der 60er Jahre so, da der stark wachsende

Markt den Herstellern keine Absatzprobleme brachte. Baustoffe verkauften sich, grob gesagt, von alleine.

Erst als die Produktionskapazitäten der Industrie vergrößert wurden, musste aktiver verkauft werden. Diese Entwicklung wurde von den Herstellern zunächst regelmäßig mit dem Ausbau eigener Verkaufsorganisationen und häufig mit dem Errichten von Werksauslieferungslagern beantwortet. Die Hersteller haben also lange die Handelsfunktionen selbst ausgeübt. Das bedeutete, dass die Baustoffindustrie eine sehr starke Marktposition hatte, der Baustoffhandel hingegen eine verhältnismäßig schwache. Logischerweise hat diese Konstellation dem Baustoffhandel nur geringe Renditen ermöglicht.

Dieser Zustand hat sich erst allmählich geändert. Die Baustoffindustrie hat immer größere und kapitalintensivere Produktionsbetriebe aufgebaut, durch die immer mehr kleine und unwirtschaftliche Betriebe geschlossen wurden. Je größer aber ein Produktionsbetrieb ist, desto größer muss sein Absatzradius sein und umso mehr braucht er den Handel.

Zur Stärkung des Baustoffhandels hat auch beigetragen, dass die Nachfrage immer differenzierter wurde. Möglichst kleine Mengen sollen rechtzeitig an die Baustellen geliefert werden. Die schnelle und möglichst fehlerlose Logistik ist die Chance des Baustoffhandels gegenüber der Baustoffindustrie und selbstverständlich auch gegenüber den Abnehmern.

Schauen wir uns noch einmal den Baustoffhandel im Jahr 1956 an. Da kommen wir zu dem Ergebnis, dass die Firma Kemmler in dieser Zeit noch ein durchschnittlicher Feld-Wald-und-Wiesen-Baustoffhändler war. Kemmler hatte allerdings schon eine einzige und gerade deshalb sehr wichtige Spezialisierung betrieben: Im Vertrieb von Eternit war Kemmler Spezialist und eindeutiger Marktführer. Ich konnte damals schon die klare Erkenntnis gewinnen, dass die Spezialisierung und daraus resultierende Marktführerschaft die besten Erfolgschancen bringt.

Wenn wir bedenken, was Kemmler vor 50 Jahren alles gleichzeitig machte, liegt die Schlussfolgerung nahe, dass fast nichts optimal organisiert und strukturiert war. Wenn Kemmler trotzdem unter diesen Umständen Geld verdient hat, lag das zweifellos an einem sehr hohen Marktpreisniveau, das durch die große Nachfrage nach Baustoffen in der Zeit des Wiederaufbaus bedingt war. Dieses Preisniveau ließ offensichtlich auch suboptimal strukturierte Betriebe leben. Man kann sagen, dass der boomende Markt viele Fehler verziehen hat.

Es war für mich bei genauerer Analyse klar, dass wir für die Zukunft großen Änderungsbedarf in unseren Aktivitäten hatten. Vieles und dabei nichts richtig zu machen, hatte keine Zukunft. Ich habe deshalb sehr früh als Zielsetzung formuliert: Kemmler muss in allen seinen Aktivitäten gleich gut oder besser als der beste Wettbewerber werden. Das verlangte einerseits die Konzentration auf zukunftsfähige Aktivitäten und damit gleichzeitig die Beendigung der Aktivitäten, die keine echte Chance hatten. Zukunftsfähigkeit bedeutet vor allen Dingen Spezialisierung und Größe.

Wenn wir heute die Firma Kemmler betrachten, können wir klar feststellen, dass wir von diesen Zielsetzungen inzwischen sehr viel erreicht haben. In unseren Produktionsbetrieben im Betonwerk in Hirschau und bei Kemmlit in Dußlingen haben wir fast überall die kritische Größe und Kompetenz erreicht, um mit allen Wettbewerbern mithalten zu können. In wichtigen Bereichen sind wir Markt- und Kostenführer.

Im Handel haben wir gerade in den letzten Jahren unsere Marktposition als Nummer 1 in Baden-Württemberg ausbauen und festigen können. Die Expansion mit neuen Niederlassungen und die gleichzeitig verstärkte Spezialisierung haben dazu beigetragen. Damit sind unsere Chancen gestiegen, uns vom Wettbewerb positiv abzuheben und in der Wertschöpfungskette zwischen Herstellern und Verarbeitern immer unentbehrlicher zu werden. Dies gibt uns mit Sicherheit die Chance, unsere Umsätze und Ergebnisse weiter zu verbessern.

Wenn ich von hier aus auf die Firma schaue, muss ich Ihnen sagen, dass ich über die weitere gute Entwicklung von Kemmler nie so sicher war wie heute. Wenn wir keine großen Fehler machen, können wir zukünftig dynamisch und ertragreich wachsen.

Wenn ich auf unsere gute Entwicklung in den letzten 50 Jahren zurückblicke, muss ich feststellen, dass wir in vielerlei Hinsicht auch vom Glück begünstigt wurden: So sehe ich es als ein Glück an, dass wir in der nicht nur wirtschaftlich, sondern auch in fast allen sonstigen Lebensbereichen gesündesten Region Deutschlands arbeiten. So sehe ich es auch als ein Glück an, dass wir keine genialen Wettbewerber hatten und haben. Und nicht zuletzt sehe ich es als ein Glück an, dass mir krasse Fehlentscheidungen erspart geblieben sind. Im Gegensatz zu den meisten Wettbewerbern haben wir zum Beispiel nach der Wiedervereinigung keine Ressourcen in den Neuen Bundesländern vergeudet.

Meine sehr geehrten Damen und Herren, das Jahr 2006 haben wir mit dem besten Ergebnis in der Firmengeschichte abgeschlossen. Ein größeres Geschenk konnten Sie mir in meinem Jubiläumsjahr nicht machen. Dafür gebührt Ihnen ein großes Kompliment, und ich will mich bei Ihnen ganz herzlich für dieses stolze Ergebnis bedanken.

Text aus: *Kemmler aktuell*, Ausgabe 2007/1, S. 4–7

11. Interview mit Peter Kemmler für *Kemmler aktuell*, Ausgabe 2007/1

Tübingen. Im Alter von 19 Jahren wechselte Peter Kemmler 1956 direkt von der Schulbank in die Geschäftsführung des damals noch als »Pflumm und Kemmler«

firmierenden Unternehmens. Kurz vor dem Jahresende 2006 feierte der Firmenlenker sein 50-jähriges Jubiläum als Unternehmer. Für *Kemmler aktuell* blickt er zurück auf eine bewegte Zeit.

Herr Kemmler, durch den tragischen Unfall Ihres Vaters mussten Sie bereits als Teenager im Frühjahr 1956 von einem Tag auf den anderen überaus viel Verantwortung übernehmen. Wie haben Sie das damals empfunden?

»Im Mai hatte ich mein Abitur in der Tasche. Drei Wochen später saß ich in der Geschäftsführung. Als mein Vater mit Mitte vierzig verunglückte, war ich unter uns vier Geschwistern der Zweitälteste und der Einzige, der Kaufmann werden wollte. Das hat mich prädestiniert für die Nachfolge meines Vaters. Aber ich war völlig unvorbereitet für die Aufgaben, die ich zu übernehmen hatte. Ich bin ins kalte Wasser gesprungen und habe gemacht, was gemacht werden musste, ohne viel darüber nachzudenken. So bin ich nach und nach in die Rolle als Unternehmer hineingewachsen. Ich empfand es als Schicksal, so früh Verantwortung übernehmen zu müssen, niemals als Pflicht.«

Inwieweit hat Ihr Vater im Hintergrund noch weiter die Fäden gezogen und Ihnen bei Entscheidungen zur Seite gestanden?

»Mein Vater konnte mir drei Jahre lang überhaupt nicht helfen, da er überwiegend im Krankenhaus lag. Im Umgang mit meinem Vater stellte der Unfall für mich einen radikalen Bruch dar. Bis zu diesem Tag ist er die Autorität in der Familie gewesen. Und plötzlich war die Situation umgekehrt. Den Vater als Vorbild gab es nicht mehr. Ich musste sagen, was geschehen sollte. Für mich war das eine ungewohnte und seltsame Situation. Das Schlimmste allerdings war, dass mein Vater durch den Unfall und die Querschnittslähmung seine positive Lebenseinstellung verloren hatte. Daher war das Verhältnis zu meinem Vater für mich in dieser Zeit eher belastend.«

Nur wenige Monate, nachdem Sie die Führung des Unternehmens übernommen hatten, haben Sie im Herbst 1956 ein Studium der Volkswirtschaft in Tübingen begonnen. Wie sind Sie mit dieser Doppelbelastung zurechtgekommen?

»Der Druck auf mich ist durch das Studium natürlich enorm angewachsen. Während die Kommilitonen das Studentenleben genießen konnten, hatte ich in der mir verbleibenden Zeit die Firma zu führen. Trotzdem habe ich mein Studium sehr schnell und mit einem guten Ergebnis abgeschlossen. Eine muntere Studentenzeit war das allerdings nicht.«

Wie haben Sie das Unternehmen damals geführt?

»Ich musste in diesen ersten Jahren viele wichtige Dinge alleine entscheiden. Mir hat sehr geholfen, dass die Firma gut eingefahrene und funktionierende Strukturen hatte. In diesen frühen Jahren konnte ich mir daher gewisse Anfängerfehler leisten. Diese waren fast unvermeidlich, aber für mich sehr lehrreich. Mein Glück war, dass die Konkurrenz noch mehr Fehler begangen hat. Wenn ich heute zurückblicke, glaube ich, dass wir gerade auch durch diese Fehler der Konkurrenz groß geworden sind.

Einen Einstieg in die Unternehmensleitung ohne jede Erfahrung, wie ich es tun musste, halte ich heutzutage für undenkbar. Der Markt hat damals noch Fehler verziehen. In den Aufbaujahren lief es ja wie von selbst. Ich hatte sicherlich auch viel Glück. Aber, wie sagt man so schön, das Glück gehört den Tüchtigen.«

Hatten Sie als junger Unternehmer Vorbilder?

»Ja, das Textilhaus Breuninger in Stuttgart. Breuninger ist das größte deutsche Textilhaus an einem Standort. Ich fand Breuninger als Handelsunternehmen sehr faszinierend.

Von Breuninger habe ich zwei wesentliche Dinge gelernt, die ich auch für Kemmler angestrebt habe: Größe und Spezialisierung. Allerdings gab es auch im eigenen Unternehmen einen für mich wegweisenden Bereich. Mein Vater hatte sich vor dem Krieg die Generalvertretung für Eternit für Baden-Württemberg gesichert. Als Marktführer verdienten wir in diesem Bereich sehr gut.

Auf der Grundlage dieser Erfahrung war es mein Ziel, den Baustoffhandel auszubauen. Im Baustoffhandel, der damals noch viel kleiner als unsere Produktion war, sah ich ein großes Potenzial.«

Sie blicken jetzt auf ein halbes Jahrhundert an der Spitze des Unternehmens zurück. Welches Jahrzehnt war für Sie das schwierigste?

»Vom Markt her war das letzte Jahrzehnt das schwierigste, zugleich aber auch unsere Chance zur Expansion. Wenn wir die Geschichte der Firma betrachten, dann waren die 60er Jahre eindeutig die schwersten. Das war für uns ein Jahrzehnt der Unsicherheit und geprägt von wichtigen strategischen Entscheidungen, die eine Umstrukturierung des gesamten Unternehmens einleiteten. Der Baustoffhandel war damals nicht das größte Geschäftsfeld im Unternehmen. Das ist er erst in den 70er Jahren geworden.

Um Entwicklungsmöglichkeiten für alle Geschäftsfelder zu schaffen, haben wir die Betonfertigteile- und die Trennwandproduktion Anfang der 60er Jahre nach Hirschau und Dußlingen ausgelagert. Der Standort in der Reutlinger Straße in Tübingen gehörte von da an ganz dem Handel.

Mein größtes Problem war die Finanzierung des Wachstums. Wir mussten all diese großen Veränderungen mit wenig Geld in Angriff nehmen. Ich hatte ein Schlüsselerlebnis nach dem Bau des Betonwerks. Bei der Besichtigung des Neubaus sagte mir ein Bankier direkt ins Gesicht, dass ich mir bloß nicht einbilden solle, dass mir vom neuen Werk irgendetwas gehören würde. Das war mir eine frühe Lehre. Von da an wollte ich unabhängig von Banken werden. Heute investiert die Firma nur aus eigenen Mitteln. Alle Anlagegüter gehören uns.«

In den 90er Jahren lockte in den Neuen Bundesländern ein neuer Markt. Warum sind Sie damals nicht in den Osten gegangen wie einige Ihrer Konkurrenten?

»Für mich war dies nie eine Frage, über die ich nachgedacht habe. Meine Grundentscheidung stand fest. Ich wollte, dass wir konzentrisch und gesund um Tübingen herum wachsen. Ich war davon überzeugt, dass es nicht zu meiner Firmenkonstruktion passte, Hunderte von Kilometern entfernt etwas Neues aufzubauen. Im Nachhinein war das genau die richtige Entscheidung. Es stimmt, am Anfang konnte man in den Neuen Bundesländern gute Geschäfte machen. Das hat sich aber schnell geändert. Die Erwartungen der Konkurrenz haben sich zumeist nicht erfüllt. Während wir in diesen Jahren gesund gewachsen sind, haben viele unserer Konkurrenten ihre Niederlassungen im Osten mittlerweile wieder geschlossen oder verkauft.«

Erfüllt es Sie mit Stolz, wenn Sie auf Ihr Lebenswerk zurückblicken?

»Stolz ist der falsche Ausdruck. Ich würde sagen, ich bin zufrieden, dass wir es geschafft haben, uns im Wettbewerb so zu platzieren, dass wir heute zu Recht sagen können: Wir sind der Marktführer im Baustofffachhandel in unserer Region. Kemmlit ist Marktführer bei den Sanitär-Trennwandsystemen in Deutschland. Und Beton Kemmler nimmt eine führende Marktposition bei den Betonprodukten ein.

Persönlich befriedigt mich, dass die Baustoffbranche es heute vom Image her mit jeder anderen Branche aufnehmen kann. Vor 50 Jahren noch hatte sie ein fürchterliches Image. Das war harte körperliche Arbeit mit staubigen und dreckigen Materialien. Eine Aufgabe für Männer mit rauen Umgangsformen.«

Sehen Sie sich als Patriarchen?

»Ein Patriarch ist jemand, ohne den nichts läuft. Einer, der überall mitmischt. Das trifft auf mich nicht zu. Ich habe schon früh angefangen, möglichst viel zu delegieren. Das hatte auch mit meinem Einstieg als unerfahrener 19-Jähriger zu tun. Heute sehe ich diese auf Delegation beruhende Führung als einen unserer größten Erfolgsfaktoren an. Vertrauen baut gute Leute auf. Ich habe immer darauf gesetzt, dass gute Leute das in sie gesetzte Vertrauen nicht missbrauchen und in einem von Angst freien Klima an ihren Aufgaben wachsen werden. Mir wäre es nie eingefallen, tägliche Kontrollen durchzuführen. Das heißt nicht, dass ich die Entwicklungen nicht verfolgt hätte. Aber man sah mich nicht immer. Da es in einer großen Organisation auf die vertrauensvolle Zusammenarbeit eines ganzen Managementteams ankommt, hilft patriarchalische Führung nicht weiter.«

Vor fünf Jahren sind Sie in den Beirat gewechselt. Fällt es schwer loszulassen?

»Nein, man muss loslassen können. Trotzdem bin ich auch heute noch über alle wichtigen Dinge im Unternehmen voll informiert. Aber ich gestalte mir den Tag frei. Der Kontakt zu meinem Sohn Marc ist allerdings sehr eng.«

Haben Sie Ihren Sohn gezielt auf Ihre Nachfolge vorbereitet?

»Im Gegenteil. Ich habe versucht, ihn möglichst spät mit der Firma in Berührung zu bringen, damit er sich frei entwickeln kann. Wenn er beruflich etwas anderes hätte machen wollen, dann hätte er dies natürlich auch tun können. Aber es hat sich nach und nach herauskristallisiert, dass er mein Nachfolger werden würde. Vor 14 Jahren ist er in das Unternehmen eingetreten.«

Wie wichtig war Ihre Frau für Ihren geschäftlichen Erfolg?

»Sie hat mich immer sehr unterstützt. Darüber hinaus hat sie bei der Gestaltung der Fliesen-Ausstellungen federführend mitgewirkt. Meine Frau ist eine Ästhetin und liebt die Kunst. Heute hängt in allen Niederlassungen moderne Kunst. Das schafft eine über das Geschäftliche hinausgehende positive Atmosphäre.«

Welchen Tipp geben Sie jungen Leuten?

»Ehrlichkeit sich selbst und anderen gegenüber ist wichtig. Ohne sie ist kein Vertrauen möglich.«

Text aus: *Kemmler aktuell*, Ausgabe 2007/1, S. 1–3.

Quellen- und Literaturverzeichnis

1. Quellen

Familienarchiv Kemmler

Fotosammlung
Privatunterlagen Hans Kemmler

Firmenarchiv Kemmler

Johannes Kemmler: Geschichte der Firma Pflumm & Kemmler, Tübingen, von 1884–1940 (datiert 1941)
Bilanzbücher 1911–1948
Geschäftsunterlagen Hans Kemmler
Dok. 1957
Dok. 1969, 2 Bde.
Dok. 1987, 9 Bde.
Dok. 1997, 10 Bde.
Kemmler aktuell – Pressemitteilungen der Kemmler-Gruppe, Jg. 2003–2009

Gemeindearchiv Dußlingen

A 289: Verzeichnis der in der Gemeinde Dußlingen vorhandenen, der Gewerbeaufsicht unterstehenden gewerklichen Betriebe
A 290: Materialien bezüglich Anzeige der Beschäftigung jugendlicher Arbeiter
A 291: Arbeitsordnungen
B 346: Kaufbuch
B 292: Unterpfandsprotokoll

Hauptstaatsarchiv Stuttgart

M 17: Intendantur XIII. Armeekorps
M 201: Aktive Pioniertruppen: Linien-Bataillon und Kompanien
EA 6: Wirtschaftsministerium Württemberg

Staatsarchiv Ludwigsburg

E 177 I: Kreisregierung Reutlingen Verwaltungsakten
EL 902/20: Spruchkammer Stuttgart

Staatsarchiv Sigmaringen

Wü 65/36: Oberamt/Landratsamt Tübingen
Wü 140: Wirtschaftsministerium Württemberg-Hohenzollern

Stadtarchiv Reutlingen

Bestand Gemeindearchiv Betzingen
Bestand Gemeindearchiv Mittelstadt
Ortsarmenpflege
Städtisches Tiefbauamt

Stadtarchiv Tübingen

A 75: Gemeinderat
A 150: Stadtregistratur
A 582: Gewerbesteuerakten
A 608: Gewerbesteuerakten
D 150: Fotosammlung
ZGS: Zeitgeschichtliche Sammlung

Universitätsbibliothek Tübingen

Tübinger Chronik 1884–1945
Adressbuch der Oberamts- und Universitätsstadt Tübingen 1886–1950
    (verschiedene Ausgaben)

2. Nachweis der Bilder

Firmenarchiv Kemmler: S. 38, 40, 45, 50, 51, 58, 66, 70, 82, 84, 86, 89, 100, 101, 102, 106, 108, 140, 142, 151, 153, 154, 158, 159, 160, 163, 164, 165, 167, 170, 171, 173, 174, 175, 176, 177, 180, 181, 182, 184, 185, 186, 187, 188, 190, 191, 192, 194, 195, 196, 197, 200, 203, 208, 209, 215, 220, 221, 222, 225, 229, 232
Stadtarchiv/Stadtmuseum Tübingen: S. 26, 29, 62, 115, 143
Adressbuch der Oberamts- und Universitätsstadt Tübingen: S. 83

3. Datengrundlage der Schaubilder

Firmenarchiv Kemmler: S. 69, 73, 96, 97, 98, 107, 138, 157, 172, 179, 186, 198, 199, 202, 219, 226, 228, 233, 236
Statistisches Landesamt: S. 207, 234
Eurobaustoff: S. 235
Peter May: S. 155

4. Interviewmaterial

Peter und Dr. Marc Kemmler: 16.12.2006, 27.01.2007, 25.03.2007, 07.05.2007, 21.05.2007, 18.06.2007, 18.07.2007, 23.10.2007, 17.12.2007, 15.01.2008, 09.02.2009, 12.02.2009, 17.02.2009, 20.02.2009, 06.03.2009, 19.03.2009, 21.03.2009, 02.04.2009, 21.04.2009, 05.05.2009, 15.06.2009, 16.06.2009, 06.07.2009, 15.07.2009, 23.10.2009, 02.12.2009, 19.12.2009
Karl Gölz: 12.11.2007
Dr. Heinz Dettling: 12.11.2007
Helmut Nill 13.11.2007
Walter Köpschall: 19.11.2007
Fritz Nübling: 22.11.2007
Bernd Rinn: 26.11.2007
Klaus Schiebel: 10.12.2007
Ludwig Kautt: 11.12.2007
Manfred Paetz: 13.12.2007
Peter Höcklen: 22.01.2008
Heinz Duppel: 29.01.2008

5. Gedruckte Quellen und Literatur

Abelshauser, Werner: *Deutsche Wirtschaftsgeschichte seit 1945.* Bonn/München 2004.
Albrecht, Helmuth: *Kalk und Zement in Württemberg. Industriegeschichte am Südrand der Schwäbischen Alb.* Ubstadt-Weiher 1991.

Ambrosius, Gerold/Petzina, Dietmar/Plumpe, Werner (Hrsg.): *Moderne Wirtschaftsgeschichte. Eine Einführung für Historiker und Ökonomen.* München 1996.
Anderson, R. C./Reeb, D. M.: »Founding Family Ownership and Firm Performance. Evidence from the S&P 500«. In: *Journal of Finance* 58 (2003), S. 1301–1327.
Berghoff, Hartmut: *Moderne Unternehmensgeschichte. Eine themen- und theorieorientierte Einführung.* Paderborn u. a. 2004.
Berghoff, Hartmut: »Historisches Relikt oder Zukunftsmodell? Kleine und mittelgroße Unternehmen in der Wirtschafts- und Sozialgeschichte der Bundesrepublik Deutschland«. In: Ziegler, Dieter (Hrsg.): *Großbürger und Unternehmer. Die deutsche Wirtschaftselite im 20. Jahrhundert.* Göttingen 2000, S. 249–282.
Berghoff, Hartmut: *Zwischen Kleinstadt und Weltmarkt: Hohner und die Harmonika 1857–1961. Unternehmensgeschichte als Gesellschaftsgeschichte.* Paderborn u. a. 1997.
Berghoff, Hartmut: »Unternehmenskultur und Herrschaftstechnik. Industrieller Paternalismus. Hohner von 1857 bis 1918«. In: *Geschichte und Gesellschaft* 23 (1997), S. 167–204.
Berghoff, Hartmut/Vogel, Jakob (Hrsg.): *Wirtschaftsgeschichte als Kulturgeschichte. Dimensionen eines Perspektivwechsels.* Frankfurt am Main 2004.
Beschreibung des Oberamts Tübingen. Hrsg. v. Königlichen statistisch-topographischen Bureau. Stuttgart 1867.
Blattner, Evamarie/Wiegmann, Karlheinz (Hrsg.): *Stadtbild – Weltbild. Tübinger Stadtansichten des 16. bis 19. Jahrhunderts.* Tübingen 2009.
Boelcke, Willi A.: »Die industrielle Revolution«. In: Wehling, Hans-Georg/Hauser-Hauswirt, Angelika (Hrsg.): *Die großen Revolutionen im deutschen Südwesten.* Stuttgart 1998. S. 85–98.
Boelcke, Willi A.: *Sozialgeschichte Baden-Württembergs 1800–1989. Politik, Gesellschaft, Wirtschaft.* Stuttgart 1989.
Boelcke, Willi A.: *Wirtschaftsgeschichte Baden-Württembergs von den Römern bis heute.* Stuttgart 1987.
Buchheim, Christoph: »Zur Natur des Wirtschaftsaufschwungs in der NS-Zeit«. In: *Zerrissene Zwischenkriegszeit. Wirtschaftshistorische Beiträge. Knut Borchardt zum 65. Geburtstag.* Hrsg. v. Christoph Buchheim u. a. Baden-Baden 1994, S. 97–119.
Budraß, Lutz: *Lenze, Hameln und die Welt. Die Geschichte eines Familienunternehmens.* Hameln 2004.
Bundesverband Baustoffe – Steine und Erden e. V. (Hrsg.): *Konjunkturperspektiven 2008.* Berlin 2008.
Buzzell, Robert D./Gale, Bradley T.: *The PIMS Principles. Linking Strategy To Performance.* New York 1987.
Chandler, Alfred D.: *Scale and Scope. The Dynamics of Industrial Capitalism.* Cambridge Mass./London 1990.

Chandler, Alfred D.: *The Visible Hand. The Managerial Revolution in American Business.* Cambridge Mass./London 1977.
Cramer, Dietmar u. a.: *... eine Fabrik verschwindet. Die Geschichte und das Ende der Portland-Cementfabrik Blaubeuren.* Hrsg. v. d. Heidelberger Zement AG. Ulm 2001.
Cramer, Dietmar u. a.: *Von Menschen und Zement. Die Geschichte des Zementwerks Leimen.* Hrsg. v. d. Heidelberger Zement AG. Ulm 2001.
Das Königreich Württemberg 1806–1918. Monarchie und Moderne. Katalog zur Großen Landesausstellung vom 22.9.2006 bis 4.2.2007. Stuttgart 2006.
Das Königreich Württemberg. Eine Beschreibung nach Kreisen, Oberämtern und Gemeinden. Hrsg. v. Kgl. Statistischen Landesamt. Zweiter Band. Schwarzwaldkreis. Stuttgart 1905.
Gförer, Wilhelm (Hrsg.): *Der Kreis Tübingen.* Stuttgart 1988.
DGB Tübingen (Hrsg.): *Arbeitertübingen. Zur Geschichte der Arbeiterbewegung in einer Universitätsstadt.* Tübingen 1980.
Dopfer, Thomas: *Der westdeutsche Wohnungsmarkt. Ein dynamisches Teilmarktmodell.* München 2000.
Dostert, Elisabeth (Hrsg.): *Dynastien und Newcomer. Porträts deutscher Familienunternehmen.* Heidelberg 2006.
Drucker, Peter F.: *Was ist Management? Das Beste aus 50 Jahren.* München 2002.
Dußlingen 888–1988. Aus Vergangenheit und Gegenwart einer schwäbischen Gemeinde im Steinlachtal. Hrsg. v. d. Gemeinde Dußlingen. Tübingen 1988.
Enzyklopädie Erster Weltkrieg. Hrsg. v. Gerhard Hirschfeld, Gerd Krumeich, Irina Renz in Verbindung mit Markus Pöhlmann. Paderborn 2003.
Erker, Paul: *Das Logistikunternehmen Dachser. Die treibende Kraft der Familie als Erfolgsfaktor im globalen Wettbewerb.* Frankfurt am Main 2008.
Erker, Paul: *Dampflok, Daimler, DAX. Die deutsche Wirtschaft im 19. und im 20. Jahrhundert.* Stuttgart/München 2001.
Erker, Paul: *Industrieeliten in der NS-Zeit. Anpassungsbereitschaft und Eigeninteresse von Unternehmen in der Rüstungs- und Kriegswirtschaft 1936–1945.* Passau 1994.
Erker, Paul/Pierenkemper, Toni (Hrsg.): *Deutsche Unternehmer zwischen Kriegswirtschaft und Wiederaufbau. Studien zur Erfahrungsbildung von Industrie-Eliten.* München 1999.
Feldman, Gerald D.: »Die sozialen und politischen Grundlagen der wirtschaftlichen Mobilmachung Deutschlands 1914–1916«. In: Ders.: *Vom Weltkrieg zur Wirtschaftskrise. Studien zur deutschen Wirtschafts- und Sozialgeschichte 1914–1932.* Göttingen 1984, S. 16.
Festschrift zur 50-Jahr-Feier des Bundes Deutscher Baustoffhändler. Braunschweig 1953.
Fortschritt und Tradition. 100 Jahre GWG Tübingen 1899–1999. Hrsg. v. d. GWG – Gesellschaft für Wohungs- und Gewerbebau Tübingen mbH. Text von Wencke Meteling und Gerhard Breuninger. Tübingen 2000.

Fremde Arbeiter in Tübingen 1939–1945. Projektgruppe »Fremde Arbeiter« am Ludwig-Uhland-Institut für empirische Kulturwissenschaft Universität Tübingen. Tübingen 1985.

Frochte, Heribert: *Die Zementindustrie im Kartellrecht. Eine rechtshistorische Untersuchung*. Münster 1994.

Gall, Lothar (Hrsg.): *Krupp im 20. Jahrhundert. Die Geschichte des Unternehmens vom Ersten Weltkrieg bis zur Gründung der Stiftung*. Berlin 2002.

Gall, Lothar: *Krupp. Der Aufstieg eines Industrieimperiums*. Berlin 2000.

Gall, Lothar (Hrsg.): *Unternehmen im Nationalsozialismus*. München 1998.

Grau, Ute/Guttmann, Barbara: *Reinhold Würth. Ein Unternehmer und sein Unternehmen*. Künzelsau 2005.

Hahn, Hans-Werner: *Die Industrielle Revolution in Deutschland*. München 1998 (Enzyklopädie deutscher Geschichte Bd. 49).

Henke, Klaus-Dietmar: *Politische Säuberung unter französischer Besatzung. Die Entnazifizierung in Württemberg-Hohenzollern*. Stuttgart 1981 (Schriftenreihe der Vierteljahreshefte für Zeitgeschichte Nr. 42).

Hepach, Wolf-D.: *Schwenk 1847–1997. Fünf Generationen – Ein Werk*. Ulm 1997.

Herbert, Ulrich: *Geschichte der Ausländerpolitik in Deutschland. Saisonarbeiter, Zwangsarbeiter, Gastarbeiter, Flüchtlinge*. Bonn 2003.

Herbert, Ulrich (Hrsg.): *Europa und der »Reichseinsatz«. Ausländische Zivilarbeiter, Kriegsgefangene und KZ-Häftlinge in Deutschland 1938–1945*. Essen 1991.

Heuss, Theodor: *Robert Bosch. Leben und Leistung*. 7. Aufl. Tübingen 1982.

Hippel, Wolfgang von: »Wirtschafts- und Sozialgeschichte 1800 bis 1918«. In: *Handbuch der Baden-Württembergischen Geschichte. Im Auftr. der Kommission für geschichtliche Landeskunde in Baden-Württemberg hrsg. von Hansmartin Schwarzmaier. Bd. 3: Vom Ende des Alten Reiches bis zum Ende der Monarchien*. Stuttgart 1992. S. 477–784.

Hippel, Wolfgang von: *Auswanderung aus Südwestdeutschland. Studien zur württembergischen Auswanderung und Auswanderungspolitik im 18. und 19. Jahrhundert*. Stuttgart 1984.

Holz-Kemmler, Fee: *Der Weg zum Neuen Südafrika: der historische Prozess der Apartheid vor dem Hintergrund gruppenspezifischer Entwicklungen*. Frankfurt am Main u. a. 2001.

Holz-Kemmler, Fee: *Die Determinanten des Investitionsklimas im Neuen Südafrika und ihre Auswirkungen auf ausländische Direktinvestitionen*. Frankfurt am Main u .a. 2001.

Hopach, Achim: *Unternehmer im Ersten Weltkrieg. Einstellungen und Verhalten württembergischer Industrieller im »Großen Krieg«*. Leinfelden-Echterdingen 1998.

Kemmler, Hans: *Struktur und Organisation der deutschen Zement-Industrie. Möglichkeiten einer positiven Kartellpolitik*. Stuttgart 1933.

Kemmler, Marc: *Die Entstehung der Treuhandanstalt. Von der Wahrung zur Privatisierung des DDR-Volkseigentums.* Frankfurt am Main 1994.

Kemmler, Peter: *Die Funktionen des Baustoffhandels.* Diplomarbeit Tübingen 1960.

Klein, Sabine B.: *Familienunternehmen. Theoretische und empirische Grundlagen.* 2., überarb. Aufl. Wiesbaden 2004.

Kleßmann, Christoph: *Die doppelte Staatsgründung. Deutsche Geschichte 1945–1955.* 5., überarb. u. erw. Aufl. Bonn 1991.

Kocka, Jürgen: »Familie, Unternehmer und Kapitalismus. An Beispielen aus der frühen deutschen Industrialisierung«. In: Reif, Heinz (Hrsg.): *Die Familie in der Geschichte.* Göttingen 1982, S. 163–186.

Kocka, Jürgen: *Unternehmer in der deutschen Industrialisierung.* Göttingen 1975.

Kömpf, Wolfgang: *Unternehmensführung in erfolgreichen Klein- und Mittelbetrieben. Eine empirische Untersuchung.* Frankfurt am Main u. a. 1989.

Landes, David: *Die Macht der Familie. Wirtschaftsdynastien in der Weltgeschichte.* München 2006.

Langenscheidt, Florian/May, Peter (Hrsg.): *Lexikon der deutschen Familienunternehmen.* Köln 2009.

Lillteicher, Jürgen: *Profiteure des NS-Systems? Deutsche Unternehmen und das »Dritte Reich«.* Im Auftrag der Stiftung Denkmal für die ermordeten Juden Europas, Berlin, in Zusammenarbeit mit dem Fonds »Erinnerung und Zukunft« der Stiftung »Erinnerung, Verantwortung und Zukunft«. Berlin 2006.

Liker, Jeffrey K./Meier, David P.: Praxisbuch. *Der Toyota Weg. Für jedes Unternehmen.* 2. Aufl. München 2008.

Lippert, Frank: »Ökonomische Dimensionen des Lkw-Verkehrs in der Weimarer Republik. Zur Interdependenz von industrieller Rationalisierung und logistischer Flexibilisierung in den 1920er Jahren«. In: *Zeitschrift für Unternehmensgeschichte* 42 (1997), S. 185–216.

Luhmann, Niklas: Vertrauen. *Ein Mechanismus der Reduktion sozialer Komplexität.* 3. Aufl. Stuttgart 1989.

Malik, Fredmund: *Führen Leisten Leben. Wirksames Management für eine neue Zeit.* 2. Aufl. Frankfurt am Main 2006.

Malik, Fredmund: *Management. Das A und O des Handwerks.* Frankfurt am Main 2005.

Mann, Bernhard: *Kleine Geschichte des Königreichs Württemberg 1806–1918.* Leinfelden-Echterdingen 2006.

May, Peter: »Familienunternehmen erfolgreich führen. Über die Inhaberstrategie zur Unternehmensstrategie«. In: May, Peter/ Rieder, Gerold (Hrsg.): *Familienunternehmen heute. Jahrbuch 2009.* Bonn-Bad Godesberg 2008, S. 12–24.

May, Peter (Hrsg.): *Das INTES-Handbuch Familienunternehmen.* Bonn-Bad Godesberg 2008.

May, Peter/Rieder, Gerold (Hrsg.): *Familienunternehmen heute. Jahrbuch 2009.* Bonn-Bad Godesberg 2008.

Megerle, Klaus: *Württemberg im Industrialisierungsprozess Deutschlands. Ein Beitrag zur regionalen Differenzierung der Industrialisierung.* Stuttgart 1982.

Oberparleiter, Karl: *Funktionen und Risiken des Warenhandels.* 2., neubearb. u. erw. Aufl. Wien 1955.

Ohno, Taiichi: *The Toyota Production System: Beyond Large Scale Production.* Portland, Oregon 1988.

Pierenkemper, Toni: *Unternehmensgeschichte. Eine Einführung in ihre Methoden und Ergebnisse.* Stuttgart 2000.

Pierenkemper, Toni: »Sechs Thesen zum gegenwärtigen Stand der deutschen Unternehmensgeschichtsschreibung. Eine Entgegnung auf Manfred Pohl«. In: *Zeitschrift für Unternehmensgeschichte* 45 (2000), S. 158–166.

Pierenkemper, Toni: »Was kann eine moderne Unternehmensgeschichte leisten? Und was sollte sie tunlichst vermeiden?« In: *Zeitschrift für Unternehmensgeschichte* 44 (1999), S. 15–31.

Pierenkemper, Toni: *Gewerbe und Industrie im 19. und 20. Jahrhundert.* München 1994 (Enzyklopädie deutscher Geschichte Bd. 29).

Pohl, Manfred: »Zwischen Weihrauch und Wissenschaft? Zum Standort der modernen Unternehmensgeschichte. Eine Replik auf Toni Pierenkemper«. In: *Zeitschrift für Unternehmensgeschichte* 44 (1999), S. 150–163.

Plumpe, Werner: »Unternehmen«. In: Ambrosius, Gerold/Petzina, Dietmar/Plumpe, Werner (Hrsg.): *Moderne Wirtschaftsgeschichte. Eine Einführung für Historiker und Ökonomen.* München 1996, S. 47–66.

Raberg, Frank: »Wirtschaftspolitiker zwischen Selbstüberschätzung und Resignation. Oswald Lehnich, Württembergischer Wirtschaftsminister«. In: Kissener, Michael/Scholtyseck, Joachim (Hrsg.): *Die Führer der Provinz: NS-Biographien aus Baden und Württemberg.* Konstanz 1997, S. 333–359.

Rauch, Udo (Hrsg.): *Zwischen Ammer und Neckar. Das Tübinger Stadtbild im Wandel.* Tübingen 1994.

Rauch, Udo/Zacharias, Antje (Hrsg.): *... und grüßen Sie mir die Welt! Tübingen – eine Universitätsstadt auf alten Postkarten.* Tübingen 2007.

Rebeg, Frank: *Biographisches Handbuch der württembergischen Landtagsabgeordneten 1815–1933.* Stuttgart 2001.

Sannwald, Wolfgang: *Die Geschichte von Gomaringen.* 2. Band des Gomaringer Heimatbuchs. Gomaringen 1988.

Schäfer, Annette: *Zwangsarbeiter und NS-Rassenpolitik. Russische und polnische Arbeitskräfte in Württemberg 1939–1945.* Stuttgart 2000.

Schäfer, Michael: *Familienunternehmen und Unternehmerfamilien. Zur Sozial- und Wirtschaftsgeschichte der sächsischen Unternehmer 1850–1940.* München 2007.

Scharfe, Martin: »Pietistische Moral im Industrialisierungsprozess«. In: Gladigow, Burkhard (Hrsg.): *Religion und Moral*. Düsseldorf 1976, S. 27–47.
Scharfe, Martin: »Protestantismus und Industrialisierung im Königreich Württemberg«. In: *Forschungen und Berichte zur Volkskunde in Baden-Württemberg 1974–1977*. Hrsg. v. Irmgard Hampp und Peter Assion. Stuttgart 1977, S. 149–162.
Schein, Edgar H.: *Organisational Culture And Leadership*. 2. Aufl. San Francisco 1992.
Schildt, Gerhard: *Die Arbeiterschaft im 19. und 20. Jahrhundert*. München 1996 (Enzyklopädie Deutscher Geschichte, Bd. 36).
Schmid, Walter: *Die Auswanderung auf den Härten. Hintergründe und Ziele einer historischen Entwicklung des 18.–20. Jahrhunderts*. Kusterdingen 1995.
Schönhagen, Benigna: *Tübingen unterm Hakenkreuz. Eine Universitätsstadt in der Zeit des Nationalsozialismus*. Stuttgart 1991.
Schrader, Mila/Voigt, Julia: *Bauhistorisches Lexikon. Baustoffe, Bauweisen, Architekturdetails*. Suderburg-Hösseringen 2003.
Schreyögg, Georg: »Unternehmenskultur. Zur Unternehmenskulturdiskussion in der Betriebswirtschaftslehre und einigen Querverbindungen zur Unternehmensgeschichtsschreibung«. In: *Jahrbuch für Wirtschaftsgeschichte* 1993/2, S. 21–35.
Schulz, Andreas: *Lebenswelt und Kultur des Bürgertums im 19. und 20. Jahrhundert*. München 2005 (Enzyklopädie Deutscher Geschichte Bd. 75).
Schulze-Fielitz, Günther: *Die Bauwirtschaft im Kriege*. Berlin 1941.
Schumpeter, Joseph A.: *Kapitalismus, Sozialismus und Demokratie*. 8., unveränderte Aufl. Tübingen u. a. 2005.
Seidel, Hans-Christoph/Tenfelde, Klaus (Hrsg.): *Zwangsarbeit im Europa des 20. Jahrhunderts. Bewältigung und vergleichende Aspekte*. Essen 2007.
Setzler, Wilfried/Schönhagen, Benigna/Binder, Hans-Otto: *Kleine Tübinger Stadtgeschichte*. Tübingen 2006.
Sombart, Werner: *Der moderne Kapitalismus*. Bd. 2. 5. Aufl. München/Leipzig 1922.
Spree, Reinhard (Hrsg.): *Geschichte der deutschen Wirtschaft im 20. Jahrhundert*. München 2001.
Sprenger, Reinhard K.: *Mythos Motivation. Wege aus einer Sackgasse*. 18., durchgesehene Aufl. Frankfurt am Main 2007.
Statistisches Landesamt Baden-Württemberg: *Lange Reihen in Baden-Württemberg 1950 bis 2007*, Stuttgart 2008 (CD-ROM).
Stiftung Familienunternehmen (Hrsg.): *Die volkswirtschaftliche Bedeutung der Familienunternehmen*. Bearb. v. Institut für Mittelstandsforschung Bonn. Stuttgart 2007.
Tenfelde, Klaus: »Industrialisierung«. In: Dülmen, Richard von (Hrsg.): *Fischer Lexikon Geschichte*. Aktualisierte, vollständig überarbeitete und erweiterte Aufl. Frankfurt am Main 2003, S. 222–237.
Ullmann, Hans-Peter: *Das Deutsche Kaiserreich 1871–1918*. Frankfurt am Main 1995.

Venohr, Bernd: *Wachsen wie Würth. Das Geheimnis des Welterfolgs.* Frankfurt am Main 2006.

Verein Deutscher Zementwerke e. V. (Hrsg.): *Verein Deutscher Zementwerke: 125 Jahre Forschung für Qualität und Fortschritt.* Düsseldorf 2002.

Vorbei und nicht vergessen. Ehemalige polnische Zwangsarbeiter in Tübingen als Gäste in Tübingen 12.–19. Mai 1991. Hrsg. v. Kulturamt der Stadt Tübingen und dem Förderverein zur Erforschung der Heimatgeschichte des Nationalsozialismus im Landkreis Tübingen. Tübingen 1992.

Weber, Alfred: *Schriften zur Industriellen Standortlehre.* Hrsg. v. Hans G. Nutzinger. Marburg 1998.

Werner, Hermann: *Tübingen 1945. Eine Chronik.* Bearb. u. mit e. Anh. vers. von Manfred Schmid. Stuttgart 1986.

Wiechers, Ralph: *Familienmanagement zwischen Unternehmen und Familie. Zur Handhabung typischer Eigenarten von Unternehmensfamilien und Familienunternehmen.* Heidelberg 2006.

Wimmer, Rudolf/Domayer, Ernst/Oswald, Margit/Vater, Gudrun: *Familienunternehmen – Auslaufmodell oder Erfolgstyp?* 2., überarb. Aufl. Wiesbaden 2005.

Winkel, Harald: »Vom Armenhaus zum Musterländle. Historische Betrachtungen zu einem aktuellen Thema«. In: *Zeitschrift für Württembergische Landesgeschichte* 50 (1991), S. 305–316.

Womack, James P./Jones, Daniel T.: *Auf dem Weg zum perfekten Unternehmen* (Lean thinking). 4. Aufl. München 2005.

Würth, Reinhold: *Erfolgsgeheimnis Führungskultur. Bilanz eines Unternehmers.* 2. Aufl. Künzelsau 1999.